INOVAÇÃO ORGANIZACIONAL E TECNOLÓGICA

Dados Internacionais de Catalogação na Publicação (CIP)
(Câmara Brasileira do Livro, SP, Brasil)

Inovação organizacional e tecnológica / Daniel
Augusto Moreira, Ana Carolina S. Queiroz,
(coordenadores). -- São Paulo : Thomson
Learning, 2007.

Vários colaboradores.
Bibliografia
ISBN 85-221-0514-6

1. Administração de empresas 2. Inovações tecnológicas
I. Moreira, Daniel Augusto. II. Queiroz, Ana Carolina S.

06-5943 CDD-658.4062

Índices para catálogo sistemático:

1. Inovações tecnológicas : Administração de
empresas 658.4062

2. Tecnologia e inovação : Gestão : Administração
de empresas 658.4062

INOVAÇÃO ORGANIZACIONAL E TECNOLÓGICA

Daniel Augusto Moreira
Ana Carolina S. Queiroz
(coordenadores)

Eva Stal
Celso Augusto Rímoli
Manuela Weill Vasconcelos
Ricardo A. Raschiatore
Héctor Rafael Lisondo

THOMSON

Austrália Brasil Canadá Cingapura Espanha Estados Unidos México Reino Unido

THOMSON

Gerente Editorial:
Patricia La Rosa

Editora de Desenvolvimento:
Tatiana Pavanelli Valsi

Supervisor de Produção Editorial
Fábio Gonçalves

Supervisora de Produção Gráfica
Fabiana Alencar Albuquerque

Copidesque:
Norma Gusukuma

Revisão:
Sueli Bossi
Alessandra Biral

Composição:
ERJ – Composição Editorial e Artes Gráficas Ltda.

Capa:
FZ.Dáblio Design

Impresso no Brasil.
Printed in Brazil.
1 2 3 4 09 08 07

Rua Traipu, 114 – 3º andar
Perdizes – CEP 01235-000
São Paulo – SP
Tel.: (11) 3665-9900
Fax: (11) 3665-9901

Dados Internacionais de Catalogação na Publicação (CIP) (Câmara Brasileira do Livro, SP, Brasil)
Daniel Augusto Moreira, Ana Carolina S. Queiroz, (coordenadores). -- São Paulo: Thomson Learning, 2007.
Vários colaboradores.
Bibliografia
ISBN 85-221-0514-6
1. Administração de empresas 2. Inovações tecnológicas I. Moreira, Daniel Augusto. II. Queiroz, Ana Carolina S.
06-5943 CDD-658.4062
Índices para catálogo sistemático:
1. Inovações tecnológicas: Administração de empresas 658.4062
2. Tecnologia e inovação : Gestão : Administração de empresas 658.4062

APRESENTAÇÃO

Umas das características atuais mais marcantes das ciências sociais aplicadas, e particularmente da administração de empresas, é a dificuldade de sistematização em seus objetos de estudo. Freqüentemente, existe mais de uma visão sobre determinado assunto, sendo as visões por vezes complementares, mas, não raro, conflitantes; também freqüentemente é difícil o mapeamento de um determinado campo de estudos, notando-se a falta de esquemas sintetizadores do conhecimento acumulado.

Essa é exatamente a situação com os estudos de inovação que, particularmente nas duas últimas décadas, ganharam forte impulso e se constituíram em complexo campo de pesquisa, com muitas ramificações e especializações, e onde apontam muitas certezas acumuladas e também muitas dúvidas ainda por responder.

Este livro é composto por exposições que alternam apresentações conceituais e estudos de caso práticos. Exceto para o Capítulo 1, sempre há uma correspondência entre um capítulo conceitual e um capítulo imediatamente seguinte que aplica os conceitos a um estudo de caso. Esta característica faz com que a obra seja ideal para leitura e discussões em disciplinas ligadas direta ou indiretamente à inovação (organizacional e tecnológica), em cursos superiores de graduação ou pós-graduação e até mesmo em cursos técnicos pautados pela qualidade de ensino/aprendizagem.

O Capítulo 1 serve como introdução ao livro, detalhando importantes conceitos que serão extensivamente usados, tais como a própria idéia de inovação e seus tipos fundamentais. Expõe também as principais correntes e perspectivas sobre a pesquisa em inovação.

Os Capítulos 2 e 3 tratam da inovação tecnológica, assunto que será retomado mais adiante. O Capítulo 2 aborda questões básicas sobre a inovação tecnológica, sua importância estratégica para aumentar a competitividade das empresas, tanto no país como no mercado externo, e mostra de que maneira se pode criar um ambiente que estimule a busca da inovação pelas empresas. As várias formas de aprendizagem e formação de capacitação tecnológica nas empresas são abordadas. Dessa forma, o capítulo elabora e estende mais profundamente alguns conceitos apresentados no Capítulo 1, principalmente no que diz respeito à inovação tecnológica. São apresentados os principais conceitos sobre ciência e tecnologia, invenção e inovação, e as várias etapas para se chegar à inovação tecnológica: pesquisa básica, pesquisa aplicada e desenvolvimento experimental. O Capítulo 3 apresenta o primeiro estudo de caso aplicativo e analisa o papel da tecnologia para o sucesso internacional de uma empresa brasileira de capital nacional, do setor de autopeças, pelo estudo de seu processo de internacionalização. Focaliza sua estratégia de inovação, desde a fase de exportações, passando pela aquisição de empresa do mesmo ramo no exterior, até o estabelecimento de novas fábricas e laboratórios de desenvolvimento de produtos.

O Capítulo 4 visa discutir a emergência de novos modelos organizacionais mais adaptáveis às exigências do meio ambiente e mais favoráveis à implementação de inovações (incrementais e radicais). Adicionalmente, apresenta as principais características desses modelos e analisa os aspectos organizacionais de estratégia, estrutura, cultura e tecnologia da informação, que podem favorecer ou inibir os processos de inovação. Todos esses conceitos são aplicados no Capítulo 5, outro estudo de caso, que tem por objetivo relatar o caso de uma unidade de tratamento de radioterapia de um hospital privado e de grande porte, localizado na cidade de São Paulo, a qual, em função da incorporação de novas tecnologias médicas, adotou um modelo organizacional flexível e orgânico.

Os Capítulos 6 e 7 também estão ligados, à medida que o Capítulo 6 apresenta o significado prático da inovação e como ela participa/contribui para a criação de empresas (empreendedorismo), enquanto o Capítulo 7 relata a atuação de três empresas no Brasil, cujo sucesso inclui elementos importantes de inovação, empreendedorismo e intra-empreendedorismo.

O Capítulo 8 esclarece o conceito de analfabetismo funcional e coloca como isso contribui para a queda da produtividade nas empresas e serve como freio à sua capacidade de inovação. O Capítulo 9 relata o caso de uma auditoria de alfabetização funcional levada a efeito em uma usina siderúrgica de grande porte.

O Capítulo 10 apresenta sucintamente a evolução da área de marketing e o desenvolvimento da especialidade marketing de tecnologia e inovação, enquanto o estudo de caso correspondente, descrito no Capítulo 11, apresenta dois processos empresariais – a constituição de uma empresa e um processo de lançamento de produtos – intensos em inovação e tecnologia, analisando as lições de sucesso que esses exemplos ensinam.

Finalmente, os últimos capítulos trabalham a questão dos grupos e da inovação. O Capítulo 12 mostra as condições que inibem e favorecem o aproveitamento das idéias que resultam na gestação e implantação de inovações por grupos de trabalho, trazendo a compreensão que a capacidade para pensar e mudar resulta de um processo de evolução grupal envolvendo fatores cognitivos e emocionais. Já o Capítulo 13 apresenta um exemplo da aplicação dos conceitos relativos à formação da identidade do grupo, com um estudo realizado em uma empresa multinacional sediada no Brasil, montadora de veículos automotores – caminhões e ônibus.

SUMÁRIO

Capítulo 1 – Inovação: Conceitos Fundamentais

Daniel Augusto Moreira

Ana Carolina S. Queiroz

Capítulo 2 – Inovação Tecnológica, Sistemas Nacionais de Inovação e Estímulos Governamentais à Inovação

Eva Stal

Capítulo 3 – O Papel da Inovação Tecnológica no Sucesso de Multinacionais Brasileiras no Exterior

Eva Stal

Capítulo 4 – Modelos Organizacionais para Inovação

Ana Carolina S. Queiroz

Capítulo 7 – Três Casos de Inovação e Empreendedorismo nas Empresas

Celso Augusto Rímoli

Manuela Weill Vasconcelos

Capítulo 8 – Inovações, Habilidades e Competências: o Papel da Alfabetização Funcional

Daniel Augusto Moreira

Capítulo 9 – Estudo de Caso: Auditoria de Alfabetização Funcional em uma Usina Siderúrgica

Daniel Augusto Moreira

Capítulo 10 – Marketing para Organizações Intensas em Inovação e Tecnologia

Celso Augusto Rímoli

Capítulo 11 – Abordagens Mercadológicas em Empresas Intensas em Inovação e Tecnologia

Celso Augusto Rímoli

Ricardo A. Raschiatore

Capítulo 12 – O Grupo e a Inovação

Héctor Rafael Lisondo

Capítulo 13 – Construção da Identidade Grupal: um Exemplo de Aplicação

Héctor Rafael Lisondo

CAPÍTULO 1

Inovação: Conceitos Fundamentais

Daniel Augusto Moreira
Ana Carolina S. Queiroz

1 Objetivos do capítulo

Uma das características atuais mais marcantes das ciências sociais aplicadas, e particularmente da administração de empresas, é a dificuldade de sistematização em seus objetos de estudo. Freqüentemente, existe mais de uma visão sobre determinado assunto, sendo as visões por vezes complementares, mas, não raro, conflitantes; também freqüentemente é difícil o mapeamento de um determinado campo de estudos, notando-se a falta de esquemas sintetizadores do conhecimento acumulado.

Essa é exatamente a situação com os estudos de inovação, que, particularmente nas duas últimas décadas, ganharam forte impulso e se constituíram em um complexo campo de pesquisa, com muitas ramificações e especializações, no qual apontam muitas certezas acumuladas e também muitas dúvidas ainda por responder.

As dúvidas começam pelo conceito de inovação. Embora haja um forte consenso no sentido de que a inovação está relacionada a "algo novo" (Slappendel, 1996), existe considerável desacordo sobre o que pode ser considerado "novo" (Johannessen, Olsen e Lumpkin, 2001), abrindo espaço para conceituações algo divergentes.

Ainda não bem-definida o que seja uma inovação, os problemas continuam com a dificuldade de se encontrar um esquema classificatório único, que consiga reunir todos os tipos possíveis de inovação. Alguns tipos de inovação já se consolidaram e são fundamentais como marcos de estudo e pesquisa: assim, por exemplo, a inovação técnica ou tecnológica é, para um grande número de autores, consultores e executivos, praticamente sinônimo de inovação. Economistas, por exemplo, em estudos agregados ao nível de nação ou setor, costumam usar a palavra *inovação* nesse sentido.

Há também dificuldades quanto ao "mapeamento mental" do campo da inovação, mesmo quando se especifica um subcampo mais restrito, como, por exemplo, a inovação em nível de empresa: existe uma classificação satisfatória dos estudos de inovação em nível de empresa? Existe um consenso sobre as variáveis mais importantes que possam ser relacionadas aos esforços inovadores? Existem estratégias de pesquisa reconhecidas que se apliquem a modelos de estudo particulares? E assim por diante.

O objetivo deste capítulo é analisar, de forma breve, as dúvidas enunciadas. Longe de tentarmos esgotar cada uma das questões fundamentais levantadas, o que apresentaremos serão os conceitos mais comuns, sobre os quais tende a ser maior a concordância dos autores. Abordaremos, então, o conceito de inovação e a classificação das inovações, passando depois para uma tentativa de mapeamento conceitual dos estudos de inovação, principalmente em nível de empresa. Forçosamente, em função da complexidade dos temas, serão feitas simplificações e adotados esquemas e classificações de mais fácil entendimento, em detrimento de abordagens mais sofisticadas, porém mais herméticas também. Dessa forma, acreditamos que um maior número de leitores poderá usufruir tanto este capítulo como o livro em geral, do qual é, virtualmente, uma introdução.

2 A importância da inovação

Para muitos autores reconhecidos no campo da inovação em nível de empresa, as organizações derivam seu sucesso econômico, em maior ou menor grau, do sucesso em introduzir inovações em seus produtos e processos (Tidd, Bessant e Pavitt, 1997). A vantagem competitiva pode advir do tamanho da empresa ou de seus ativos, mas, sem dúvida, a habilidade para mobilizar conhecimento, tecnologia e experiência para criar produtos, processos ou serviços está contando cada vez mais.

As pesquisas sugerem diversas formas pelas quais a inovação pode contribuir (Tidd, Bessant e Pavitt, 1997). Em primeiro lugar, temos a *inovação de produtos*. A introdução de novos produtos está relacionada a um melhor desempenho de mercado: maiores fatias de participação e melhor rentabilidade. Caracteristicamente, os produtos têm diminuído cada vez mais seus ciclos de vida, e torna-se importante repor rapidamente versões novas e melhoradas no lugar das antigas.

A *inovação de produtos* é vista talvez como a mais evidente e importante das modalidades de inovação que podem ter lugar na organização, porque sua ligação com o mercado e com a competitividade é imediata. De forma menos evidente, mas também muito importante, a *inovação nos processos* – fazer algo melhor que os concorrentes ou mesmo fazer algo que os concorrentes não conseguem fazer – é uma grande fonte de vantagem competitiva. Os anos de ouro do domínio japonês em produtos manufaturados (que ainda continuam para um grande conjunto de produtos) foram, em grande medida, derivados de constantes inovações no processo produtivo.

É forçoso notar, não obstante, que a forte lógica que parece ligar as inovações e o sucesso das empresas nem sempre se manifesta de forma muito evidente. Além disso, as pesquisas apresentam limitações – notadamente em relação aos dados disponíveis para análise – que potencialmente podem confundir os resultados.

Citemos apenas dois exemplos (um para empresas britânicas e outro para empresas norueguesas) para acompanhar mais de perto as dificuldades empíricas dos estudos sobre os efeitos e a importância das inovações. O primeiro exemplo é fornecido pela pesquisa de Geroski (1995). Esse autor examinou os efeitos da produção de inovações e patentes sobre diversas medidas de desempenho operacional. Os dados cobriam 440 empresas da Grã-Bretanha no período 1972-1982; as medidas de desempenho operacional foram retiradas de balanços oficiais (entre elas, rentabilidade, vendas e exportações). A conclusão do estudo é que o efeito da produção de inovações e patentes sobre as medidas de desempenho corporativo parece ser modesto (Geroski, 1995), embora empresas mais inovadoras fossem menos suscetíveis a pressões cíclicas que as não-inovadoras. Outro resultado aceitável *prima facie* era que as empresas orientadas para a exportação eram mais inovadoras que seus rivais mais orientados para o mercado doméstico. Além disso, algumas pistas surgiram, no sentido de que o benefício das inovações pudesse ser principalmente indireto, e apareciam porque o processo de inovar transformava as habilidades competitivas das empresas.

O próprio autor aponta, no entanto, alguns motivos pelos quais os resultados podem ter chegado a ligações modestas entre inovação e desempenho corporativo – motivos ligados tanto à própria estrutura dos dados disponíveis como ao horizonte de tempo coberto por eles. No tocante à estrutura de tempo, o autor nota que as inovações tendem a assumir um efeito prolongado sobre o desempenho, enquanto as patentes são datadas da época do registro e não do período da incorporação em produtos ou processos que podem causar impacto no desempenho. No caso em pauta, a distância temporal entre as inovações e patentes, de um lado, e o desempenho corporativo, de outro, era de apenas quatro anos, tempo talvez muito curto para que os efeitos no desempenho corporativo se fizessem sentir. De certa forma, o autor encontrou indícios de que essa suspeita pudesse ser verdadeira: foram registradas correlações bastante significativas entre as taxas de retorno das ações das companhias negociadas no mercado e a produção de inovações. Uma vez que as medidas de desempenho baseadas nas ações negociadas no mercado refletem a expectativa de lucratividade a longo prazo, elas têm a virtude de indicar algumas das conseqüências futuras de longo prazo da introdução de inovações.

Outro motivo pelo qual as ligações entre inovação e resultados foram modestas diz respeito ao fato de que as empresas usuárias das inovações podem estar apropriando ganhos desproporcionais sobre a inovação. A maior parte das inovações na amostra não era usada diretamente pelas firmas que as tinham produzido; em muitas ocasiões, os usuários têm o papel mais relevante no início da produção de uma inovação, o que os habilita a apropriar a maior fatia dos retornos sobre ela. Embora nos dados atuais fosse impossível identificar as empresas que pudessem ter usado as inovações ou patentes, em um estudo anterior (Geroski, 1991), foi possível acompanhar os fluxos de inovações entre as indústrias produtoras e usuárias na Grã-Bretanha, de 1976 a 1979. Foi então observado que a maior parcela do crescimento da produtividade associada à produção de inovações estava concentrada nas indústrias usuárias, não nas produtoras.

Nas e Leppalahti (1997) empreenderam um trabalho de busca de possíveis relações entre inovação, rentabilidade da empresa e crescimento, para uma amostra de firmas norueguesas. Parte dos dados veio do Norwegian Innovation Survey, que é o componente norueguês do Community Innovation Survey 1992, grande levantamento sobre inovação levado a cabo na Comunidade Européia, baseado principalmente no chamado *Oslo Manual*[1]. Essas informações foram cruzadas com outras, retiradas de dados contábeis oficiais. Assim, foi possível relacionar rentabilidade e crescimento para firmas engajadas em atividades inovadoras no ano de 1992 ou para firmas que introduziram novos produtos no período 1990-1992. Para efeito de compa-

---

[1] NA: *Innovation manual*: proposed guidelines for collecting and interpreting innovation data (*Oslo Manual*). Paris: OECD, Directorate for Science, Technology and Industry, 1992. Há uma tradução em português, denominada *Manual de Oslo* – Proposta de diretrizes para coleta e interpretação de dados sobre inovação tecnológica, que pode ser obtida em www.finep.gov.br/imprensa/sala_imprensa/manual_de_oslo.pdf.

ração, também foram consideradas firmas que não estiveram envolvidas com atividades inovadoras no período. De maneira sintética, portanto, o objetivo do estudo foi verificar o possível efeito da inovação no desempenho da empresa.

Inicialmente, os autores notam que a introdução de produtos novos ou tecnologicamente superiores pode criar monopólios temporários que melhoram o desempenho das empresas. Tal competição imperfeita pode ser então explorada de duas formas, pelo menos. De um lado, as empresas podem aumentar seus preços na base do desempenho melhorado do produto, e essa vantagem terá como conseqüência a melhoria dos retornos sobre vendas ou ativos. De outro, as empresas podem abaixar seus preços, levando à melhorias na relação preço/qualidade do produto, o que acabará resultando em aumento de vendas e de fatias de mercado. Nesse último caso, a rentabilidade poderá não ser melhorada via inovação, mas, sem dúvida, a inovação influenciará positivamente o desempenho de crescimento da firma. Apesar de um conjunto de problemas com a qualidade dos dados (Nas e Leppalahti, 1997, p. 2 ss.), os autores chegam à conclusão de que as empresas inovadoras da Noruega não são marcadamente mais rentáveis que as não-inovadoras, em termos da taxa de retorno sobre vendas ou ativos; não obstante, as firmas inovadoras têm taxas de crescimento de vendas muito maiores, o que significa que o volume absoluto de lucros cresce mais rápido que nas firmas não inovadoras. Dessa forma, o grande impacto da inovação verifica-se na fatia de mercado, não nas taxas de rentabilidade. Um estudo posterior (Sandven, 2000) levando em conta dados contábeis de 640 firmas norueguesas para o período de 1991 a 1997, corroborou os resultados de Nas e Leppalahti. Usando como indicadores de desempenho o crescimento das vendas e dos ativos totais, bem como duas medidas de taxa de rentabilidade, Sandven encontrou uma relação estatisticamente muito clara e significativa entre as variáveis que mediam a inovação e as duas variáveis de crescimento, enquanto para as duas medidas de rentabilidade a associação foi desprezível na maioria dos anos considerados.

Resumindo, tudo parece indicar que é impossível negar os efeitos positivos da inovação sobre o desempenho das empresas, mas fica difícil explicitar uma determinada medida de desempenho. Dito de outra forma, ao longo do tempo, é provável que a introdução de inovações tenha efeitos positivos sobre a rentabilidade ou o crescimento da corporação, mas os mecanismos mediadores estão longe de estar bem-definidos. De qualquer forma, tudo o que foi dito até o momento justifica plenamente uma maior atenção aos esforços inovadores das empresas, seja do ponto de vista prático, seja do ponto de vista acadêmico.

3 O que é inovação? Introdução ao conceito

Essa pergunta não admite uma resposta tão direta quanto seria de se desejar, mesmo porque não existe uma definição única, totalmente aceita por todos.

Como foi comentado anteriormente, a idéia de inovação incorpora idéias de novidade e de mudança, e esses elementos acabam por aparecer em praticamente qualquer uma das dezenas de definições surgidas nos últimos 30 ou 40 anos.

Exemplifiquemos com uma definição de cunho geral, apresentada no relatório da Comunidade Européia, intitulado *Green paper on innovation* (European Commission, 1995). O objetivo declarado do *Green paper* era identificar os fatores, positivos ou negativos, dos quais dependia a inovação, particularmente na Europa, e propor medidas para aumentar a capacidade inovadora da Comunidade Européia. Com esses propósitos:

> (...) inovação é tomada como sendo um sinônimo para a produção, assimilação e exploração com sucesso de novidades nas esferas econômicas e sociais. [A inovação] (...) oferece novas soluções para problemas e assim torna possível satisfazer as necessidades tanto do indivíduo como da sociedade. (European Commission, 1995, p. 2)

Na verdade, a inovação pode preceder e causar a mudança social ou ser desenvolvida em resposta a necessidades criadas pela mudança social (Zaltman, Duncan e Holbek, 1973). Existe uma interação contínua e dinâmica entre novas idéias, práticas e produtos, de um lado, e a estrutura e a função social, de outro. As inovações podem criar mudança social, e a subseqüente mudança social pode trazer inovações adicionais que podem reagir sobre as estruturas e/ou funções alteradas que as fizeram existir ou influenciam outros aspectos da organização.

Para esses autores, o termo *inovação* é usualmente empregado em três diferentes contextos. Em um deles, é sinônimo de invenção, isto é, refere-se a um processo criativo em que dois ou mais conceitos ou entidades existentes são combinados de alguma forma nova para produzir uma configuração não conhecida previamente pela pessoa envolvida. Às vezes, essa idéia é misturada com a idéia de inovação como um processo (de inovação tecnológica) que parte da conceitualização de uma nova idéia para a solução de um problema e daí para a real utilização de um novo item de valor econômico ou social. Essa visão da inovação como um processo começando com o reconhecimento de uma demanda potencial para – e viabilidade técnica de – um item e finalizando com sua utilização generalizada é talvez o mais amplo uso do termo *inovação* na literatura existente. Ela mescla a idéia de inovação com a de adoção.

O termo *inovação* é também usado para descrever somente o processo em que uma inovação existente torna-se parte do estado cognitivo e repertório comportamental de um adotante. A inovação, nesse sentido, é a adoção de uma mudança que é nova para a organização e seu ambiente relevante. Trata-se da introdução em uma situação aplicada, com sucesso, de meios ou fins que são novos à situação. No primeiro sentido, a organização ou o indivíduo podem ser inovadores sem adotar; no segundo, podem ser inovadores sem ser inventivos.

Finalmente, o terceiro uso do termo refere-se àquela idéia, prática ou artefato material que foi inventado ou é visto como novo, independentemente de sua adoção ou não-adoção. A ênfase aqui está na descrição de por que alguma coisa é nova, enquanto a invenção e a adoção envolvem processos. Essa visão que descreve atributos e dimensões.

Para os próprios autores, "a inovação é qualquer idéia, prática ou artefato material percebido como novo pela unidade de adoção relevante, a qual pode ser uma pessoa, uma organização, um setor industrial, uma região etc." (Zaltman, Duncan e Holbek, 1973).

Para Johannessen, Olsen e Lumpkin (2001), o caráter de "novo" existente em qualquer inovação pode ser analisado em três dimensões: O que significa algo ser "novo"? Quão "novo" esse algo precisa ser para ser considerado uma inovação? Esse algo deve ser "novo" para quem?

Uma das mais importantes conseqüências do significado de "novo" está nas medidas mais usadas de inovação. De forma geral, a inovação é medida de formas indiretas, e não exatamente pelo que seja "novo" (em um produto, processo ou serviço, por exemplo). É corriqueiro usar como medidas de inovação as despesas totais com Pesquisa e Desenvolvimento (um componente significativo do custo de inovar, mas não o único, e seguramente não uma medida do que seja algo "novo"), a proporção de cientistas e engenheiros engajados em Pesquisa e Desenvolvimento ou o número de patentes, o número de produtos introduzidos pela empresa etc. O leitor há de concordar com o fato de que nenhuma dessas medidas reflete diretamente o que seja a inovação. Felizmente, o conjunto de medidas vem sendo complementado por aquilo que a Pesquisa Industrial de Inovação Tecnológica (Pintec)[2] chama de "segunda geração" metodológica:

---

[2] NA: A Pintec é realizada pelo IBGE e tem o apoio da Financiadora de Estudos e Projetos (Finep) e do Ministério da Ciência e Tecnologia. Seu objetivo é a construção de indicadores nacionais e regionais das atividades de inovação tecnológica desenvolvidas nas empresas industriais brasileiras com dez ou mais pessoas ocupadas. A base metodológica da Pintec é o *Oslo Manual*. A pesquisa tem periodicidade trianual, e boa parte das variáveis se refere a um período de três anos: de 1998 a 2000, na primeira pesquisa publicada, e de 2001 a 2003, na segunda.

> Assim, o primeiro passo para entender e, eventualmente, interferir em componente tão crucial para o desenvolvimento econômico (a inovação) consiste em avaliar, da forma mais abrangente possível, tanto qualitativa como quantitativamente, o processo de geração, difusão e incorporação do progresso tecnológico. Pode-se dizer que essa avaliação já segue, nos países que realizam pesquisas de inovação tecnológica, uma "segunda geração" metodológica. Essa metodologia é coerente com o entendimento da inovação tecnológica como um processo amplo e complexo, superando o enfoque inicial, centrado nos dados referentes à Pesquisa e Desenvolvimento (P&D) e/ou a patentes. (Pesquisa Industrial de Inovação Tecnológica, 2004, p. 8)

A Pintec utiliza diversas variáveis tradicionais da pesquisa quantitativa sobre inovação, reunidas sob o título de atividades inovadoras, que são atividades representativas dos esforços da empresa voltados para a melhoria de seu acervo tecnológico e, conseqüentemente, ao desenvolvimento e implementação de produtos ou processos tecnologicamente novos ou significativamente aperfeiçoados. Por outro lado, utiliza também um conjunto significativo de medidas voltadas aos impactos das inovações (segunda geração metodológica), boa parte delas de natureza qualitativa. Sobressaem aqui a avaliação dos impactos sobre os produtos, o processo e o mercado.

Analisemos agora quão "novo" algo tem de ser para que seja considerado inovação. Como se verá mais adiante, de uma forma geral, a literatura sobre inovação tem distinguido entre *inovações radicais* e *inovações incrementais*. As inovações radicais são associadas a inovações revolucionárias, enquanto as inovações incrementais situam-se em um dado paradigma.

A última dimensão de "novo" diz respeito a quem este deve se referir ou, em outras palavras, à unidade de adoção, no sentido que Zaltman, Duncan e Holbek (1973) dão a esse termo. Em princípio, a inovação pode ser nova para a empresa (sendo nova ou não para o mercado) e para o mercado. Claramente, Zaltman, Duncan e Holbek consideram inovação algo que é novo para a empresa, embora não necessariamente para o mercado. Nem todos, entretanto, concordam com essa posição. Muitos aceitam a inovação como o primeiro uso ou uso inicial de uma idéia por uma dentre um conjunto de organizações com objetivos similares. A ênfase aqui está em quão nova uma idéia é para o ambiente, em vez de para uma organização individual. Para alguns, só existe inovação organizacional quando a organização está entre as primeiras a adotá-la e incorre em riscos e custos significativos. Quem a adota posteriormente passa por uma mudança organizacional, mas não por inovação; quem a adota primeiro passa pelas duas coisas.

A tendência mais geral, no entanto, é que a inovação não seja considerada um objeto externo e que sua novidade seja decidida pela percepção da unidade social que a adota (Zaltman, Duncan e Holbek, 1973; Johannessen, Olsen e Lumpkin, 2001). Nesses termos, uma prática pode, então, ser uma inovação para uma organização e não o ser para outra. A melhor síntese é encontrada nas palavras de Tornatzky e Fleischer (1990, p. 10):

> Como o novo é novo? Quão novo algo tem de ser, para ser uma inovação? Por quanto tempo temos de saber sobre ele, ou usá-lo, antes que não seja mais uma inovação? Dado que a novidade é uma qualidade situacional, parece claro que a inovação é algo situacional – se algo é novo para um dado ambiente, pode ser visto como uma inovação, mesmo se para outros já for bem conhecido.

4 Tipos de inovação

Há quase meio século, um grande número de estudiosos vem desenvolvendo taxonomias da inovação, que talvez hoje em dia se contem na casa de duas dezenas, para ficarmos com as mais citadas. Para um texto como o nosso, que se propõe a apresentar o tema inovação de forma a servir como leitura introdutória para o livro no qual está inserido, é inútil insistir em um tal número e variedade de classificações. Inclusive, a bem da verdade, existem pontos comuns entre todas elas, os quais devem ser explorados, de forma a dar uma idéia geral da variedade de aspectos que as inovações podem assumir.

Uma das mais antigas classificações que podemos utilizar para iniciar um padrão de apresentação é aquela proposta por Knight (1967). Trata-se de um exemplo de *classificação baseada no foco*. Para esse autor, há quatro tipos de inovação, todas altamente inter-relacionadas, de modo que, provavelmente, a introdução de uma inovação de um tipo causará mudanças em uma ou mais das outras categorias. Os quatro tipos são:

Inovações no produto ou no serviço: dizem respeito à introdução de novos produtos ou serviços que a organização produz e/ou vende ou fornece.

Inovações no processo de produção: consistem na introdução de novos elementos nas tarefas da organização, em seu sistema de informação ou na produção física ou operações de serviços; representam avanços na tecnologia da companhia.

Inovações na estrutura organizacional: incluem mudanças nas relações de autoridade, nas alocações de trabalho, nos sistemas de remuneração, nos sistemas de comunicação e em outros aspectos da interação formal entre as pessoas na organização. Mudanças no processo de produção ou na prestação de serviços tendem a produzir concomitantemente inovações na estrutura organizacional.

Inovações nas pessoas: dizem respeito a inovações que podem mudar o comportamento ou as crenças das pessoas dentro da organização, via técnicas como educação e treinamento.

As três primeiras categorias de Knight aparecem com freqüência em outras classificações; as inovações nas pessoas, porém, com o tempo, tenderam a ser incluídas com as inovações organizacionais ou administrativas.

Para Damanpour (1991), é necessário entender a tipologia das inovações para que se possa compreender o comportamento de adoção da inovação pela organização e seus determinantes. Damanpour considera relevantes três distintas classificações, cada qual com um par de categorias:

Inovação administrativa e inovação técnica ou tecnológica

As inovações técnicas ou tecnológicas dizem respeito a produtos, serviços e tecnologia do processo de produção. Relacionam-se às atividades operacionais e podem se referir tanto a produtos como a processos de produção. Já as inovações administrativas (ou organizacionais) envolvem a estrutura organizacional e os processos administrativos. São relacionadas indiretamente às atividades operacionais e mais diretamente ligadas à gerência da organização.

O termo *tecnologia* deriva do grego *techne* (artefato) e *logos* (pensamento, razão), significando, portanto, o conhecimento sistemático transformado ou manifestado em ferramentas. Para Tornatzky e Fleischer (1990, p. 10), "tecnologias são ferramentas ou sistemas de ferramentas pelas quais transformamos partes do nosso ambiente, derivadas do conhecimento humano para serem usadas para propósitos humanos".

Como a inovação tecnológica difere de outras tecnologias não-inovadoras? O importante aqui é a ligação com o processo de mudança: a inovação tecnológica é uma parte significativa da função de renovação das organizações sociais. A inovação tecnológica é um evento não-usual, durante o qual a organização social muda (pouco ou muito) o que faz e como faz (Tornatzky e Fleischer, 1990).

Inovação no produto e inovação no processo

Inovações nos produtos dizem respeito à introdução de novos produtos ou serviços, de maneira a atender a necessidades e desejos dos clientes.

Inovações no processo são novos elementos introduzidos nas operações de produção ou de serviços da organização – matérias-primas e materiais auxiliares, especificações de tarefa, mecanismos de trabalho e fluxo de informação e equipamentos usados na produção de um produto ou entrega de um serviço.

Embora todas as tecnologias e ferramentas sejam misturas de artefatos e conteúdo social e contexto, baseadas em conhecimento, tendem a diferir nas necessidades humanas e culturais que satisfazem (Zaltman, Duncan e Holbek, 1973). Muitas das inovações no produto e no processo são também inovações tecnológicas[3]. É preciso distinguir entre inovações tecnológicas que são produtos e aquelas que são processos. A distinção é em relação aos propósitos ou usos para os quais as tecnologias/ferramentas são empregadas, e os critérios usados para atestar sua eficácia. Em geral, inovações no produto são terminais para seus criadores e usuários. As tecnologias de processo são aquelas adaptadas como instrumentais para algum outro fim, como melhorias na produção ou no gerenciamento. Podem-se usar tecnologias de processo para melhorar outras tecnologias de produto, o que usualmente é feito.

Lembre-se também de que aplicar a distinção entre produto e processo é geralmente uma questão de contexto. Assim, uma prensa hidráulica é, sem dúvida, um produto para quem a fabrica, mas quem a compra a verá como um elemento do processo produtivo.

A despeito de sua natureza metafísica, a distinção entre produto e processo é importante (Zaltman, Duncan e Holbek, 1973; Damanpour, 1991). Em primeiro lugar, produtos e processos se complementam, ou seja, novos produtos tanto estimulam como resultam de novos processos. Quando um produto é novo, esforços mais significativos podem ser feitos para melhorar suas características; quando o *design* de um produto está estável, os esforços se direcionam no sentido de melhorar as ferramentas para produzi-lo. Em algumas circunstâncias, as inovações nas tecnologias do processo podem dirigir mudanças na tecnologia do produto, e vice-versa.

Outra razão para manter a distinção é que as inovações no processo tendem a ser mais sistêmicas em seu impacto que as inovações no produto, que tendem a ser circunscritas. As tecnologias de processo usualmente envolvem agregados maiores de ferramentas, máquinas, pessoas e sistemas sociais que as tecnologias de produto. A adoção e implementação de tecno-

[3] NA: A propósito, as inovações ditas tecnológicas são divididas habitualmente em inovações nos produtos e inovações nos processos (ver, por exemplo, Daft e Becker, 1978).

logias de processo tendem a se comportar freqüentemente mais para o radical que para o comportamental.

Finalmente, uma terceira razão para diferenciar tecnologias de produto e de processo está no fato de que os atores e as influências envolvidas no processo de inovação tendem a ser diferentes em um ou outro caso, particularmente na adoção e na implementação. Por exemplo, a difusão de tecnologias do produto pode ser pensada como essencialmente um assunto de marketing, no qual um usuário final ou grupo de usuários podem ser definidos. As tecnologias de processo requerem modelos analíticos mais complexos focados na implementação. Tecnologias do processo tendem a incluir indivíduos, e mais grupos de *stakeholders*, e assim requerem uma mudança muito mais difícil no sistema. A implementação exige o envolvimento de grupos de interessados em um contexto organizacional, como no caso de tecnologias avançadas de manufatura.

Inovação radical e inovação incremental

Inovações radicais são aquelas que produzem modificações fundamentais nas atividades de uma organização e representam um claro abandono das práticas usuais. Trata-se de introduzir algo novo na organização que requer o desenvolvimento de rotinas completamente novas, usualmente com modificações nos sistemas de crenças e valores normativos dos membros da organização.

As inovações incrementais, por sua vez, implicam pequenas diferenças em relação às práticas rotineiras. Trata-se, então, do processo de introduzir algo que pode ser implementado apenas com adaptações menores das rotinas organizacionais existentes e que se ajusta a normas e valores dos membros da organização.

Em resumo, procuramos apresentar rapidamente os principais tipos de inovação, do modo como são mostrados na literatura e à medida que serão úteis para a leitura dos diversos capítulos deste livro. Resta, porém, uma última e rápida observação: trata-se da *inovação em serviços*. Embora esta tenha sido ocasionalmente estudada nos últimos anos (muitas vezes como referência a serviços complementares prestados por firmas industriais)[4], não resta muita dúvida de que "a teoria da inovação tem sido desenvolvida essencialmente na base da análise da inovação tecnológica em atividades de manufatura" (Gallouj e Weinstein, 1997, p. 537). Vang e

4 NA: No entanto, ver particularmente Barras (1986) e Gallouj (1998), para a tentativa de criação de uma teoria da inovação em serviços.

Zellner (2005) apontam para o fato correlato de que a própria diferença entre serviços e manufatura faz com que a maioria das distinções tradicionais, como inovação incremental e radical ou inovação no produto e no processo, tenda a possuir aplicabilidade limitada quando referida às atividades de serviços.

O fato de que os serviços tenham recebido tão pouca atenção, até menos de 20 anos atrás, da parte dos estudiosos da inovação talvez reflita a visão de que os serviços são essencialmente desligados da dinâmica da mudança, com pouca capacidade para mudar, especialmente a partir de movimentações internas (Tether, 2003). Dentro desse foco, a inovação em serviços é vista como largamente dependente da adoção de tecnologias desenvolvidas externamente, que facilitam a prestação do serviço ou melhoram sua produtividade. As fontes dessas tecnologias seriam as manufaturas e umas poucas atividades de serviços vistas como especiais – particularmente serviços de computação e telecomunicações, conhecidos como *information and communications technology* (ICT) ou tecnologias da informação e comunicações (TIC). Dessa óptica, os processos em serviços seriam classificados como "dependentes do fornecedor" (Den Hertog, 2000; De Jong et al., 2003), ou seja, as empresas de serviços seriam dependentes de seus fornecedores no tocante aos avanços inovadores. Segue-se daí que as atividades de serviços seriam sem interesse com relação à inovação e à mudança tecnológica. Entretanto, como notado por Sundbo (1997), ao procurar responder à pergunta: "empresas de serviços costumam inovar?", a literatura sobre inovação em serviços pressupõe que as firmas de serviços realmente inovam e têm atividades de Pesquisa e Desenvolvimento. Sundbo conclui que, embora a literatura não ofereça até o momento uma discussão profunda sobre a inovação em empresas de serviços, é possível deduzir que as inovações estão acontecendo. O que se nota é que esse processo é geralmente não-sistemático, mas há uma tendência crescente para sistematizá-lo e gerenciá-lo. Muitas firmas de serviços já possuem departamentos de inovação, embora apenas nos serviços eletrônicos de informação eles tenham o caráter de departamentos de Pesquisa e Desenvolvimento.

O fato é que, até o momento, e talvez por algum tempo no futuro, talvez seja inútil fazer compor a inovação em serviços dentro de alguma classificação de tipos de inovação. Por suas características únicas, e também por sua complexidade, os serviços devem merecer atenção teórica e empírica especial que tente desvendar, inclusive, até que ponto os serviços são dependentes dos fornecedores para inovar e desenvolver atividades autônomas de inovação (De Jong et al., 2003).

5 As grandes correntes de pesquisa em inovação

No início deste trabalho, falamos da necessidade de construir "mapas mentais" da pesquisa em inovação, de maneira a facilitar o entendimento das particularidades do campo, em especial no que diz respeito à pesquisa que vem sendo desenvolvida. O campo da inovação é sobremaneira complexo, cheio de possibilidades, desafiando em geral as tentativas de classificação e simplificação. Isso faz com que os mapas mentais se tornem muito importantes, ainda que não possam abranger muitos aspectos da complexidade ao mesmo tempo.

A preocupação do momento pode ser traduzida em uma pergunta bastante simples: é possível ter uma vista abrangente do que se estuda em inovação? Em outras palavras, é possível mapear os principais temas da pesquisa em inovação? Com muita cautela e bastante modéstia para aceitar soluções fatalmente imperfeitas, pode-se considerar que a resposta seja um "sim". Não obstante o caráter provisório e, até mesmo, um tanto insatisfatório das respostas, é muito importante, especialmente para os leitores que estão tendo o primeiro contato com o campo, conhecer o panorama mais abrangente da pesquisa em inovação. Ele os ajudará no reconhecimento das leituras que venham a realizar e os orientará na busca de material direcionado a uma necessidade de pesquisa particular.

Um mapeamento preliminar

Uma primeira distinção que deve ser feita agrupa as pesquisas sobre inovação em dois grandes grupos:

a) *pesquisas realizadas em níveis maiores de agregados*, como a própria nação (levando em conta, ao mesmo tempo, todos os setores econômicos) ou algum de seus componentes agregados (como a indústria, por exemplo, ou a manufatura, ou ainda um gênero industrial particular). De qualquer forma, para compor o agregado, é necessário lançar mão de dados para empresas individuais e compô-los segundo um determinado critério. A unidade de análise, no entanto, não é a empresa, mas sim o agregado formado pela composição dos dados individuais.

As pesquisas sobre inovação com base em agregados econômicos servem-se de dados coletados em grandes levantamentos dos esforços inovadores nas empresas. Neste trabalho, tivemos oportunidade de citar o Community Innovation Survey, da OECD, e a Pintec brasileira. Alguns estudos citados aqui podem ser enquadrados na categoria de estudos sobre agregados maiores, como, por exemplo, os de Sandven (2000), Nas e Leppalahti (1997) e Geroski (1991 e 1995). A variável independente nesse tipo de estudo costuma ser algum tipo de medida do esforço inovador, da primeira ou da segunda geração metodológica (despesas com Pesquisa e Desenvolvimento etc., ver páginas 7 e 8 deste trabalho). O tipo de inovação considerado é a *inovação tecnológica*, e as linhas gerais dos levantamentos são ditadas pelo *Oslo Manual*, já referido. Nos estudos nacionais mais recentes, tem-se adotado a seguinte definição de inovação tecnológica:

> Inovação tecnológica é definida pela introdução no mercado de um produto (bem ou serviço) tecnologicamente novo ou substancialmente aprimorado ou pela introdução na empresa de um processo produtivo tecnologicamente aprimorado ou novo. A inovação tecnológica pode resultar de novos desenvolvimentos tecnológicos, de novas combinações de tecnologias existentes ou da utilização de outros conhecimentos adquiridos pela empresa. (Rezende e Tafner, 2005, p. 45)

Como se observa nessa definição, a inovação tecnológica é dividida da forma usual: inovação no produto e inovação no processo.

As variáveis dependentes têm sido freqüentemente os salários, a escolaridade formal dos trabalhadores, a produtividade do trabalhador, a renda *per capita* da nação, e assim por diante. O leitor interessado pode encontrar diversos estudos desse tipo na coletânea *Inovações, padrões tecnológicos e desempenho das firmas industriais brasileiras* (2005), publicada pelo Ipea. Tratase do mais recente e mais abrangente estudo desse tipo já publicado envolvendo empresas brasileiras. Os autores dos trabalhos constantes da coletânea tiveram acesso a diversas bases de dados nacionais, como a Pintec 2000, a Pesquisa Industrial Anual do IBGE e a Relação Anual de Informações Sociais (Rais) do Ministério do Trabalho e Emprego, entre outras.

b) *pesquisas realizadas em nível de empresa individual*, nas quais a unidade de análise é uma determinada empresa ou um pequeno conjunto de empresas. Um grande número de estudos não-empíricos, ou seja, não baseados em dados coletados, aparece nesse agrupamento. São ensaios em que a referência é "a empresa", sem mais especificações. Uma metodologia de pesquisa que também aparece com freqüência é o estudo de caso, em que uma ou poucas empresas individuais são o objeto de interesse, em um estudo aprofundado, no qual a busca se concentra na resposta a determinadas perguntas, particularmente *como* e *por que* os fenômenos estudados seguiram um curso específico.

Para os estudiosos da administração de empresas, as pesquisas realizadas em nível empresarial têm um sentido maior, embora os resultados das pesquisas realizadas em níveis maiores de agregados forneçam, de certo modo, um forte incentivo ao estudo da inovação. A seguir, focalizaremos e integraremos esforços de classificação dos estudos em nível de empresa.

5.1 Grupos de estudos em nível empresarial

Segundo Wolfe (1994, p. 405), em uma postura bastante pessimista, nosso entendimento do comportamento inovador nas empresas permanece relativamente subdesenvolvido, à medida que os resultados das pesquisas sobre inovação têm se mostrado inconclusivos, inconsistentes e caracterizados por baixos níveis de explicação; o tema mais consistente encontrado na literatura de inovação é que os resultados de pesquisa têm sido inconsistentes.

Não obstante, Wolfe propõe-se a contribuir para a generalizabilidade da pesquisa em inovação, reconsiderando como esta é conduzida, apresentando uma revisão conceitual da literatura. Segundo esse autor, a literatura é composta de três correntes de pesquisa relativamente bem-caracterizadas, resumidas no Quadro 1.1.

A difusão de uma inovação diz respeito à sua divulgação por meio de uma população de adotantes potenciais. Nas pesquisas de Difusão de Inovação, a unidade de análise é a inovação. Os estudiosos propõem modelos de difusão, que então são testados em face de histórias reais de difusão. Os dados têm sido colhidos por meio de levantamentos (questionários), opinião de *experts* e coleta de dados de arquivo.

A pesquisa de Capacidade de Inovar procura descobrir quais são os fatores que predispõem uma empresa a inovar. A unidade de análise é a organização. Os dados costumam ser coletados por meio de questionários (levantamentos). Nas pesquisas de Teoria do Processo, a unidade de análise é o próprio processo de inovação. Para Van de Ven, "o processo de inovação é definido como o desenvolvimento e a implementação de novas idéias por pessoas que, ao longo do tempo, se envolvem em transações com outras, dentro de um contexto institucional" (Van de Ven, 1986, p. 591).

Quadro 1.1 Correntes de pesquisa em inovação

Questão de pesquisa	Abordagem de pesquisa	Foco da pesquisa
1. Qual é o padrão de inovação por meio de uma população de organizações potencialmente adotantes?	Pesquisa de Difusão de Inovação (DI)	Dirige-se para a difusão de uma inovação ao longo do tempo e do espaço
2. O que determina a capacidade de inovar de uma organização?	Pesquisa de Capacidade de Inovar (CI) de uma organização	Dirige-se aos fatores determinantes da capacidade de inovar das organizações
3. Quais são os processos usados para implementar as inovações nas organizações?	Pesquisa de Teoria do Processo (TP)	Dirige-se aos processos de inovação dentro das organizações

Fonte: Wolfe, 1994, p. 407, Tabela I.

As pesquisas de Teoria do Processo procuram investigar a natureza do processo de inovação. Logo, interessam-se em saber como e por que as inovações aparecem, como se desenvolvem, crescem e, eventualmente, terminam. Wolfe (1994) argumenta que é possível distinguir duas gerações de pesquisa de Teoria do Processo. Uma primeira geração, mais antiga, conceitualiza a inovação como um conjunto de processos que se desenvolve ao longo do tempo. A idéia fundamental é determinar se o processo de inovação envolve estágios identificáveis e, em caso positivo, o que eles são e qual a sua ordem. Já em uma segunda geração de trabalhos, faz-se pesquisa longitudinal em profundidade para tentar descrever as seqüências típicas do processo de inovação e as condições que as determinam. Freqüentemente, adota-se uma metodologia qualitativa de coleta de dados e de construção de teoria nesse tipo de pesquisa.

A partir de um trabalho desenvolvido há cerca de 30 anos (Pierce e Delbecq, 1977), Carol Slappendel (1996) elaborou três abrangentes perspectivas de pesquisa em inovação em nível de empresa: a corrente individualista, a corrente estruturalista e a corrente do processo interativo. O Quadro 1.2 detalha as características básicas das três grandes perspectivas.

A perspectiva individualista assume que os indivíduos são a maior fonte de inovações nas organizações. Eles são racionais e tomam decisões na direção dos objetivos que estabelecem. Indivíduos têm qualidades pessoais que os predispõem ao comportamento inovador: valores, ambição, criatividade, estilo cognitivo etc.

Quadro 1.2 Perspectivas de pesquisa em inovação

	Individualista	Estruturalista	Processo interativo
Pressupostos básicos	Os indivíduos causam a inovação	A inovação é determinada por características estruturais	A inovação é produzida pela interação entre as influências estruturais e as ações dos indivíduos
Conceitualização de uma inovação	Objetos ou práticas estáticos e objetivamente definidos	Objetos ou práticas estáticos e objetivamente definidos	As inovações são sujeitas à reinvenção e reconfiguração
Conceitos básicos	Campeão Líder Empreendedor	Meio ambiente Tamanho Complexidade Diferenciação Formalização Centralização Tipo estratégico	Choques Proliferação Capacidade inovadora Contexto
Metodologia de pesquisa	Levantamentos (questionários)	Levantamentos (questionários)	Estudos de caso Relatos de ocorrências

Fonte: Adaptado de Slappendel, 1996, p. 109, Tabela 1.

A perspectiva estruturalista, por sua vez, assume que a inovação é determinada por características organizacionais. As empresas têm objetivos, dos quais o mais importante é a sobrevivência. Logo, a função da organização, e de todos os seus subsistemas, é lutar pela sobrevivência. Por essa óptica, o corpo diretivo da empresa tem a função de gerenciar o relacionamento da empresa com seu ambiente. Os clientes colaboram com a geração de inovações por meio da demanda que geram, enquanto os fornecedores são importantes tanto por trazer novas idéias como por assistir a empresa na implementação delas.

A perspectiva do processo interativo tenta considerar tanto as ações dos agentes individuais como a estrutura no processo de inovação. Em geral, essa perspectiva rejeita o modelo de racionalidade econômica no processo de decisão e enfatiza os aspectos não-racionais do comportamento organizacional. O contexto político no qual as inovações são introduzidas é considerado importante. Tenta-se compreender a natureza dinâmica do processo de inovação, bem como as mudanças que ocorrem com a inovação que está sendo estudada. Aceita-se que as inovações não permanecem estáticas durante o processo de inovação, mas que são transformadas pelo próprio processo. O próprio interesse da pesquisa faz com que a metodologia de estudos de caso seja predominante, com foco em procedimentos indutivos, como a *grounded theory*.

Da rápida apresentação de dois grandes esquemas classificatórios da pesquisa em inovação, o leitor pode perceber a dificuldade de um empreendimento. Nos casos em pauta, as classificações não coincidem com exatidão, porque partem de pressupostos teóricos diferentes, mas ambas, em conjunto, lançam alguma luz sobre o assunto e ajudam a compor um primeiro e imperfeito mapa mental sobre o que se estuda em inovação.

Grosso modo, percebe-se que a pergunta 2 de Wolfe (1994) – *o que determina a capacidade de inovar de uma organização?* –, a qual caracteriza a corrente de pesquisa sobre a capacidade de inovar de uma organização, apresenta forte semelhança com a perspectiva estruturalista de Slappendel (1996). Em ambas as categorias, dá-se destaque aos fatores que podem promover ou inibir as inovações nas organizações. Por sua vez, a pergunta 3 de Wolfe – *quais são os processos usados para implementar as inovações nas organizações?* – também se assemelha bastante à perspectiva do processo interativo de Slappendel. Já a pergunta 1 de Wolfe – *qual é o padrão de inovação por meio de uma população de organizações potencialmente adotantes?* – indica uma corrente de pesquisa que poderia ser considerada um caso especial da pesquisa de Teoria do Processo ou da perspectiva do processo interativo, já que a difusão pode ser vista como parte do processo de uma inovação. A perspectiva individualista, por sua vez, cabe, de certa forma, como um caso especial da pesquisa sobre Capacidade de Inovar ou da perspectiva estruturalista.

Por outro lado, existe uma corrente secundária de pesquisas que tem ganho considerável importância nos últimos anos: trata-se da pesquisa sobre *sistemas de inovação*, não contemplada de maneira clara em nenhuma das classificações apresentadas, embora pudesse ser referida à pergunta 2 de Wolfe ou à perspectiva estruturalista de Slappendel. A pesquisa sobre sistemas de inovação analisa como os sistemas nacionais e regionais de inovação influenciam a atividade de inovação nas empresas. O foco principal está na organização inserida em seu meio ambiente, no aprendizado interativo, na criação de conhecimento, no uso prático do conhecimento e em sua distribuição. Em particular, a infra-estrutura de conhecimento e a organização de redes entre as empresas e as instituições de conhecimento, fornecedores, clientes e outras entidades são enfatizadas nessa perspectiva. Ver, a respeito, Edquist (1997) e Freeman (1995).

Em nenhum dos casos que foram rapidamente apresentados aqui, há uma adaptação perfeita ou a clara predominância de um esquema classificatório. Por esse motivo, provavelmente será mais vantajoso, ao leitor que pretender classificar uma dada pesquisa (ou conjunto de pesquisas semelhantes), reter ambas as classificações em mente, bem como os casos especiais não perfeitamente enquadráveis.

Referências bibliográficas

BARRAS, R. Towards a theory of innovation in services. *Research Policy*, n. 15, p. 161-173, 1986.

DAFT, R. L.; BECKER, S. W. *Innovations in organizations*. Innovation adoption in school organizations. Nova York: Elsevier, 1978.

DAMANPOUR, F. Organizational innovation: a meta analysis of effects of determinants and moderators. *Academy of Management Journal*, n. 34, p. 355-390, 1991.

DE JONG, J. P. J. et al. *Innovation in service firms explored: what, how and why?* EIM Business and Police Research. Strategic Study B200205. Zoetermeer, jan. 2003.

DEN HERTOG, P. Knowledge-intensive business services as co-producers of innovation. *International Journal of Innovation Management*, v. 4, n. 4, p. 491-528, 2000.

EDQUIST, C. Systems of innovation approaches – their emergence and characteristics. In: EDQUIST, C. (Ed.) *Systems of innovation*. Londres: Pinter, 1997.

EUROPEAN COMMISSION. *Green paper on innovation*. 1995.

FREEMAN, C. The national systems of innovation in historical perspective. *Cambridge Journal of Economics*, v. 19, n. 1, p. 1-19, 1995.

GALLOUJ, F. Innovating in reverse: services and the reverse product life cycle. *European Journal of Innovation Management*, v. 1, n. 3, p. 123, 1998.

GALLOUJ, F.; WEINSTEIN, O. Innovation in services. *Research Policy*, n. 26, p. 537-556, 1997.

GEROSKI, P. A. Innovation and the sectoral sources of UK productivity growth. *Economic Journal*, n. 101, p. 1438-1451, 1991.

GEROSKI, P. A. *Innovation and competitive advantage*. OECD: Economics Department Working Papers n. 159, 1995.

INNOVATION *manual:* Proposed guidelines for collecting and interpreting innovation data (Oslo Manual). Paris: OECD, Directorate for Science, Technology and Industry, 1992.

JOHANNESSEN, J.-A.; OLSEN, B.; LUMPKIN, G. T. Innovation as newness: what is new, how new, and new to whom? *European Journal of Innovation Management*, v. 4, n. 1, p. 20, 2001.

KNIGHT, K. A descriptive model of the intra-firm innovation process. *Journal of Business*, p. 479-496, out. 1967.

NAS, S. O.; LEPPALAHTI, A. *Innovation, firm profitability and growth*. The Step Report Series. Step Report R-01. Oslo, maio 1997.

NEGRI, J. A. de; SALERNO, M. S. (Orgs.) *Inovações, padrões tecnológicos e desempenho das firmas industriais brasileiras*. Brasília: Ipea, 2005.

PIERCE, J. L.; DELBECQ, A. L. Organization structure, individual attitudes and innovation. *Academy of Management Review*, n. 2, p. 27-37, 1997.

REZENDE, F.; TAFNER, P. (Orgs.) *Brasil*: o estado de uma nação. Brasília: Ipea, 2005.

SANDVEN, T. *Innovation and economic performance at the enterprise level*. The Step Report Series. Step Report R-10. Oslo, fev. 2000.

SLAPPENDEL, C. Perspectives on innovation in organizations. *Organization Studies*, v. 17, n. 1, p. 107-129, 1996.

SUNDBO, J. Management of innovation in services. *The Service Industries Journal*, v. 17, n. 3, p. 432-455, jul. 1997.

TETHER, B. S. The sources and aims of innovation in services: variety between and within sectors. *Econ. Innov. New Techn.*, v. 12, n. 6, p. 481-505, dez. 2003.

TIDD, J.; BESSANT, J.; PAVITT, K. *Managing innovation*. Integrating technological, market and organizational change. Chichester: John Wiley and Sons, 1997.

TORNATZKY, L. G.; FLEISCHER, M. *The processes of technological innovation*. Lexington Books, 1990.

VAN DE VEN, A. H. Central problems in the management of innovation. *Management Science*, v. 32, n. 5, p. 590-607, maio 1986.

VANG, J.; ZELLNER, C. Introduction: innovation in services. *Industry and Innovation*, v. 12, n. 2, p. 147-152, jun. 2005.

WOLFE, R. A. Organizational innovation: review, critique and suggested research directions. *Journal of Management Studies*, v. 31, n. 3, p. 405-431, maio 1994.

ZALTMAN, G.; DUNCAN, R.; HOLBEK, J. *Innovations and organizations*. Nova York: John Wiley and Sons, 1973.

CAPÍTULO **2**

Inovação Tecnológica, Sistemas Nacionais de Inovação e Estímulos Governamentais à Inovação

Eva Stal

Este capítulo aborda questões básicas sobre a inovação tecnológica, sua importância estratégica para aumentar a competitividade das empresas, tanto no país como no mercado externo, e mostra de que maneira se pode criar um ambiente que estimule a busca da inovação pelas empresas. As várias formas de aprendizagem e formação de capacitação tecnológica nas empresas são abordadas. Desse modo, o capítulo elabora e estende mais profundamente alguns conceitos apresentados no Capítulo 1, principalmente no que diz respeito à inovação tecnológica.

São apresentados os principais conceitos sobre ciência e tecnologia, invenção e inovação e as várias etapas para se chegar à inovação tecnológica: pesquisa básica, pesquisa aplicada e desenvolvimento experimental. São também discutidos os tipos de inovação tecnológica, segundo os autores mais conhecidos, como Christopher Freeman, Keith Pavitt, Giovanni Dosi, entre outros. Apresentamos as diferenças entre inovação, difusão e imitação.

Os conceitos de Freeman sobre as diferentes estratégias tecnológicas que as empresas adotam para inovar – ofensiva, defensiva, imitativa, dependente, oportunista e tradicional – são destacados no capítulo, bem como a classificação de Porter relativa a líderes e seguidores.

Fazemos um paralelo entre os conceitos estabelecidos de inovação tecnológica radical e incremental e os conceitos mais recentes de Clayton Christensen sobre inovações de ruptura, que levam empresas a um alto grau de sucesso pelo aproveitamento de uma oportunidade ímpar, mas que não são, necessariamente, inovações tecnológicas.

Na última parte do capítulo, apresentamos o modelo de Sistema Nacional de Inovação, conforme o conceito de Richard Nelson, o qual é utilizado em quase todos os países. Mostramos seus principais atores (governo, academia e empresas), o papel de cada um, suas inter-relações e parcerias.

Com relação ao papel do governo, e aproveitando o atual momento de definição de incentivos da Política Industrial, Tecnológica e de Comércio Exterior, lançada em 2003, relacionamos alguns instrumentos e mecanismos governamentais utilizados no Brasil e em diferentes países, para estimular a inovação tecnológica, além de sugerirmos algumas medidas, com base em recente trabalho que colheu opiniões de empresas brasileiras inovadoras.

I A relevância estratégica da inovação para as empresas e para os países

A noção de inovação e sua importância para o desenvolvimento econômico dos países foram reconhecidas inicialmente pelo economista Joseph Schumpeter, durante a década de 1930, o qual identificou cinco tipos de inovação: novos produtos ou mudanças substanciais em produtos existentes (inovação tecnológica de produto); novos processos ou métodos de produção (inovação tecnológica de processo); novos mercados; novas fontes de recursos e novas organizações (Schumpeter, 1961). Vista como tal, a inovação vai além de questões tecnológicas, incluindo também o atendimento das necessidades dos clientes.

É claro que as grandes mudanças introduzidas no modo de produção pela primeira Revolução Industrial (1760-1840), em que se destacam a máquina de fiar (1767), o tear hidráulico (1769), a máquina a vapor (1776), o tear mecânico (1785) e o descaroçador de algodão (1792), bem como pela segunda Revolução Industrial (1849-1914), com a substituição do ferro pelo aço e do vapor pela eletricidade e pelo petróleo, fizeram a humanidade sentir na prática os efeitos das inovações – nesses casos, inovações tecnológicas de produto e processo (Landes, 2003). Adam Smith afirmara que a divisão do trabalho e a ampliação do mercado estimulavam a inovação tecnológica (Landes, 1998), mas foi Schumpeter o primeiro a mostrar explicitamente a contribuição das inovações para a economia, em sua teoria econômica.

Foi só a partir dos trabalhos de Schumpeter, na primeira metade do século passado, que a tecnologia passou a ser analisada mais a fundo nas respectivas teorias de desenvolvimento econômico. Ele concentrou sua atenção nos efeitos positivos das inovações de processo e produto no desenvolvimento econômico, analisando também o papel da empresa e dos empreendedores no processo. Para Freeman e Soete (1997), Schumpeter, mais que qualquer outro economista, deu à inovação um lugar de destaque na teoria do desenvolvimento econômico.

Para Viotti (2005), diferenças na qualidade de vida de pessoas, no sucesso de empresas e no nível de desenvolvimento de nações dependem, em grande parte, da forma como estas produzem, absorvem e utilizam conhecimentos científicos e tecnológicos e inovações.

As nações que melhor se apropriam dos avanços do conhecimento e das inovações tecnológicas são as que mais se desenvolvem. A importância do conhecimento e da inovação tem aumentado de forma sem precedentes na história. Estima-se, por exemplo, que cerca de 80% dos cientistas que existiram na história da humanidade estão vivos hoje em dia. Atualmente, os investimentos "intangíveis" na produção de novos conhecimentos, inovações e em sua disseminação são críticos para o crescimento, enquanto os investimentos "tangíveis" em máquinas, prédios etc. vêm reduzindo progressivamente sua importância relativa.

No contexto econômico atual, marcado pela alta competitividade, qualidade dos produtos e concorrência acirrada, cada vez mais o êxito empresarial depende da capacidade de a empresa inovar tecnologicamente, colocando novos produtos no mercado a um preço menor, com uma qualidade melhor e a uma velocidade maior que seus concorrentes. Atualmente, as empresas precisam atender simultaneamente às demandas por eficiência, qualidade e flexibilidade, tudo isso acompanhado pela aplicação e utilização de novas tecnologias (fibras ópticas, microeletrônica etc.). Nesse contexto, pode-se observar que a P&D assume um papel de destaque, influenciando ativamente o processo de inovação tecnológica das empresas e dominando o estado da arte das novas tecnologias (Kumpe e Bolwijn, 1994).

A partir de 1960, começaram a surgir trabalhos que demonstravam a relação entre tecnologia e crescimento em uma base mais empírica e comparativa entre diversos países. Dentre os trabalhos, destaca-se o estudo de Fagerberg (1988), que analisou o PIB *per capita*, os gastos em P&D como percentual do PIB e o número de patentes externas por bilhão de dólares exportado. Os resultados mostraram que existe uma relação positiva entre PIB *per capita* e atividade tecnológica, medida tanto pelos gastos em P&D quanto pelo número de patentes.

A importância da inovação tecnológica também pode ser considerada uma peça-chave na obtenção da competitividade de um país. Michael Porter, no primeiro capítulo de seu livro *A vantagem competitiva das nações*, de 1993, justifica sua obra pela necessidade de se introduzir uma nova teoria sobre vantagem competitiva, ressaltando que nessa nova teoria a inovação e o melhoramento em métodos e tecnologia são os elementos centrais. Ele afirma também que a base da explicação da vantagem competitiva de um país está em seu papel de criar um ambiente de estímulo à inovação.

É importante observar também que a relação entre a dinâmica da inovação e o impacto econômico não é independente do contexto considerado. Tecnologia e crescimento apresentam relações distintas quando se levam em conta períodos recessivos, nível de abertura ou protecionismo econômico, intervencionismo estatal, natureza tecnológica (civil ou militar) ou mesmo setores industriais mais característicos do país (Pianta, 1995). Assim, essa variedade de contextos acaba acarretando certa dificuldade nas generalizações dos resultados. Um dos exemplos mais interessantes é o caso da ex-União Soviética; apesar de seus dispêndios em inovação, percentualmente ao PIB, serem, nos anos 1980, superiores aos do Japão e dos Estados Unidos, sua competitividade industrial era sensivelmente menor. Isso porque, contrariamente aos casos japonês e americano, mais de 70% de seus gastos estavam destinados às pesquisas de cunho militar (Andreassi, 2006).

Utterback (1996) mostra que as empresas passam por "ondas de inovação", seguidas por períodos de estabilidade e consolidação. Quando uma onda de inovação radical atinge todo um setor industrial, ela torna obsoletas as tecnologias existentes, e as empresas com produtos e capacitações internas relacionados às tecnologias existentes precisam embarcar na nova tecnologia ou serão varridas do setor.

Uma organização inovadora é aberta a novas idéias, independentemente de onde surjam, e estimula os esforços internos para transformá-las em novos produtos, processos ou serviços. Ela mede as inovações não por sua importância científica, mas pela contribuição para o mercado e para os clientes (Drucker, 1989).

Um dos grandes desafios das empresas é identificar fontes de inovação que realmente produzam resultados relevantes, permitindo conhecer os agentes que estão na origem da geração do novo produto ou processo. A partir dessa identificação, pode-se priorizar ou estabelecer processos para aumentar a eficiência e eficácia dessas fontes, visando a um melhor resultado e competitividade da empresa a longo prazo.

As fontes de inovação podem ser reunidas em quatro grupos (Andreassi, 2006):

Fontes internas à empresa

São as fontes oriundas dos diversos departamentos da empresa, dentre os quais se destacam os departamentos de P&D, Engenharia e Marketing.

Fontes relacionadas aos mercados de insumos e produtos em que a empresa opera

Nesse grupo, estão os fornecedores, os clientes e os concorrentes da empresa, bem como a aquisição de equipamentos e engenharia reversa dos produtos concorrentes.

Fontes de domínio público

Nesse grupo, encontram-se os artigos publicados em periódicos científicos, teses, feiras e exposições e congressos científicos.

Fontes variadas

Fontes cujas transações com as empresas são essencialmente de informações e conhecimento, sendo algumas predominantemente públicas (universidades, institutos de pesquisa e centros de capacitação) e outras privadas (como empresas de consultoria e de licenciamento de patentes e aquisição de *know-how*).

As fontes relacionadas aos mercados de insumos e produtos – fornecedores, clientes e concorrentes – aparecem logo após a fonte "outras áreas da empresa", em grau de importância. Elas são, em geral, as principais fontes de inovação das pequenas e médias empresas que têm dificuldade em formalizar a atividade de P&D ou de interagir com universidades e institutos de pesquisa.

Existem várias iniciativas bem-sucedidas no Brasil que demonstram a importância desse tipo de fonte de inovação. Um exemplo é a fábrica da Volkswagen, em Rezende (RJ). Com o propósito de aumentar a eficácia do relacionamento com seus fornecedores de peças, a montadora trouxe algumas dessas empresas para o interior da fábrica, com fortes reflexos sobre a inovação.

Outra iniciativa simples e que tem se revelado uma potente ferramenta na identificação de fontes de inovação é a implementação de um Serviço de Atendimento ao Cliente (SAC) para registrar reclamações e sugestões de clientes. Um corpo de funcionários bem treinado pode estimular os clientes a detalhar os problemas e, eventualmente, fornecer sugestões de melhorias.

A aquisição de equipamentos de fornecedores também é considerada uma forma de inovação, pois, além de ter um impacto no processo produtivo, exige que a empresa tenha uma equipe técnica minimamente preparada para tirar um maior proveito do equipamento adquirido. Isso porque, na maioria dos casos, são necessárias pequenas adaptações técnicas no equipamento adquirido, o que acaba se constituindo em uma fonte de capacitação e, conseqüentemente, de inovação. Além disso, a aquisição de produtos de empresas concorrentes para serem submetidos à engenharia reversa também pode ser considerada uma fonte de inovação, em função do aprendizado e da capacitação proporcionados à equipe técnica. Aliás, a engenharia reversa foi um método largamente empregado pelos países asiáticos no início de seu processo de desenvolvimento tecnológico.

Já as fontes públicas de informação – artigos acadêmicos, teses, eventos científicos – apresentam resultado intermediário, entre 10% e 20% das respostas, com exceção de feiras e exposições, que são fontes de idéias para pequenas e médias empresas. Grandes empresas são as que mais se beneficiam das fontes relacionadas com artigos acadêmicos e eventos científicos por possuírem centros formalizados de P&D, conseguindo transformar pesquisa básica em pesquisa aplicada.

Quanto às fontes variadas, as empresas brasileiras ainda são reticentes quanto à capacidade de as universidades e institutos de pesquisa apoiarem seu processo de inovação, dada a dificuldade de relacionamento entre essas diferentes instituições. Existe um conflito, chamado na literatura de "desconfiança mútua" ou "diferença de linguagens" ou, ainda, "choque de culturas distintas", causado pela dificuldade de compatibilizar as necessidades das empresas com a oferta de serviços que a universidade poderia prestar, devido às restrições impostas pela própria academia, preocupada essencialmente com o avanço do conhecimento, não com a sua aplicação.

Todavia, é justamente dessa cooperação que se espera um grande avanço no processo de inovação nas empresas no Brasil. Em quase todos os países, o processo de aproximação de universidades e empresas já é uma realidade, e esse processo se intensificou nos últimos 30 anos, dada a crescente incorporação de conhecimentos científicos na geração de produtos e serviços, especialmente em novos setores industriais, como biotecnologia, química fina e microeletrônica.

2 Principais conceitos relativos às atividades de inovação tecnológica. Inovações de produtos, processos e serviços

Como visto no Capítulo 1, não existe uma definição-padrão para inovação. Entretanto, o comum é a idéia de algo novo, seja uma característica de um produto, um processo, uma técnica, seja um novo uso de um produto ou serviço. A inovação possui um sentido econômico, pois depende da produção ou da aplicação comercial do novo produto ou do aperfeiçoamento nos bens e serviços já utilizados.

Segundo Freeman e Soete (1997), "uma invenção é uma idéia, um esboço ou um modelo para um novo ou aprimorado instrumento, produto, processo ou sistema (...) Uma inovação no sentido econômico é acompanhada pela primeira transação comercial envolvendo o novo instrumento, produto, processo ou sistema". Porém, esses autores afirmam que o termo *inovação* também é utilizado para designar todo o processo inovativo (invenção, inovação e difusão de tecnologia).

A invenção é uma ação deliberada que conduz ao desenvolvimento de um novo dispositivo, um novo método ou uma nova máquina que poderá mudar a maneira pela qual as coisas são feitas. Mas ela só se tornará uma inovação quando o novo dispositivo, método ou máquina estiver disponível no mercado para ser vendido ou utilizado.

Para Dosi (1988), a inovação compreende "a busca, a descoberta, a experimentação, o desenvolvimento, a imitação e a adoção de novos produtos, novos processos e novas técnicas organizacionais". Destaca-se nesse conceito a inclusão da "imitação" como uma etapa do processo de inovação, especialmente quando se considera a perspectiva de uma empresa individualmente – inovação para a empresa, não para o mundo.

Alguns autores também consideram a imitação e a difusão como atividades similares, ou seja, à medida que uma nova tecnologia se difunde, e todas as empresas passam a utilizá-la, não fazem mais do que imitar o primeiro inovador (Barbieri, 1990). Outros autores consideram a difusão tecnológica um processo de propagação de uma inovação técnica entre usuários potenciais (adoção de uma nova técnica) e seu melhoramento e adaptação contínua. Os processos de inovação e difusão, particularmente de novas tecnologias, são interdependentes e estimulados pela interação usuários/produtor (Martínez e Albornoz, 1998).

A *inovação tecnológica de produto* compreende produtos tecnologicamente novos, bem como substanciais melhorias tecnológicas em produtos existentes; é considerada implantada se tiver sido introduzida no mercado. Já a *inovação tecnológica de processo* consiste na adoção de métodos de produção novos ou significativamente melhorados, incluindo métodos de entrega dos produtos. Pode envolver mudanças no equipamento ou na organização da produção e derivar do uso de novo conhecimento. Os novos métodos visam produzir ou entregar produtos tecnologicamente novos ou aprimorados, que não possam ser produzidos ou entregues com os métodos convencionais de produção, ou aumentar a produção ou eficiência na entrega de produtos existentes.

Tanto a inovação tecnológica de produto como a de processo têm como exigência mínima a novidade (ou melhoria substancial) para a empresa, não precisando ser um produto ou processo novo no mundo.

Atualmente, cresce em importância a *inovação em serviços*, cujas teorias ainda estão sendo construídas (Vargas, 2002; Gallouj, 1998). Uma delas, a *abordagem tecnicista ou tecnológica,* domina a maioria dos estudos empíricos e se baseia no conceito de que a inovação em serviços é o resultado da adoção de inovações tecnológicas desenvolvidas no setor industrial, sendo, na verdade, um processo de difusão das inovações tecnológicas da indústria no setor de serviços. Trata basicamente de tecnologia da informação (TI) no setor de serviços – bancos, seguros, contabilidade, gestão – e explica a difusão das inovações tecnológicas desenvolvidas na indústria manufatureira.

O principal autor dessa abordagem foi Barras (1986), com seu modelo do "ciclo reverso do produto" (Vargas, 2002). Para ele, a inovação em serviços percorreria um ciclo inverso ao verificado nas inovações tecnológicas. Em um primeiro momento, a introdução de uma nova tecnologia de processo levaria ao aumento da eficiência na prestação de serviços existentes, ou seja, uma inovação incremental. No segundo estágio, os novos sistemas de produção/entrega de serviços são voltados a melhorias na qualidade dos serviços. No estágio final, quando o processo de difusão tecnológica estaria em sua fase mais avançada, a tecnologia resultaria em novos serviços (inovações radicais) ou recombinações de serviços já existentes (inovações arquiteturais). Na verdade, esse modelo do "ciclo reverso do produto" acaba reforçando a concepção de que a indústria é o *locus* da inovação.

Mais recentemente, esse enfoque cedeu lugar à *abordagem integradora,* que se propõe a integrar bens e serviços em uma única teoria da inovação (Gallouj e Weinstein, 1997; Miles, 2000); esta mostra a existência de um processo de convergência entre a manufatura e os serviços, com um *continuum* de características que se aplicam tanto a serviços quanto à manufatura, e cada indústria tem sua própria combinação de características, sem uma separação clara entre serviços e manufatura.

Em resumo, a inovação é a introdução, com êxito, no mercado, de produtos, serviços, processos, métodos e sistemas que não existiam anteriormente ou que contenham alguma característica nova e diferente do padrão em vigor. Pode-se dizer, também, que a inovação é a solução de um problema tecnológico, utilizada pela primeira vez descrevendo o conjunto de fases que incluem a pesquisa básica, a pesquisa aplicada, o desenvolvimento experimental, a engenharia não-rotineira, o protótipo e a comercialização pioneira, até a introdução do novo produto no mercado em escala comercial, tendo, em geral, fortes repercussões socioeconômicas (Longo, 2004).

A Organização para a Cooperação e o Desenvolvimento Econômico (OCDE) apresenta, em duas publicações fundamentais – o *Manual Frascatti* (1993) e o *Manual de Oslo* (1997) –, os principais conceitos relativos às atividades que compõem o processo de inovação e que passaram a ser adotados mundialmente.

Pesquisa básica – Estudo teórico ou experimental que visa contribuir, de forma original ou incremental, para a compreensão dos fatos e fenômenos observáveis, teorias, sem ter em vista uso ou aplicação específica imediata. A pesquisa básica analisa propriedades, estruturas e conexões a fim de formular e comprovar hipóteses, teorias etc. O produto da ciência é basicamente um novo conhecimento, repassado por meio da informação, tendo como suporte o documento. A pesquisa básica é comumente executada por cientistas que estabelecem as próprias metas e, em grande parte, organizam o próprio trabalho. Contudo, em alguns casos, a pesquisa básica pode ser fundamentalmente orientada ou dirigida em função de áreas mais amplas de interesse geral.

Pesquisa aplicada – É uma investigação original concebida pelo interesse em adquirir novos conhecimentos, porém primordialmente dirigida em função de um objetivo prático específico. É realizada ou para determinar os possíveis usos para as descobertas da pesquisa básica, ou para definir novos métodos ou maneiras de alcançar um certo objetivo específico e predeterminado. Ela envolve consideração de conhecimento disponível e sua ampliação com vistas à solução de problemas específicos. Os conhecimentos ou informações dela resultantes são quase sempre patenteados.

Desenvolvimento experimental – É o trabalho sistemático, delineado a partir do conhecimento preexistente, obtido por meio da pesquisa e/ou experiência prática, e aplicado na produção de novos materiais, produtos e aparelhagens, no estabelecimento de novos processos, sistemas e serviços e ainda no substancial aperfeiçoamento dos já produzidos ou estabelecidos.

Engenharia não-rotineira – São atividades de engenharia diretamente relacionadas ao processo de inovação, envolvendo o desenvolvimento de produtos e processos. Inclui as seguintes atividades:

- o *design* (produção de planos e desenhos que especificam, técnica e operacionalmente, os elementos necessários à concepção, desenvolvimento, manufatura e comercialização de novos produtos e processos);

- o projeto, a confecção e as mudanças de ferramental a serem utilizados em novos produtos e processos;
- o estabelecimento de novos métodos e padrões de trabalho;
- os rearranjos de planta requeridos para implementação de novos produtos e processos.

Protótipo – Modelo original representativo de alguma criação, do qual todos os objetos ou utensílios do mesmo tipo são representações ou cópias. É um modelo básico detentor de características essenciais do produto pretendido.

Comercialização pioneira – Atividades que visam a introdução de novos produtos e processos no mercado. Cumpre as etapas de industrialização de protótipo, lote experimental, prospecção comercial e marketing.

3 Tipos de inovação tecnológica

Tidd, Bessant e Pavitt (2005) definem inovação como o processo de transformar oportunidades em novas idéias e colocá-las em prática. Dependendo do grau de mudança provocado, elas podem ser radicais ou incrementais. As radicais representam uma ruptura estrutural com o padrão anterior, causando grande impacto na economia e na sociedade, e as incrementais referem-se à introdução de alguma melhoria em termos de um produto, processo ou serviço.

Segundo o *Manual de Oslo* (1997), as seguintes definições se aplicam aos tipos de inovação:

Inovação incremental – É a introdução de qualquer tipo de melhoria em um produto, processo ou organização da produção dentro de uma empresa, sem alteração na estrutura industrial.

Inovação radical – É a introdução de um novo produto, processo ou forma de organização da produção inteiramente nova. Esse tipo de inovação pode representar uma ruptura estrutural com o padrão tecnológico anterior, originando novas indústrias, setores ou mercados.

Clayton Christensen (2001) apresenta o conceito de inovação de ruptura ou disruptiva, que leva empresas a um alto grau de sucesso pelo aproveitamento de uma oportunidade ímpar, mas que não é, necessariamente, uma inovação tecnológica radical.

Ele chama de tecnologia incremental a que dá suporte à melhoria do desempenho de produtos estabelecidos. Ocasionalmente, ocorrem as tecnologias de ruptura, que trazem ao mercado uma proposição de valor muito diferente daquela até então disponível. Produtos baseados nessas tecnologias são geralmente mais baratos, mais simples, menores e de uso mais conveniente. As empresas fabricantes de minicomputadores não eram os produtores de computadores de grande porte; assim como aquelas perderam o mercado para os novos fabricantes de computadores pessoais (Christensen, 2001), empresas líderes fracassaram ante as mudanças de rupturas em tecnologia e estrutura de mercado.

Pequenas motocicletas *off-road* introduzidas nos Estados Unidos e na Europa por Honda, Kawasaki e Yamaha foram tecnologias de ruptura, segundo Christensen, em relação à potência e ao tamanho das motos Harley-Davidson e BMW, apesar de constituírem inovação incremental, segundo a definição do *Manual de Oslo* (1997).

Para Christensen (2003), o mercado é o mais importante propulsor das inovações, e muitas vezes não é uma nova e sofisticada tecnologia que vai assegurar a vantagem competitiva. Ele descreve vários casos de empresas líderes em setores industriais, com base em tecnologias sustentadoras (ou sustentáveis), que se viram ameaçadas por novos entrantes que ofereciam produtos com tecnologia similar, porém com formas ou desempenho mais atraentes, mais convenientes, de custo menor e que atendiam a clientes que os concorrentes não se interessavam em atender. Um exemplo é a concorrência entre Xerox (que possuía uma inovação tecnológica radical), IBM e Kodak, nos anos 1970 e 1980. Essas empresas eram muito maiores que a Xerox, mas não conseguiram superá-la com uma tecnologia sustentadora. A empresa que derrubou a Xerox foi a Canon, com uma estratégia de ruptura baseada em copiadoras de mesa.

Como exemplos adicionais, estão a RCA *versus* Sony (aparelhos portáteis); Google *versus* Páginas Amarelas; e-mail *versus* cartas convencionais; Amazon.com *versus* livrarias tradicionais. Outras empresas que ganharam mercado utilizando tecnologias disruptivas podem ser citadas: Southwest Airlines, Toys'R Us (brinquedos), Staples e sua concorrente Office Depot (no Brasil, a Kalunga). As oportunidades situam-se no surgimento de novos mercados, com necessidades e expectativas muito distintas (Tidd, Bessant e Pavitt, 2005).

4 Principais modelos de inovação tecnológica

Existem vários modelos que explicam o processo de inovação tecnológica. O mais antigo deles é o modelo linear de inovação ou *science push* (Viotti e

Macedo, 2003; Barbieri e Álvares, 2003). Segundo o modelo linear, o investimento pesado em ciência gera um estoque de conhecimento científico no país, o qual é então utilizado pelas empresas no desenvolvimento de novos produtos e processos, gerando riqueza e, posteriormente, desenvolvimento econômico-social.

O modelo linear estabeleceu as bases da política de ciência e tecnologia nos Estados Unidos, em 1945, e exerceu grande influência sobre a definição de políticas similares em vários países do mundo.

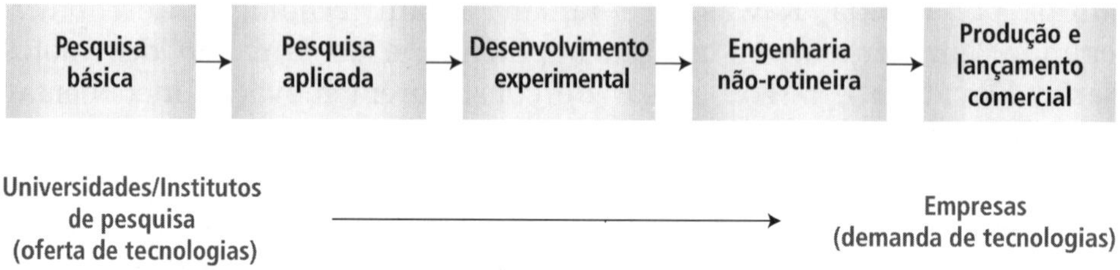

Fonte: Viotti e Macedo, 2003.

Figura 2.1 Modelo linear de inovação (*science push*).

O modelo linear reverso (*demand pull*) considera que a inovação é estimulada pelas necessidades do mercado ou por problemas operacionais das empresas (Barbieri e Álvares, 2003) e mostra que os conhecimentos necessários ao processo de inovação não provêm obrigatoriamente da pesquisa científica nem apenas da prática cotidiana das próprias empresas.

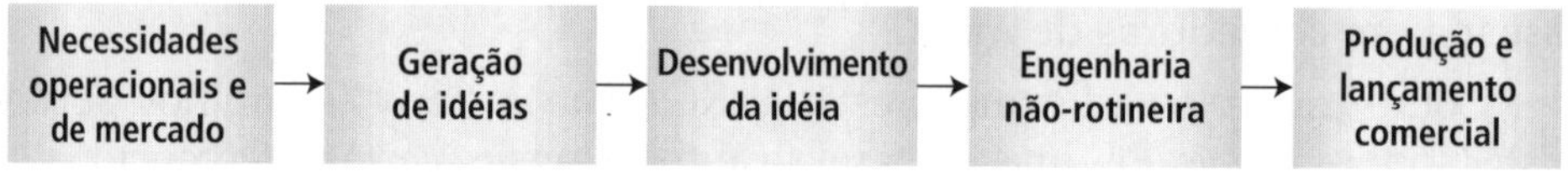

Fonte: Barbieri e Álvares, 2003.

Figura 2.2 Modelo linear reverso (*demand pull*).

Os dois modelos podem ser considerados corretos, à medida que partem de pressupostos verdadeiros. Dependendo das circunstâncias, ambos se aplicam. Sem dúvida, as inovações são beneficiadas pelos conhecimentos acumulados em pesquisas científicas realizadas anteriormente, cujo acesso está disponível por meio de publicações. Mas também são induzidas por problemas industriais e necessidades dos consumidores.

Entretanto, eles falham justamente em sua concepção linear, insuficiente para explicar o que efetivamente ocorre no interior das organizações inovadoras.

Essa falha foi suprida por Kline (1978), em seu modelo conhecido como *elo de cadeia* ou *interações em cadeia*. Nele são enfatizadas as interações (*feedbacks*) entre as diferentes fases do processo, especialmente na base da figura, que ele denomina cadeia central de inovação. As setas no interior da cadeia central ilustram a trajetória típica do modelo linear, mas, neste modelo, elas são acrescidas das setas curvas, relativas aos diferentes *feedbacks*.

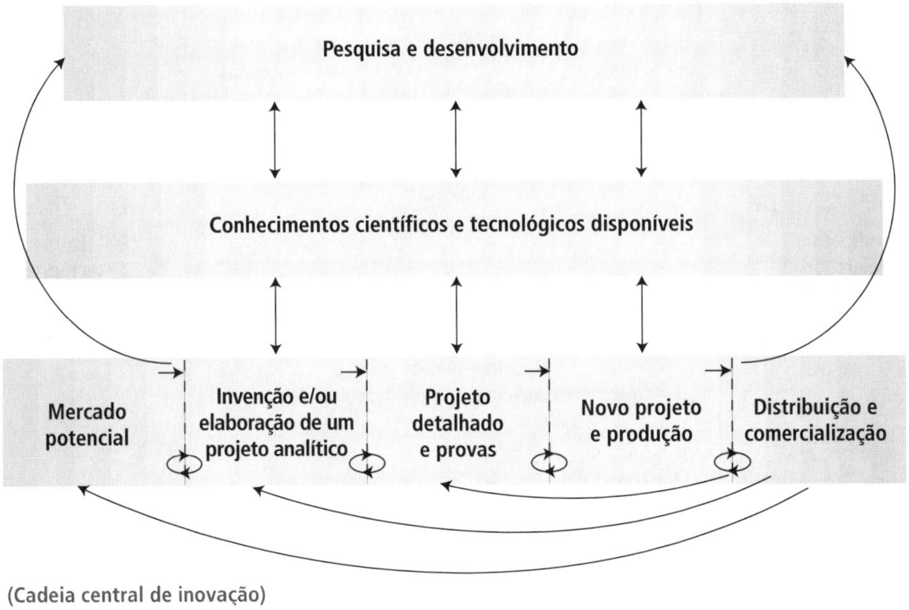

Fonte: Kline, 1978, apud Barbieri e Álvares, 2003.

Figura 2.3 Modelo de interações em cadeia.

Embora o modelo de Kline inclua aspectos fundamentais do processo de inovação, não abrangidos pelos modelos lineares, estudos posteriores chegaram a uma abordagem ainda mais complexa do processo, a partir da visão dos Sistemas Nacionais de Inovação (explicados mais à frente), ao considerar que a análise dos processos de produção, difusão e uso de ciência, tecnologia e inovação deve levar em conta a influência simultânea de fatores organizacionais, institucionais e econômicos (Viotti e Macedo, 2003).

O modelo sistêmico de inovação (OECD, 1999; adaptado de Viotti e Macedo, 2003) mostra que as empresas não inovam sozinhas, mas, em geral, no âmbito de um sistema de redes de relações com outras empresas, com a infra-estrutura de pesquisa pública e privada (universidades e institutos de pesquisa), com a economia nacional e internacional, com o sistema normativo etc.

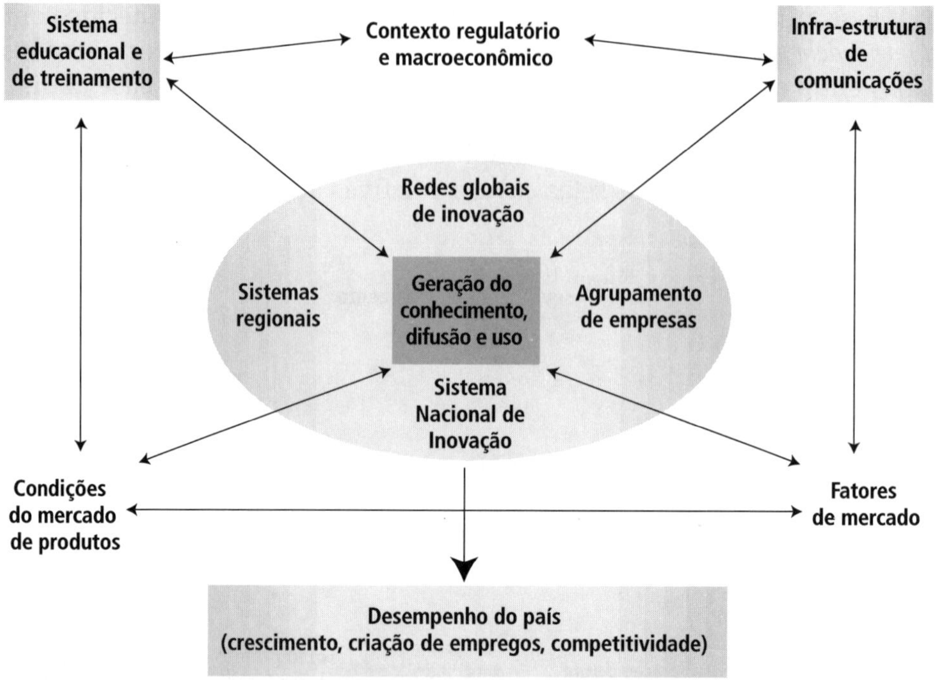

Fonte: OECD, 1999; adaptado de Viotti e Macedo, 2003.

Figura 2.4 Modelo sistêmico de inovação.

5 Estratégias tecnológicas que as empresas adotam com relação à inovação

Freeman (1974) classifica as empresas segundo seis tipos de estratégias adotadas em relação à inovação tecnológica – ofensiva, defensiva, imitativa, dependente, oportunista e tradicional.

A estratégia ofensiva é adotada por uma empresa que visa a liderança, diante de seus concorrentes, no mercado e na tecnologia. As características predominantes são a excelência técnica dos produtos e certa agressividade mercadológica. Outras características que devem estar presentes são a exploração precoce de novas descobertas científicas e a manutenção de fortes vínculos com universidades e institutos de pesquisa, por meio de interações de seus engenheiros e cientistas – ou seja, essas empresas fundamentam sua estratégia em forte atividade interna de pesquisa e desenvolvimento (P&D).

Em qualquer país, apenas um pequeno grupo de empresas adota uma estratégia de inovação ofensiva (Teixeira, 1983). Algumas são ofensivas no início, ao lançar um novo produto, e depois passam a colher os frutos daquela inovação bem-sucedida. Podem tornar-se defensivas, o que não significa abdicar de P&D, mas podem enxergar vantagens em serem seguidoras do líder, adaptando o produto às necessidades dos clientes, aprendendo com a experiência do líder ofensivo, sem repetir suas eventuais falhas, e obtendo diferenciação (Porter, 1992).

O que diferencia fundamentalmente as estratégias ofensiva e defensiva é uma questão de diferença de tempo no lançamento de inovações. Empresas que adotam estratégias defensivas querem correr menos riscos, mas não desejam ficar muito atrás no mercado. Assim, são empresas intensivas em pesquisa e estão prontas a reagir a inovações lançadas pelos concorrentes.

A estratégia defensiva é distinta da imitativa. Firmas que adotam essa estratégia reagem às inovações, mas sua posição de mercado é garantida por meio de cópias, com algumas modificações, de projetos dos concorrentes e, com freqüência, por alguma proteção ou reserva de mercado. Nesses casos, as empresas preferem licenciar tecnologias estrangeiras, adaptando-as, por meio de *design* e engenharia de processo ou produto, ao mercado em que atuam (Teixeira, 1983).

Para Porter (1992), essa também é uma estratégia de seguimento tecnológico, mas aqui a busca é pela vantagem de custo, não pela diferenciação, evitando-se os custos de P&D.

A estratégia dependente é típica de empresas que estão institucional ou economicamente sujeitas a outras, como as subsidiárias de multinacionais ou fornecedoras de outras firmas, especialmente no setor de autopeças. Nesses casos, as inovações são especificamente demandadas pelas matrizes ou empresas compradoras dos produtos dos fornecedores.

Na estratégia oportunista, a empresa explora nichos de mercado. Depende fortemente da sensibilidade de um empreendedor para identificar um nicho inexplorado, uma nova oportunidade de mercado, que não exija quase investimentos em P&D. Um exemplo são as empresas de eletrônica que vislumbraram a importância que a televisão estava assumindo no cotidiano das famílias nos anos 1970, e passaram a criar jogos acoplados aos aparelhos de TV.

Finalmente, a estratégia tradicional prescinde das inovações tecnológicas e está basicamente em setores que não demandam mudanças. Em geral, são empresas que atuam em setores que atendem a necessidades básicas do mercado – móveis, vestuário, restaurantes –, nos quais os produtos são razoavelmente estáveis em termos de conteúdo tecnológico, não exigindo capacitação técnico-científica.

6 Sistemas Nacionais, Regionais e Locais de Inovação – principais atores, suas relações e parcerias

Um *Sistema Nacional de Inovação* pode ser definido como uma rede de instituições públicas e privadas que interagem para promover o desenvolvimento científico e tecnológico de um país. Inclui universidades, escolas técnicas, institutos de pesquisa, agências governamentais de fomento, empresas de consultoria, empresas industriais, associações empresariais e agências reguladoras, em um esforço de geração, importação, modificação, adaptação e difusão de inovações (Nelson, 1993).

Para Patel e Pavitt (1994), os países desenvolvidos (Estados Unidos, Alemanha, Japão, França, Inglaterra, Itália) possuem SNIs maduros, capazes de mantê-los na fronteira tecnológica internacional. Um segundo grupo de países possui sistemas intermediários – Suécia, Dinamarca, Holanda, Suíça, Coréia do Sul, Taiwan – e está voltado basicamente à difusão da inovação, com forte capacidade doméstica de absorver os avanços técnicos gerados nos sistemas maduros. Em geral, os países em desenvolvimento (Brasil, Argentina, México, Índia, China) possuem sistemas incompletos, com infra-estrutura tecnológica reduzida.

A primeira representação esquemática dos SNIs foi atribuída a Jorge Sábato, cujo modelo ficou conhecido como "Triângulo de Sábato" (Sábato e Botana, 1968). Nos vértices se situam o governo, as instituições de ensino e pesquisa e o sistema produtivo, cada qual com um papel específico no processo de inovação. O modelo pressupunha transformações à medida que aumentavam as interações bilaterais entre os ocupantes de dois vértices, até haver uma forte integração entre pessoas e idéias em todos os níveis (Sbragia e Stal, 2004).

Recentemente, surgiu a metáfora da Hélice Tripla, a qual descreve a criação de empreendimentos, dentro e fora da universidade, que envolvem cooperação entre universidade, indústria e governo. É um modelo espiral de inovação que leva em consideração as múltiplas relações recíprocas em diferentes estágios do processo de geração e disseminação do conhecimento. Cada hélice é uma esfera institucional independente, mas trabalha em cooperação e interdependência com as demais esferas, por meio de fluxos de conhecimento entre elas. Além das conexões entre as esferas institucionais, cada uma assume, cada vez mais, o papel das outras – as universidades assumem postura empresarial, licenciando patentes e criando empresas de base tecnológica, enquanto firmas desenvolvem uma dimensão acadêmica, compartilhando conhecimentos entre elas e treinando seus funcionários em níveis cada vez mais elevados de qualificação (Leydesdorff e Etzkowitz, 1998).

O modelo da Hélice Tripla constitui uma evolução do Triângulo de Sábato, ao mostrar que, além de interações múltiplas, cada um dos integrantes passa a desempenhar funções antes exclusivas dos outros dois, e considera a formação de redes entre as várias esferas institucionais formadas pelas hélices. Nesse modelo, as empresas se localizam no centro de uma sólida rede de interações, determinando a velocidade e a direção do processo de inovação e mudança tecnológica e operando como agentes do desenvolvimento local/regional. Segundo Etzkowitz (1993), as universidades passaram por uma nova Revolução Acadêmica nos anos 1990, que as levou a participar mais ativamente do desenvolvimento econômico, incorporando novas funções às atividades tradicionais de ensino e pesquisa. Tal fato contribuiu para reforçar o grau de importância da hélice representada pela universidade na manutenção do equilíbrio dinâmico do arranjo.

Do ponto de vista econômico, é importante garantir um fluxo permanente entre os agentes do SNI, pois as diferenças de acumulação de tecnologia são responsáveis pela lacuna entre os países desenvolvidos e em desenvolvimento. Apesar de a globalização ter aumentado o fluxo de bens e serviços, não resultou em significativa transferência de tecnologia para os países emergentes.

O processo de mudança tecnológica em países em desenvolvimento consiste na aquisição e no melhoramento de capacidade tecnológica, não em inovações na fronteira do conhecimento. Essencialmente, aprende-se a usar e a aprimorar tecnologias existentes nos países desenvolvidos. Essa não é uma tarefa simples e sem custos, e o sucesso industrial vai depender da gestão desse processo: como todos os países têm acesso a esses conhecimentos técnicos, um determinante crítico do desempenho empresarial é o nível distinto de aprendizado tecnológico por parte dos diferentes países (Lall, 2000).

O aprendizado ativo é condição necessária, mas não suficiente, para atingir o desenvolvimento. Países desenvolvidos são competitivos porque possuem forte atividade tecnológica. Logo, são necessários esforços tecnológicos domésticos para que os países em desenvolvimento se tornem independentes e competitivos. Nesse estágio, as políticas públicas não precisam privilegiar exclusivamente a inovação, mas é importante o aperfeiçoamento da estrutura técnica de educação que possibilite a formação de mão-de-obra qualificada e a capacitação em pesquisa e desenvolvimento (Sbragia e Stal, 2004).

6.1 Sistemas Regionais de Inovação

O conceito de Sistema Regional de Inovação (SRI) se originou a partir dos estudos sobre Sistemas Nacionais de Inovação e sobre os aspectos ligados ao desenvolvimento regional (Cooke, 2002). Aparentemente, os sistemas de inovação podem apresentar consideráveis diferenças em função de suas especificidades regionais e locais. Quanto menor a abrangência geográfica e política, maior a chance de desenvolver políticas de competitividade e inovação que permitam atender às especificidades de cada localidade ou região.

Cooke e Morgan (1998) definem um Sistema Regional de Inovação como um conjunto de organizações voltadas para a inovação, constituído de universidades, laboratórios de pesquisa, agências de transferência de tecnologia, organizações regionais de governança públicas e privadas (como, por exemplo, associações comerciais, câmaras de comércio), organizações de treinamento vocacional, bancos, empreendimentos de capital de risco, pequenas e grandes empresas. Além disso, essas organizações devem demonstrar vínculos sistêmicos por meio de programas em comum, realização conjunta de pesquisa, fluxos de informações e estabelecimento de ações políticas pelas organizações incumbidas da gestão do sistema.

6.2 *Clusters*, arranjos produtivos locais ou Sistemas Locais de Inovação

Para Porter (1999), *cluster* é um aglomerado geograficamente concentrado, de empresas inter-relacionadas e instituições de apoio, em uma determinada área ou setor, vinculadas por elementos comuns e complementares. São formados por um grande número de empresas de porte variado, com presença significativa de pequenas empresas não integradas verticalmente, fabricantes de um mesmo tipo de produto, ou produtos similares, e seus fornecedores e prestadores de serviço. Essa característica estrutural é determinante da divisão de trabalho entre as empresas locais, o que permite economias de escala e de escopo, independentemente do tamanho das empresas.

Instituições governamentais ou paragovernamentais, que têm criado programas de apoio a esses empreendimentos, oferecem definições similares. O Sebrae (www.sebrae.com.br) define os *arranjos produtivos locais* como aglomerações de empresas localizadas em um mesmo território, que apresentam especialização produtiva e mantêm algum vínculo de articulação, interação, cooperação e aprendizagem entre si e com outros atores locais, como, por exemplo, governo, associações empresariais, instituições de crédito, ensino e pesquisa. Para o BNDES (www.bndes.gov.br), são concentrações geográficas de empresas e instituições que se relacionam em um setor particular. Incluem, em geral, fornecedores especializados, universidades, associações de classe, instituições governamentais e outras organizações que provêem educação, informação, conhecimento e apoio técnico.

Os *clusters* podem ser de setores tradicionais da economia ou de setores de alta tecnologia. A Redesist (2005) define *arranjos produtivos locais* como aglomerações territoriais de agentes econômicos, políticos e sociais, com foco em um conjunto específico de atividades econômicas, e que apresentam vínculos, mesmo que incipientes. Já os *sistemas produtivos e inovativos locais* são arranjos produtivos em que há interdependência, articulação e vínculos consistentes, resultando em interação, cooperação e aprendizagem, com potencial para incentivar o aumento da capacidade de inovação endógena, da competitividade e do desenvolvimento local.

7 Instrumentos governamentais de estímulo à inovação tecnológica. A Política Industrial, Tecnológica e de Comércio Exterior e a Lei de Inovação

Em todos os países, mesmo nos mais desenvolvidos, o Estado apóia as atividades de inovação nas empresas. Isenção ou redução de impostos, financiamentos com juros mais baixos, subvenção econômica e bolsas de pesquisa são alguns dos mecanismos utilizados. Isso porque a inovação traz riscos imensos, tanto tecnológicos como comerciais, mas seus benefícios também são enormes e revertidos para toda a sociedade.

No Brasil, alguns órgãos governamentais de fomento à pesquisa foram criados nos anos 1950, como o Conselho Nacional de Desenvolvimento Científico e Tecnológico (CNPq), antigo Conselho Nacional de Pesquisas, do qual manteve a sigla, e o Banco Nacional de Desenvolvimento Econômico e Social (BNDES), ex-BNDE (que incorporou ao nome a preocupação explícita com problemas sociais alguns anos depois), a primeira agência federal a apoiar institucionalmente programas de pós-graduação.

Mas a preocupação do governo com o desenvolvimento científico e tecnológico só se explicitou no final dos anos 1960, mediante planos e programas específicos que incluíram a reformulação ou a criação de agências governamentais para induzir, apoiar e orientar as atividades de pesquisa e desenvolvimento realizadas nas universidades, institutos de pesquisa e empresas. Antes, não havia uma política de Ciência & Tecnologia como objetivo de Estado. A Financiadora de Estudos e Projetos (Finep) foi criada em

1967 e o Fundo Nacional de Desenvolvimento Científico e Tecnológico (FNDCT), seu principal instrumento financeiro, em 1969.

Pode-se dizer que a ciência no Brasil sempre contou com o apoio do governo, em maior ou menor escala. Já a inovação, ou seja, a aplicação de resultados de pesquisa em novos produtos, processos ou serviços, foi bastante negligenciada, principalmente por conta do modelo de industrialização adotado até meados da década de 1980, conhecido como "substituição de importações", que facilitou às empresas brasileiras o licenciamento de tecnologia estrangeira para o estabelecimento de nosso parque industrial.

Houve, portanto, um certo paradoxo entre as ações governamentais de apoio à pesquisa genuinamente nacional, realizada nas universidades e institutos de pesquisa, e o amparo às empresas para que buscassem tecnologia onde estivesse disponível. Isso explica, em grande parte, o fosso que se estabeleceu entre universidades e empresas – as primeiras obtendo o reconhecimento de seu esforço na comunidade científica mundial, sem a preocupação de buscar soluções inovadoras para os problemas enfrentados pela indústria, que os resolvia mediante a compra de tecnologia externa.

Reduzir a distância entre empresas e instituições de pesquisa é um dos pontos principais da política de ciência e tecnologia que o governo federal e os governos estaduais têm buscado, por meio de programas específicos de apoio à inovação. Os principais instrumentos concentram-se no Ministério da Ciência e Tecnologia. O MCT gerencia alguns programas diretamente, mas em geral recursos financeiros são repassados por intermédio de suas agências Finep e CNPq.

A Finep explicita sua intenção de apoio ao esforço inovador ao intitular-se "Agência Brasileira da Inovação". Em nível federal, ela é a principal agência de suporte à inovação tecnológica. Trabalha em parceria com empresas, institutos e centros de pesquisas, organismos governamentais, agências multilaterais internacionais, investidores e entidades do Terceiro Setor. Sua cobertura abrange a pesquisa básica realizada nas universidades; a pesquisa aplicada feita nos institutos de pesquisa e as atividades de inovação nas empresas. No caso dessas últimas, a agência estimula a inovação com o objetivo de aumentar a competitividade nos mercados nacional e internacional e de ampliar a capacidade de exportação e substituição de importações do país.

A Finep oferece vários tipos de apoio financeiro, como financiamento-padrão (TJLP + *spread*); financiamento com cláusula de equalização de taxas de juros; financiamento com retorno variável; apoio financeiro não-reembolsável (para instituições de ensino e pesquisa); incentivos fiscais; subvenção econômica para empresas que possuam projetos de P&D com incentivos fiscais; aporte de capital, modalidade em que participa como sócia do empreendimento, e instrumentos de garantia de liquidez para investidores. Entretanto, não existe nenhum programa específico para projetos em parceria entre empresas e instituições de ensino e pesquisa.

O BNDES, de modo geral, é a agência ideal caso a empresa necessite de apoio financeiro substancial e abrangente para a instalação ou reinstalação de fábricas e que contemple também a modernização e o desenvolvimento tecnológico ou a compra de equipamentos para a garantia de sua competitividade. Entretanto, se o projeto da empresa visa apenas ao desenvolvimento tecnológico de produtos e processos, a Finep tem alternativas de financiamento mais adequadas. Em maio de 2004, o BNDES criou um fundo tecnológico, o Funtec, com um patrimônio inicial de R$ 180 milhões, para operar recursos não-reembolsáveis e reembolsáveis, e participação acionária, e que será operacionalizado pela Finep. Os clientes serão empresas brasileiras, com sede e administração no país, e instituições tecnológicas, com manifestação expressa de interesse de empresa brasileira pela utilização comercial das inovações.

A Lei de Inovação, regulamentada pelo Decreto 5.563, de 11 de outubro de 2005, estabelece medidas de incentivo à inovação e à pesquisa científica e tecnológica no ambiente produtivo, com vistas à capacitação, ao alcance da autonomia tecnológica e ao desenvolvimento industrial do país. Para estimular a construção de ambientes especializados e cooperativos de inovação, propõe a criação de um novo marco regulatório que visa estimular a geração de patentes e a transferência de tecnologia das universidades públicas para o setor privado. Ela deverá ser um dos principais pontos de referência da Política Industrial, Tecnológica e de Comércio Exterior (PITCE). Em sua elaboração, houve o consenso de que o Brasil necessita estimular o aumento da competitividade das empresas, o que se traduz em inovação. Seus principais aspectos são:

- apoio a projetos de parceria entre universidades, institutos tecnológicos e empresas;
- utilização de laboratórios, equipamentos e instalações de ICT (instituição científica e tecnológica pública) por empresas nacionais;
- regras para contratos de transferência de tecnologia, com ou sem exclusividade;
- criação de núcleos de inovação tecnológica nas ICTs;
- possibilidade de afastamento temporário do pesquisador para criar empresa ou colaborar com outra ICT;
- subvenção econômica a empresas para projetos de inovação.

A Lei de Inovação cria incentivos para a interação entre universidades, empresas nacionais e centros de pesquisa, por meio da autorização para que as instituições científicas e tecnológicas (ICTs) possam, mediante remuneração e por prazo determinado, compartilhar seus laboratórios, equipamentos, instrumentos, materiais e demais instalações. Muitas universidades criaram mecanismos para receber recursos do setor privado para financiar pesquisas, mas sem regras precisas. Com a nova lei, espera-se que haja maior transparência nesses contatos (Stal, 2006).

Outro programa importante para a inovação em pequenas empresas é o Programa de Apoio à Pesquisa em Empresas (Pappe), implementado em parceria entre a Finep e as Fundações Estaduais de Apoio à Pesquisa e que tem como objetivo incentivar pesquisadores a abrir empresas, transformando resultados de pesquisa em novos negócios. A experiência da Fundação de Amparo à Pesquisa do Estado de São Paulo (Fapesp) com o Programa de Inovação Tecnológica em Pequenas Empresas (Pipe), lançado em 1997, foi replicada em quase todos os estados.

O Programa RHAE-Inovação (Programa de Capacitação de Recursos Humanos para Atividades Estratégicas em Apoio à Inovação Tecnológica), do CNPq, também atende às necessidades de inovação das empresas, mediante a concessão de vários tipos de bolsas individuais que permitem que as empresas desenvolvam novos projetos, contando com pessoal que elas não teriam condições financeiras de contratar ou treinar. Podem ser contratados pesquisadores na universidade, desde que não tenham vínculos empregatícios, como é o caso de alunos de doutorado ou recém-doutores. A incorporação de especialistas à equipe da empresa por um período de até 24 meses e sem ônus para ela pode viabilizar a execução de projetos importantes.

A Finep lançou, em 2005, um fundo de apoio a novos empreendimentos de base tecnológica, o Fundo Inovar Semente. Trata-se de capital oferecido a empresas em estágio pré-operacional, ainda dentro de incubadoras. Serão criados 25 fundos de capital semente (*seed money*) em todo o país, cada um com recursos iniciais de R$ 12 milhões. Cada fundo deverá apoiar entre 12 e 15 empresas, com investimentos entre R$ 500 mil e R$ 1 milhão.

7.1 Incentivos Fiscais

Grande número de países utiliza incentivos fiscais para estimular as empresas a investir em pesquisa e inovação tecnológica. Ao compensar o investimento realizado por elas, os incentivos modificam o custo e o risco de novos projetos, tornando-os suficientemente atrativos para as empresas. No Brasil, coexistem dois tipos de incentivos fiscais à inovação tecnológica das empresas: uns são específicos para a área de informática e automação, e outros se destinam à P&D em qualquer setor industrial (Stal, 2006).

No primeiro caso, a Lei 8.248/91, conhecida como "Lei de Informática", vigorou até 1999, sendo substituída pela Lei 10.176/01 e, posteriormente, pela Lei 11.077, de 30 de dezembro de 2004, que estendeu os incentivos fiscais até 2019. Com o mercado aberto, a lei incentivava o desenvolvimento e a produção no país de bens e serviços de informática e automação. Os incentivos atuais consistem em redução de IPI para os produtos fabricados no país (redução de 95%, em 2001, até 70%, em 2019), cumprimento do Processo Produtivo Básico (conjunto mínimo de operações, na fábrica, que caracteriza a efetiva industrialização de determinado produto) e implantação da norma ISO 9000. Há um "degrau" entre as regiões de influência da Sudam (com exceção da Zona Franca de Manaus), da Sudene e do Centro-Oeste e as demais regiões do país. Nas primeiras, a redução do IPI é 5% maior.

Em troca, as empresas beneficiadas devem destinar, no mínimo, 5% das receitas dos produtos incentivados, no mercado interno, para atividades de P&D em tecnologia da informação (esse percentual se reduz a cada ano, até chegar a 3,5%) e, desses recursos, pelo menos 2,3% devem ser aplicados em universidades ou institutos de pesquisa, por meio de convênios específicos.

O decreto de regulamentação, em discussão no Congresso, prevê maior abatimento do IPI para as empresas que, além de produzir, desenvolvam o produto no país, faltando definir o que é considerado desenvolvimento local.

Alguns artigos acadêmicos mostram que a Lei de Informática foi eficaz no estímulo à realização de atividades de P&D pelas empresas no Brasil (Stal, 2002; Queiroz, Zanatta e Andrade, 2004). Muitas empresas criaram centros de pesquisa que, hoje, participam de desenvolvimentos mundiais, junto com centros de P&D sediados em outros países.

Já a Lei 8.661/93 instituiu incentivos fiscais para as empresas que realizassem atividades de P&D em qualquer setor industrial e permite que as empresas deduzam do imposto de renda devido, dentro de determinado limite, os valores gastos com atividades de capacitação tecnológica. Essas atividades podem ser realizadas pela empresa ou contratadas, total ou parcialmente, de instituições de ensino e pesquisa. Nesse aspecto, a lei oferece oportunidade de formalização de parcerias para projetos de capacitação tecnológica entre as universidades e os institutos de pesquisa e as empresas. Todas as despesas da execução da pesquisa nessas instituições são consideradas gastos realizados pelas empresas, sendo, portanto, passíveis de dedução no imposto de renda devido.

A Lei 11.196/05, sancionada em 21 de novembro de 2005, revogou a Lei 8.661/93, e seus incentivos foram incluídos na nova lei. As principais novidades referentes à inovação tecnológica são:

- dedução de até 200% das despesas operacionais em atividades de inovação – 160% + 20% (pelo número de pesquisadores contratados) + 20% (inovação com patente concedida ou cultivar registrado);
- subvenção, pelas agências de fomento, de até 50% da remuneração de mestres e doutores empregados em atividades de inovação nas empresas.

Uma modificação importante em relação à legislação anterior é que a dedução passa a ser automática, sem a necessidade de submissão prévia de projetos ao MCT, dependendo apenas da decisão própria e interna das empresas e de sua capacidade em manter os registros adequados dos dispêndios exigidos pela legislação.

7.2 Fundos Setoriais

Os Fundos Setoriais, criados a partir de 1997, representaram a tentativa de o governo atenuar os principais gargalos do sistema nacional de C&T, com o estabelecimento de um padrão de financiamento de longo prazo, com fontes de recursos estáveis e diversificadas (Valle, Bonacelli e Salles Filho, 2002). Sua concepção também considerou a importância de estimular maior interação entre universidades e institutos de pesquisa com o setor empresarial, fazendo-o participar do financiamento e da execução de atividades de pesquisa e desenvolvimento. Em alguns casos, como no Fundo Setorial de Petróleo e Gás (CT-Petro), os editais convidavam as empresas a apresentar projetos que atendessem a suas demandas, entre as instituições públicas de pesquisa.

Entre os 15 Fundos Setoriais existentes, o Fundo de Interação Universidade-Empresa (Verde-Amarelo) incentiva explicitamente a cooperação entre universidades e empresas em projetos de P&D de interesse das empresas. Nesse caso, os recursos são destinados às instituições de pesquisa, e as empresas completam o orçamento dos projetos com recursos de contrapartida. Os outros fundos também incentivam a participação conjunta em projetos.

Os recursos dos Fundos Setoriais têm origem em parcela da remessa de *royalties* de empresas exploradoras de bens e serviços ou de contribuições econômicas setoriais, a qual, por lei, deve ser aplicada no desenvolvimento científico e tecnológico do país. Muitas vezes, as contribuições estão ligadas às agências reguladoras, nos setores econômicos privatizados ou submetidos à exploração pela iniciativa privada, mediante contratos de concessão.

Em geral, as empresas participantes de projetos beneficiados pelos Fundos Setoriais não recebem recursos. Ao contrário, elas devem investir uma contrapartida financeira no projeto, mas são beneficiadas com a redução dos custos de P&D, já que contam com o aporte de universidades e institutos de pesquisa e com a transferência dos resultados dessa parceria para a produção.

A relação completa dos Fundos Setoriais existentes pode ser consultada no *site* do MCT: http://www.mct.gov.br/fontes/fundos/default.htm.

8 Aprendizagem e formação de capacitação tecnológica nas empresas

Vários autores têm se debruçado sobre o tema da aprendizagem ou capacitação tecnológica, em países de industrialização tardia, como Brasil, México, Argentina, Taiwan, Cingapura, Índia, China, Malásia, Filipinas, entre outros. Essa é uma questão estratégica para esses países, pois se trata de, primeiro, alcançar (*catching up*) e depois se manter tecnologicamente competitivo (Fleury e Fleury, 1997).

A capacitação tecnológica significa obter capacidade de inovar, por intermédio principalmente do domínio das tecnologias em uso. É o estágio prévio e necessário para a ocorrência da inovação. Mesmo para a compra ou o licenciamento de tecnologia externa, ela é fundamental para sua efetiva absorção. A expressão "aprendizagem tecnológica" refere-se aos vários processos pelos quais o conhecimento é adquirido por indivíduos e convertido para o nível organizacional (Figueiredo, 2000).

Existem várias formas práticas de aprendizagem e capacitação. Entre elas, destaca-se o "aprender ao operar" (*learning by operating*), uma versão específica do *learning by doing*. Ou seja, o aprendizado ocorreria à medida que houvesse um processo de realimentação sobre as atividades de produção realizadas. Porém, esse tipo de aprendizado é automático e passivo, o que o torna insuficiente para uma real capacitação.

Segundo Bell (1985, apud Fleury e Fleury, 1997), é preciso buscar outras formas de aprendizado não-passivas, não-automáticas e que exijam investimento e determinação:

- aprender ao mudar (*learning by changing*)

Refere-se ao aprendizado que ocorre quando uma empresa tenta mudar as características operacionais de forma sistemática. Nesse processo, a aprendizagem resulta em maior compreensão do tipo específico de tecnologia e dos princípios gerais de operação e no aumento da confiança para abrir "caixas-pretas" em geral.

- aprender pela análise do desempenho (*system performance feedback*)

Exige a formalização de mecanismos para gerar, registrar, analisar e interpretar as informações oriundas do processo de produção. Isso é fundamental, pois cria a memória do processo, o que se chama de conhecimento explícito, ao contrário do conhecimento tácito, que permanece apenas com as pessoas envolvidas diretamente no processo.

- aprender ao treinar (*learning through training*)

É uma forma comumente utilizada pelas empresas ao importar equipamentos. No caso de empresas que obtêm o licenciamento de tecnologias estrangeiras, o aspecto do treinamento deve ser enfatizado com a exigência de cursos formais de capacitação.

- aprender por contratação (*learning by hiring*)

A contratação de profissionais especializados, muitas vezes estrangeiros, representa uma forma muito eficaz de aprendizado. É importante destacar que o processo de seleção dos profissionais é decisivo – saber o tipo de conhecimento de que se necessita, bem como o projeto no qual a pessoa vai trabalhar – para aproveitar ao máximo a sua capacitação.

- aprender por busca (*learning by searching*)

Esse é o processo conhecido como "transferência de tecnologia", o qual não chega à empresa incorporado em especialistas ou mediante treinamento. São informações que precisam ser decodificadas, compreendidas, incorporadas e registradas. Consiste em uma transação (compra ou venda) dos conhecimentos necessários à produção de bens e serviços (tecnologia) de uma maneira desagregada e de forma a permitir a absorção, adaptação e aprimoramento desses conhecimentos, com elevado grau de autonomia.

Essa forma de aprendizado exige da empresa um esforço ativo, além de uma capacidade prévia de conhecimentos, para buscar a tecnologia mais adequada às necessidades da empresa, resultando em uma transferência efetiva de conhecimentos e capacidades.

A acumulação dessas competências é condição necessária para a mudança em processos, produtos e equipamentos, especialmente a longo prazo (Figueiredo, 2000). A partir dos anos 1990, a literatura mostra a maior atenção dada às dimensões organizacionais e gerenciais das competências tecnológicas aos mecanismos de aprendizagem e às suas implicações para o desempenho.

Estudo de Hobday (1995, apud Figueiredo, 2000) enfatizou as relações entre empresas, por meio de subcontratação, *joint ventures*, licenciamento e treinamento no exterior, que permitiram a aquisição de conhecimentos e a adaptação de tecnologia estrangeira.

Viotti (2002) afirma que países retardatários serão capazes de, no máximo, fazer inovações incrementais. Na verdade, ele considera que tais países não possuem Sistemas Nacionais de Inovação, mas Sistemas Nacionais de Aprendizado Tecnológico (ver Figura 2.5).

Para ele, o aprendizado tecnológico é o processo de mudança técnica alcançado pela absorção de técnicas já existentes, isto é, pela absorção (difusão) de inovações produzidas em outro lugar e pela introdução de melhorias a partir das técnicas adquiridas (inovação incremental).

O autor distingue esse tipo de aprendizado, que ele chama de ativo, do aprendizado tecnológico passivo, no qual se absorve a capacitação tecnológica de produção; ou seja, recebe-se a "caixa-preta" (*turn key*), isto é, a chave para operar, mas o segredo da fechadura permanece em poder dos donos. A capacidade de geração de inovações é mínima.

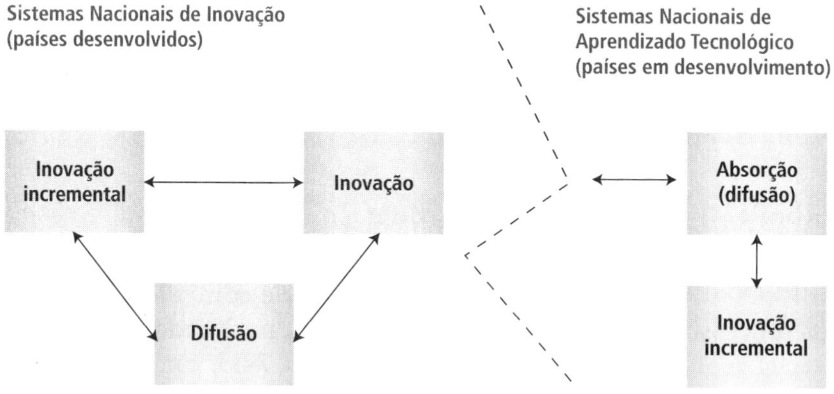

Fonte: Viotti, 2002.

Figura 2.5 Sistemas nacionais de mudança técnica.

Referências bibliográficas

ANDREASSI, T. Inovação e competitividade empresarial. In: SBRAGIA, R. (coord.) *Inovação*: como vencer esse desafio empresarial. São Paulo: CLIO Editora, 2006.

BARBIERI, J. C. *Produção e transferência de tecnologia*. São Paulo: Ática, 1990.

BARBIERI, J. C.; ÁLVARES, A. C. T. Inovações nas organizações empresariais. In: BARBIERI, J. C. (Org.) *Organizações inovadoras* – estudos e casos brasileiros. São Paulo: FGV, 2003.

BARRAS, R. Towards a theory of innovation in services. *Research Policy*, v. 15, p. 161-73, 1986.

BELL, R. M. Learning and the accumulation of industrial technological capacity in developing countries. In: FRANSMAN, M., KING, K. (Orgs.) *Technological capability in the third world*. Nova York: Macmillan, 1985.

CHRISTENSEN, C. M. *O dilema da inovação*. São Paulo: Makron Books, 2001.

CHRISTENSEN, C. M.; RAYNOR, M. E. *O crescimento pela inovação*. Rio de Janeiro: Elsevier, 2003.

COOKE, P. Regional innovation systems; general findings and some new evidence from biotechnology clusters. *Journal of Technology Transfer*, n. 27, p. 133-145, 2002.

COOKE, P.; MORGAN, K. *The associational economy:* firms, regions, and innovation. Oxford: Oxford University, 1998.

DOSI, G. The nature of the innovative process. In: DOSI, G. et al. *Technological change and economic theory*. Londres: Pinter, 1988.

DRUCKER, P. F. *As fronteiras da administração*. São Paulo: Pioneira, 1989.

ETZKOWITZ, H. Entrepreneurial science: the second academic revolution. In: *Seminar on academy-industry relations and industrial policy*: regional, national and international issues. State University of New York. 30 abr./2 maio 1993.

FAGERBERG, J. Why growth rates differ. In: DOSI, G. et al. *Technological change and economic theory*. Londres: Pinter, 1988.

FIGUEIREDO, P. N. Trajetórias de acumulação de competências tecnológicas e os processos subjacentes de aprendizagem: revisando estudos empíricos. *Revista de Administração Pública*, v. 34, n. 1, p. 7-33, jan./fev. 2000.

FLEURY, A.; FLEURY, M. T. L. *Aprendizagem e inovação organizacional* – as experiências de Japão, Coréia e Brasil. 2. ed. São Paulo: Atlas, 1997.

FREEMAN, C. *The economics of industrial innovation*. Middlesex: Penguin Books, 1974.

FREEMAN, C.; SOETE, L. *The economics of industrial innovation*. 3. ed. Londres: Pinter, 1997.

GALLOUJ, F. Innovating in reverse: services and the reverse product cycle. *European Journal of Innovation Management*, v. 1, n. 3, p. 123-138, 1998.

GALLOUJ, F.; WEINSTEIN, O. Innovation in services. *Research Policy*, v. 26, p. 537-556, 1997.

HOBDAY, M. *Innovation in East Asia*: The challenge to Japan. Aldershot: Edward Elgar, 1995.

KLINE, S. J. Innovation is not a linear process. *Research Management*, v. 28, n. 4, p. 36-45, jul./ago. 1978.

KUMPE, T.; BOLWIJN, P. T. Toward the innovative firm – Challenge for R&D management. *Research Technology Management*, jan./fev. 1994.

LALL, S. Technological change and industrialization in the Asian newly industrializing economies: achievements and challenges. In: KIM, L.; NELSON, R. R. (Eds.) *Technology, learning & innovation* – Experiences of newly industrializing economies. Cambridge: Cambridge University, 2000. p. 13-68.

LANDES, D. S. *A riqueza e a pobreza das nações*. Rio de Janeiro: Campus, 1998.

______. *The unbound Prometheus*. Technological change and industrial development in western Europe from 1750 to the present. 2. ed. Cambridge: Cambridge University, 2003.

LEYDESDORFF, L.; ETZKOWITZ, H. The Triple Helix as a model for innovation studies. *Science & Public Policy*, v. 25, n. 3, p. 195-203, 1998.

LONGO, W. P. *Conceitos básicos sobre ciência, tecnologia e inovação*. 2. ed. rev. Rio de Janeiro: Finep, 2004.

MARTÍNEZ, E.; ALBORNOZ, M. *Indicadores de ciência y tecnología:* estado del arte y perspectivas. Caracas: Unesco, 1998.

MILES, I. Services innovation: coming of age in the knowledge based economy. *International Journal of Innovation Management*, v. 4, n. 4, p. 371-389, 2000.

NELSON, R. R. (Ed.) *National innovation systems* – A comparative analysis. Nova York/Oxford: Oxford University, 1993.

OECD. *Frascatti Manual*. Paris: OCDE, 1993.

______. *Oslo Manual*. Paris: Eurostat, 1997.

______. *Managing national innovation systems*. Paris, 1999.

PATEL, P.; PAVITT, K. The nature and economic importance of national innovation systems. *STI Review*, Paris, n. 14, 1994.

PIANTA, M. Technology and growth in OECD countries: 1970-1990. *Cambridge Journal of Economics*, v. 19, n. 1, p. 175-187, fev. 1995.

PORTER, M. E. *Vantagem competitiva*. 4. ed. Rio de Janeiro: Campus, 1992.

______. *A vantagem competitiva das nações*. Rio de Janeiro: Campus, 1993.

______. *Competição*. 8. ed. Rio de Janeiro: Campus, 1999.

QUEIROZ, S. R. R.; ZANATTA, M. N.; ANDRADE, C. A. A. Internacionalização das atividades tecnológicas de empresas multinacionais e os determinantes da inserção das subsidiárias brasileiras. In: SIMPÓSIO DE GESTÃO DA INOVAÇÃO TECNOLÓGICA, 23, Curitiba, 19 a 22 out. 2004. *Anais...* Curitiba: PGT/USP 2004.

REDESIST – Rede de Pesquisa em Sistemas Produtivos e Inovativos Locais. Disponível em: http://www.ie.ufrj.br/redesist. Acessado em out. 2005.

SÁBATO, J.; BOTANA, N. La ciencia y la tecnología en el desarrollo futuro de América Latina. *Revista de la Integración*, p. 15-36, nov. 1968.

SBRAGIA, R.; STAL, E. A empresa e a inovação tecnológica: motivações, parceria e papel do Estado. *Revista Fórum de Líderes Empresariais*, ano VII, n. 11, nov. 2004.

SCHUMPETER, J. A. *The theory of economic development*. Nova York: Oxford University, 1961. (Publicado originalmente em 1934).

STAL, E. Empresas transnacionais no Brasil e a descentralização das atividades de pesquisa e desenvolvimento. In: SIMPÓSIO DE GESTÃO DA INOVAÇÃO TECNOLÓGICA, 22, Salvador, 6 a 8 nov. 2002. *Anais...* Salvador: PGT/USP, 2002.

______. Sistemas reguladores e indutores da cooperação universidade–empresa: legislação, fontes de financiamento e incentivos fiscais. In: SBRAGIA, R. (Coord.) *Inovação*: como vencer esse desafio empresarial. São Paulo: CLIO Editora, 2006.

TEIXEIRA, D. S. Pesquisa, desenvolvimento experimental e inovação industrial: motivações da empresa privada e incentivos do setor público. In: MARCOVITCH, J. (Coord.) *Administração em ciência e tecnologia*. São Paulo: Edgard Blucher, 1983.

TIDD, J.; BESSANT, J.; PAVITT, K. *Managing innovation* – Integrating technological, market and organizational change. 3. ed. West Sussex: John Wiley & Sons, 2005.

UTTERBACK, J. M. *Dominando a dinâmica da inovação*. Rio de Janeiro: Qualitymark, 1996.

VALLE, M. G.; BONACELLI, M. B. M.; SALLES FILHO, S. L. M. Os fundos setoriais e a política nacional de ciência, tecnologia e inovação. In: SIMPÓSIO DE GESTÃO DA INOVAÇÃO TECNOLÓGICA, 22, Salvador, 6 a 8 nov. 2002. *Anais*... Salvador: PGT/USP, 2002.

VARGAS, E. R. Inovação em serviços sob a abordagem dos sistemas de inovação: a pertinência de uma dimensão espacial. Anais do XXVI Enanpad. Salvador: Anpad, 22 a 25 set. 2002.

VIOTTI, E. B. National learning systems. A new approach on technical change in late industrializing economies and evidences from the cases of Brazil and South Korea. *Technological Forecasting and Social Change*, v. 69, p. 653-680, 2002.

______. Inovação e competitividade. In: REZENDE, F.; TAFNER, P. (Eds.) *Brasil*: o estado de uma nação. Brasília: Ipea, 2005. p. 43-81.

CAPÍTULO **3**

O Papel da Inovação Tecnológica no Sucesso de Multinacionais Brasileiras no Exterior

Eva Stal

1 Introdução

Apesar de os países emergentes buscarem o desenvolvimento tecnológico com atraso, na maior parte das vezes copiando e adaptando soluções alheias, diversas experiências mostram que existe espaço para a inovação empresarial oriunda desses países, a qual é um dos principais fatores responsáveis pelo sucesso de suas empresas na conquista do mercado mundial. O esforço inovador é sempre recompensado, mas é muito mais difícil nesses países, nos quais a infra-estrutura de pesquisa em universidades, institutos e nas próprias empresas é mais modesta.

Muitas empresas dos países periféricos não se consideram aptas a explorar outros mercados por causa do vácuo tecnológico entre as empresas globais e os seus padrões locais (Bartlett e Ghoshal, 2000). Mas a internacionalização por meio do investimento externo pode ser a única alternativa para empresas que enfrentam a competição global, com rápidas mudanças no plano tecnológico. Esse investimento é fundamental para continuar a competir, uma vez que a competitividade tem parâmetros globais (Iglesias e Veiga, 2002).

> A internacionalização das empresas brasileiras é um fator crucial de sucesso, não só em razão da exportação, mas também como forma de buscar melhorias tecnológicas e conquistar a liderança no mercado local. Hoje, as empresas transnacionais concentram 65% do comércio exterior, mais de 80% das inovações e 90% dos investimentos mundiais. Assim, a melhor estratégia para as empresas brasileiras vencerem no mercado globalizado é uma atuação mais firme no cenário internacional, envolvendo exportação, distribuição, marketing e instalação de unidades produtivas no exterior. (Lacerda, 2004)

A produção fora do país ajuda a estimular as exportações de matérias-primas e componentes. Essa tem sido a fórmula clássica de se "comprar mercados" e vencer barreiras tarifárias e não-tarifárias. A instalação de subsidiárias de empresas nacionais no exterior tem sido destacada como um dos fatores responsáveis pelo sucesso exportador, sobretudo em setores industriais produtores de bens diferenciados e de maior conteúdo tecnológico (Coutinho, 2003).

Pasin, Bucchi e Calais (2003), em pesquisa sobre a ocorrência de fusões e aquisições de empresas estrangeiras envolvendo as "500 maiores e melhores empresas do Brasil" da Revista *Exame* (junho de 2002) e empresas com faturamento superior a US$ 100 milhões por ano, identificaram apenas 19 grupos empresariais brasileiros que adquiriram empresas ou fábricas no exterior. São eles: Petrobras, CSN, Gerdau, Ambev, Votorantim, Companhia Vale do Rio Doce, Weg, Sabó, Tigre, Santista Têxtil, Marcopolo, Busscar, Embraco, Suzano, Cutrale, Citrosuco, Klabin, Usiminas e Duratex. Levy (2002), ao não se basear exclusivamente na compra de plantas industriais no exterior, inclui outras firmas no grupo ao qual chama de "multinacionais brasileiras", como Embraer e Construtora Norberto Odebrecht.

Diversos fatores são responsáveis pela presença de empresas brasileiras em posição competitiva no exterior, como marcas fortes, preços competitivos, alta qualidade dos produtos, produtos "étnicos" relacionados à cultura brasileira, atuação em nichos de mercado específicos, alianças com empresas locais e que não dependem de inovações tecnológicas (Fundação Dom Cabral, 2002; Lacerda, 2004; Iglesias e Veiga, 2002).

Esse artigo aborda a questão do domínio da tecnologia de produto ou processo como fator determinante do sucesso internacional, especialmente em determinados setores industriais, como o de autopeças. Apresenta um estudo de caso da Sabó, uma das poucas empresas nacionais que sobreviveram à abertura econômica do país, a partir de 1990. Além da tecnologia, a qualidade de serviços, o atendimento de prazos e um modelo de gestão inovador, baseado em células de trabalho, constituem fatores complementares importantes.

Este trabalho analisa o papel da tecnologia no sucesso internacional de uma empresa brasileira de capital nacional, do setor de autopeças, por meio do estudo de seu processo de internacionalização. Ele focaliza sua estratégia de inovação desde a fase de exportações, passando pela aquisição de empresa do mesmo ramo no exterior, até o estabelecimento de novas fábricas e laboratórios de desenvolvimento de produtos.

2 Empresas brasileiras e a busca do mercado internacional

A busca de novos mercados resulta do desenvolvimento das empresas e do aumento de sua produtividade. A exportação é uma das primeiras estratégias para ganhar mercado, porém é alvo preferencial das regras protecionistas. Logo, a instalação de unidades de produção em outros países é o caminho necessário, nem sempre fácil, para a expansão das empresas e o alcance de novos mercados consumidores. O processo de internacionalização permite à empresa o aproveitamento das oportunidades de negócios existentes no mercado internacional, além de contribuir de maneira decisiva para um desenvolvimento econômico imprescindível ao país (Loureiro, 1995). Ao estudar várias empresas e suas relações internacionais, o autor conclui que existe certa tradição em exportação de produtos, mas quase nenhuma em exportação de capital, com investimentos na abertura de empresas no exterior. Verificou também uma total falta de informações ou dados relevantes sobre o assunto nos órgãos governamentais.

Isso é confirmado por Iglesias e Veiga (2002), ao mostrar que ainda é baixo o grau de internacionalização produtiva das empresas de capital nacional: apenas 20% de uma amostra, que inclui um conjunto amplo de exportadores brasileiros, em sua maioria de capital nacional, possui investimentos no exterior, concentrados, sobretudo, nos Estados Unidos e na Argentina; 85% desses investimentos referem-se a atividades comerciais e de distribuição de produtos, representando os investimentos produtivos apenas 12% do total. Os autores sublinham o elevado índice de empresas (40%) que não têm intenção de investir no exterior, pois julgam não ter necessidade desse tipo de investimento. Mesmo em setores em que o Brasil possui vantagens competitivas (agronegócios, papel e celulose, aço etc.), nossas empresas têm um porte reduzido perante as firmas de países concorrentes, e a maioria se encontra em um estágio inicial de internacionalização. Os investimentos das empresas brasileiras no exterior são relativamente baixos, especialmente quando comparados aos de empresas coreanas ou de outros países do sudeste asiático, ou mesmo com os de empresas de alguns países latino-americanos.

Estudos recentes (Fundação Dom Cabral, 2002; Pinheiro, Markwald e Pereira, 2002; Iedi, 2003) têm abordado a relação entre a atividade exportadora e a instalação de fábricas no exterior como etapas distintas do processo de internacionalização. Cyrino e Oliveira Jr. (2002) pesquisaram uma amostra de 109 entre as mil maiores empresas de capital brasileiro e concluíram que a principal barreira à internacionalização das empresas é o ambiente competitivo brasileiro – elevada carga tributária e falta de linhas de financiamento. Mostram também que empresas brasileiras com maior experiência em negócios internacionais estão mais propensas a entrar em mercados externos por meio de fábricas próprias, escritórios de comercialização e alianças estratégicas com parceiros internacionais. Já as empresas com menor experiência internacional, menos conhecimento acumulado e, por isso, menos dispostas a correr riscos e a comprometer recursos optam pela exportação direta ou por intermédio de terceiros. Empresas de países emergentes, como o Brasil, a Índia ou o México, com grande potencial de internacionalização ainda não concretizado, praticamente não têm sido objeto de estudo.

Poucos trabalhos, entretanto, têm enfatizado o papel da tecnologia no esforço de internacionalização. Uma publicação do BNDES (Pinheiro, Markwald e Pereira, 2002) aborda a questão da política tecnológica na promoção das exportações e as etapas na internacionalização das empresas, como parte das estratégias competitivas. Faz, também, um levantamento de 460 empresas exportadoras de 18 setores econômicos sem, todavia, diferenciar as empresas nacionais das multinacionais. Porém, para as empresas líderes daqueles setores, o aumento das operações externas, o desenvolvimento tecnológico e a eficiência competitiva em mercados regionais e globais constituem uma estratégia imprescindível, caso contrário sua sobrevivência a longo prazo estará ameaçada (Coutinho, 2003). O apoio à internacionalização das grandes empresas nacionais é fundamental não apenas para viabilizar as exportações, mas para a própria manutenção da capacidade futura de enfrentar a concorrência com os grandes grupos internacionais.

Tigre (2002) focaliza a relação entre política tecnológica e desempenho exportador. Partindo da evidência do baixo dinamismo das exportações brasileiras e de seu perfil de especialização (no qual a presença de *commodities* é muito relevante), considera as seguintes hipóteses: (*i*) uma estratégia alternativa para promover as exportações seria apostar no desenvolvimento tecnológico visando diversificar a pauta exportadora e aumentar a participação de produtos de maior valor agregado, e (*ii*) o baixo dinamismo das exportações brasileiras refletiria a insuficiente incorporação de novas tecnologias ao processo produtivo. As empresas foram solicitadas a citar medidas que poderiam ser tomadas (não necessariamente por parte do governo) para estimular a realização de futuros investimentos no exterior, a fim de apoiar as exportações. A maior parte das sugestões apresentadas envolve medidas para melhorar as condições de financiamento e reduzir a burocracia. É interessante notar que questões que envolvem um esforço das próprias firmas, como a melhoria da tecnologia e da qualificação, foram pouco citadas (menos de 5% dos casos).

A partir de dados do Instituto de Estudos para o Desenvolvimento Industrial (Iedi) sobre o conteúdo tecnológico dos produtos brasileiros exportados, Staub (2003) mostrou que:

- 26% das exportações brasileiras são de produtos de conteúdo tecnológico alto ou médio-alto (produtos farmacêuticos, aviões, computadores, instrumentos científicos, telecomunicações, televisores, máquinas elétricas, construção naval, refino de petróleo, veículos automotivos, minerais não-metálicos), enquanto a média mundial é de 44%;
- 74% das exportações brasileiras são de produtos de conteúdo tecnológico baixo ou médio-baixo (borracha, plásticos, produtos químicos, máquinas e equipamentos, madeira, têxteis, alimentos, bebidas, fumo, papel e celulose), sendo a média mundial de 56%;
- 15% das exportações brasileiras são de produtos com demanda altamente crescente no comércio mundial (média mundial de 26%);
- 32% são de produtos com demanda em decadência (média mundial de 18%).

A importação de tecnologia também deu um salto, mostrando que o esforço inovador em alguns setores tem sido feito à custa da criatividade estrangeira. A falta de políticas públicas que dividem o risco de sucesso de P&D com as empresas é o fator preponderante para o licenciamento de patentes e tecnologias do exterior; isso reduz riscos, tempo e investimentos, mas aumenta nossa dependência tecnológica.

3 Principais teorias sobre o processo de internacionalização de empresas

O processo de internacionalização é explicado, basicamente, por dois conjuntos de teorias. O primeiro grupo é o das teorias comportamentais, que mostram que há outros fatores, além do econômico, que influenciam a decisão de uma empresa de se internacionalizar. Esses fatores se relacionam ao ambiente externo da firma, às características da organização e às atitudes, percepções e expectativas de seus executivos. Essas teorias interpretam as decisões de investir no mercado externo de forma gradual, partindo de atividades de exportação até o estágio mais avançado de produção e desenvolvimento de produtos nos vários países, mediante a instalação de plantas próprias. Esse comportamento resulta do conhecimento gradativo do mercado internacional, que determinaria a atitude dos dirigentes (Freitas, Blundi e Casotti, 2002). Mas as decisões de investimento no exterior parecem estar também ligadas às características dos ativos e do produto da firma. As teorias que enfatizam esses fatores, assim como os custos de transação e imperfeições nos mercados, podem ajudar a entender a não-evolução das firmas para a fase de investimento no exterior (Iglesias e Veiga, 2002).

Entre os principais teóricos do processo de internacionalização, pela óptica comportamental, estão Johanson, Wiedersheim-Paul, Luostarinen, Vahlne e Welch, provenientes da escola de Uppsala, na Suécia. Na concepção dessa escola, o processo de internacionalização é gradual por causa de uma série de diferenças culturais e psicológicas entre o exportador e o mercado que ele deseja conquistar (*distância psicológica*), as quais diminuem à medida que o exportador se familiariza com os costumes e a cultura local, entendendo as necessidades do mercado e, conseqüentemente, passando a comprometer mais recursos naquele mercado, sob a forma de escritórios comerciais, subsidiárias comerciais e fabris (Iglesias e Veiga, 2002).

As teorias econômicas que formam o segundo conjunto (teorias de internalização e paradigma eclético de Dunning) enfatizam outras variáveis responsáveis pelas decisões de internacionalização e se apóiam na teoria de custos de transação de Williamson (1975), segundo a qual a decisão de investimento direto no exterior consistiria em uma escolha entre fazê-lo por meio de agentes externos ou usando a própria estrutura da empresa naquele mercado, optando-se pelos menores custos de transação. Neste trabalho, em que procuramos abordar a influência do domínio tecnológico no desempenho bem-sucedido de uma empresa brasileira no exterior, as teorias econômicas oferecem maior suporte à compreensão desse processo. A teoria eclética da internacionalização da firma foi desenvolvida principalmente por Dunning (1980 e 1988), além de Buckley e Casson (1976) e Rugman (1981), e procura explicar a decisão de produzir ou não em um mercado externo. Os autores dessa abordagem entendem que falhas de mercado (custos de informação e transação, oportunismo dos agentes e especificidades de ativos) levariam uma empresa a preferir o investimento direto, em vez de licenciamento ou exportação, para entrar em um mercado externo, quando dispusesse de *vantagens diferenciais* em relação a outras firmas e desejasse proteger essas vantagens utilizando a própria estrutura.

Uma empresa pode contar com três tipos de vantagens diferenciais: as vantagens de *localização* (*onde será desenvolvida a atividade multinacional*), oferecidas por um país ou região determinados, seriam os custos de transporte e de produção, barreiras tarifárias e incentivos de investimento, abundância de recursos naturais, infra-estrutura, instituições, tamanho do mercado, estabilidade política e econômica, que indicariam onde a empresa deve produzir.

As vantagens de *propriedade (o porquê da atividade multinacional)*, ou de capacidades próprias desenvolvidas pela organização, são as que lhe permitem se posicionar relativamente melhor no mercado estrangeiro quando comparada aos produtores locais ou a outros produtores estrangeiros: o acesso privilegiado a algum ativo, economias de escala, patentes, marcas, capacidades tecnológicas e de gestão, habilidade para a diferenciação de produtos e diversificação. Elas devem ser suficientes para compensar o custo de montar e manter uma operação estrangeira, permitindo que as firmas possam competir fora de seus países.

E, finalmente, as vantagens diferenciais de *internalização (como será feita a atividade)* indicam que, se os custos de instalação e organização produtiva são menores que os de transação associados à transferência dessas capacidades a um produtor local, a firma investirá na produção nesse mercado. As vantagens de propriedade de uma firma e as de internalização são a proteção dos direitos de propriedade e a qualidade (Iglesias e Veiga, 2002).

Em um determinado contexto legal e econômico, a decisão de produzir no exterior, em vez de licenciar ou exportar, é fortemente influenciada pela natureza dos ativos intangíveis, entre os quais (especialmente os que resultam das práticas tecnológicas, de gestão ou de comercialização da empresa) está o conhecimento implícito, que a firma pode usar, mas não vender nem licenciar – esses ativos estimulam o investimento na produção internacional. A teoria eclética acrescenta um aspecto importante à discussão sobre o desenvolvimento de multinacionais brasileiras – só haveria a necessidade de internalizar mercados se a empresa tivesse vantagens de propriedade muito significativas ou ativos específicos a serem protegidos, sem os quais os custos de transação não justificariam essa alternativa. No caso de algumas empresas de países em desenvolvimento, as vantagens de propriedade consistem em competências tecnológicas inovadoras, que vão além da simples adaptação de tecnologias difundidas, por meio de várias formas de aprendizagem e do próprio processo de internacionalização. Esses ativos intangíveis (conhecimento incorporado na produção do bem, a logística envolvida no processo, a prática de gerenciamento, entre outros) desempenham importante papel na decisão de produzir no exterior (Pereira, 2003).

Segundo a teoria eclética, uma firma vai passar a produzir no mercado externo se possuir vantagens proprietárias que tornem necessário ou vantajoso internalizar mercados. Pode-se assumir, então, que, em indústrias nas quais os ativos proprietários intangíveis sejam importantes, haverá possibilidade de encontrar um grande número de firmas multinacionais, assim como países com infra-estrutura e desenvolvimento tecnológico que propiciem a criação de vantagens de propriedade tenderão a possuir um número maior de firmas com investimentos produtivos no exterior. Por outro lado, firmas sem vantagens proprietárias muito sofisticadas não terão incentivos para internalizar mercados e localizar a produção em outros mercados e, assim, permanecerão com seu processo de internacionalização na etapa exportadora ou, no máximo, realizarão alguns investimentos no exterior para comercializar o produto feito no mercado doméstico (Dunning, 1988). Para produzir no exterior, é necessário ter vantagens de propriedade muito significativas, pois, sem elas, as falhas de mercado e a existência de custos de transação não justificariam a internacionalização da produção.

3.1 A internacionalização da capacidade inovadora

Poucos trabalhos abordam a questão da internacionalização de atividades de inovação em países emergentes (Chen, 2003; Ariffin e Figueiredo, 2003; Pereira, 2003; Costa e Queiroz, 2002; Böhe e Zawislak, 2002; Stal, 2002; Kumar, 2001; Camargos e Sbragia, 2000; Chudnovsky e Lopez, 1999; Reddy, 1997). A maior parte dos artigos sobre o tema focaliza as vantagens e desvantagens de empresas multinacionais dispersarem suas atividades de P&D entre os vários países em que atuam; mas, na grande maioria, as análises referem-se a países de mesmo nível de desenvolvimento tecnológico (Dunning, 1994a; Patel, 1996; Patel e Vega, 1999; Cantwell e Janne, 1999; Pearce, 1999; Le Bas e Sierra, 2002).

A descentralização das atividades de pesquisa e desenvolvimento das empresas transnacionais tem sido reportada por vários autores, com análises sobre as vantagens e desvantagens dessa estratégia. Ao localizar suas sucursais e instalações de pesquisa por todo o mundo, as empresas multinacionais contribuem para o desenvolvimento da capacidade inovadora dos países em que atuam (Dunning, 1994b), apesar de a atividade de P&D executada por elas fora de suas sedes representar um pequeno percentual do que realizam internamente (Kumar, 2001).

Dunning (1994b) propõe uma classificação baseada em quatro fases para os investimentos de empresas transnacionais em outros países, de acordo com sua motivação principal: *resource seeking, market seeking, efficiency seeking*, e *strategic asset seeking*.

Segundo essa concepção, as empresas multinacionais que utilizam estratégias do tipo *resource seeking* buscam explorar as vantagens derivadas de recursos naturais a custos comparativamente menores nos países hospedeiros. Já as estratégias do tipo *market seeking* buscam, a partir de um dado país hospedeiro, explorar as vantagens de mercados vizinhos (como é o caso de muitas montadoras de automóveis sediadas no Brasil que exploram os mercados do Mercosul e de outros países da região). As empresas multinacionais cuja motivação é *efficiency seeking* procuram explorar as vantagens de escala e racionalização da produção, especialização, e também vantagens locacionais, como processos de integração regional entre filiais, redução de custos de transporte e avanços de infra-estrutura (caso típico de telecomunicações e transportes). Já a última forma de entrada, *strategic asset seeking*, busca adquirir um conjunto estruturado de competências que proporcione maiores vantagens competitivas naqueles mercados, mediante a aquisição de ativos estratégicos voltados à inovação de produtos e canais de distribuição.

Essa tipologia inclui uma agregação de valor crescente, com distintos padrões de inovação. A internacionalização baseada em *resource seeking* promove atividades inovadoras pontuais, aproveitando-se das vantagens comparativas de recursos do país hospedeiro. Da segunda (*market seeking*) para a terceira estratégia (*efficiency seeking*), busca-se obter vantagens da coordenação entre as filiais, diminuindo as desvantagens de localização do país receptor e resultando em uma estrutura produtiva local mais alinhada com as dotações de fatores daquele país. O amadurecimento das características da terceira categoria conduz à quarta (*strategic asset seeking*). Esse processo se caracteriza pela mudança qualitativa e quantitativa dos investimentos, estando mais associado às metas globais da empresa matriz.

Duysters e Hagedoorn (1996) apontam vários aspectos favoráveis e contrários à dispersão das atividades de P&D empresariais. A favor da descentralização, podemos citar alguns fatores, como a transferência de tecnologia para as plantas industriais, de modo a aumentar a capacitação tecnológica das subsidiárias; a interação com fornecedores de alta qualidade, em regiões inovadoras, o que traz vantagens tecnológicas específicas e, juntamente com o aspecto anterior, resulta em competências tecnológicas regionalmente concentradas (o chamado "efeito aglomeração"), e a necessidade de resposta e adaptação às exigências locais.

A favor da concentração das atividades de P&D, podem ser citadas a necessidade de proteger e controlar o desenvolvimento de produtos próximo ao centro de decisões da companhia e a potencialidade de capitalizar sobre a experiência acumulada no mercado natal e as relações tecnológicas estabelecidas com os principais fornecedores. Camargos e Sbragia (2000) mencionam a tendência atual de formação de redes de P&D global, com a distribuição, em diversos países, de laboratórios responsáveis por atividades de P&D originais e exclusivas, coordenadas por uma estratégia corporativa centralizada.

Atualmente, a estratégia de internacionalização de P&D das empresas reflete uma tendência à concentração e focalização em alguns centros de excelência, instalados em locais em que predominam as melhores condições para a inovação e a geração de conhecimentos, em seu segmento de produto ou campo da tecnologia (Meyer-Krahmer e Reger, 1999). No caso da Sabó, por exemplo, as atividades se concentram no Brasil, na Alemanha e nos Estados Unidos.

4 Procedimentos metodológicos

Neste trabalho, foi utilizado um estudo de caso individual, no qual investigamos uma situação contemporânea segundo um conjunto de procedimentos pré-especificados. O processo de internacionalização da Sabó é um fenômeno complexo, influenciado por muitas variáveis, que deve ser estudado no âmbito de suas diferentes ações. Considerando que as experiências individuais de distintas empresas podem sugerir rotas de investigação sobre as muitas variáveis desse processo, estudos de caso sobre firmas que buscaram a internacionalização constituem material de grande densidade para a formulação de proposições teóricas.

O trabalho utiliza dados primários e secundários. Como método de coleta de dados, utilizamos pesquisa bibliográfica da literatura acadêmica; reportagens sobre a empresa na mídia (*Exame*, *Gazeta Mercantil*, *Valor Econômico*); livros de negócios que relatam experiências de empresas e sites de busca na Internet. O uso de múltiplas fontes (entrevista, documentos, sites etc.) permitiu obter linhas convergentes de evidência para o fenômeno observado.

Dados primários foram obtidos por meio de entrevista com o sr. Lourenço Agnello Oricchio Junior, diretor comercial, de tecnologia e de qualidade e também vice-presidente da Sabó North America. Para a entrevista, delineamos um roteiro estruturado de perguntas abertas, organizado a partir de leituras sobre temas relativos ao processo de internacionalização de empresas, estratégia tecnológica, alianças estratégicas e transferência de tecnologia.

O estudo foi conduzido como uma pesquisa exploratória e descritiva. Essa classificação se justifica porque, na área de internacionalização de empresas, com enfoque no domínio tecnológico, ainda há pouco conhecimento acumulado e sistematizado no Brasil. A pesquisa é descritiva porque visou descrever a trajetória da empresa, buscando estabelecer correlações com as teorias que explicam esse processo. O estudo foi dividido em duas etapas: revisão bibliográfica e pesquisa de campo, conduzida com a aplicação de entrevista semi-estruturada para coleta de dados, abordando questões relativas à posição competitiva da empresa, liderança e capacitação tecnológica, estratégia empresarial e alianças estratégicas.

5 Estudo de caso: Sabó Indústria e Comércio Ltda.

A Sabó fabrica juntas, retentores e mangueiras e é a terceira maior fornecedora de sistemas de vedação para a indústria automobilística mundial. É a maior fabricante nacional de autopeças, com 80% do mercado, e faz parte do restrito grupo das "multinacionais brasileiras". Sua história se confunde com a da indústria automobilística no Brasil, crescendo ininterruptamente desde a sua criação; após a abertura econômica do país, em 1990, foi a única empresa de autopeças que permaneceu nacional. O setor de autopeças foi praticamente desnacionalizado, e empresas como Metal Leve, Cofap, Varga, Braseixos e Nakata passaram ao controle de multinacionais (Sull e Escobari, 2004). A Sabó realizou o caminho inverso – internacionalizou-se, comprando empresas estrangeiras e se firmando no mercado internacional.

A empresa apresenta um faturamento em moeda forte que corresponde a 75% das vendas, de aproximadamente US$ 250 milhões, e investe 7% em P&D, com equipes de desenvolvimento tecnológico no Brasil e na Alemanha.

5.1 Um pouco de história

Fundada em 1942 por dois imigrantes, como Sabó & Reinholz Ltda., era uma pequena fábrica de peças de reposição para automóveis que aproveitou a oportunidade dada pelas dificuldades de importação durante a Segunda Guerra. Em 1944, fabricou o primeiro retentor, a pedido de um cliente (Levy, 2002). Em 1947, um dos fundadores deixou a sociedade, que mudou o nome para Indústria Auto Acessórios Sabó Ltda., tornando-se sociedade anônima em 1948 (www.sabo.com.br). Em 1966, inaugurou a Fábrica de Juntas Flexa e, em 1973, a Famapre, fábrica de máquinas. Nesse ano, ganhou o primeiro prêmio de qualidade, atribuído por uma montadora. Em 1975, começou a fornecer retentores para a Opel e licenciou tecnologia de produto para a empresa alemã Bruss. Em 1978, mudou o nome para Sabó Indústria e Comércio Ltda. e inaugurou a fábrica de mangueiras

Senaflex, completando seu grupo de produtos – juntas, retentores e mangueiras. A parceria com a Opel, subsidiária alemã da GM, começou em 1975, por indicação da GM brasileira, dada a qualidade dos produtos da Sabó.

Em 1985, todas as fábricas foram agrupadas sob o mesmo nome, Sabó Indústria e Comércio Ltda. Em 1988, a empresa obteve reconhecimento mundial, recebendo o prêmio de Fornecedor do Ano da Opel e, em 1991, o Quality Excellence Award, da Isuzu Motors. Em 1990, com a abertura da economia brasileira, as tarifas de 350% do imposto de importação caíram para 15%, e o governo eliminou as quotas de componentes nacionais na indústria. Nos três anos seguintes, empresas estrangeiras adquiriram quase todos os outros produtores nacionais de autopeças, incluindo Metal Leve, Cofap, Freios Varga, Braseixos e Nakata (Sull e Escobari, 2004).

Em 1992, a Sabó adquiriu duas plantas de retentores na Argentina: a Wol, líder em vendas diretas de retentores para as montadoras, e a Todaro, que fornecia peças de reposição. No ano seguinte, obteve o controle acionário da centenária Kaco, segunda maior fabricante de retentores da Alemanha, com três plantas naquele país, além de outra unidade na Áustria. A presença crescente da Sabó na Europa determinou a construção de nova fábrica na Hungria, em 1997, que em dois anos duplicou sua capacidade de produção para atender ao mercado europeu. O ano de 1998 marcou o início das vendas para as montadoras americanas. Uma fábrica está sendo construída no estado de Carolina do Norte e entrará em operação até julho de 2007, para produzir retentores, mangueiras e juntas para o maior mercado automobilístico do mundo.

Com essas fábricas espalhadas pelos países, a Sabó não apenas se protegeu de flutuações da moeda (porque 75% de suas vendas são em dólar), como também dividiu a produção entre os três países europeus, para aproveitar as diferenças de salários. Recentemente, aumentou a capacidade de produção na Argentina, para tirar vantagem da desvalorização do peso, que tornou os custos de mão-de-obra muito baratos. Hoje, a empresa possui três plantas no Brasil, cinco na Europa e escritórios técnico-comerciais nos Estados Unidos, na Austrália, Itália e Inglaterra, em um total de 4 mil funcionários, sendo 3 mil no Brasil e mil no exterior.

Uma nova fábrica foi construída em Mogi-Mirim, SP, ao custo de US$ 10 milhões, e inaugurada em dezembro de 2005, com a criação de 250 a 300 empregos. O principal motivo do investimento é a expectativa de vendas cada vez maiores para os Estados Unidos. Além disso, Mogi-Mirim possui escritório da alfândega portuária e fica próximo a aeroportos internacionais, às principais estradas e a diversas empresas de autopeças. A Sabó faturou US$ 220 milhões com exportações em 2005. Do total, US$ 180 milhões foram em vendas para os Estados Unidos (Lourenço Oricchio Jr., entrevista, 2006).

5.2 O foco em tecnologia

A preocupação com tecnologia levou a empresa a tomar uma importante decisão estratégica em 1962 – a de investir em laboratório próprio de P&D. Outra decisão estratégica fundamental consistiu em ir para perto dos clientes, em 1992. Esse foco tem sido um dos principais alicerces da cultura organizacional da Sabó. Mesmo com o mercado protegido, até 1990, a empresa exigia qualidade dos produtos, investindo para criar peças que excediam as exigências. Algumas vezes, a decisão de comprar máquinas se fez sem analisar o retorno do investimento, apenas porque se queria fabricar o melhor produto (Sull e Escobari, 2004).

Em 1992, a Sabó adotou uma estratégia agressiva e, ao mesmo tempo, de sobrevivência, expandindo-se para o exterior, para atuar diretamente nos países que abrigam a sede de seus concorrentes. Parecia não haver alternativa, pois a indústria automobilística estava em mutação, e novas montadoras chegavam ao Brasil com fornecedores alinhados mundialmente. Ao contrário do que acontecia no passado, quando as indústrias definiam sozinhas os parâmetros das peças que queriam, os fornecedores foram incentivados a participar ativamente no processo de desenvolvimento de novos carros. Embora a Sabó exportasse para a Europa desde os anos 1970, surgiu a necessidade de estar fisicamente próxima dos centros de desenvolvimento de suas clientes, as montadoras. A oportunidade veio em 1993, quando a Sabó comprou a concordatária Kaco. Com três fábricas na Alemanha e uma na Áustria, a Kaco já era, na época, a segunda maior fabricante alemã de retentores, o principal produto da Sabó (*Exame*, 2002). "Na verdade, a compra da Kaco representou, para a Sabó, a certeza de continuar como fornecedora preferencial da Opel, pois nossa maior concorrente, a alemã Freudenberg, estava de olho na empresa concordatária" (Oricchio Jr., 2004).

Se a Sabó não tivesse se internacionalizado, teria sido vendida ou estaria fora do mercado (*Exame*, 2002). Com tecnologia de ponta, alcançou, aos poucos, a liderança do mercado brasileiro. A abertura econômica mudou as regras do jogo, trazendo para o país fabricantes multinacionais de autopeças com produtos aprovados pelas matrizes das montadoras. A Sabó percebeu que, para competir em pé de igualdade, teria de estar próxima delas também.

Em termos de tecnologia, Kaco e Sabó se equiparavam e acabaram beneficiadas pela união. Os engenheiros da Kaco passaram a contar com o auxílio dos 60 profissionais de desenvolvimento da Sabó no Brasil para criar produtos e materiais, e vice-versa. A Alemanha é considerada centro de excelência em plásticos e elastômeros e, ao adquirir a empresa alemã, a Sabó agregou o nome e a marca Kaco ao próprio acervo tecnológico. A Sabó estava atualizada tecnologicamente porque sempre investiu de 5% a 7% de seu faturamento em pesquisa, e cerca de 30% das vendas a cada ano provêem de novos projetos com clientes. Seu controle de qualidade e o bom atendimento já lhe garantiram diversos prêmios de montadoras. Em 2002, a Sabó faturou o prêmio de melhor fornecedora da GM no Mercosul. Na Alemanha, tinha uma forte relação com a Opel (subsidiária da GM), que, por indicação da GM brasileira, usava seus produtos havia duas décadas.

Assim, a Sabó obteve da Kaco algo que não possuía: a proximidade com os centros de decisão das montadoras na área de desenvolvimento de produtos. Os resultados vêm aparecendo desde então. Um dos sistemas de vedação do novo Polo, da Volkswagen, foi desenvolvido há dois anos pela Kaco e pela Sabó em Wolfsburg, matriz da montadora alemã. No Brasil, onde o modelo passou a ser produzido recentemente, a Sabó tem garantidas suas encomendas. Ou seja, com a ida à Alemanha, a empresa não apenas ganhou um novo mercado (exportações para 70 países), como também defendeu sua posição no Brasil (*Exame*, 2002).

Agilidade no atendimento, além da qualidade, é condição vital para o sucesso da empresa, pois seus principais concorrentes são bem maiores que ela. A alemã Freudenberg, a maior do setor de vedação, fatura cerca de 3 bilhões de dólares ao ano. "Conseguimos ser competitivos em relação à Freudenberg por sermos mais ágeis no atendimento. Em relação a outros concorrentes, temos produtos mais confiáveis" (Oricchio Jr., 2004). A americana Delphi (em processo falimentar) não recebe da Sabó uma única peça defeituosa desde 1999, o que lhe garantiu um prêmio como um dos três melhores fornecedores mundiais da empresa. O ingresso nos Estados Unidos começou timidamente em 1992, distribuindo peças de reposição. Em 1998, a empresa passou a trabalhar com fabricantes e montadoras, como a GM. Atualmente, desenvolve com a GM americana peças que vão equipar veículos a ser lançados em 2007.

A Sabó ganhou o Prêmio Finep de Inovação Tecnológica 2003, com um processo pioneiro internacionalmente cujo desenvolvimento teve o apoio de uma universidade alemã. É uma tecnologia de tratamento superficial de discos de PTFE (anéis de teflon usados na fabricação de autopeças) por meio de plasma, que substitui o antigo processo químico e permite maior adesão entre a borracha e o anel das peças automotivas, resultando em um sistema inédito de vedação. Hoje, nenhum outro fabricante de autopeças possui um processo tão eficiente, ambientalmente correto e economicamente viável para tratamento de anéis de PTFE. Muitos outros prêmios já foram recebidos, entre eles o de Fornecedor do Ano da Opel e Fornecedor do Ano da Audi. Foi eleita seis vezes Fornecedor do Ano pela Opel e cinco vezes pela Fiat Brasil. A Ford e a GM não têm esse prêmio, mas certificados de qualidade, o chamado "C1", e a Sabó foi qualificada 15 vezes pela Ford Brasil, 27 pela GM Brasil e 14 pela GM Europa.

A Sabó fornece peças para dez empresas nos Estados Unidos, entre as quais a GM Powertrain e a Delphi. Com a nova fábrica, que deverá atender aos países do Nafta e entrará em operação em 2007, vai servir a 28 novos clientes. A Sabó optou pela fábrica depois de ver as exportações para o mercado americano saltarem de US$ 4 milhões para US$ 44 milhões, em quatro anos. A previsão para 2007 é de US$ 200 milhões em peças nos Estados Unidos (Lourenço Oricchio Jr., entrevista, 2006). Mesmo com a fábrica local, o Brasil continuará abastecendo boa parte do mercado norte-americano: cerca de 60% dos componentes seguirão do Brasil e os outros 40% serão feitos lá. Estavam na disputa pela localização da nova fábrica os Estados Unidos, o México e o Canadá, e a decisão levou em conta os incentivos fiscais oferecidos pelos três países, como isenção de impostos e infra-estrutura para atrair o investimento.

Ampliar a clientela em um dos mercados mais exigentes do mundo foi possível com o diferencial tecnológico. "Para sermos competitivos no mercado mundial, investimos, anualmente, US$ 15 milhões em pesquisa e desenvolvimento. São 300 novos itens todos os anos" (Oricchio Jr., 2004). Considerando que os concorrentes são gigantes – a Freudenberg fatura dez vezes mais que a Sabó (US$ 3 bilhões *versus* US$ 250 milhões), e a Delphi, US$ 27 bilhões –, as armas são produtos patenteados (a Sabó Brasil tem 52 patentes e 130 projetos de desenvolvimento tecnológico em andamento) e atendimento diferenciado – serviços, qualidade, agilidade, soluções adequadas, o que chamam "domínio do cliente". Contando também os desenvolvimentos feitos no exterior, são mais de cem patentes registradas.

Até as máquinas operatrizes são fabricadas pela Sabó. Atualmente, as máquinas maiores são compradas da França, mas sua formatação, de acordo com o processo produtivo, é feita internamente. Um equipamento para inspeção eletrônica de peças também foi desenvolvido pela empresa, que chegou a receber um pedido de compra de uma montadora.

É importante ressaltar que a Sabó também se apóia em fontes externas de inovação como parte importante de sua estratégia de aumento da competitividade. Fornecedores, clientes, concorrentes, empresas de outros setores e, em menor grau, universidades e centros de pesquisa constituem fontes importantes de inovação, assim como visitas a feiras, participação em seminários e eventos, intercâmbios mediante a participação em associações empresariais e profissionais e assinatura de publicações técnicas.

A estratégia de inovação tecnológica é bem definida e formalizada, mas a capacitação tecnológica é realizada, em geral, internamente, na própria empresa e em empresas do grupo, por meio de investimentos em pessoas, equipamentos e laboratórios. De acordo com a necessidade de projetos específicos detectados pela empresa ou demandados por clientes, dada a sua inserção na cadeia de suprimento das principais montadoras automobilísticas do país, ela busca parcerias com fontes externas (Gomes e Kruglianskas, 2005).

A Sabó possui dois diretores de tecnologia, um orçamento específico e parcerias formais com universidades e centros de pesquisa no Brasil e no exterior. São mais de 30 acordos formais e virtuais vigentes, gerando novas soluções (Souza, 2005).

Outra inovação, dessa vez organizacional, foi introduzida na Sabó, em 1996. É o trabalho por células de gestão (equipes multifuncionais), em que cada célula é dedicada a um grupo de dez a 30 clientes. O trabalho por células deu mais agilidade ao atendimento – o tempo decorrido entre o pedido de um cliente e a entrega de um protótipo era de 120 dias, agora demora um mês. O grande desafio é superar as diferenças culturais, fazendo com que as operações no Brasil e na Europa trabalhem de forma mais unificada, introduzindo conceitos de gestão utilizados aqui.

6 Análise e discussão dos resultados

Na área de administração, o processo de internacionalização de empresas tem sido mais freqüentemente estudado à luz das teorias comportamentais, que explicam o crescente comprometimento de recursos em novos mercados de forma gradual, partindo da exportação até a produção e desenvolvimento local, no país de destino. Porém, ao abordar o papel do domínio tecnológico na conquista de novos mercados, as teorias econômicas oferecem maior respaldo, ao focalizar os custos de transação entre as alternativas de repassar o conhecimento para empresas locais (licenciamento) ou aproveitar a vantagem competitiva derivada do conhecimento tecnológico. Assim, a instalação de fábricas no país-alvo, que produzam a partir daquele conhecimento, ao mesmo tempo em que se desenvolvem inovações que atendam às necessidades dos clientes locais (teoria da internalização), parece mais atraente.

Segundo Freeman (1974), a estratégia tecnológica da Sabó é *ofensiva*, buscando liderança no mercado e na tecnologia, diante dos concorrentes. A excelência técnica dos produtos é fundamental, aliada a uma certa agressividade mercadológica. Essa estratégia inclui a existência de fortes vínculos com a comunidade científica, bem como forte atividade interna de P&D, com engenheiros e cientistas qualificados. A empresa valoriza o sistema nacional de patentes como proteção à sua atividade inovadora. Pode-se considerar a compra da Kaco pela Sabó como uma aliança tecnológica, em que a liderança da empresa alemã em determinada tecnologia complementou a capacitação própria da Sabó.

Em pesquisa efetuada em 1994, foi analisada uma amostra de 22 empresas, selecionadas entre as 500 maiores do Brasil, que realizaram investimentos no exterior entre 1989 e 1991. A maioria era fornecedora de peças e componentes ou de produtos acabados para grandes consumidores industriais. Uma característica importante dessas empresas era o avançado estágio de desenvolvimento, em tecnologias e produtos de conhecimento disseminado (Iglesias e Veiga, 2002). Uma das principais razões para a instalação de subsidiárias no exterior era a necessidade de oferecer soluções rápidas para problemas tecnológicos e de desenvolvimento de produto, estabelecendo-se uma parceria entre as empresas compradoras e seus fornecedores. A compra da alemã Kaco, em 1992, pela Sabó, obedeceu a esta lógica: complementaridade tecnológica e proximidade dos compradores (Opel). Outra razão foi tão ou mais importante: evitar que um de seus concorrentes a comprasse, reduzindo o espaço de atuação da Sabó entre as montadoras européias.

Uma pesquisa da Fundação Dom Cabral (1996) com 57 empresas brasileiras que tinham realizado algum tipo de investimento produtivo no exterior, entre 1990 e 1994, mostrou alguns fatores determinantes para a expansão internacional, entre os quais aparecem, nos três primeiros lugares: a necessidade de estar próximo ao cliente; a conquista de novos mercados e o acesso à tecnologia. Todos esses fatores foram citados pela Sabó.

Um estudo do BNDES de 1995 (Iglesias e Veiga, 2002) com 30 grandes grupos econômicos nacionais procurou identificar a forma de implantação das subsidiárias produtivas no exterior, entendendo-a segundo os modelos comportamentais ou pela óptica das teorias econômicas. Os primeiros enfatizam a redução gradual das distâncias em relação ao mercado externo e explicam por que a maioria das fábricas implantadas foi o resultado de aquisições ou de associação com empresas existentes, o que aproxima a empresa compradora da realidade cultural e organizacional do país anfitrião. No caso da Sabó, plantas produtivas e desenvolvimento local foram estratégias implantadas muito depois da exportação. Mas o conceito de "distância cultural" se aplica apenas em parte. A empresa começou exportando para a Europa e o Japão. A aquisição/implantação de fábricas ocorreu primeiro na Argentina (em 1992, espécie de extensão da produção brasileira), depois na Europa (1993) e só em 2006 nos Estados Unidos – considerado mais próximo culturalmente que os países europeus. Porém, pode-se levar em consideração o fato de a Hungria ser a terra natal do fundador da empresa (Freire, 2001).

Mas as teorias econômicas também oferecem explicação para essa atitude. A compra ou a associação permitem obter as vantagens proprietárias da empresa adquirida (tecnologia) e reduzir os custos de transação da entrada no novo mercado (Iglesias e Veiga, 2002). A trajetória da Sabó pode ser explicada nesse contexto. Para Chudnovsky e Lopez (1999), nos países em desenvolvimento, as vantagens proprietárias tecnológicas das empresas resultam mais do processo de aprendizagem, da experiência e das práticas tecnológicas que da propriedade de tecnologias próprias. Por essa razão, a instalação de unidades produtivas no exterior pode contribuir favoravelmente para o desenvolvimento tecnológico da empresa, pois, ao aumentar o tamanho de seu mercado, permite que a empresa aumente seus gastos com P&D, dada a maior facilidade de recuperar esses investimentos.

Na Sabó, esses argumentos se aplicam em parte. Seu sucesso internacional se deve à posse de tecnologias próprias inovadoras, expressa pelo número de patentes – 60 –, e pelos 130 projetos de desenvolvimento tecnológico em andamento. Algumas inovações incorporadas aos produtos vendidos para utilização no Canadá e no norte dos Estados Unidos foram soluções desenvolvidas para um problema brasileiro (poeira das estradas nas vedações), que foram adaptadas para aquelas regiões (sal utilizado nas estradas para dissolver a neve). Esse é o caso de uma peça desenvolvida para a American Axle, fornecedora de diferenciais para a GM, que reduziu a zero os custos com garantias, os quais haviam atingido US$ 4 milhões.

Investimentos em países desenvolvidos podem trazer grandes vantagens tecnológicas. No caso da compra de uma firma existente, garante-se o acesso à base de experiência, habilidades e conhecimento tecnológico. Investimentos em uma nova fábrica podem trazer *spillovers* tecnológicos, especialmente em locais com grande concentração de empresas de alta tecnologia ou de fornecedores locais (Chudnovsky e Lopez, 1999). A Sabó adquiriu, em 1992, a Kaco, segunda maior fabricante alemã de vedações e com alto nível de desenvolvimento tecnológico, o que lhe garantiu as vantagens anteriormente descritas, além da proximidade dos principais clientes.

A opção pela Alemanha foi feita pelo fato de esse país ser um centro de excelência mundial em plásticos e elastômeros. Segundo a tipologia de Dunning (1994b), essa foi tipicamente uma estratégia de *strategic asset seeking*, enquanto a fábrica na Hungria configurou uma estratégia de *resource seeking*, e a da Argentina, uma estratégia de *market seeking*. A instalação da fábrica nos Estados Unidos (prevista para 2007) também reflete uma entrada do tipo *strategic asset seeking*. Lá, a Sabó possui um escritório técnico/comercial desde 1994 e um laboratório de desenvolvimento de produtos para a GM e a Delphi.

A trajetória tecnológica da Sabó encontra respaldo em autores como Camargos e Sbragia (2000) e Pereira (2003). Autores que abordam as diferenças culturais entre países e a necessidade de superá-las (Rocha, 2001) explicam o grande desafio da Sabó em fazer com que as operações no Brasil e na Europa trabalhem de forma mais unificada. Alguns conceitos de gestão ainda não foram introduzidos na Europa, dadas as diferenças culturais. Esse é o caso das células de gestão, adotado no Brasil em 1996.

7 Conclusões

Este capítulo mostrou o processo de internacionalização de uma empresa brasileira que atua em um setor industrial no qual o domínio da tecnologia de produto ou processo é fator determinante do sucesso internacional. Há poucos artigos na literatura que focalizam esse aspecto da internacionalização. A maioria estuda o comportamento de empresas multinacionais de países desenvolvidos e as variáveis que influenciam a decisão de dispersar seus centros de P&D, em geral em países de mesmo nível tecnológico.

Fala-se em 20 ou, no máximo, 30 empresas nacionais que internacionalizaram suas atividades produtivas, e não são todas que possuem vantagens competitivas baseadas em liderança tecnológica. Algumas pesquisas mostram as dificuldades desse processo e seus entraves burocráticos. O estudo de caso na empresa Sabó Indústria e Comércio Ltda., única remanescente das empresas nacionais de autopeças existentes no início dos anos 1990, mostra que sua sobrevivência pode ser atribuída a uma estratégia agressiva de conquista do mercado internacional, baseada na instalação de fábricas e de centros de desenvolvimento próximos aos clientes, oferecendo produtos tecnologicamente avançados, cujo investimento de 5% a 7% do faturamento em P&D foi e continua a ser essencial para manter a posição alcançada.

Nesse caso específico, as teorias comportamentais se aplicam apenas em parte, pois as características inovadoras dos produtos são mais importantes do que o conhecimento do mercado e as decisões de sua abordagem paulatina e cuidadosa. Para essa empresa, e provavelmente para outras empresas de alta tecnologia, as teorias econômicas baseadas nos custos de transação oferecem maior respaldo ao processo de internacionalização.

Referências bibliográficas

ARIFFIN, N.; FIGUEIREDO, P. N. Internationalization of innovative capabilities: counter-evidence from the electronics industry in Malaysia and Brazil. In: ENCONTRO NACIONAL DA ANPAD, 27, Atibaia, 2003. *Anais...* Atibaia: Anpad, 2003. Arquivo em CD-ROM.

BARTLETT, C. A.; GHOSHAL, S. Going global: lessons from late movers. *Harvard Business Review,* v. 78, n. 2, p.133-142, mar./abr. 2000.

BÖHE, D.; ZAWISLAK, P. A. Estratégias de P&D em subsidiárias brasileiras de empresas globais. In: SIMPÓSIO DE GESTÃO DA INOVAÇÃO TECNOLÓGICA, 22, Salvador, 2002. *Anais...* Salvador: PGT/USP e Unifacs, 2002. Arquivo em CD-ROM.

BUCKLEY, P. J.; CASSON, M. C. Analyzing foreign market entry strategies: extending the internationalization approach. *Journal of International Business Studies,* v. 29, n. 3, p. 539-562, 1976.

CAMARGOS, S. P.; SBRAGIA, R. Inserção das afiliadas brasileiras na estrutura de P&D das empresas internacionais. In: SIMPÓSIO DE GESTÃO DA INOVAÇÃO TECNOLÓGICA, 21, São Paulo, 2000. *Anais...* São Paulo: PGT/USP, 2000. Arquivo em CD-ROM.

CANTWELL, J.; JANNE, O. Technological globalization and innovative centres: the role of corporate technological leadership and locational hierarchy. *Research Policy,* n. 28, p. 119-144, 1999.

CHEN, Y. Dancing with the wolves: localization of multinational corporations' R&D centers in Shanghai. The First Globelics Conference "Innovation Systems and Development Strategies for the Third Millennium", Rio de Janeiro, 2 a 6 nov. 2003. *Proceedings...*

CHUDNOVSKY, D.; LOPEZ, A. Inversión extranjera directa y empresas multinacionales de países en desarrollo: tendências y marco conceptual. In: CHUDNOVSKY, D., KOSACOFF, B.; LOPEZ, A. (Eds.) *Las multinacionales latinoamericanas en un mundo globalizado.* Buenos Aires: Fondo de Cultura Econômica, 1999.

COSTA, I.; QUEIROZ, S. R. R. FDI and technological capabilities in Brazilian industry. *Internet Research-Electronic Networking Applications and Policy*, v. 31, p. 1431-1443, 2002.

COUTINHO, L. Internacionalização das empresas brasileiras. *Folha de S. Paulo*, São Paulo, p. 2, 5 out. 2003. Caderno Dinheiro.

CYRINO, A. B.; OLIVEIRA JR., M. M. Influência da acumulação de conhecimento nas estratégias de entrada em mercados internacionais: um estudo nas maiores empresas brasileiras. In: ENCONTRO NACIONAL DA ANPAD, 26, Salvador, 2002. *Anais...* Salvador: Anpad, 2002.

DUNNING, J. Toward an eclectic theory of international production: some empirical tests. *Journal of International Business Studies*, v. 11, 00001 ABI/INFORM Global, p. 9, Spring 1980.

______. The eclectic paradigm of international production: a restatement and some possible extensions. *Journal of International Business Studies*, v. 19, n. 1, p. 1-31, 1988.

______. Multinational enterprises and the globalization of innovatory capacity. *Research Policy*, v. 23, p. 67-88, 1994a.

______. Re-evaluating the benefits of foreign direct investment. *Transnational Corporations*, v. 3, n. 1, fev. 1994b.

DUYSTERS, G.; HAGEDOORN, J. Internationalization of corporate technology through strategic partnering: an empirical investigation. *Research Policy*, n. 25, p. 1-12, 1996.

FREEMAN, C. *The economics of industrial innovation*. Middlesex: Penguin Books, 1974.

FREIRE, C. M. *Internacionalização de empresas brasileiras:* o caso de O Boticário. Rio de Janeiro, 2001, 127 p. Dissertação (Mestrado em Administração), Coppead/UFRJ, 2001.

FREITAS, H. G.; BLUNDI, M. D. S.; CASOTTI, L. M. Internacionalização da Churrascaria Plataforma: peculiaridades da cultura brasileira como um diferencial competitivo. In: ENCONTRO NACIONAL DA ANPAD, 26, Salvador, 2002. *Anais...* Salvador: Anpad, 2002. Arquivo em CD-ROM.

FUNDAÇÃO DOM CABRAL. *Internacionalização de empresas brasileiras*. Rio de Janeiro: Qualitymark, 1996.

______. *Pesquisa sobre a internacionalização da empresa brasileira*. Sumário Executivo. Belo Horizonte, jul. 2002. Disponível em: www.fdc.org.br.

GOMES, C. M.; KRUGLIANSKAS, I. Gestão de fontes externas de inovação: estudo de caso em empresas brasileiras. In: SEMINÁRIO LATINO-IBERO-AMERICANO DE GESTIÓN TECNOLÓGICA, 11, Salvador, 2005. *Anais*... Salvador: Altec, 2005. Arquivo em CD-ROM.

IGLESIAS, R. M.; VEIGA, P. M. Promoção de exportações via internacionalização das firmas de capital brasileiro. In: PINHEIRO, A. C.; MARKWALD, R.; PEREIRA L. V. (Orgs.) *O desafio das exportações*. Rio de Janeiro: BNDES, 2002. p. 369-446.

INSTITUTO DE ESTUDOS PARA O DESENVOLVIMENTO INDUSTRIAL (IEDI). *O investimento estrangeiro na economia brasileira e o investimento de empresas brasileiras no exterior*. São Paulo, fev. 2003. Disponível em: www.iedi.org.br.

JOHANSON, J.; VAHLNE, J. E. The internationalization process of the firm – A model of knowledge development and increasing foreign market commitments. *Journal of International Business Studies*, v. 8, n. 1, p. 23-32, 1977.

JOHANSON, J.; WIEDERSHEIM-PAUL, F. The internationalization of the firm: four Swedish cases. *Journal of Management Studies*, v. 12, p. 305-322, 1975.

KUMAR, N. Determinants of location of overseas R&D activity of multinational enterprises: the case of US and Japanese corporations. *Research Policy*, v. 30, p. 159-174, 2001.

LACERDA, A. C. *Globalização e investimento estrangeiro no Brasil*. São Paulo: Saraiva, 2004.

LE BAS, C.; SIERRA, C. Location versus home country advantages in R&D activities: some further results on multinationals' locational strategies. *Research Policy*, v. 31, p. 589-609, 2002.

LEVY, L. F. As multinacionais brasileiras. In: LEVY, L. F. (Org.) *O novo Brasil*. São Paulo: Gazeta Mercantil, 2002.

LOUREIRO, F. A. Internacionalização de empresas brasileiras. *Cadernos de Gestão Tecnológica*, São Paulo, n. 20, 1995.

MEYER-KRAHMER, F.; REGER, G. New perspectives on the innovation strategies of multinational enterprises: lessons for technology policy in Europe. *Research Policy*, v. 28, p. 751-776, 1999.

MOVENDO as peças. *Revista Exame*, edição 770, 15 jul. 2002.

PASIN, R. M.; BUCCHI, W. W.; CALAIS, G. O. S. O processo de internacionalização de grandes grupos empresariais brasileiros através das fusões e aquisições transnacionais. *VI Semead*. São Paulo: FEA/USP, 2003.

PATEL, P. Are large firms internationalizing the generation of technology? Some new evidence. *IEEE Transactions on Engineering Management*, v. 43, n. 1, p. 41-47, 1996.

PATEL, P.; VEGA, M. Patterns of internationalization of corporate technology: location versus home country advantages. *Research Policy*, v. 28, n. 2-3, p. 145-155, 1999.

PEARCE, R. Decentralized R&D and strategic competitiveness: globalised approaches to generation and use of technology in multinational enterprises (MNEs). *Research Policy*, v. 28, p. 157-178, 1999.

PEREIRA, W. S. *As mudanças no padrão de comércio exterior brasileiro e seus vínculos com a estrutura produtiva*: uma análise das mudanças ocorridas na década de 90. III Relatório de Atividades, abr. 2003. Disponível em: www.unesp.br/fclar/geein.

PINHEIRO, A. C.; MARKWALD, R.; PEREIRA, L. V. (Orgs.) *O desafio das exportações*. Rio de Janeiro: BNDES, 2002.

REDDY, P. New trends in globalization of corporate R&D and implications for innovation capability in host countries: a survey from India. *World Development*, v. 25, n. 11, p. 1821-1837, 1997.

ROCHA, A. *Por que as empresas não se internacionalizam?* Rio de Janeiro: Coppead/UFRJ, 2001. Disponível em: www.coppead.ufrj.br/NUPIN.

RUGMAN, A. M. *Inside the multinationals*: the economics of internal markets. Nova York: Columbia University, 1981.

SOUZA, A. C. B. Sabó: multinacional verde e amarela. *Revista Fórum de Líderes Empresariais*, ano VIII, n. 13, nov. 2005.

STAL, E. Empresas transnacionais no Brasil e a descentralização das atividades de Pesquisa e Desenvolvimento. In: SIMPÓSIO DE GESTÃO DA INOVAÇÃO TECNOLÓGICA, 22, Salvador, 2002. *Anais*... Salvador: PGT/USP e Unifacs, 2002. Arquivo em CD-ROM.

STAUB, E. Revolucionando o Brasil pela inovação tecnológica. *III Conferência Anpel*, Campinas, Anpei, 27 a 30 maio 2003.

SULL, D. N.; ESCOBARI, M. E. *Sucesso made in Brasil* – Os segredos das empresas brasileiras que dão certo. Rio de Janeiro: Elsevier, 2004.

TIGRE, P. B. Política tecnológica na promoção de exportações. In: PINHEIRO, A. C.; MARKWALD, R.; PEREIRA, L. V. (Orgs.) *O desafio das exportações*. Rio de Janeiro: BNDES, 2002.

WILLIAMSON, O. *Markets and hierarchies:* analysis and antitrust implications. Nova York: Free, 1975.

CAPÍTULO 4

Modelos Organizacionais para Inovação

Ana Carolina S. Queiroz

1 Introdução

Quais são as condições do contexto organizacional que favorecem a inovação? Esse é um dos maiores desafios das lideranças de grandes corporações de nossos tempos. Com o aumento da competição dos mercados e a rápida evolução das novas tecnologias e dos meios de comunicação, a geração de inovações capazes de fazer aumentar o valor econômico das empresas torna-se um dos mais preciosos recursos organizacionais.

A inovação pode ser definida como o processo pelo qual as organizações utilizam suas capacitações e seus recursos para desenvolver novos produtos, serviços, sistemas operacionais ou de produção, formas de trabalho e tecnologias para melhor atender às demandas de seus consumidores. Essa atividade passa a exigir das organizações uma mobilização mais ampla que a simples criação de um ambiente favorável à geração de novas idéias por gênios solitários. Trata-se de sistematizar o processo de geração e teste de novas idéias em um contexto flexível e colaborativo, porém direcionado por objetivos estratégicos amplos.

As empresas que inovam buscam manter uma estrutura organizacional com poucos níveis hierárquicos e organizam o trabalho em torno de equipes de projetos, o que facilita a coordenação, a comunicação e a cooperação entre seus membros. As equipes trabalham sem um planejamento prévio e fazem uso de uma abordagem de aprendizagem, isto é, iniciam o trabalho com objetivos amplos, evitam planos e orçamentos estruturados e ajustam a direção à medida que adquirem novas informações e conhecimentos sobre o projeto. Não há uma definição de como atingir os objetivos estabelecidos, e as equipes atuam sem restrições organizacionais ou físicas. Os altos membros da organização estabelecem e controlam direções e permitem o engajamento de grupos em mais de uma abordagem para solucionar a mesma necessidade de mercado, uma vez que dificilmente se sabe com antecedência qual abordagem será mais bem recebida pelos consumidores.

A inovação contínua tende a ocorrer em ambientes nos quais as lideranças acreditam no valor das inovações e gerenciam o sistema de valores e o ambiente para favorecê-las. Por exemplo, empresas como Intel, 3M e IBM valorizam a inovação em suas visões e incluem especialistas em seus mais altos círculos de decisão. Adicionalmente, as visões são orientadas para o mercado e, no âmbito operacional, existem mecanismos que asseguram a interação constante entre especialistas (responsáveis pelo desenvolvimento de inovações) e os outros membros da organização.

Finalmente, o processo de inovação requer aprendizado interativo. As grandes corporações consideradas inovadoras (3M, GE, Honda, Intel) utilizam conhecimentos disponíveis dentro e fora das fronteiras organizacionais. Essas empresas sabem que o processo caótico de inovação transcende as barreiras organizacionais e interagem com múltiplas instituições, incluindo os clientes.

Este capítulo visa discutir a emergência de novos modelos organizacionais mais adaptáveis às exigências do meio ambiente e mais favoráveis à implementação de inovações (incrementais e radicais). Adicionalmente, pretende-se apresentar as principais características desses modelos e analisar os aspectos organizacionais de estratégia, estrutura, cultura e tecnologia da informação que podem favorecer ou inibir os processos de inovação.

Na primeira seção, serão discutidos os principais conceitos de Teoria das Organizações que fundamentam essa análise. Na seção seguinte, serão apresentadas as características dos modelos organizacionais para inovação e os aspectos que os favorecem. No Capítulo 5, será apresentado um estudo de caso realizado em um hospital particular de grande porte, o qual ilustra essa discussão.

2 Teoria das organizações e modelos

Os conceitos apresentados nesta seção são relevantes para a discussão que será desenvolvida sobre a emergência de novos modelos organizacionais para inovação. Como será apresentado, um grande número de estudos realizados na área na atualidade tem como base teórica os principais conceitos da Teoria da Contingência e teorias ambientais mais recentes, em especial a Teoria da Ecologia Organizacional e a Teoria das Configurações Estruturais.

2.1 Teoria da Contingência Estrutural

Burns e Stalker (1961) foram responsáveis por introduzir os principais conceitos da Teoria da Contingência que, posteriormente, seriam desenvolvidos por outros autores, como Lawrence e Lorsch (1967), Perrow (1967) e Woodward (1965).

Em um primeiro momento, Burns e Stalker (1961) caracterizam as organizações como sistemas de interpretação dos sinais do ambiente. As pesquisas realizadas inicialmente pelos autores em uma usina inglesa e em uma organização do setor eletroeletrônico permitiram que se definissem dois sistemas de gestão, o modelo mecanicista e o modelo orgânico (Vasconcelos, 2002). O primeiro foi caracterizado por papéis organizacionais firmemente definidos pela gerência sênior, que detinha o monopólio do conhecimento organizacional. O segundo se caracterizou por uma definição menos rígida dos papéis formais, que resultavam de discussões entre as partes, pois o conhecimento para definir e desempenhar tarefas estava diluído na organização (Donaldson, 1998). Os modelos definidos por Burns e Stalker (1961) são tipos ideais, ou seja, construções teóricas que representam dois extremos. Os sistemas reais de administração não aderem integralmente a um ou outro modelo, mas contêm, necessariamente, elementos de ambos (Vasconcelos, 2002), que são apresentados no Quadro 4.1.

Uma das principais contribuições de Burns e Stalker (1961) foi a idéia de que não existe uma única maneira certa de organizar, conforme pensavam os autores da Teoria Clássica de Administração (Morgan, 1996); a forma adequada depende do tipo de tarefa ou do ambiente com o qual se está lidando. Por exemplo, em ambientes estáveis, a forma mecanicista é preferível: usar procedimentos padronizados para realizar atividades de rotina é mais eficiente (bibliotecas, órgãos públicos, exército, Correios). Por outro lado, quando a organização precisa alterar suas atividades para se adaptar a mudanças rápidas no ambiente, como altas taxas de inovação ou forte competição, prefere-se a flexibilidade da forma orgânica (laboratórios de pesquisa, salas de emergência em hospitais, indústria aeronáutica).

Portanto, a idéia introduzida por Burns e Stalker (1961) de que as organizações se definem por meio de processos de adaptação às condições ambientais é central para a Teoria da Contingência e, conseqüentemente, para a discussão sobre a adoção de novos modelos organizacionais mais flexíveis e inovadores. Esse conceito foi explorado posteriormente em dois outros trabalhos (Lawrence e Lorsch, 1967; Perrow, 1967), que, apesar de apresentar diferenças estruturais, enfatizam as principais noções das relações entre organização e meio ambiente. Segundo Vasconcelos (2002, p. 8), estas podem ser resumidas assim:

(...) (a) A organização e seu ambiente estão em estado de dependência mútua, interagindo continuamente; (b) As organizações devem se adaptar às restrições impostas pelos seus ambientes; (c) As organizações são compostas por subsistemas interdependentes, cujas interações devem ser coordenadas (...)

Quadro 4.1 Modelo mecanicista *versus* modelo orgânico

Características	Mecanicista	Orgânico
Estrutura Organizacional	Burocrática, permanente, rígida e definitiva	Flexível, mutável, adaptável e transitória
Autoridade	Baseada na hierarquia rígida e no comando centralizado	Baseada no conhecimento e na consulta
Desenho de Cargos e Tarefas	Cargos e tarefas estáveis e definidos	Provisório, cargos e tarefas mutáveis e redefinidos constantemente
Processo de Decisão	Centralizado	Descentralizado
Comunicação	Vertical e formal	Predomínio horizontal e informal
Ênfase da Confiabilidade	Regras e regulamentos escritos	Pessoas e comunicação informal
Princípios Predominantes	Teoria Clássica	Teoria de Relações Humanas
Ambiente	Estável	Dinâmico e turbulento

Fonte: Vasconcelos, 2002.

Lawrence e Lorsch (1967) realizaram um estudo comparativo entre diferentes organizações nas indústrias de *contêineres*, alimentação e plásticos para determinar quais são os tipos de organização mais eficazes sob diferentes condições do ambiente externo (ambientes estáveis ou complexos e dinâmicos). Os autores concluíram que as organizações que apresentavam maior sucesso eram as que conseguiam estabelecer um equilíbrio dinâmico entre diferenciação e integração, adaptando-o às condições ambientais.

A diferenciação diz respeito ao fato de que o ambiente não é homogêneo; logo, as empresas apresentam, internamente, modelos organizacionais com diferenças significativas. Por exemplo, o Departamento de Pesquisa e Desenvolvimento (P&D) enfrenta um maior grau de incerteza que o de produção, o que resulta em diferenças significativas na estrutura organizacional, sendo o primeiro mais aderente ao modelo orgânico, e o segundo ao mecanicista. Essa diferença torna a coordenação entre os dois departamentos de uma mesma empresa mais problemática, que diz respeito à integração; por isso, os autores sugerem que a solução seria integrar as pessoas por meio de equipes de projetos que, como veremos adiante, têm sido adotadas com freqüência na atualidade por empresas que buscam a capacidade de inovação contínua.

Os autores identificaram quatro subsistemas fundamentais a serem coordenados nas organizações: o estratégico, o operacional, o humano e o administrativo. Segundo Lawrence e Lorsch (1967), esses quatro subsistemas fazem parte de um modelo de diferenciação e integração que, por sua vez, corresponde a um processo de análise e síntese do trabalho coletivo nas organizações. De acordo com o modelo, as organizações de melhor desempenho são aquelas capazes de estabelecer um equilíbrio dinâmico entre diferenciação e integração e de se adaptar às condições ambientais. A conclusão dos autores é similar à de Burns e Stalker (1961), ou seja, ambientes estáveis e previsíveis demandam a adoção do modelo mecanicista, enquanto os ambientes instáveis e turbulentos demandam o uso do modelo orgânico.

Aproximadamente no mesmo momento em que Burns e Stalker (1961) apresentavam sua teoria, Woodward (1958; 1965) conduziu um estudo comparativo quantitativo de uma centena de organizações manufatureiras na região do sudeste de Essex e obteve resultados consistentes com o quadro da Teoria da Contingência. Woodward (1965) concluiu que existiam relações interessantes entre a tecnologia da operação e a estrutura organizacional. Nas empresas em que havia uma tecnologia de operação simples (produção de pequenos lotes sob encomenda ou de unidades por especificação dos consumidores, como, por exemplo, a fabricação de instrumentos musicais), a organização era razoavelmente informal e orgânica. Nos locais em que o sistema de fabricação havia avançado para a produção em massa (produção de grandes lotes em linha de montagem) e fazia-se uso de equipamentos mais sofisticados, como nas montadoras de automóveis, a organização do trabalho era mais formalizada e mecanicista, de acordo com as prescrições da administração clássica. No entanto, a autora verificou que, com o avanço tecnológico posterior, oriundo do uso intenso de capital, surgiu um sistema de produção contínua (produção intermitente), como, por exemplo, a indústria química. Nesse novo contexto, a organização mecanicista de produção em massa cedeu lugar a uma organização mais orgânica, baseada em equipes de trabalho e maior ênfase nas relações humanas (Motta, 1987; Donaldson, 1998).

Para Woodward (1965) e seus colaboradores, os primeiros avanços tecnológicos permitiram que a produção em massa substituísse a artesanal, o que levou as organizações a se tornar mais mecânicas. Em seguida, novos avanços tecnológicos possibilitaram, em algumas indústrias, a substituição do sistema de produção em massa pelo sistema de produção contínua, e as estruturas organizacionais tornaram-se mais orgânicas.

Woodward (1965) não foi a única autora nessa época a considerar as influências da tecnologia sobre as estruturas organizacionais. Para Perrow (1967), as organizações complexas são conceituadas com base em suas tecnologias.

Para o autor, a estrutura organizacional e suas variáveis são contingentes à tecnologia. Esta, por sua vez, é definida como as ações que os indivíduos empreendem sobre a matéria-prima, com ou sem a ajuda de uma ferramenta ou aparelho mecânico, para transformá-la. A matéria-prima pode ser um objeto inanimado, seres vivos ou uma informação. No contexto organizacional, os indivíduos interagem para transformar as matérias-primas, o que exige relações que permitem a coordenação e o controle do trabalho. A forma dada às relações e interações determinará a estrutura organizacional e suas variáveis (Perrow, 1967).

De acordo com Perrow, o tipo de tecnologia organizacional definirá a estrutura de tarefas (*task structure*) a serem empregadas pelas organizações para transformar a matéria-prima. A estrutura da tarefa, por sua vez, possui duas dimensões: o controle e a coordenação. A primeira dimensão, a do controle, está relacionada à liberdade que os indivíduos, ou grupos de indivíduos, possuem para realizar suas tarefas, bem como com o poder que exercem sobre a mobilização de recursos escassos e a definição das situações organizacionais. A segunda dimensão, a da coordenação, é realizada por meio de planejamento ou de *feedback*. A coordenação por meio de planejamento se refere às interações programadas de tarefas previamente definidas por regras. A coordenação por *feedback* refere-se a alterações na natureza ou seqüência das tarefas por meio de negociações entre os grupos envolvidos.

O autor definiu quatro tipos de estruturas com diferentes graus de controle e coordenação, das quais duas se assemelham aos modelos mecanicista e orgânico de Burns e Stalker (1961):

- *Estrutura formal, centralizada*: assemelha-se ao modelo mecanicista de Burns e Stalker (1961). É caracterizada por um sistema de produção uniforme e estável e apresenta poucos problemas que, quando ocorrem, podem ser solucionados pela lógica e análise sistemática. Nesse caso, as tarefas dos grupos envolvidos diretamente na produção e de seus supervisores são altamente planejadas e controladas, não havendo liberdade de atuação (como exemplo, pode-se mencionar o chão de fábrica da indústria automobilística americana ou a operação de um restaurante *fast-food*, como o McDonald's).
- *Estrutura flexível, policentralizada*: assemelha-se ao modelo orgânico de Burns e Stalker (1961). Possui uma matéria-prima não-uniforme, fazendo surgir muitas exceções durante o processo de transformação. Estas não são analisáveis, e a pesquisa será baseada na indução e na tentativa e erro. Nesse contexto tecnológico, o poder dos grupos é alto (técnico, operacional e de supervisão), e a coordenação é realizada por *feedback*. Há um ajuste contínuo das tarefas e dos grupos às tarefas. Finalmente, existe um alto grau de interdependência e participação das várias áreas da organização (por exemplo, podem-se mencionar empresas como Intel e Microsoft).

Os argumentos de Perrow (1967) são consistentes com o quadro teórico da contingência estrutural. Suas afirmações indicam que a complexidade ambiental define a forma que a organização deve assumir para sobreviver. Em resumo:

> Todas estas teorias focalizaram a heterogeneidade dos ambientes nos quais as organizações estão inseridas e destacam a necessidade de um acordo, de uma harmonização entre as características estruturais e sociais das organizações e os fatores que compõem o seu ambiente. (Vasconcelos, 2002, p. 11)

2.2 Teorias Ambientais

Posteriormente, sobre as bases conceituais lançadas pela Teoria da Contingência, surgiram outras teorias que consideraram a variável adaptação ao ambiente e que são relevantes para a compreensão da emergência de novos modelos organizacionais na atualidade. Nesse contexto, deve-se destacar a Teoria da Ecologia Organizacional (Hannan e Freeman, 1977) e a Teoria das Configurações Estruturais (Mintzberg, 2003).

A Teoria da Ecologia Organizacional coloca em dúvida o fato de a organização ser tão flexível na adaptação ao ambiente, como propunham os autores da Teoria da Contingência. Para os proponentes dessa teoria, baseada na visão da seleção natural de Darwin, o ambiente tem uma preponderância maior na seleção daquelas organizações que são mais aptas a sobreviver. Dessa forma, espécies diferentes de organização dependem de recursos escassos que existem no ambiente, lutando para sobreviver. Ao longo do tempo, as espécies sofrem variações para adaptar-se às alterações ambientais. As mais aptas são selecionadas, e as mais fracas são naturalmente eliminadas (Motta, 2001).

De acordo com Tushman e O'Reilly (2004), essa perspectiva darwinista de evolução e mudança gradual é adequada e relevante para a análise organizacional, no entanto não considera descontinuidades periódicas, como as inovações radicais. Estas tendem a transformar indústrias, fazendo nascer novas empresas e desaparecer as existentes: como exemplos, podem-se citar as indústrias de semicondutores e de relógios. Nessas condições, a sobrevivência ou seleção ocorre com as espécies preparadas para explorar um novo ambiente, não com aquelas aptas a evoluir gradualmente em um ambiente relativamente estável.

De fato, os autores apontam para resultados de pesquisas em diversos setores da economia (automobilístico, vinhos, restaurantes, biotecnologia) que indicam que, na atualidade, as organizações estão sujeitas a pressões ambientais que evoluem gradualmente e exigem modelos organizacionais capazes de gerar inovações incrementais, mas pontuadas por descontinuidades que requerem, de tempos em tempos, a implementação de inovações radicais. A velocidade das mudanças e a periodicidade das rupturas não são uniformes entre indústrias ou países.

Essa realidade exige das organizações a coexistência de modelos contraditórios. As mesmas características que tornam uma empresa bem-sucedida em tempos de evolução gradual não são suficientes ou adequadas para sustentá-la em momentos de ruptura. Adicionalmente, empresas grandes, complexas e com um alto grau de dispersão geográfica tendem a competir em mercados maduros e emergentes ao mesmo tempo. Em mercados maduros, a tendência é encontrar modelos mecanicistas, enquanto em mercados emergentes os modelos orgânicos são mais apropriados. Dessa forma, as organizações bem-sucedidas são as consideradas *ambidestras* (Tushman e O'Reilly, 2004):

> Organizações ambidestras são necessárias para superar esse paradoxo. A habilidade para simultaneamente buscar inovações incremental e radical e mudar resultados hospedando estruturas, processos e culturas múltiplas e contraditórias na mesma firma (...) essas empresas são capazes de concorrer em mercados maduros,

> por meio da inovação incremental, e mercados emergentes, por meio da mudança radical. (Tushman e O'Reilly, 2004, p. 287)

Para Sanchez-Runde e Pettigrew (2003), pesquisas recentes sobre novas formas organizacionais nos Estados Unidos, na Europa e no Japão, como é o caso do programa Study of Innovative Forms of Organizing (INNFORM), reafirmam a noção de tendências concorrentes e contraditórias nas organizações, a qual permeia os trabalhos na área desde o surgimento da Teoria da Contingência. Os principais autores dessa teoria reconheceram que empresas de alto desempenho poderiam combinar aspectos dos modelos mecanicista e orgânico simultaneamente. Como exemplos, podem-se citar empresas como ABB e HP, que se organizam em pequenas unidades autônomas de negócios (modelo orgânico), mas sem perder os benefícios de escala de uma grande corporação nas áreas de manufatura e marketing (modelo mecanicista).

Henry Mintzberg (2003), em seu livro *Criando organizações eficazes. Estruturas em cinco configurações*, desenvolve os principais preceitos dos teóricos da contingência, no que diz respeito às estruturas organizacionais. Em primeiro lugar, Mintzberg apresenta uma perspectiva mais voluntarista do que os autores da Teoria da Contingência e da Teoria da Ecologia Organizacional, pois entende que tanto os elementos internos da estrutura (divisão do trabalho em tarefas distintas e coordenação das tarefas) quanto os elementos externos (tamanho, idade, tipo de ambiente, sistema técnico etc.) podem ser selecionados pelos gestores e agrupados para criar configurações mais eficazes em determinados contextos de competição. Em segundo lugar, o autor sugere que, apesar de ser possível criar um grande número de configurações, apenas um número limitado persiste em nossos ambientes:

> (...) um número limitado dessas configurações explica a maioria das tendências que levam organizações eficazes a estruturar-se por si mesmas. Em outras palavras, o *design* de uma estrutura organizacional eficaz – de fato, mesmo o diagnóstico dos problemas de muitas organizações ineficazes – parece envolver a consideração de apenas algumas configurações básicas. (Mintzberg, 2003, p. 13)

As cinco estruturas identificadas por Mintzberg são: a máquina burocrática, a forma departamentalizada, a burocracia profissional, a estrutura simples e a *adhocracia*. Segundo o autor, a máquina burocrática e a forma departamentalizada são ineficientes em ambientes complexos e dinâmicos. Seus sistemas altamente centralizados de controle tendem a tornar tais empresas lentas e ineficazes quando lidam com circunstâncias de mudança. São tipicamente apropriadas para empresas orientadas à produção em massa e eficiência.

A burocracia profissional, por sua vez, modifica os princípios de controle centralizado e permite maior autonomia a seus membros, sendo adequada para lidar com situações relativamente estáveis, mas cujas tarefas são complicadas (empresas de auditoria, universidades, hospitais gerais). Essa estrutura tende a ser tipicamente achatada e possui um sistema descentralizado de autoridade. A padronização e a integração são obtidas por meio de treinamento profissional e aceitação de normas operacionais-chave.

A estrutura simples e a *adhocracia* são mais adequadas para ambientes instáveis e turbulentos, como aqueles em que há um alto grau de inovações. A primeira tende a ser pequena e possui um empreendedor, assessores diretos e o nível operacional. Apesar de a autoridade ser quase sempre centralizada na figura do empreendedor, costuma ser ágil nas mudanças em função do tamanho e flexibilidade na tomada de decisão. Típica de empresas jovens e de sucesso, não é apropriada para ambientes com tarefas muito complexas.

Finalmente, a inovação sofisticada requer uma configuração que seja hábil em fundir especialistas advindos de diferentes especializações em equipes de projeto *ad hoc* que funcionem regularmente, característico dos modelos mais orgânicos, como é o caso da *adhocracia*. Esta última é caracterizada por:

a) uma estrutura altamente orgânica, com pouca formalização de comportamento;
b) especialização do trabalho altamente horizontalizada, baseada em treinamento formal;
c) tendência a agrupar especialistas das unidades funcionais para propósitos de organização interna divididos em pequenas equipes de projetos, baseada no mercado, que visam a execução de um trabalho específico;
d) confiança nos instrumentos de interligação para encorajar o ajustamento mútuo, mecanismo-chave de coordenação interna e entre as equipes;
e) adoção da descentralização seletiva das equipes localizadas em vários pontos da organização, envolvendo vários grupos formados por gerentes de linha, especialistas, operacionais e assessores (Mintzberg, 2003, p. 282).

Mintzberg, assim como os autores da Teoria da Contingência e da Ecologia Organizacional, oferece uma contribuição relevante para a análise das organizações inovadoras. Em primeiro lugar, essas teorias demonstram a importância de se compreender as relações entre as organizações e seus ambientes. Em segundo lugar, colocam em evidência que as organizações são sistemas abertos e que, nesse sentido, são mais bem compreendidas como processos contínuos de adaptação de seus subsistemas (estratégia, estrutura, tecnologia, humano e administrativo) ao ambiente. Em terceiro lugar, admite-se o voluntarismo, isto é, que a administração da organização pode ser melhorada por meio de escolhas estratégicas de seus gestores e de atenção sistemática às necessidades que precisam ser satisfeitas. Nesse sentido, a ação gerencial efetiva seria capaz de fazer as organizações avançarem para modelos mais abertos e flexíveis. Finalmente, esse corpo teórico sugere que, se a inovação é uma prioridade, então formas de organizações flexíveis, dinâmicas, matriciais, orientadas por projetos ou orgânicas serão superiores à mecanicista burocrática (Morgan, 1996).

Apesar de suas relevantes contribuições para a análise de organizações inovadoras, as teorias ambientais possuem algumas limitações que devem ser ressaltadas. A primeira diz respeito ao fato de que, ao contrário do sugerido pelos autores, a harmonia entre os subsistemas é rara e difícil de se atingir. Adicionalmente, a inovação tende a ocorrer em organizações capazes de destruir e reconstruir, continuamente, essa harmonia, como o destacado por Van de Ven et al. (1999) em suas pesquisas no Minnesota Innovation Research Program (MIRP). Finalmente, uma das limitações mais relevantes dessa perspectiva teórica é a pouca importância dada ao papel da cultura organizacional e das relações sociais no processo de adaptação das organizações às exigências do meio ambiente.

Como veremos mais adiante, pesquisas recentes sugerem que uma cultura organizacional que favoreça a criação de um ambiente organizacional, no qual atitudes e comportamentos compatíveis com a inovação são incentivados, tende a apresentar melhores resultados. Isso facilita o funcionamento das equipes multifuncionais e das estruturas flexíveis, à medida que serve como fator de integração horizontal e vertical e assegura a transferência e aquisição de informações e conhecimento, vitais para a inovação (Hargadon e Sutton, 2005; Kanter, 1988; Pettigrew et al., 2003; Quinn, 1985; Tushman e O'Reilly, 2004).

3 Modelos inovadores e suas características

A literatura sobre novas formas organizacionais é muito ampla e diversa; a despeito disso, pesquisas recentes apontam para um consenso entre os autores de que formas, processos e papel das organizações mudaram de maneira significativa no final do século XX (Fenton e Pettigrew, 2000). A existência de novas formas organizacionais se justifica por: (1) a velocidade das mudanças, que exige capacidade de reinventar estratégias e estruturas constantemente; (2) em mercados altamente competitivos, os recursos que geram valor estão *dentro* da firma, e a maneira como são *organizados* é o que confere vantagem competitiva às organizações; (3) a era do conhecimento eleva a importância da capacidade de uma firma organizar e utilizar o conhecimento (Whittington e Melin, 2003).

Outro aspecto relevante diz respeito ao fato de que inúmeras pesquisas, realizadas com metodologias distintas, em momentos e locais diferentes, apontam para tendências similares quanto às características das empresas inovadoras (Hargadon e Sutton, 2005; Kanter, 1988; Pettigrew et al., 2003; Quinn, 1985; Tushman e O'Reilly, 2004). Essas características foram resumidas por Pettigrew e Massini (2003, p. 6):

a) uma descentralização radical da responsabilidade por resultados para as unidades operacionais;
b) redução nos níveis hierárquicos;
c) redução no papel do *staff* corporativo; a alta cúpula passa a concentrar-se em criar e disseminar conhecimentos;
d) uma mudança no estilo gerencial de "comandar e controlar" para "facilitar e autorizar";
e) sistemas sofisticados de comunicação interna (tanto formal quanto informal), horizontal e vertical;
f) uso extensivo de grupos *ad hoc* (interdivisional e interfuncional) focados em forças-tarefa, em vez de estruturas organizacionais departamentalizadas e rígidas;
g) uso deliberado dos recursos humanos internos para disseminação de conhecimento.

Pode-se observar que as características apontadas pelos autores assemelham-se ao modelo orgânico dos teóricos da contingência e à *adhocracia* proposta por Mintzberg (2003). São organizações cujas fronteiras são permeáveis, nas quais seus membros se agrupam temporariamente para atender a necessidades do ambiente externo, a comunicação flui de maneira ágil e o conhecimento é adequadamente disseminado para os níveis em que agrega maior valor.

Tushman e O'Reilly (2004) citam como exemplos de empresas inovadoras a Hewlett-Packard (HP), a Johnson & Johnson (J&J) e a Asea Brown Boveri (ABB). Segundo os autores, apesar do tamanho, essas empresas mantêm a ênfase em grupos autônomos de trabalho que operam como pequenas empresas individuais. A lógica é manter grupos de maneira que os empregados tenham um senso de propriedade e sejam responsáveis pelos resultados. Isso encoraja uma cultura de autonomia e tomada de risco, não compatível com o ambiente de uma grande organização verticalizada.

A despeito da descentralização, essas empresas não perdem as economias de escala advindas do tamanho, especialmente nas áreas de marketing, manufatura e distribuição. A HP, por exemplo, utilizou seu relacionamento com distribuidores de impressoras, um produto maduro, para distribuir seus novos *personal computers* (PCs). A J&J utiliza a força de suas marcas para alavancar novos produtos e tecnologias. Finalmente, a ABB avalia, continuamente, onde localizar suas novas instalações de manufatura para assegurar vantagens de escala. Vale ressaltar que essas empresas fazem isso com estruturas corporativas enxutas que estão focadas não em desenvolver planejamentos estratégicos detalhados, mas em criar orientações e condições que facilitem as operações. Além disso, são responsáveis por manter uma visão compartilhada por meio das várias unidades de negócios. Nessas empresas, há um balanço adequado entre tamanho, autonomia, trabalho em equipe e velocidade. Para Tushman e O'Reilly:

> Uma parte importante da solução dessas empresas é a descentralização massiva do processo decisório, mas com consistência, que é obtida por meio de responsabilidade, compartilhamento de informações e forte controle financeiro. Mas por que isso não resulta em perda de sinergia? A resposta está no controle social. (2004, p. 288)

A flexibilização de estruturas e a criação de unidades autônomas de negócios geram, inevitavelmente, dificuldades de coordenação e controle para as organizações, aspectos já identificados por Lawrence e Lorsch (1967). A transformação de estruturas verticalizadas e mecânicas em horizontais e orgânicas, mais aptas à criação e implementação de inovações, não se dá sem transformações profundas no contexto sociocultural das empresas. Dessa forma, a eficácia dos modelos flexíveis em grandes corporações é condicionada pela maneira como lidam com a estratégia e a aprendizagem organizacional, a cultura organizacional e a gestão das novas tecnologias da informação e comunicação. Esses três aspectos da organização podem favorecer ou refrear as inovações. A seguir, veremos a influência desses aspectos sobre os modelos organizacionais.

3.1 Estratégia e aprendizagem organizacional

O aumento no ritmo das mudanças e no grau de competitividade em diversos mercados, a facilidade de imitação da concorrência e o desafio em gerenciar o conhecimento tornam a forma tradicional de criação de estratégia, por meio de um processo periódico e formal de planejamento centralizado, insuficiente para lidar com essa situação (Mariotto, 2003; Whittington e Melin, 2003). Nesse contexto, as estratégias devem ser elaboradas e reelaboradas continuamente, e as consideradas *emergentes* podem ter um papel crucial.

O termo "estratégia emergente" foi inicialmente sugerido por Mintzberg (1978). Trata-se, essencialmente, de uma estratégia não planejada, tal qual um curso de ação que vai se desenvolvendo e só é percebido pelos membros da organização à medida que avança ou que já se concretizou. Como exemplo, pode-se mencionar a bem-sucedida emergência dos microprocessadores da Intel, que transformaram a empresa e a indústria na década de 1990. Andy Grove (apud Ghemawat, 2000) enfatizou a maneira pela qual as DRAMs (memória dinâmica de acesso randômico), produto de sucesso da Intel até então, foram abandonadas, não pela alta administração, mas por gerentes de nível médio. Em suas palavras:

> Com o passar do tempo, cada vez mais nossos recursos de produção foram dirigidos para o negócio emergente de microprocessadores, não em conseqüência de qualquer direção estratégica específica da alta administração, mas de decisões diárias de gerentes de nível médio. Pouco a pouco, eles alocavam uma parcela cada vez maior de nossa capacidade de produção àquelas linhas que eram mais lucrativas, como os microprocessadores, retirando a capacidade das memórias, que davam prejuízo. Fazendo simplesmente seus trabalhos diários, esses gerentes de nível médio estavam ajustando a postura estratégica da Intel. (...) Para nós, da alta administração, foi necessária a visão de prejuízos inexoráveis para conseguirmos reunir a iniciativa necessária à execução de um desvio drástico em relação ao nosso passado. (Ghemawat, 2000, p. 146)

A "estratégia emergente" dos gerentes de nível médio da Intel ilustra adequadamente a definição fornecida por Minzberg (1978), isto é, um padrão de ação seguido na ausência de um plano ou em desacordo a um plano existente. Opõe-se à "estratégia deliberada", que é um padrão de ação seguido de acordo com um plano prévia e formalmente estabelecido pela alta direção. Na Intel, observa-se que a ação não planejada dos gerentes de nível médio foi galgando espaço e permitiu a suplantação de uma estratégia que limitaria o sucesso da empresa, focada, até então, no crescimento de um produto deficitário, as DRAMs. Isso só foi possível dadas as configurações da organização e sua cultura, que favoreceram a ação das equipes autônomas, em oposição ao direcionamento da alta administração. Segundo Tushman e O'Reilly (2004), a capacidade de aprender e redirecionar a estratégia continuamente é um recurso importante das organizações inovadoras.

De fato, Mintzberg (1979) afirma que as "estratégias emergentes" seriam características de organizações inovadoras. Para ele, a formação de estratégias nesse tipo de organização (*adhocracia*) difere de outras configurações em diversos aspectos: primeiro, quando o propósito central da organização é inovar, os resultados dos esforços não podem ser reconhecidos com antecedência. Nesse caso, ela não pode especificar uma estratégia e um padrão de ação de antemão. Tais padrões, na melhor das hipóteses, emergem, depois dos fatos, como resultado de decisões específicas. Em segundo lugar, a estratégia nunca se estabiliza nesse tipo de organização, pois muda em um processo contínuo. Finalmente, as iniciativas estratégicas podem se originar em qualquer ponto da organização, freqüentemente vindas de baixo, onde está o conhecimento detalhado dos produtos e mercados. As decisões estão de tal modo entrelaçadas, e são tantas as pessoas envolvidas, que é impossível apontar uma única parte da organização como o local onde a estratégia foi definida. Dessa forma, o poder de decisão distribui-se amplamente por toda a organização (Mariotto, 2003).

De acordo com esse modelo, o papel da direção é incentivar seletivamente o crescimento de estratégias, em alguns casos permitindo até que tome o lugar de estratégias deliberadas, como foi o caso da Intel.

O conceito da estratégia emergente está estreitamente vinculado à idéia da aprendizagem organizacional. No início da década de 1980, James Quinn já havia observado esse comportamento em empresas que estavam modificando suas estratégias. Segundo o autor, as estratégias mais eficazes de grandes empresas tendem a emergir, ao longo do tempo, a partir de um processo interativo no qual a organização analisa o futuro e seu ambiente, experimenta, erra e aprende por meio de uma série de comprometimentos parciais (incrementais) e não de formulações globais de estratégias totais e finitas (Quinn, 1985). Tushman e O'Reilly (2004, p. 283), no artigo "The ambidextrous organization. Managing evolutionary and revolutionary change", sugerem que "empresas bem-sucedidas aprendem o que funciona bem e incorporam esse aprendizado às suas operações. Isso é o que significa aprendizagem organizacional; usar *feedback* do mercado para refinar continuamente a organização para melhorar sempre e cumprir sua missão".

De acordo com Fleury e Fleury (1995, p. 16), um conceito bastante simples de organização que aprende foi proposto por Garvin (1993): "organizações que aprendem são aquelas capacitadas a criar, a adquirir e a transferir conhecimentos e, ainda, a modificar seu comportamento para refletir esses novos conhecimentos e *insights*". Esse conceito faz referência à capacidade de examinar o ambiente, adquirir e fazer uso de novos conhecimentos, alterar rumos, solucionar problemas de maneira criativa e manter atitudes adequadas ao aprendizado. Os autores afirmam que é difícil propor um único modelo de aprendizagem adequado a todas as empresas, mas sugerem alguns princípios que podem ser trabalhados. Entre eles, um merece destaque na discussão sobre organizações inovadoras: a cultura voltada para a aprendizagem e a inovação, cujas características serão brevemente discutidas a seguir.

3.2 A importância da cultura organizacional

Afinal, o que é cultura organizacional? Como pode auxiliar na criação e manutenção de um modelo organizacional voltado para a inovação? Uma das definições mais utilizadas em administração é a de Edgard Schein:

> A cultura é formada pelo conjunto de pressupostos básicos que um grupo inventou, descobriu ou desenvolveu, ao aprender a lidar com os problemas de adaptação externa e integração interna, e que funcionaram bem o suficiente para serem considerados válidos e ensinados a novos membros como a forma correta de perceber, pensar e sentir com relação a esses problemas. (Schein, 1984, p. 4)

Assim, a cultura de uma organização nos remete a valores profundos que norteiam comportamentos e atitudes de como "as coisas devem ser" para seus membros e que estão relacionados à história da empresa.

Segundo Fleury e Fleury (1995), uma das maneiras de se chegar a esses valores básicos é por meio da análise de práticas organizacionais e dos elementos simbólicos visíveis, como, por exemplo, o comportamento aparente das pessoas, as formas de comunicação, os rituais organizacionais, as formas de recompensas, o significado do trabalho, as relações de poder, as relações com o ambiente etc. Para esses autores, compreender esses elementos é fundamental para a discussão de como ocorrem o processo de aprendizagem organizacional e a propensão a mudanças da organização. A tendência natural da maioria das organizações é no sentido de preservação de padrões culturais adquiridos ao longo de sua existência e, portanto, pode-se observar, com freqüência, a *inércia cultural*, que dificulta toda e qualquer mudança.

Ainda segundo Fleury e Fleury (1995), a mudança no padrão cultural, quando ocorre, pode ser de dois tipos: *revolucionária*, quando novos valores incorporados à organização são antagônicos aos anteriores, gerando um processo radical de destruição dos elementos simbólicos e redefinição completa das práticas organizacionais (conceito compatível com as descontinuidades ambientais sugeridas por Tushman e O'Reilly, 2004), ou *gradual*, quando os novos valores propostos são complementares aos existentes e ampliam as alternativas para a solução de problemas.

Em pesquisas conduzidas na HP, J&J e ABB, Tushman e O'Reilly (2004) constataram que essas empresas inovadoras possuem valores que enfatizam o empreendedorismo corporativo; a autonomia; a tomada de risco; o compartilhamento de informações e conhecimentos; a aprendizagem contínua; a experimentação; o trabalho em equipe e o desenvolvimento de capacitações individuais e coletivas. Esses valores são sustentados por processos de Recursos Humanos (RH). As novas estratégias e estruturas requerem novas formas de gestão e, nesse contexto, a área de RH passa a ter um papel fundamental (Pettigrew e Massini, 2003), no que diz respeito à manutenção de valores, redes de comunicação horizontais e integração das várias unidades de negócios.

As novas formas organizacionais, mais adaptáveis às exigências do meio ambiente e mais favoráveis ao desenvolvimento e implementação de inovações, exigem intensa interação vertical e horizontal para aquisição e distribuição de novos conhecimentos. Conforme o exposto, os processos de RH e a cultura da organização têm um papel relevante na sustentação dessas estruturas. Outro processo a ser considerado é o das novas tecnologias, o qual será discutido na seqüência (Whittington e Melin, 2003).

3.3 O papel das novas tecnologias

As organizações flexíveis, como visto anteriormente, dependem de comunicação intensa entre seus membros, muitas vezes dispersos física e geograficamente, e da distribuição ágil de informações e conhecimentos. A base dessa nova organização são as equipes de projetos, formadas *ad hoc*, que dependem de uma interação intensa entre as pessoas, tanto horizontal quanto verticamente. Whittington e Melin (2003) sustentam que as novas tecnologias da informação e comunicação têm o potencial de apoiar e facilitar esses processos, daí o investimento crescente das organizações pesquisadas no INNFORM nesses processos. Outros autores, como Shoshana Zuboff (1988), também sugerem que as novas tecnologias têm um potencial transformador, capaz de gerar inovações organizacionais. Entretanto, alertam para o fato de que o desabrochar desse potencial depende de condições do contexto sociocultural da empresa.

Segundo Shoshana Zuboff, o rótulo "novas tecnologias" engloba diversos desenvolvimentos tecnológicos realizados nos últimos 20 anos, como a ciência da computação, a microeletrônica, as telecomunicações, a engenharia de *software* e a análise de sistemas. As novas tecnologias são aquelas capazes de incrementar as habilidades de registrar, armazenar, analisar e transmitir grandes volumes de informações complexas de maneira segura, flexível, confiável, imediata e com independência geográfica. A tecnologia da informação é capaz de transformar e reestruturar operações que fazem uso de informações para realizar transações.

Dessa forma, possui condições de apoiar a flexibilização organizacional à medida que cria elos horizontais e verticais e permite o armazenamento e a distribuição de informações e conhecimentos. Como exemplo, pode-se citar a 3M, que faz uso de um sofisticado sistema de informações na internet pelo qual pesquisadores de sites localizados em vários locais do mundo podem compartilhar conhecimentos para o desenvolvimento de um projeto único (Van de Ven, 1999). Ou ainda a Embraer, que, por meio da tecnologia da informação e comunicação, reúne membros internos e externos à organização, no Brasil e em outros países, para desenvolver novos produtos em tempo real.

Para Zuboff (1988), as novas tecnologias são revolucionárias, pois abrem alternativas para as empresas, permitindo que, pela exploração dos aspectos de informatização, haja uma inovação organizacional e um rompimento com a lógica tradicional de automação, que conduz a uma crescente divisão do trabalho, maior controle e maior conflito de interesses. No entanto, a autora ressalta que a tecnologia, por si só, não é capaz de colocar em marcha essas inovações. A maneira como os gerentes e seus funcionários responderão às alternativas de automação ou informatização, propostas pelas novas tecnologias, determinará se haverá uma nova concepção da organização, do seu trabalho e de poder.

Segundo a autora, a escolha de qualquer alternativa por parte das organizações dependerá, em última instância, da liderança que será exercida por seus gerentes. Estes serão capazes de reconhecer as alternativas disponíveis? Serão capazes de desenvolver as condições organizacionais para que surjam novas visões, novos conceitos e novas relações de trabalho e poder? Poderão criar inovações organizacionais que explorem o potencial de informatizar das novas tecnologias para atingir os objetivos de competição no mercado global? Serão capazes de perceber a contribuição que todas as áreas e funções da organização poderão trazer para os produtos e serviços? Caso não sejam, as organizações estarão diante de novas tecnologias que oferecem soluções antigas.

Logo, pode-se concluir que as tecnologias da informação e comunicação constituem poderosa ferramenta de apoio aos novos modelos organizacionais, mas esse apoio é condicionado pelos aspectos do ambiente e da cultura da organização.

4 Considerações finais

Este capítulo teve como objetivo discutir a emergência de novos modelos organizacionais mais adaptáveis às exigências do meio ambiente e mais favoráveis à implementação de inovações (incrementais e radicais). Inicialmente, foram apresentados os principais conceitos de Teoria das Organizações que fundamentam essa análise, a Teoria da Contingência, a Teoria da Ecologia Organizacional e a Configuração Estrutural. Posteriormente, foram apresentadas as características dos modelos organizacionais para inovação e os aspectos que os favorecem.

Fatores ambientais recentes, como a velocidade de mudanças sociais e tecnológicas, a existência de mercados altamente competitivos e a era do conhecimento, parecem favorecer a adoção de formas organizacionais mais flexíveis e orgânicas. Como foi comentado, a discussão sobre essas novas formas não é recente na literatura de administração, pois tem início na década de 1960, com a Teoria da Contingência. Entretanto, pesquisas atuais em diversos países confirmam a tendência da adoção crescente, por parte das empresas, de modelos com as seguintes características:

a) uma descentralização radical da responsabilidade por resultados para as unidades operacionais;
b) redução nos níveis hierárquicos;
c) redução no papel do *staff* corporativo, passando a alta cúpula a concentrar-se em criar e disseminar conhecimentos;
d) uma mudança no estilo gerencial de "comandar e controlar" para "facilitar e autorizar";
e) sistemas sofisticados de comunicação interna (tanto formal quanto informal), horizontal e vertical;
f) uso extensivo de grupos *ad hoc* (interdivisional e interfuncional) focados em forças-tarefa, em vez de estruturas organizacionais departamentalizadas e rígidas;
g) uso deliberado dos recursos humanos internos para disseminação de conhecimento.

Finalmente, ressaltou-se que a transformação de estruturas verticalizadas e mecânicas em horizontais e orgânicas, mais aptas à criação e implementação de inovações, não se dá sem transformações profundas no contexto sociocultural das empresas. Discutiu-se que a eficácia dos modelos flexíveis em grandes corporações é condicionada pela maneira como elas lidam com a estratégia e a aprendizagem organizacional, a cultura organizacional e a gestão das novas tecnologias da informação e comunicação.

Referências bibliográficas

BURNS, T.; STALKER, G. *The management of innovation*. 2. ed. Londres: Tavistock, 1961.

DONALDSON, L. Teoria da Contingência Estrutural. In: CALDAS, M.; FACHIN, R.; FISCHER, T. (Orgs.) *Handbook de estudos organizacionais:* modelos de análise e novas questões em estudos organizacionais. São Paulo: Atlas, 1998. v. 1.

FENTON, E. M.; PETTIGREW, A. M. Theoretical perspectives on new forms of organizing. In: PETTIGREW, A. M.; FENTON, E. M. (Orgs.) *The innovating organization*. Londres: Sage, 2000. p. 1-46.

FLEURY, M. T.; FLEURY, A. Os desafios da aprendizagem e inovação organizacional. *RAE Light*, v. 2, n. 5, p. 14-20, 1995.

GARVIN, D. Building a learning organization. *Harvard Business Review*. Boston, v. 71, n. 4, jul./ago. 1993.

GHEMAWAT, P. *A estratégia e o cenário dos negócios*. Textos e casos. Porto Alegre: Bookman, 2000.

HANNAN, M. T.; FREEMAN, J. The population ecology of the organizations. *American Journal of Sociology*, n. 82, p. 929-964, 1977.

HARGADON, A.; SUTTON, I. R. Como construir uma fábrica de inovação. In: RODRIGUEZ Y RODRIGUEZ, M. C. (Org.) *O valor da inovação*. Harvard Business Review. Rio de Janeiro: Elsevier, 2005. p. 63-83.

KANTER, R. M. When a thousand flowers bloom: Structural, collective and social conditions for innovation in organization. In: STAW, B. M.; CUMMINGS, L. L. (Eds.) *Research in organizational behavior*. Greenwich: JAI, 1988, p. 184-194.

LAWRENCE, P.; LORSCH, J. *Organizations and environment*. Cambridge: Harvard University, 1967.

MARIOTTO, F. L. Mobilizando estratégias emergentes. *RAE* – Revista de Administração de Empresas da FGV/Eaesp, v. 43, n. 2, p. 78-93, abr./maio/jun. 2003.

MINTZBERG, H. Patterns in strategy formation. *Management Science*, v. 29, n. 9, p. 934-948, 1978.

______. *The structuring of organizations*. Englewood Cliffs: Prentice Hall, 1979.

______. *Criando organizações eficazes*. Estruturas em cinco configurações. 2. ed. São Paulo: Atlas, 2003.

MORGAN, G. *Imagens da organização*. São Paulo: Atlas, 1996.

MOTTA, F. C. P. *Teoria geral da administração*: uma introdução. 14. ed. São Paulo: Pioneira, 1987.

______. *Teoria das organizações*. Evolução e crítica. 2. ed. São Paulo: Pioneira Thomson Learning, 2001.

PASCALE, R. et al. Mudando a maneira como mudamos. In: RODRIGUEZ Y RODRIGUEZ. M. C. (Org.) *O valor da inovação*. Harvard Business Review. Rio de Janeiro: Elsevier, 2005. p. 85-115.

PERROW, C. A framework for comparative organizational analysis. *American Sociological Review*, v. 32, p. 194-208, 1967.

PETTIGREW, A. M.; MASSINI, S. Innovative forms of organizing: trends in Europe, Japan and the USA in the 1990s. In: PETTIGREW, A. M. et al. (Eds.) *Innovative forms of organizing*. Londres: Sage, 2003. p. 1-32.

QUINN, J. Managing innovation: controlled chaos. *Harvard Business Review*. maio/jun., 1985, p. 73-84.

SANCHEZ-RUNDE, C.; PETTIGREW, A. M. Managing dualities. In: PETTIGREW, A. M. et al. (Eds.) *Innovative forms of organizing*. Londres: Sage, 2003. p. 243-250.

SCHEIN, E. H. Coming to a new awareness of organizational culture. *Sloan Management Review*, v. 25, p. 3-16, 1984.

SUTTON, R. I. The weird rules of creativity. In: TUSHMAN, M. L.; ANDERSON, P. *Managing strategic innovation and change*: A collection of readings. 2. ed. Nova York: Oxford University, 2004. p. 267-291.

TUSHMAN, M. L.; O'REILLY III, C. The ambidextrous organization. Managing evolutionary and revolutionary change. In: TUSHMAN, M. L.;

ANDERSON, P. *Managing strategic innovation and change*: A collection of readings. 2. ed. Nova York: Oxford University, 2004. p. 276-291.

VAN DE VEN, A. H. et al. *The innovation journey*. Oxford: Oxford, 1999.

VASCONCELOS, F. C. Racionalidade, autoridade e burocracia. In: ENCONTRO NACIONAL DE ESTUDOS ORGANIZACIONAIS, 2, Recife, 2002. CD-ROM do II Encontro Nacional de Estudos Organizacionais, 2002. p. 1-15.

WHITTINGTON, R.; MELIN, L. The challenge of organizing/strategizing. In: PETTIGREW. A. M. et al. (Eds.) *Innovative forms of organizing*. Londres: Sage, 2003. p. 35-48.

WOODWARD, J. *Management and technology*. Londres: HMSO, 1958.

______. *Industrial organization*: theory and practice. Londres: Oxford University, 1965.

ZUBOFF, S. *In the age of the smart machine*: the future of work and power. Nova York: Basic Books, 1988.

CAPÍTULO **5**

Estudo de Caso: Adoção de um Modelo Organizacional Flexível por uma Unidade de Radioterapia

Ana Carolina S. Queiroz

1 Introdução

Quase todos os setores da economia mundial foram penetrados por algum tipo de tecnologia da informação. Na indústria hospitalar, não tem sido diferente. Nos últimos 30 anos, tem-se assistido a uma revolução tecnológica sem precedentes nas áreas diagnóstica, terapêutica e administrativa de instituições hospitalares. Como resultado, houve a necessidade de adaptação das estruturas e do ambiente organizacional para responder às novas exigências de aumento de complexidade e incerteza que acompanham a implementação dessas novas tecnologias.

As novas tecnologias médico-hospitalares disponibilizam uma quantidade enorme de novas informações clínicas que precisam ser compreendidas e pesquisadas, para que seu potencial de cura seja explorado. Dessa forma, as profissões da saúde tornam-se mais especializadas, há um número maior de profissionais envolvidos no processo da assistência e, finalmente, existe uma crescente dependência de trabalhos em equipes multifuncionais, e não mais de médicos isolados.

Este trabalho tem por objetivo relatar o caso de uma unidade de tratamento de radioterapia de um hospital particular de grande porte, localizado na cidade de São Paulo, que, em função da incorporação de novas tecnologias médicas, adotou um modelo organizacional flexível e orgânico. Pretende-se ainda destacar as principais características desse modelo que se assemelham às apresentadas no capítulo "Modelos Organizacionais para Inovação". Entretanto, é importante ressaltar que não se trata de um modelo inovador "puro", uma vez que também possui aspectos de um modelo mais tradicional e mecânico. De acordo com o mencionado no capítulo anterior, dificilmente encontraremos, em nossa realidade, modelos orgânicos puros; o que se apresenta é uma aproximação de um tipo ideal.

2 Estudo de caso

Neste estudo de caso, primeiro serão apresentados os métodos de pesquisa; na seqüência, mostra-se a evolução da tecnologia de tratamentos de radioterapia; e, posteriormente, relata-se o caso em que são identificadas as principais características do modelo organizacional flexível. Por fim, nas considerações finais, são resumidas as principais características identificadas e que estão de acordo com os modelos teóricos discutidos no capítulo anterior.

A amostra foi selecionada para que houvesse representatividade das principais funções afetadas pelas novas tecnologias. Dessa forma, a amostra engloba entrevistas com todos os médicos que trabalham na unidade médica, todos os coordenadores (biomédicos) da operação, o coordenador (físico) de planejamento e qualidade, além de operadores e físicos. Os entrevistados tinham uma idade média de 34 anos e tempo médio de vínculo com a instituição de cinco anos e meio.

Para complementar as informações obtidas nas entrevistas e verificá-las na rotina de trabalho, aplicou-se o método de observação não-participante. Duas situações distintas foram observadas: a aplicação de tratamentos de radioterapia por parte dos operadores, cuja duração é de aproximadamente 20 minutos, e a simulação realizada antes do início dos tratamentos, a qual pode ter uma duração de sete a dez dias de trabalho, dependendo da complexidade do caso.

A documentação analisada compreendeu os prontuários de pacientes, a documentação suporte da equipe de planejamento, as apresentações de operadores em congressos de radioterapia e a documentação do sistema de gerenciamento, o *Varis*. Os prontuários continham as seguintes informações: a solicitação do médico particular para tratamento e a descrição da situação do paciente, a avaliação do médico responsável do hospital, as fotos do paciente e do local físico do tratamento, exames de imagem e laboratoriais, as simulações, o planejamento do tratamento e todos os registros pertinentes ao tratamento efetuado.

2.1 O fator ambiental: as novas tecnologias disponíveis

Há três gerações de tecnologias de radioterapia disponíveis no mercado: a convencional, a conformada e o Intensity Modulated Radio Therapy (IMRT), que pode ser traduzido por "intensidade de feixe modulado de radiação". A primeira é a mais antiga e o IMRT, a mais recente e moderna tecnologia na área. O serviço analisado neste estudo de caso adota as terapias conformadas e o IMRT. A seguir, veremos uma breve descrição das três tecnologias:

- *Terapia convencional*: o médico é responsável por definir o tratamento e seus parâmetros logo no início dos trabalhos. Os parâmetros dizem respeito às entradas dos feixes de radiação, às quantidades das doses, ao tempo de aplicação e ao posicionamento do paciente. Nesse tipo de terapia, a definição dos parâmetros é feita por meio da análise visual de radiografias diagnósticas e com dados de pesquisas e experiências clínicas. Não há o auxílio da tecnologia na fase de definição de parâmetros.

A tecnologia é utilizada para a aplicação dos feixes de radiação. O equipamento e o *software* que o acompanha permitem a aplicação do tratamento de acordo com os parâmetros preestabelecidos pelo médico, porém os controles para assegurar a precisão são visuais e manuais. Acessórios confeccionados manualmente são utilizados para imobilizar o paciente e delimitar o campo de radiação (por exemplo, blocos de chumbo), já que o formato do feixe emitido pelo equipamento é padronizado. Caso o técnico observe alguma movimentação do paciente, deverá interromper o trabalho do equipamento e acertar o posicionamento. Esse é o tipo de terapia que apresenta maiores riscos de efeitos colaterais, isto é, de a irradiação danificar órgãos saudáveis que estão próximos ao tumor, causando outros tipos de doença ao paciente. Portanto, na terapia convencional, os médicos tendem a optar por aplicar doses menores de radiação para evitar efeitos colaterais. Como resultado, as chances de cura são menores.

- *Terapia conformada*: com o desenvolvimento de novas tecnologias, foi possível acrescentar uma etapa de planejamento e uma de simulação antes da aplicação do tratamento. Para tanto, existem três tipos de tecnologia: o planejamento em três dimensões, o sistema de simulação virtual e o simulador de tratamento. Dependendo da complexidade do tratamento, as etapas de planejamento e simulação poderão consumir de sete a dez dias de trabalho de físicos e médicos.

As novas tecnologias permitem a localização exata do tumor e uma avaliação de como as doses de radiação serão distribuídas no órgão desejado. Na fase de planejamento, os médicos são acompanhados por físicos que elaboram, por meio de inúmeros cálculos de tentativa e erro, um plano detalhado de tratamento e determinam o alvo, a forma de incidência dos feixes de radiação, os acessórios físicos (imobilizadores e blocos de chumbo) e o posicionamento do paciente.

A fase de simulação compreende, geralmente, duas etapas: na primeira, o médico utiliza um *software* que faz uso da tomografia computadorizada para verificar de que forma, e em que volume, as doses de radiação atingirão o órgão que contém o tumor; na segunda etapa, com o uso de um aparelho (simulador) que radiografa o paciente na posição desejada e com os acessórios, faz-se uma avaliação da precisão dos parâmetros, antes da aplicação definitiva do tratamento.

A terapia conformada representa uma evolução importante no tratamento de câncer, pois possibilita a aplicação de doses cada vez maiores de radiação no tumor, com menores margens de erro. Assim, há maiores chances de cura com menos riscos para os órgãos adjacentes.

- *Terapia IMRT (Intensity Modulated Radio Therapy, ou terapia de feixe modulada)*: essa é a tecnologia mais avançada em radioterapia. É um conjunto de tecnologias que compreende um *software* de planejamento e um equipamento de aplicação, o *multi-leaf* (multifolhas). Este último é um equipamento avançado que contém lâminas, programadas e controladas pelo *software* do IMRT para modular automaticamente o feixe de radiação. O *multi-leaf* substitui os acessórios (por exemplo, os blocos de chumbo), garantindo maior segurança para o tratamento e a possibilidade de aumentar a intensidade do feixe no tumor, sem prejudicar outros órgãos.

As principais contribuições dessa tecnologia são a agilização das fases de planejamento e de simulação, o registro dos parâmetros do tratamento, o controle virtual dos equipamentos e a aplicação de doses maiores e mais focadas de radiação no tumor. Com essa nova tecnologia, o médico desenha na tomografia o local em que deseja aplicar a radiação, o físico alimenta o sistema com os parâmetros desejados e o sistema determina um plano ótimo de tratamento, baseando-se em modelos da literatura clínica. A seguir, essas informações são transportadas à operação, para serem utilizadas por biomédicos e técnicos no controle automático dos equipamentos.

Além das tecnologias disponíveis para a realização das terapias conformada e IMRT, o serviço estudado possui um sistema de gerenciamento de tratamento, o *Varis*. Esse sistema computacional tem condições de realizar todo o gerenciamento da área de radioterapia e manter um registro detalhado de todas as etapas do tratamento às quais o paciente foi submetido. O *Varis* obtém as informações das etapas de planejamento e simulação por meio da importação de dados, feita pelos físicos. De posse dos parâmetros do tratamento, o sistema permite que os operadores controlem os equipamentos e assegurem que as determinações dos médicos sejam cumpridas.

Na seqüência, o *Varis* registra todas as informações da aplicação (por exemplo, quantidade da dose, ângulos dos feixes, posicionamento do equipamento etc.), o técnico que a realizou e os procedimentos adotados. Dessa forma, o *Varis* exerce um controle completo do tratamento e permite uma comparação do planejado *versus* o realizado por parte dos médicos, físicos e técnicos. Desde dezembro de 2000, o sistema substituiu o MedTrak (prontuário eletrônico-padrão do hospital).

2.2 O contexto organizacional e as características do modelo

O serviço de radioterapia do hospital estudado possui, aproximadamente, 13 anos de existência. A unidade médica foi criada em 1993, pela direção da instituição.

A equipe de implementação, composta de médicos, físicos e gerentes da área de tecnologia do hospital, tinha como objetivo a criação de um serviço com um padrão de qualidade similar ao de hospitais de primeira linha dos Estados Unidos, o que, por outro lado, exigia a aquisição de tecnologias médicas de última geração. Esse objetivo estava em linha com a estratégia de mercado definida pela direção do hospital, a qual consistia em manter o serviço à frente dos concorrentes no Brasil, por meio da incorporação de novas tecnologias disponíveis no mercado internacional, independentemente dos custos associados. A estratégia de mercado fica evidenciada neste trecho da entrevista de um dos gerentes do hospital: "(...) temos um serviço de ponta em termos de tecnologia. Tudo o que foi desenvolvido de novo em radioterapia e devidamente testado foi incorporado em nosso serviço. Aqui temos o grito da moda. Virou moda nos Estados Unidos, incorporamos (...)".

A implementação de novas tecnologias para estar à frente do mercado ocorreu de maneira cautelosa, com muita análise, avaliação e responsabilidade. O objetivo não era criar novas tecnologias ou implementar invenções de fornecedores desconhecidos. A instituição persistiu na compra de tecnologias devidamente testadas e fornecidas por empresas de credibilidade e qualidade reconhecidas, apesar de esse objetivo requerer importantes investimentos financeiros. Adicionalmente, após a aquisição da tecnologia, os funcionários do hospital realizam testes exaustivos no equipamento, até que possam operá-lo com segurança.

Um objetivo secundário, mas não menos importante, tem sido a estruturação da área para acompanhar os avanços tecnológicos. Há um consenso entre os médicos que participam das decisões de aquisição de novas tecnologias de que o padrão de qualidade no atendimento não pode ser mantido, única e exclusivamente, com a atualização tecnológica. É preciso também contratar profissionais cada vez mais capacitados para trabalhar com as novas tecnologias. Os novos *softwares* aumentam a quantidade e a complexidade das informações sobre os tratamentos, o que vem exigir dos funcionários maior exercício intelectual e mais tempo de dedicação para planejar e executar a radioterapia. Os novos equipamentos, por sua vez, representam um aumento na capacidade de atendimento, quanto ao número de pacientes, e requerem mais profissionais para operá-los.

O objetivo principal, manter-se à frente do mercado em termos tecnológicos, superou o de lucratividade até recentemente. De acordo com coordenadores da área, a tecnologia adotada requer investimentos significativos, e seu custo de manutenção mensal nem sempre é coberto pelas receitas oriundas dos tratamentos. A despeito disso, a direção do hospital manteve a filosofia inicial de ser o melhor na área de radioterapia, conflitando, dessa forma, com os objetivos de retorno financeiro e retorno sobre o investimento.

A estratégia dessa unidade médica tem quatro pontos-chave:

- *Atualização contínua das tecnologias empregadas.* Ou seja, incorporar as novas tecnologias que tenham sido desenvolvidas e testadas nos Estados Unidos, local onde há maior avanço tecnológico na área atualmente, de acordo com os médicos e os físicos entrevistados. Essas tecnologias englobam a atualização de *softwares* e equipamentos.

Esse aspecto reflete o fator ambiental que leva a organização a implementar novas estruturas, conforme o abordado no Capítulo 4. Na década de 1960, os autores da Teoria da Contingência (Donaldson, 1998) identificaram a importância de aspectos ambientais, como a tecnologia e a competição, para a adoção de modelos organizacionais mais flexíveis e orgânicos.

- *Ênfase no trabalho em equipe e multiprofissional.* Os médicos têm o suporte de uma equipe composta por físicos e biomédicos com pós-graduação em radioterapia e técnicos com vários anos de experiência em serviços similares em outros hospitais e clínicas. Além de estarem diretamente envolvidos no planejamento e na execução do tratamento, os membros da equipe compartilham a responsabilidade pelo tratamento. De acordo com um dos médicos entrevistados, "(...) a equipe deve funcionar como uma equipe de Fórmula 1; o sucesso do tratamento depende da harmonização dos trabalhos dos médicos, físicos, biomédicos e técnicos (...)".

As equipes multiprofissionais (ou multifuncionais), cujos membros são especialistas em suas áreas e capazes de interagir com harmonia, têm sido apontadas como um dos mais importantes pilares dos modelos inovadores. De acordo com o indicado por Minzberg (2003), a inovação sofisticada requer uma configuração que seja hábil em fundir especialistas advindos de diferentes especializações (por exemplo, biomédicos, físicos, médicos, enfermeiros, dosimetristas etc.) em equipes de projetos *ad hoc* (o tratamento de um determinado paciente) que funcionem regularmente.

- *Treinamento e educação continuada.* A área de radioterapia contém um programa próprio de treinamento continuado que contempla a utilização das tecnologias, aprimoramento de procedimentos operacionais e aulas com médicos e físicos para compartilhar conhecimentos sobre os tratamentos, suas especificidades e novos progressos científicos na área. Além disso, há incentivos para estimular a pesquisa e os trabalhos científicos.

O treinamento e a educação formal também devem ser considerados chave para a inovação. Os autores apresentados no Capítulo 4 são unânimes em destacar a importância da troca de conhecimentos entre os membros da equipe. Adicionalmente, os especialistas devem ser capazes de adquirir novos conhecimentos e empregá-los na solução de problemas sofisticados que levem à inovação.

No caso analisado, os profissionais são incentivados a buscar informações e conhecimentos com colegas e também fora da instituição. Como exemplo, médicos, físicos e biomédicos participam ativamente de grupos externos em universidades públicas, congressos e viagens internacionais, com o intuito de expandir seus conhecimentos. Posteriormente, estes são aplicados nos tratamentos realizados e compartilhados com os colegas de equipe em treinamentos e reuniões formais.

- *Busca permanente de redução dos riscos relacionados ao tratamento*, o que permite considerá-la uma organização de alta confiabilidade. De acordo com relatos dos profissionais entrevistados, as novas tecnologias criam a oportunidade de oferecer ao paciente um tratamento mais eficiente, com mais chances de cura e menos efeitos colaterais. No entanto, se mal-utilizada, a tecnologia poderá causar danos adicionais à saúde do paciente. Em função disso, existe a preocupação constante em reduzir os riscos aos quais o paciente está exposto. Desse modo, o hospital trabalha com um número médio de pacientes por equipamento até cinco vezes menor que o de outras instituições no Brasil e com um tempo médio de aplicação da radioterapia de 20 minutos, contra os 10 minutos de seus concorrentes.

Há, ainda, uma ênfase na fase de planejamento do tratamento e a existência de um sistema gerencial, denominado *Varis*, implementado em 2000 para registrar e controlar todas as etapas do tratamento. Percebe-se, nas entrevistas, que os funcionários têm uma preocupação constante com a redução de risco e a busca de melhorias contínuas no tratamento, cujo principal objetivo é concentrar a radiação no local da lesão, evitando danos aos órgãos que estão próximos. Atualmente, a margem de erro é de, no máximo, um milímetro. A busca da exatidão é quase uma obsessão para os profissionais dessa área no hospital; nas palavras de um técnico, "é uma briga diária para fazer desaparecer aquele milímetro".

Conforme o indicado no Capítulo 4, a flexibilização de estruturas requer processos e instrumentos confiáveis de interligação para encorajar o ajustamento mútuo entre as partes, já que não existem uma programação e nem um controle das atividades de cada indivíduo. Por ajustamento mútuo, entende-se que a coordenação entre os especialistas é obtida pelo processo contínuo de comunicação informal. Nesse contexto, o *Varis* aparece como uma ferramenta poderosa de troca de informações e interação entre as partes. Esse sofisticado sistema de tecnologia e comunicação facilita a troca de informações vertical e horizontal.

Segundo entrevistados que estiveram envolvidos com a implementação desse serviço no hospital, a unidade de radioterapia foi estruturada e planejada após a realização de inúmeras visitas a hospitais norte-americanos, reconhecidos pela qualidade dos serviços na área. Os profissionais que participaram da implementação avaliaram as tecnologias disponíveis e seus fornecedores, a estrutura organizacional dos hospitais visitados e os respectivos procedimentos operacionais. O hospital realizou investimentos financeiros importantes para que essa unidade médica pudesse começar a prestar serviços com o mais alto padrão de qualidade e, posteriormente, tivesse condições de mantê-los. Como resultado, o preço de um tratamento de radioterapia nessa instituição é mais alto que a média de mercado, o que acaba por atrair pacientes com um alto poder aquisitivo, geralmente das classes A e B.

Na percepção de alguns entrevistados, os pacientes tratados nesse hospital possuem um nível educacional que lhes permite fazer questionamentos acerca do tratamento e sua relação de custo-benefício. Além disso, muitos pacientes da radioterapia carregam uma forte carga emocional, dada sua situação de saúde, o que tende a aumentar o nível e o tom das exigências. Pode-se concluir que o grau de exigência dos pacientes é uma fonte importante de motivação na busca de redução de riscos e no comprometimento da equipe, porém é também uma causa de estresse no trabalho.

Nesse contexto, é importante, ainda, destacar as principais características da relação entre os médicos e os outros profissionais da saúde na radioterapia. Os médicos são funcionários do hospital em tempo integral e se dedicam à definição do tratamento e ao acompanhamento periódico do paciente. Adicionalmente, dirigem as atividades de planejamento e simulação, desempenhadas pelos físicos, e acompanham diariamente a aplicação do tratamento realizado pela equipe operacional, coordenada pelos biomédicos. O acompanhamento da aplicação dá-se por meio do uso de radiografias (*portal-films*, que retratam a posição do paciente durante o tratamento) e, uma vez por semana, pelo acompanhamento do tratamento *in loco* para verificar o posicionamento do paciente, além de consulta com o paciente para monitorar os efeitos colaterais, avaliar a resposta do tumor e oferecer as medicações e orientações necessárias.

Os dados obtidos pelo método da observação indicam que a orientação proporcionada pelos médicos aos outros profissionais é fundamental para o bom desempenho dos trabalhos. Essa orientação não apresenta um caráter de centralização de autoridade para exercício de poder. Há uma confiança mútua entre as partes que, por um lado, permite a delegação de responsabilidades do médico para seus funcionários e, por outro, o respeito dos funcionários pelos conhecimentos dos médicos, os quais foram adquiridos por meio da educação formal, da pesquisa e da experiência prática. O estilo gerencial dos médicos de "facilitar e autorizar" foi destacado no Capítulo 4 como uma das principais tendências em instituições inovadoras (Pettigrew e Massini, 2003).

Por parte dos médicos, há um interesse latente em transmitir continuamente novos conhecimentos aos funcionários, com o objetivo de minimizar erros e aumentar a qualidade dos tratamentos, reduzindo, assim, seu grau de responsabilidade. Por parte dos funcionários, percebe-se um comprometimento com o aprendizado e a busca de perfeição nas atividades que lhes cabem. Dessa forma, observam-se uma distribuição eqüitativa de autoridade e responsabilidades, compatíveis com as funções, e um alto grau de comprometimento que facilita o trabalho em equipe. Adicionalmente, é importante destacar que, com o avanço das tecnologias, os médicos "perdem" a capacidade de "comandar e controlar". A complexidade oriunda dos novos equipamentos exige a participação de outros especialistas que possuem conhecimentos alheios aos médicos. Assim, o "comando e controle" deve ceder lugar à "delegação de responsabilidades" e "apoio" para que o resultado do projeto – aqui, o tratamento – seja bem-sucedido.

Finalmente, deve-se ressaltar que os relatos dos integrantes da equipe de operações, biomédicos e técnicos contribuíram de forma significativa para o levantamento de informações sobre o serviço estudado em relação a outros disponíveis no Brasil. Eles, por lei, não podem trabalhar em um serviço de radioterapia por mais de quatro horas por dia, pois a radiação representa um risco à saúde. Como a instituição estudada optou por não estar exposta a riscos trabalhistas, a área tem dois grupos de operadores: um que aplica os tratamentos no período da manhã e outro que os aplica no período da tarde. Cada grupo é coordenado por um biomédico diferente. As comparações efetuadas por esses profissionais, entre o hospital em estudo e as outras instituições em que atuam diariamente, demonstram que há consenso sobre as seguintes constatações:

1. O hospital em estudo esteve sempre à frente de outras instituições na compra e implementação de novas tecnologias. Nos últimos três anos, no entanto, houve um barateamento dessas tecnologias, o que permitiu que os outros hospitais e clínicas viessem a adquiri-las rapidamente. Porém, nenhuma instituição na qual esses profissionais atuam possui um conjunto tão completo de tecnologias.
2. Um dos diferenciais do hospital está em sua estrutura organizacional. De acordo com os operadores, nos outros serviços, as equipes são compostas apenas por médicos e técnicos em radioterapia. Não há o apoio dos físicos, biomédicos, enfermeiros, nutricionistas e psicólogos. Além disso, o número de pacientes atendidos pelo profissional é superior nos outros locais em que trabalham.
3. Outro diferencial apontado é a ênfase na fase do planejamento e no trabalho em equipe. Nas outras instituições, não existe a etapa de planejamento e simulação para os tratamentos de radioterapia. O médico indica o tratamento e o técnico em radioterapia o executa. Para os profissionais entrevistados, isso acarreta maior probabilidade de erros, principalmente porque não existe uma equipe co-responsável que acompanhe todas as etapas do processo, auxiliando na redução de riscos. Há evidências, nos relatos dos entrevistados, para concluir que os técnicos e biomédicos, quando em outras institui-

ções, realizam seus trabalhos isoladamente, com pouca interferência de outros profissionais, em especial dos médicos.

4. As outras instituições não possuem um sistema de gerenciamento similar ao *Varis*. Esse sistema permite o registro de todos os dados referentes ao tratamento de um paciente, desde a primeira consulta até a última aplicação de radioterapia. De acordo com os operadores, uma das principais vantagens do *Varis* é sua capacidade de armazenar os parâmetros do tratamento, definidos na fase de planejamento, e controlar a aplicação da radioterapia.
5. Apesar de a responsabilidade no serviço estudado ser compartilhada, em contraposição aos outros hospitais e clínicas em que o profissional técnico assume a total responsabilidade pela aplicação do tratamento, existe a percepção de que o nível de cobrança é superior no hospital estudado. De acordo com os entrevistados, isso se dá por três motivos. Primeiro, porque o conjunto de tecnologias oferece mais e melhores informações, o que permite um dimensionamento mais adequado dos riscos associados aos tratamentos. Segundo as palavras de um dos biomédicos, "(...) com as novas tecnologias, é possível sair da ignorância (...)". Em segundo lugar, porque, conforme o exposto anteriormente, os pacientes são mais exigentes. E terceiro, porque os médicos conhecem e participam ativamente de todas as etapas do processo, fazendo aumentar as cobranças por um aperfeiçoamento contínuo.

As cinco constatações descritas foram compiladas com base nas entrevistas realizadas com a equipe de biomédicos e operadores. Portanto, as diferenças indicadas entre o serviço oferecido pelo hospital estudado e o das outras instituições em que esses profissionais atuam são baseadas, exclusivamente, na percepção dos entrevistados. Não obstante essa limitação, as similaridades encontradas nas declarações dos funcionários e o fato de que, no outro período, trabalham em pelo menos cinco instituições distintas, faz com que esses dados sejam relevantes para a análise em questão.

Os relatos de funcionários da radioterapia que exercem funções similares em outras instituições em parte do dia indicam que a confiança no sistema (nas tecnologias, nos processos que determinam seu uso e nos membros da equipe) é de extrema relevância para a redução de risco. Ao baixar os riscos para níveis aceitáveis, é possível aumentar as chances de cura de um paciente. Assim, ficam reduzidas as emoções intensas vivenciadas pelos profissionais envolvidos no tratamento, aumentando sua satisfação no trabalho e a confiança nas pessoas e nos sistemas.

O aumento da confiança, nesse caso, parece estar associado:

a) à disponibilidade de novas informações, que permitem um avanço no conhecimento das doenças e suas condições de cura;
b) ao desenvolvimento de novas habilidades intelectuais por parte dos integrantes da equipe para, a partir das informações, construir novas bases de conhecimento;
c) à disposição de médicos e físicos de compartilhar seus novos conhecimentos com biomédicos e técnicos que operacionalizam as novas tecnologias;
d) ao maior controle sobre os parâmetros do tratamento durante sua execução, por meio do uso de modernas tecnologias e de uma estrutura organizacional adequada.

Os quatro aspectos organizacionais relatados indicam que as lideranças da unidade de radioterapia foram capazes de adotar um novo estilo gerencial apoiado em novas práticas de recursos humanos e processos de tecnologia da comunicação e informação que estimularam a adoção e manutenção de valores relevantes para o adequado funcionamento de um modelo orgânico, como: a autonomia; o compartilhamento de informações e conhecimentos; a aprendizagem contínua; a experimentação; o trabalho em equipe e o desenvolvimento de capacitações individuais e coletivas (Tushman e O'Reilly, 2004). Conforme o indicado no Capítulo 4, esses valores da cultura organizacional promovem consistência, previsibilidade e confiança entre as partes em um sistema flexível.

3 Considerações finais

Este trabalho teve como objetivo relatar um estudo de caso realizado em uma unidade de radioterapia de um hospital particular de grande porte localizado na cidade de São Paulo. A organização estudada adotou, ao longo dos últimos 13 anos, as mais modernas tecnologias médicas disponíveis no mercado, visando tornar-se uma referência no tratamento de câncer no Brasil e na América Latina. A incorporação das novas tecnologias foi acompanhada pela implementação de uma nova forma organizacional mais flexível e favorável à inovação.

Ao longo do relato, procurou-se identificar as principais características do modelo organizacional que o tornam flexível e orgânico, as quais estão resumidas a seguir:

a) a ênfase no trabalho em equipe-multiprofissional – as novas tecnologias exigem a participação de profissionais da saúde com especialidades diversas. O sucesso do tratamento depende da interação contínua entre as partes, que compartilham seus conhecimentos em busca de melhor qualidade e maior confiabilidade no tratamento, considerado aqui o projeto;
b) a relevância dada, pelos gestores, ao treinamento formal e às reuniões semanais nos quais informações e conhecimentos são compartilhados por todos, visando incorporar um processo de aprendizagem que alimenta as inovações incrementais em projetos futuros;
c) o papel da tecnologia da informação e comunicação – no caso, o *Varis* – para desenvolver os elos entre os especialistas e assegurar a interação vertical e horizontal;
d) a postura das lideranças – no caso, os médicos responsáveis pelos tratamentos (projetos) –, que apóiam os profissionais e criam as condições necessárias para que possam adquirir as habilidades requeridas e assumir maiores responsabilidades no tratamento, favorecendo a descentralização da autoridade e responsabilidade;
e) a cultura organizacional, cujos valores permitiram a criação de um ambiente que favorece a participação e interação contínua dos profissionais e estimula a inovação incremental por meio da reorganização e reestruturação dos tratamentos.

A unidade de radioterapia estudada reflete um modelo de organização que aparece na literatura organizacional (ver Capítulo 4) como mais adaptável às exigências do meio ambiente e mais apta à geração e implementação de inovações. De fato, a organização se mostra bem-sucedida em seus objetivos e é hoje referência no tratamento de câncer no Brasil e na América Latina.

Referências bibliográficas

DONALDSON, L. Teoria da Contingência Estrutural. In: CALDAS, M.; FACHIN, R.; FISCHER, T. (Orgs.) *Handbook de estudos organizacionais*: modelos de análise e novas questões em estudos organizacionais. São Paulo: Atlas, 1998. v. 1.

EISENHARDT, K. M. Building theories from case study research. *Academy of Management Review*, v. 14, n. 4, p. 532-550, 1989.

MINTZBERG, H. *Criando organizações eficazes*. Estruturas em cinco configurações. 2. ed. São Paulo: Atlas, 2003.

MORGAN, G. *Imagens da organização*. São Paulo: Atlas, 1996.

MOTTA, F. C. P. *Teoria geral da administração*: uma introdução. 14. ed. São Paulo: Pioneira, 1987.

PETTIGREW, A. M.; MASSINI, S. Innovative forms of organizing: trends in Europe, Japan and the USA in the 1990s. In: PETTIGREW, A. M. et al. (Eds.) *Innovative forms of organizing*. Londres: Sage, 2003. p. 1-32.

SCHEIN, E. H. Coming to a new awareness of organizational culture. *Sloan Management Review*, v. 25, p. 3-16, 1984.

TUSHMAN, M. L.; O'REILLY III, C. The ambidextrous organization. Managing evolutionary and revolutionary change. In: TUSHMAN, M. L.; ANDERSON, P. *Managing strategic innovation and change*: A collection of readings. 2. ed. Nova York: Oxford University, 2004. p. 276-291.

VAN DE VEN, A. H. et al. *The innovation journey*. Oxford: Oxford, 1999.

VASCONCELOS, F. C. Racionalidade, autoridade e burocracia. In: ENCONTRO NACIONAL DE ESTUDOS ORGANIZACIONAIS, 2, Recife, 2002. CD-ROM do II Encontro Nacional de Estudos Organizacionais, 2002, p. 1-15.

WHITTINGTON, R.; MELIN, L. The challenge of organizing/strategizing. In: PETTIGREW, A. M. et al. (Eds.) *Innovative forms of organizing*. Londres: Sage, 2003. p. 35-48.

WOODWARD, J. *Management and technology*. Londres: HMSO, 1958.

______. *Industrial organization*: theory and practice. Londres: Oxford University, 1965.

YIN, R. K. *Estudo de caso*: planejamento e métodos. 2. ed. Porto Alegre: Bookman, 2001.

ZUBOFF, S. *In the age of the smart machine*: the future of work and power. Nova York: Basic Books, 1988.

CAPÍTULO **6**

Inovação e Empreendedorismo nas Empresas

Celso Augusto Rímoli

Objetivos do capítulo

- dar a conhecer o significado prático da inovação e o modo como ela participa/contribui para a criação de empresas: empreendedorismo;
- descrever a relação entre inovação e sobrevivência empresarial: *spin-offs* amistosos e hostis;
- argumentar como as empresas podem evitar que seus melhores funcionários se transformem em concorrentes.

1 Introdução

Os dois pequenos relatos empresariais apresentados no Quadro 6.1 ilustram a importância da inovação e do empreendedorismo para o sucesso das empresas. O primeiro relato traz o nascimento de uma empresa com base em uma inovação relacionada à filtragem de água, realizado pela antiga funcionária de uma grande empresa. Caracteriza um *spin-off*, que, como é examinado com mais detalhes adiante no texto, é uma iniciativa empreendedora com origem em uma empresa preexistente. Já o segundo relato traz a criação de um serviço de entregas na filial brasileira da maior rede de *fast-food* do mundo, exemplificando o intra-empreendedorismo de seus gerentes e diretores.

Esses são exemplos felizes e inspiradores de empresas que iniciaram e sustentaram suas atividades e serviços, mas, na realidade, negócios bem-sucedidos compõem a menor parte das empresas iniciadas. A maior parte delas começa pequena e morre em seus primeiros anos de vida; poucas alcançam longevidade ou crescimento sustentado. No Brasil, até bem pouco tempo atrás, o índice de mortalidade dos novos negócios com até cinco anos de vida era de 71% (Mota, 2005). As estatísticas mais recentes apontam uma queda nesse índice para 56%, que, embora seja significativa, ainda o deixa muito alto em comparação a índices internacionais semelhantes.

Quadro 6.1 Sucesso em negócios e serviços novos

Olívia Lum se lembra do espanto de seu supervisor quando lhe comunicou, em 1989, que iria se demitir do cargo de química responsável pelo tratamento ambiental na Glaxo, como a empresa era chamada na época, para montar seu próprio negócio. Abrir mão de um trabalho confortável e bem pago em uma multinacional era algo inconcebível em Cingapura. "Eu não tinha nada, nem dinheiro nem contatos, e é difícil ganhar credibilidade como empresa pequena. Mas eu queria ter uma empresa bem-sucedida...". Ela vendeu o carro e o pequeno apartamento em que morava e investiu o dinheiro em uma empresa de tratamento de água, a Hyflux Ltd., com base em uma inovação relacionada a membranas para filtragem e reciclagem de água. Atualmente, é a maior empresa do setor no Sudeste Asiático, e Olívia foi apontada pela revista *Forbes* como a empresária mais rica da região. Algo que a diferenciou foram seus antecedentes de privações: abandonada pelos pais ao nascer, foi criada ao lado de vários órfãos em uma cabana com telhado de lata, por uma viúva idosa, na Malásia. Seus professores a encorajaram a estudar, e ela cursou química na Universidade Nacional de Cingapura. Foi contratada pela Glaxo após ajudar a desenvolver um sistema de tratamento de água para a empresa. "A Hyflux é focada em tecnologias de filtragem, enquanto para grandes conglomerados, como a GE, o tratamento de água é apenas uma pequena parte dos negócios. Somos pequenos o suficiente para sermos ágeis e flexíveis."

Quanto maiores a chuva e os congestionamentos nas ruas de São Paulo e Rio de Janeiro, maior é o sorriso de satisfação de Alexandre Emrich, gerente responsável pelo serviço de entregas do McDonald's. Nesses dias, a central de atendimentos da rede registra um aumento de até 50% no número de pedidos por telefone e Internet. Em dias normais, a central trabalha com 120 entregadores, mas esse número pode dobrar em poucas horas, se chover. Inaugurado em 2001, o serviço de entregas do McDonald's atende atualmente a 36 cidades em 12 estados, mais o Distrito Federal. Mas a central de atendimento é uma só, fica em São Bernardo do Campo (SP) e recebe pedidos de todo o Brasil, exceto de Salvador (BA), que conta com serviço próprio. Os executivos brasileiros foram pioneiros, ao lado dos egípcios, em adotar esse sistema de entrega e, naqueles primeiros meses – eles lembram –, havia mais dúvida do que certeza sobre o formato adequado do serviço. "Um dos desafios era fazer com que o lanche chegasse quente à casa ou ao escritório do cliente", diz Emrich, uma vez que 78% dos pedidos são feitos em horário comercial. Outra dúvida era se o serviço não atrapalharia o sistema *drive-thru*, mas, com o tempo, constatou-se que são serviços independentes, que respondem a necessidades diferentes. Desde que começou a operar, o serviço já consumiu R$ 5 milhões em investimentos, é responsável por 1,5% das vendas totais da rede no Brasil e tem bom potencial de crescimento. Além disso, tem recebido a visita de executivos marroquinos, indianos, japoneses, chineses e do presidente mundial do McDonald's, Mike Roberts.

Fontes: Burton, 2005; Sobral, 2005.

O texto que segue aborda conceitualmente aspectos de inovação, de empreendedorismo e de intra-empreendedorismo (ou empreendedorismo interno), que fazem parte da trajetória bem-sucedida das empresas em foco. Na verdade, os conceitos desenvolvidos a seguir, se aplicados e gerenciados adequadamente, contribuem para o sucesso das empresas de praticamente todos os setores de atividade econômica pelo mundo afora. O texto foi construído a partir da consulta a obras de referência sobre inovação, empreendedorismo e intra-empreendedorismo, a artigos acadêmicos em periódicos reconhecidos e a bases de dados eletrônicas, como o Proquest.

2 Inovação e empreendedorismo

A definição de inovação está estreitamente ligada às de tecnologia e de invenção. A administração de conhecimento de qualquer natureza que baseia e governa produtos e processos empresariais descreve, para Bateman e Snell (1998), o conceito de tecnologia, concebido por eles de modo amplo, não apenas como avanços técnicos. Quando se encontra um processo, procedimento ou produto melhor para realizar uma tarefa, tem-se uma inovação. Assim, desse ponto de vista, a inovação traz mudanças na tecnologia vigente – um novo ponto de partida proveniente de métodos tradicionais de produção.

Quanto à invenção, conforme Barbieri e Álvares (2003), trata-se de uma idéia elaborada ou de uma concepção mental de algo que se apresenta na forma de planos, fórmulas, modelos, protótipos, descrições e outros meios de registrar idéias. Mas nem toda invenção se transforma em inovação, pois esta só se efetiva se for implementada e o mercado aceitá-la; assim, nada garante que uma invenção seja implementada com sucesso. Desse modo, a inovação é um elemento central da economia, e a invenção, se não for levada à prática, é irrelevante do ponto de vista econômico. Uma definição simples e genérica é dada pela seguinte equação: *inovação = idéia + implementação + resultados*, de modo que só haverá inovação se não faltar nenhum termo na segunda parte da equação.

Há diversos tipos de inovação descritos na literatura especializada (ver o Capítulo 1), mas este texto se atém a duas classificações que, por seu alto grau de abrangência e utilização, são adequadas para explicar muitos fenômenos e situações empresariais. A primeira delas, de acordo com Utterback (1994), as divide em *inovações de produto* (mudanças nos resultados atuais – produtos e serviços – da organização) e *de processos* (mudanças que afetam os métodos de se produzir resultados). Assim, quando um produto é lançado, as inovações de produto predominam sobre as de processo, pois em geral ele está ainda sujeito a muitos aperfeiçoamentos, e não existe um produto-padrão no mercado. A partir do momento em que o produto entra em crescimento acelerado e até sua maturidade, diminuem as inovações de produto e passam a predominar as de processo, pois nessa fase existe um padrão setorial definido do produto no mercado, e a principal atenção da empresa é direcionada para a busca de maneiras melhores e mais baratas de fabricá-lo. Por fim, quando o produto entra em declínio, escasseiam tanto as inovações de produto quanto as de processo.

A segunda classificação descreve as inovações como *radicais* (novo paradigma tecnológico) e *incrementais* (representam melhoramentos em produtos e processos). Mohr et al. (2005) as apresentam como dois extremos de um *continuum*, ou seja, em um extremo, as inovações incrementais constituem pequenos avanços na forma atual de se fazer as coisas – mudanças evolucionárias –, como é o caso de reduções de custo ou pequenos aperfeiçoamentos em produtos. No outro, as inovações radicais trazem produtos inéditos ou modos totalmente novos de fazer as coisas. Entre os dois extremos, há inovações relativamente incrementais, como reposicionamentos de produtos em outros segmentos de mercado ou uma reestruturação para aumento da eficiência organizacional.

Em função da característica de ensejar novos produtos e processos de modo – algumas vezes mais e outras vezes menos – radical, a inovação está também estreitamente ligada ao estabelecimento de novos negócios e sua perpetuação ao longo do tempo, ou seja, ao empreendedorismo. Essa palavra, muito discutida atualmente tanto no ambiente de negócios quanto no acadêmico, representa um conceito com origens nos economistas clássicos. Os primeiros autores a mencionar a atividade empreendedora foram Cantillon, em 1755, e Jean-Baptiste Say, passando pelo "sopro da destruição criativa", de Schumpeter (1934). De acordo com Filion (1999), um dos primeiros autores a relacionar explicitamente os dois termos – inovação e empreendedorismo – foi Joseph Schumpeter, um economista austríaco que, na primeira metade do século XX, via o empreendedor como alguém que altera mercados com sua atividade empresarial, destruindo a ordem estabelecida e criando uma nova, bem diferente da anterior. Assim, para o economista, empreendedorismo altera mercados, setores industriais, modelos de negócios e tecnologias, por meio da inovação radical e da mudança revolucionária. Nesse sentido, o empreendedorismo pode, conforme afirma Christensen (2000), caracterizar uma ruptura em relação às principais atividades de uma organização. Isso acarretaria a troca dos principais clientes atuais por outros no futuro, bem como provocaria impactos na cadeia de suprimentos, alterando o modo de a empresa criar valor para o consumidor.

Filion (1999) destaca também que, após os clássicos, muitos autores vêm estudando o tema, mas, apesar disso, não se chegou a um consenso definitivo sobre o que seja empreendedorismo. Em paralelo aos estudos dos economistas, que ligam claramente empreendedorismo e inovação, há o grupo dos comportamentalistas, composto por sociólogos e psicólogos organizacionais – entre eles, Max Weber e David Mclelland –, que se dedicaram a identificar aspectos psicológicos e traços de personalidade dos empreendedores, também sem chegar a um consenso satisfatório até o momento.

Nesse contexto, em uma tentativa de síntese das contribuições desses e de outros eminentes autores, De Klerk e Kruger (2003) realizaram uma revisão das definições e contribuições mais significativas ao debate nessa área, destacando também as principais características dos empreendedores de sucesso. São elas: prontidão, visão do futuro, capacidade de assumir riscos, capital suficiente, conhecimento adequado, discernimento, criatividade, inovações, ambição, visão, firmeza, determinação, dedicação, valor(es), adaptabilidade e obtenção de recompensa.

Covin e Slevin (1989) sugerem que o empreendedorismo pode ser descrito como possuidor de três fundamentos principais: inovação, aceitação ou tolerância ao risco e uma predisposição à ação. O que está na essência de muitas definições de empreendedorismo, de acordo com Covin e Miles (1999), é a utilização da inovação para renovar ou redefinir organizações, mercados e/ou setores industriais. Já os trabalhos de Shane e Ventakaraman (2000; 2001) discutem a elaboração de uma estrutura conceitual para o empreendedorismo calcada no nexo entre dois fenômenos: a existência de pessoas empreendedoras e de oportunidades lucrativas.

2.1 Idéias e oportunidades de negócio

É oportuno, neste ponto, examinar os conceitos de *idéia* e de *oportunidade*, nos âmbitos das áreas de negócios e de empreendedorismo. Dornelas (2005) diferencia os dois termos do seguinte modo: uma idéia pode ser considerada apenas o primeiro passo em direção à construção de um empreendimento, e existem inúmeras delas surgindo todos os dias. Entretanto, só haverá criação de valor se esta for transformada em oportunidade, ou seja, se houver dados concretos sobre quem são os clientes potenciais, qual é a situação de mercado, quais são os concorrentes etc., os quais viabilizem a transformação dessa idéia em negócio ou em produto. Consistentemente, para Musika (2001), oportunidade é algo que, se for transformado em produto e oferecido por uma empresa ao mercado, resultará em lucro financeiro. Outra característica importante apresentada pelo autor é que há um fator de percepção que distingue uma oportunidade de outra, ou seja, elas não são iguais para todos. Um empreendedor pode não perceber ou não considerar oportunidade uma situação de mercado, enquanto outro sim. Por fim, o autor vincula oportunidades à criação de valor, tanto por diferenciação quanto por custos baixos. Na mesma linha, Longenecker, Moore e Petty (1998) também vinculam oportunidades a estratégias competitivas, ressaltando a importância de identificar e trabalhar corretamente o nicho de mercado a buscar para que se possa aproveitar eficazmente o potencial que cada oportunidade enseja. Essa diferenciação entre idéia e oportunidade remete ao conceito de inovação proposto por Barbieri e Álvares (2003), em função da consistência entre ambos: idéia, de acordo com o apresentado, é um conceito ligado à inovação; ao passo que oportunidade é análogo à inovação, em função de seu aproveitamento em negócios.

Quanto às fontes de idéias para novos negócios, Vesper (Vesper, 1993 apud Bateman e Snell, 1998) apresenta as seguintes: descobertas tecnológicas, acontecimentos econômicos, mudanças demográficas e de estilos de vida, mudanças governamentais, descobertas de recursos e até calamidades e desastres naturais, pela carência de determinados produtos e serviços nessas situações. Dornelas (2005) complementa, sugerindo o monitoramento de informações nos meios de comunicação e a utilização de técnicas de criatividade, como *brainstorming*. Embora suas fontes sejam muito variadas, as idéias de negócios são passíveis de uma classificação simples, conforme Longenecker, Moore e Petty (1998) propõem. Elas podem ser agrupadas em três tipos de ofertas aos clientes: a) produto novo, o que se traduz em nova tecnologia para solucionar problemas antigos; b) produto existente, mas ainda não comercializado em determinado segmento de mercado, e c) aprimoramento fundamentado em estratégias do tipo "eu também", mas que agrega atributos superiores aos da concorrência.

As características anteriormente apontadas – existência de um conceito de produto, de um mercado potencial, de concorrentes, a necessidade de realização de investimentos e a possibilidade de obtenção de lucros financeiros e criação de valor – remetem à elaboração do plano de negócios. É preciso que as oportunidades sejam desenvolvidas com critério e atenção, o que pode ser feito mediante a elaboração de um plano de negócios, ferramenta extremamente valiosa para que o empreendedor que deseja iniciar ou expandir um negócio extraia o máximo das oportunidades que se lhe apresentam.

O que transparece na discussão anterior é a importância das características, providências e ações que conduzem os empreendedores a resultados positivos em seus negócios. Com base nesse espírito, o texto prossegue abordando alguns temas diretamente ligados a um dos destinos possíveis de empreendimentos e produtos: sucesso e insucesso, primeiro a respeito de empresas, depois de produtos.

2.2 Sucesso e insucesso de empreendimentos e de produtos

Discutir taxas de sucesso e insucesso e suas causas é algo cada vez mais necessário; vários autores têm se debruçado sobre o assunto, na tentativa de identificar os fatores que aumentam a chance de um produto ser bem-sucedido ou que impeçam que ocorra o inverso.

Começando com o insucesso, Longenecker, Moore e Petty (1998) destacam três pontos relevantes no mundo dos negócios. O primeiro se refere à taxa de insucesso das pequenas empresas, que varia muito, dependendo da definição utilizada e do tipo de empresa considerada – porte e setor –, entre outros fatores. Os autores exemplificam com dados da Dun & Bradstreet, que indicam menos de 1% de falências, em comparação ao índice divulgado pela Small Business Administration (SBA), de cerca de 40%. Dados mais recentes, referenciados em Dornelas (2005), indicam que o índice de mortalidade de micro e pequenas empresas (MPE) nos Estados Unidos é acima de 50% em diversos setores industriais; no Brasil, esse índice corresponde a cerca de 70%, em média. O segundo ponto é sobre o custo dos insucessos: o mais evidente é a perda de capital, que prejudica iniciativas futuras; outro se refere a efeitos psicológicos danosos, que podem inibir novas empreitadas, especialmente se o empreendedor for mais velho, apesar da fonte de aprendizado ensejada. E há, por fim, as perdas econômicas e sociais, relativas ao aumento do desemprego e à diminuição de impostos recolhidos. O terceiro ponto é que, sendo essa uma situação que se deseja evitar, é preciso lidar realisticamente com ela, de modo a minimizar sentimentos negativos e maximizar o aprendizado.

Timmons (1994) reuniu os requisitos que considera importantes para o sucesso dos empreendedores nos negócios: comprometimento e determinação, que se desdobram em persistência, disciplina e dedicação; liderança e gosto por aprender, relacionado à condução de equipes; busca intensa por oportunidades, que reflete orientação para o mercado; tolerância ao risco, à ambigüidade e à incerteza, que possibilita correr riscos calculados, com base na relação benefício-custo; criatividade e capacidade adaptativa, que trazem flexibilidade, permitindo obter vantagens de situações inesperadas e, por fim, relacionando todos os atributos anteriores, uma motivação à excelência. Em complementação, Dornelas (2005) diferencia empreendedores de profissionais que são apenas administradores, apresentando um conjunto de características empreendedoras de sucesso. Assim, essas pessoas são visionárias, determinadas, dinâmicas e dedicadas, afeitas ao planejamento, sabem tomar decisões, exploram oportunidades ao máximo, são otimistas, independentes, líderes, trabalham em equipe, são bem relacionadas, possuem conhecimento, assumem riscos calculados e criam valor para a sociedade.

Em relação a produtos, pode-se dizer que o início, o crescimento e a perpetuação das empresas estão ligados ao desenvolvimento de produtos, algo arriscado e que, em caso de insucesso, pode comprometer os recursos investidos. Para Johne (1995), nos ambientes dinâmicos dos mercados atuais, definir corretamente os atributos essenciais de um produto é algo necessário, mas insuficiente em si para a obtenção de vendas e retornos sustentados em desenvolvimento de produtos. A importância dos produtos novos, para McGratth (1996), se revela quando a única fonte sustentável de vantagem competitiva é um processo de desenvolvimento de produtos superior aos dos concorrentes, pois, nesse caso, existe uma fonte geradora de vantagens que potencializa pontos fortes e evita problemas. Outros tipos de vantagens, advindas de um projeto brilhante, de adequação favorável de tempos, de erros da concorrência ou de golpes de sorte constituem ganhos pontuais e não podem ser sistematicamente sustentados.

Quanto a insucessos relacionados a produtos, Miller e Morris (1999), por exemplo, citam os impressionantes resultados de uma detalhada análise realizada por Stevens e Burley (1997), os quais indicaram que, de 3 mil idéias iniciais – portanto, ainda no início do desenvolvimento –, apenas uma se converteu em sucesso comercial. Para Berggreen e Nacher (2000), as taxas estimadas de insucesso variam entre 80% e 95%, dependendo do produto e do setor considerado. Apesar desses números mais pessimistas, Lambin (1998) afirma que a maior parte das informações disponíveis a respeito da taxa de sucesso de novos produtos, ao longo dos últimos 30 anos, a situam entre 50% e 60%, mensurada por diversas instituições – Nielsen Society, Bozz, Allen and Hamilton, Product Development & Management Association (PDMA), nos Estados Unidos, e estudos comparativos conduzidos na Grã-Bretanha.

Quanto às principais causas de insucessos, Urban et al. (1987) apontam fatores ligados à gestão mercadológica, como erros de previsão e de tamanho do mercado, incapacidade em atender às exigências do mercado, oferta de produtos não diferenciada e problemas organizacionais genéricos, entre outros. Opostamente, focalizando causas de sucesso, Hart (1995) apresenta seis fatores-chave que, se forem flexíveis e articulados, concorrem para que se tenham produtos novos bem-sucedidos: estrutura organizacional, administração, informação, estratégia, pessoas e processos.

Em relação aos fatores que propiciam sucesso aos produtos, Cooper (2000) vem estudando esse tema há aproximadamente 30 anos, e suas conclusões são baseadas em pesquisas com cerca de 2 mil produtos de setores e países diferentes. Ele destaca seis fatores de sucesso principais: desenvolvimento de produtos superiores e diferenciados; definição clara e rápida do produto; preparação sólida (estudos de mercado, financeiros, técnicos etc.); ações tecnológicas bem executadas; ações de marketing bem executadas e utilização de equipes transfuncionais eficientes.

Para finalizar esta seção, que relaciona inovação e empreendedorismo, vale a pena apresentar os principais resultados de um amplo projeto de pesquisa conduzido por Amar Bhidé (2000), professor da Harvard, reportado à revista *Inc.* Bhidé discorre sobre características de empresas iniciantes e empreendedores bem-sucedidos, baseado em cerca de 20 anos de pesquisas. Segundo ele, ter uma idéia única não é pré-requisito para o sucesso; na verdade, a maioria dos empreendedores bem-sucedidos inicia em setores de mercado incertos, sem uma idéia patenteada, mas descobrindo brechas – nichos de mercado – em oportunidades exploradas por outras empresas. Essas pessoas também não passam por nenhum treinamento especial nem possuem qualificações diferenciadas, nem contam com grandes somas de capital. A maioria desses negócios é iniciada por antigos funcionários de uma empresa maior que atuam em um mercado no qual visualizaram um pequeno nicho de oportunidade (*spin-offs*). Em geral, não há nada de especial nesses empreendimentos – as pessoas apenas trabalham com mais vontade, sabendo que a oportunidade encontrada não vai perdurar indefinidamente. O pesquisador também identificou que é preciso distinguir entre disposição para correr riscos – como em jogos de azar, quando se está preparado para perder o que foi apostado – e tolerância à ambigüidade, presente quando se vai em frente com um empreendimento, dispondo de pouca informação sobre os resultados, pouco capital e uma idéia que não é inovadora. Na pesquisa do autor, a maioria dos negócios bem-sucedidos servia outras empresas, em vez de consumidores finais, não caracterizando compra por impulso; praticava preços variando entre US$ 500 e alguns milhares de dólares e vendia os produtos diretamente ao usuário final. A criatividade não estava na idéia central do negócio – essas idéias são comuns –, mas no nível tático de tomada de decisões. Esses empreendedores, muitas vezes, também são grandes improvisadores no início, tornando-se pensadores estratégicos posteriormente, para forjar o crescimento do negócio.

3 Concorrentes ou funcionários motivados?

Como foi visto, as empresas em geral iniciam-se pequenas, e a grande maioria encerra suas atividades nos primeiros anos de existência, por motivos diversos. O restante sobrevive e cresce no mercado a taxas diferenciadas entre si, e pouquíssimas tornam-se realmente grandes. As empresas que sobrevivem nos anos iniciais e crescem têm seu número de funcionários sucessivamente aumentado e, em diversos momentos, eles podem ou não gerar novos negócios. É bastante comum que, em todos os setores industriais pelo mundo afora, funcionários tenham ímpetos empreendedores, e isso pode resultar em duas situações. Na primeira, o funcionário empreendedor constitui uma nova empresa, deixando seu antigo empregador, e se torna proprietário de um *spin-off* – uma divisão que se separa da empresa-mãe e vira um negócio independente, oferecendo produtos semelhantes aos dos antigos proprietários, complementando ou concorrendo com a empresa-mãe. Na segunda situação, funcionários com características empreendedoras conservam seu emprego, atuando como empreendedores internos, quando as empresas em que trabalham possuem espaço e interesse nisso. Esta seção aborda as conseqüências do crescimento empresarial mediante processos de *spin-offs*, e a que segue examina o empreendedorismo interno.

3.1 *Spin-offs* amistosos e hostis

Segundo Kanter et al. (1987), apud Bateman e Snell (1998), *spin-offs* ocorrem com freqüência e podem ter ou não a aprovação do empregador original; o primeiro caso ocorre quando a empresa estabelecida percebe uma oportunidade, mas não a busca com os próprios recursos. Entretanto, a empresa reconhece que ainda poderá realizar lucros com essa oportunidade, vendendo as patentes para outra organização ou investindo em um novo negócio. Muitas organizações oferecem aos empreendedores sua experiência inicial e seus contatos profissionais, caracterizando *spin-offs* amistosos.

Embora possa ser desejável, a aprovação do empregador não é necessária para a criação de um *spin-off*, que pode ocorrer também quando os empreendedores discordam dos antigos chefes ou se sentem pressionados pelo ambiente empresarial. Um funcionário empreendedor poderá perceber uma oportunidade que o empregador considere não-lucrativa, ou ambos podem ver a oportunidade de ganho, mas o empregador possui outras que julga mais atrativas. Essas diferenças de pontos de vista acabam gerando novos negócios, como foi o caso de Thomas Watson, que deixou a National Cash Register e fundou a IBM. Posteriormente, Ross Perot demitiu-se da IBM e fundou a EDS. No Brasil, a empresa mais antiga e líder de mercado em próteses ortopédicas e equipamentos hospitalares, a Baumer S.A., deu origem a dois de seus importantes concorrentes: Biomecânica e Ortosíntese (Rímoli, 2001). Pelo mundo todo, há muitas histórias de sucesso de empresas e pessoas de cujos nomes nunca se ouviu falar.

3.2 Condições favoráveis ao surgimento de *spin-offs*

Zimmerman e Callaway (2001) afirmam que o ciclo de vida – conceito explorado por muitos autores, em que variam a abrangência (produto, setor, mercado etc.) e o número de estágios, sendo quatro o número mais freqüente – é bastante útil para analisar a importância de novos negócios oriundos de outras empresas ou setores. Na mesma linha, Bateman e Snell (1998) consideram que fatores como os estágios do ciclo de vida do produto e o tipo de setor contribuem para a maior ou menor ocorrência de *spin-offs*. Se, além disso, o empreendedor possui habilidade para atrair capital e constituir uma equipe adequada, o destino final de um novo empreendimento encaminha-se com maior chance para o sucesso. Segue-se uma exposição desenvolvida por esses autores sobre o assunto, inter-relacionando esses dois fatores.

Spin-offs ocorrem mais freqüentemente nos estágios iniciais do ciclo de vida de um produto, pois, quando um setor é formado, não existe ainda *design* dominante de produto e a demanda real, muitas vezes, excede a oferta, prometendo excelentes oportunidades e diferentes abordagens competitivas no mercado. O setor de computadores oferece muitos exemplos de atividade de *spin-off* em um novo setor relacionado, pois inúmeras empresas de *software* surgiram de grandes produtores de *hardware* e de seus consumidores.

Além dos setores em início de ciclo de vida, os setores maduros que estejam fragmentados ou passando por mudanças, assim como os em declínio, podem gerar muitos *spin-offs*. Um setor maduro e fragmentado possui poucas barreiras de entrada e, em função disso, enseja o aparecimento de diversos concorrentes, constituindo muitas oportunidades para *spin-offs*. No setor de restaurantes, por exemplo, um talentoso *chef* pode ganhar mais dinheiro possuindo uma cantina pequena e despretensiosa que trabalhando para um outro proprietário. Assim, bons restaurantes – bem como lojas, empresas de consultoria, agências de viagens e muitas outras empresas de serviços – sempre geram novos concorrentes. Já um setor maduro que passa por mudanças oferece vantagens a novos concorrentes sobre os antigos, pois, muitas vezes, as empresas estabelecidas são lentas em responder às demandas dos clientes, gerando oportunidades para as novas.

É preciso ressaltar, entretanto, que mudanças na estrutura do setor podem se constituir no perigo mais crítico para negócios do tipo *spin-off*. A maior probabilidade de ocorrência dessas mudanças se dá nos estágios iniciais da evolução de um setor, mas elas podem ocorrer em qualquer estágio. Nos estágios iniciais, o setor possui uma ampla variedade de tipos de produtos, métodos de produção e de distribuição. Por exemplo, à medida que o setor de computadores pessoais foi se desenvolvendo, algumas empresas ofereciam unidades separadas, enquanto outras ofereciam unidades modulares. Várias empresas ofereciam pacotes de *software* diferentes. Na área de produção, algumas empresas produziam a maioria de seus componentes, enquanto outras montavam itens adquiridos. Na área de marketing, as empresas vendiam por catálogos, estabeleciam suas revendas, vendiam por meio de lojas de especialidades ou lojas de departamento. Lojas de departamento vendiam PCs como brinquedos, bens eletrônicos ou máquinas para trabalhar. Havia uma multiplicidade de estruturas alternativas de negócios, mas, em dado momento, surgiu um modo dominante. A unidade modular tornou-se o padrão de mercado e foi distribuída prioritariamente por meio de varejo especializado. O PC-DOS dominou o mercado de sistemas operacionais (depois substituído pelo sistema Windows), e um grupo pequeno de aplicações de *software* tornou-se o pacote-padrão para as vendas iniciais. Esse padrão emergente definiu a estrutura de vendas do setor, e os concorrentes que inicialmente escolheram outros modelos de negócios (projetos de produto e sistemas de *software* diferentes e outros sistemas de distribuição) tiveram de mudar ou pedir falência. Mudanças na estrutura do setor constituem perigos comuns no ambiente empreendedorístico, e o empreendedor de um *spin-off* deve estar preparado para enfrentá-los.

Por fim, uma lógica diferente explica os *spin-offs* em setores declinantes. Organizações estabelecidas, frustradas pelas condições em estagnação, muitas vezes procuram oportunidades em novos setores. Uma empresa pode financiar novas oportunidades vendendo antigos negócios. As empresas originais encorajam a administração ou os empregados a comprar as plantas mais antigas por meio de planos de propriedade de ações de funcionários (*employee stock ownership plans* – ESOPs). Aliviados do custo e do desleixo corporativos, os novos proprietários são capazes de revitalizar o negócio, enquanto os proprietários antigos investem os fundos obtidos em outro negócio.

3.3 Atraindo capital e equipes de administração

Os mesmos autores ressaltam que, independentemente da fase do ciclo de vida ou do setor de atuação, os empreendedores de *spin-offs* têm de enfrentar ao menos dois grandes desafios: o primeiro relacionado à constituição de uma equipe de administração e o segundo ligado à obtenção do capital necessário ao empreendimento. Isso porque muitos empreendedores têm formação técnica ou são especialistas e possuem conhecimentos limitados sobre várias funções de negócios. Além do mais, o tempo do empreendedor geralmente é gasto na busca da própria especialidade. Nessa situação, é importante que ele constitua uma sólida equipe de administração, pois poderá delegar funções que não domina bem e se dedicar ao que mais gosta, como, por exemplo, desenvolver produtos.

Longenecker, Moore e Petty (1998) entendem que a busca de capital constitui um grande desafio para qualquer empreendimento novo e deve abranger quatro pontos. São eles: a) previsão de lucros da nova empresa; b) entendimento dos requisitos de financiamento; c) estimativa da quantidade e tipos básicos de financiamento, e d) identificação e localização de prováveis fontes. Para os *spin-offs* patrocinados por empresas, condições de compra favoráveis e empréstimos de longo prazo fornecem uma parte desse capital. Alternativas envolvem a busca de financiamento em bancos e agências de fomento empresarial e também a utilização criativa de parceria com fornecedores e/ou distribuidores para minimização das necessidades de capital. Há empresas que alugam espaços não utilizados desses parceiros potenciais para estocar matérias-primas e produtos finais, otimizando a estrutura de custos.

Uma vez que o empreendedor tenha resolvido esses desafios com uma equipe de administração adequada e capital suficiente, o empreendimento passa a enfrentar os perigos da competição e da mudança. Assim que o empreendedor se estabelece e começa a tirar proveito da oportunidade identificada, outros empreendedores potenciais estabelecem outros *spin-offs* e se tornam concorrentes.

4 Gênese do empreendedorismo interno

De acordo com Hashimoto (2006), as origens do empreendedorismo interno estão ligadas à dinâmica empresarial, que coloca diariamente milhares de novas pequenas empresas no mercado. A maioria delas soçobra no meio do caminho porque não possui as vantagens das grandes empresas – tradição, tamanho, marca e capital – nem as características das pequenas iniciantes que fazem a diferença: dinamismo, disposição, flexibilidade e idéias novas. As poucas empresas que sobrevivem conseguem ameaçar nichos de mercado fundamentais para as grandes. O autor ressalta que o mais incrível é que boa parte dos pequenos concorrentes veio da própria empresa: são funcionários antigos e capacitados que aprenderam muito nela, mas encontraram portas fechadas para seus projetos pessoais. Essas pessoas se desenvolveram até o ponto de entender que poderiam realizá-los fora da empresa-mãe, dirigindo os negócios próprios (*spin-offs*), como concorrentes. Nesse contexto, surge o empreendedorismo interno como forma de manter esses talentos nas empresas e, ao mesmo tempo, lidar com as ameaças concorrentes.

4.1 Empreendedorismo interno: como encaminhar um projeto

Bateman e Snell (1998) destacam que as empresas estabelecidas têm acompanhado com interesse o crescimento dos *spin-offs* e procuram aproveitar para crescer em paralelo às novas empresas, buscando oportunidades para a realização de lucros. Quando um funcionário empreendedor tem uma nova idéia para capitalizar uma oportunidade de mercado ou uma solução inovadora, precisará de outros na organização que se engajem ou assumam um compromisso com ela. Em outras palavras, ele precisa construir uma rede informal de aliados que o apóiem e ajudem a implementar sua idéia. Assim, para angariar apoio para um projeto novo, o primeiro passo envolve especificar o investimento aos superiores imediatos. Nesse estágio, deve-se apresentar a idéia e buscar aprovação, visando obter apoio mais amplo na estrutura formal da empresa. Os executivos normalmente querem evidências de que o projeto a ser realizado pelos proponentes é viável, antes de se comprometer com ele. Isso envolve a criação de "líderes de torcida" – ou seja, pessoas que apóiam o funcionário empreendedor antes da aprovação formal dos níveis mais altos. Em seguida, inicia-se uma negociação na qual se oferecem compensações do projeto como retorno ao apoio, tempo, dinheiro e outros recursos fornecidos por colegas e outras pessoas. Por fim, devem-se obter a aprovação e simpatia da alta administração, o que normalmente envolve uma apresentação formal, na qual será preciso garantir a viabilidade econômica, técnica e política do projeto. O apoio da alta administração ao projeto e as promessas de recursos ajudam a converter os apoiadores potenciais em uma equipe sólida. Nesse ponto, pode-se ir ao chefe imediato e fazer planos específicos para seguir em frente com o projeto. Ao longo desse caminho, não será novidade encontrar resistências e frustrações, e deve-se utilizar paixão e persistência para superar os obstáculos que se apresentam.

4.2 Aspectos que favorecem o empreendedorismo interno e os riscos envolvidos

Bateman e Snell (1998) relacionam alguns aspectos estruturais que favorecem o empreendedorismo interno e também alguns dos perigos que essa atividade pode ensejar. Há duas abordagens estruturais mais comuns para que as empresas apóiem o empreendedorismo interno: *skunkworks* e *bootlegging*. O primeiro se refere a equipes formalmente constituídas para conduzir determinado projeto. Forma-se uma equipe com base em um objetivo determinado com cronograma especificado e destaca-se uma pessoa respeitada como condutor do *skunkwork*. Nessa abordagem de inovação corporativa, os tomadores de risco não são punidos se ocorrerem falhas, porque seus empregos estão assegurados, mas eles têm a oportunidade de ganhar grandes recompensas. Já o *bootlegging* consiste em esforços informais dos administradores e dos trabalhadores visando criar produtos e processos. Nesse contexto, "informal" pode significar "reservado", como ocorre quando aquele que conduz o processo acredita que a empresa obterá sucesso nessas atividades. Uma organização que estimula o empreendedorismo interno deve tolerar, e mesmo encorajar, o *bootlegging*.

A descentralização, entre outros bons resultados organizacionais que pode produzir, é mais um modo de encorajar o empreendedorismo interno. Embora não seja uma opção atrativa para todas as organizações, a empresa descentralizada é um laboratório natural para novas idéias, pois as pessoas e as unidades possuem alto grau de autonomia e discriminação e podem alocar capital para financiar novas idéias. O processo de alocação interna de capitais imita o mercado de capitais de negócios privados, em que as idéias competem em um campo aberto por financiamentos de capital. A competição abastece as engrenagens da inovação.

Entretanto, a inovação, muitas vezes, ocorre em pequena escala, e os aspirantes a empreendedores internos necessitam de acesso a pequenas quantias de capital. Empresas como a Kodak contam com células de inovação localizadas por toda a empresa, ajudando os empreendedores internos a encontrar patrocinadores dentro da organização. Comitês também podem fornecer recursos financeiros como estímulo a novas idéias.

Encerrando este tópico, deve-se ressaltar que encorajar o empreendedorismo interno traz às grandes empresas ao menos duas vantagens e também alguns riscos. Em primeiro lugar, suas políticas estimulam os aspirantes a empreendedores internos a buscar suas idéias em benefício deles mesmos e da organização. Em segundo, ajudam a empresa a atrair pessoas interessadas em empreendedorismo interno. Entretanto, há também alguns riscos enfrentados pelas organizações que encorajam o empreendedorismo interno, conforme apontado por Kanter (1983) apud Bateman e Snell (1998), e é óbvio que esse esforço pode falhar. Entretanto, o risco pode ser administrado, e é preciso considerar também que deixar de estimular o empreendedorismo interno pode representar um risco mais sutil e maior que o do próprio encorajamento em si. A organização que resiste às iniciativas de empreendedorismo interno pode perder sua habilidade de adaptação, quando as condições indicarem mudança. Já o maior risco do empreendedorismo interno é confiar excessivamente em um único projeto, pois muitas empresas vão à falência enquanto esperam o término de um projeto grande e inovador. A organização de empreendedorismo interno bem-sucedida evita o comprometimento excessivo com um único projeto e confia em seu espírito empreendedor para produzir ao menos um projeto vencedor, em meio a um portfólio. Por fim, as organizações também se envolvem com falência se distribuírem seus esforços de empreendedorismo interno em muitos projetos. Nesse caso, todos os esforços relativos podem ser muito pequenos em escala individual, e os altos executivos poderão considerar os projetos pouco atraentes por causa de sua pequena dimensão. No mínimo, aqueles recrutados para administrar os projetos podem ter dificuldades para construir poder e *status* dentro da organização. Os perigos do empreendedorismo interno estão, assim, relacionados com escala. Um grande projeto é uma ameaça, assim como o são muitos projetos com poucos recursos aplicados neles. Mas uma abordagem bem administrada desse importante processo estratégico evitando esses extremos aumenta as chances de sobrevivência da organização a longo prazo.

5 Conclusões

Este artigo discorreu sobre inovação, empreendedorismo, *spin-offs* e empreendedorismo interno. Inicialmente, foram apresentados o conceito de inovação e seus principais tipos, enfatizando sua interface com o empreendedorismo. Em seguida, procedeu-se à conceituação de empreendedorismo e alguns de seus elementos: idéias e oportunidades e fatores de sucesso e insucesso de empresas e de produtos. Na seqüência, foram discutidos o conceito de *spin-off*, as condições que favorecem seu surgimento e dois elementos que propiciam sua viabilização: obtenção de recursos financeiros e constituição de uma equipe de administração adequada. Por fim, foi abordado o tema empreendedorismo interno e como fomentá-lo, além de serem apresentados dois arranjos organizacionais que o favorecem, finalizando com os riscos que essa atividade pode trazer.

A seqüência dos temas desenvolvidos – inovação, empreendedorismo, *spin-offs* e intra-empreendedorismo – foi, até certo ponto, intencional, pois revela como eles se encadeiam na vida real. Desse modo, pode-se dizer que muitos processos empresariais se iniciam com uma inovação, a constituição de uma empresa em torno do desenvolvimento de um produto novo, a implantação de um novo processo ou sistema, e assim por diante. A ligação entre inovação e empreendedorismo é bastante explícita nas fontes consultadas, estando aquela na gênese deste, desde os primeiros escritos de Joseph Schumpeter a esse respeito. Com o crescimento da empresa, advêm desdobramentos da atividade empreendedora, em que a inovação está sempre presente: as empresas mais promissoras crescem e seus funcionários empreendedores acabam criando outras por meio de *spin-offs*, que podem ser amistosos ou não. Alternativamente, as empresas podem reter os talentos empreendedores de seus funcionários por meio do incentivo e da prática do empreendedorismo interno.

É importante ressaltar, nesta revisão, alguns resultados importantes que a pesquisa bibliográfica realizada revelou e que são recuperados na seqüência:

- Os dados sobre taxa de mortalidade de empresas são, em geral, expressivos, mas variam muito de acordo com a região do globo, o setor de atividade empresarial e a fonte que apresenta esses dados, compondo uma faixa entre 40% e 70% dos negócios iniciados.
- O mesmo se aplica à taxa de insucessos de produtos novos lançados no mercado, variando a respectiva faixa entre 50% e 95%.
- Oportunidades de negócios, além de serem idéias que implicam realização de lucros nas práticas de negócios, tendem a ser percebidas de modo diverso por empreendedores diferentes, devido às características pessoais de cada indivíduo.
- A maioria dos negócios bem-sucedidos serve outras empresas (mercado industrial), caracterizando processos de troca mais racionais

em que a criatividade está mais concentrada nos níveis táticos do que nos estratégicos, ou seja, as idéias de negócios tendem a ser comuns.

- É recomendável dar atenção detalhada aos estágios do ciclo de vida do produto ou do setor industrial para entender o tipo e a probabilidade de ocorrência de *spin-offs*.
- Atrair capital e constituir uma equipe de administração qualificada são providências necessárias – ainda que não suficientes – para viabilizar o sucesso de um empreendimento.
- Empreendedorismo interno pode ser favorecido tanto por estruturas especiais de caráter formal (*skunkworks*), que funcionam de modo semelhante ao de equipes multifuncionais de projetos, quanto por arranjos informais de iniciativa dos próprios funcionários (*bootlegging*), os quais devem ser estimulados.
- Empreendedorismo interno estimula iniciativas empreendedoras nos funcionários existentes e atrai novos interessados nisso; em compensação, apresenta o risco de não dar certo, normalmente relacionado aos retornos potenciais de cada projeto, que devem ser altos.

Finalizando, é apresentada uma lição muito importante, relacionada a empreendedorismo, que permeia toda a discussão desenvolvida neste trabalho: trata-se da capacidade de aprender com os próprios erros. Não são poucos os empreendedores que, até obter sucesso, contabilizam um ou mais insucessos e, com isso, "aprendem" a ser bem-sucedidos; mas há também muitos casos em que os insucessos drenam a motivação do empresário em relação a se lançar em um novo empreendimento. A esse respeito, Rímoli et al. (2004) realizaram um estudo no qual era feito o seguinte questionamento: se as possibilidades de insucesso de empreendimentos são consideráveis, é recomendável incentivar empreendedores a correr esse risco? Concluiu-se que a resposta deve ser afirmativa, se os insucessos forem encarados como etapas de um processo de aprendizado. Um empreendimento pode ter apenas dois destinos: ser bem-sucedido ou não. Existe certo consenso, tanto na literatura quanto no meio empresarial, de que os insucessos ensinam mais que os sucessos, embora esse aprendizado muitas vezes seja doloroso. Assim, acredita-se ser essa a principal fonte de aprendizado dos empreendedores e que tentar outras vezes até a obtenção de êxito é algo está na gênese do empreendedorismo e dos empreendedores.

A construção do conhecimento que vai aumentar as chances de sucesso dos empreendedores – sejam internos ou não – no dia-a-dia dos negócios depende de dois fatores complementares. São eles: as reflexões de caráter científico sobre sucessos e insucessos anteriores e a aplicação eficaz e eficiente desses conhecimentos na prática empresarial.

Referências bibliográficas

BARBIERI, J. C.; ÁLVARES, A. C. T. Inovações nas organizações empresariais. In: BARBIERI, J. C. *Organizações inovadoras*: estudos e casos brasileiros. São Paulo: Fundação Getúlio Vargas, 2003.

BATEMAN, T. S.; SNELL, S. A. *Administração*: construindo vantagem competitiva. São Paulo: Atlas, 1998.

BERGGREEN, E.; NACHER, T. Why good ideas go bust. *Management Review*, v. 89, n. 2, p. 32-36, fev. 2000.

BHIDÉ, A. The origin of entrepreneurial species. *Inc.*, v. 22, n. 2, p. 104-113, fev. 2000. (Entrevista concedida a George Gendron).

BURTON, J. A órfã malaia que construiu um império do nada. *Valor Econômico*, São Paulo, p. B10, 1 nov. 2005 (do original publicado no *Financial Times*). www.academicdb.com. Acessado em 29 dez. 2005.

CHRISTENSEN, C. *The innovator's dilemma*. 2. ed. Nova York: Harperbusiness, 2000.

COOPER, R. *Product leadership:* creating and launching superior new products. Cambridge, Massachusetts: Perseus Books, 2000.

COVIN, J.; MILES, M. Corporate entrepreneurship and the pursuit of competitive advantage. *Entrepreneurship theory and practice*, v. 23, n. 3, p. 47-63, 1999.

COVIN, J.; SLEVIN, D. Strategic management of small firms in hostile and benign environments. *Strategic Management Journal*, n. 10, p. 75-87, jan. 1989.

DE KLERK, G. J.; KRUGER, S. *The driving force behind entrepreneurship:* an exploratory perspective. Disponível em: www.kmu.unisg.ch/rencontres/band2002/F_04_deKlerk.pdf. Acessado em 13 ago. 2003.

DORNELAS, J. C. A. *Empreendedorismo:* transformando idéias em negócios. 2. ed. Rio de Janeiro: Campus, 2005.

FILION, L. J. Empreendedorismo: empreendedores e proprietários-gerentes de pequenos negócios. *Revista de Administração*, São Paulo, v. 34, n. 2, p. 5-28, abr./jun. 1999.

HART, S. Where we've been and where we're going in new product development research. In: BRUCE, M.; BIEMANS, W. (Orgs.) *Product development*: meeting the challenge of the design-marketing interface. Chichester, Inglaterra: John Wiley & Sons, 1995.

HASHIMOTO, M. *Espírito empreendedor nas organizações*: aumentando a competitividade através do intra-empreendedorismo. São Paulo: Saraiva, 2006.

JOHNE, A. Evaluating product development success within a business development context. In: BRUCE, M.; BIEMANS, W. G. (Orgs.) *Product development*: meeting the challenge of the design-marketing interface. Chichester, Inglaterra: John Wiley & Sons, 1995.

KANTER, R. M. et al. Driving corporate entrepreneurship. *Management Review*, p. 14-16, abr. 1987.

KIM, W. C.; MAUBORGNE, R. Inovação de valor: a lógica estratégica do alto crescimento. *Harvard Business Review Brasil*, v. 82, n. 8, p. 98-106, ago. 2004.

LAMBIN, J. J. *Le marketing strategique*. 4. ed. Paris: Ediscience International, 1998.

LONGENECKER, J.; MOORE, C.; PETTY, W. *Administração de pequenas empresas*: ênfase em gerência empresarial. São Paulo: Pearson Education do Brasil, 1998.

McGRATH, M. *Setting the Pace in product development*: a guide to product and cycle-time excellence. ed. rev. Boston, Michael E. McGrath, editor, 1996.

MILLER, W.; MORRIS, L. *4th generation R&D*: managing knowledge, technology and innovation. Nova York: John Wiley & Sons, 1999.

MOHR, J.; SENGUPTA, S.; SLATER, S. *Marketing of high technology products and innovations*. 2. ed. New Jersey: Pearson, 2005.

MOTA, S. *Taxa de mortalidade cai mas ainda é alta*. São Paulo, Sebrae/SP. Disponível em http://www.sebrae.sp.com.br 23, out. 2005. Acessado em 22 dez. 2005.

MUSIKA, D. F. Identificando uma oportunidade de mercado. In: BIRLEY, S.; MUSIKA, D. *Financial Times*: dominando os desafios do empreendedor. São Paulo: Makron Books, 2001.

RÍMOLI, C. A. *O processo de desenvolvimento e administração de produtos*: um estudo de casos múltiplos em empresas brasileiras de ortopedia. São Paulo, FEA/USP, 2001. 244 p. Tese (Doutorado) – Programa de Pós-Graduação em Administração, Faculdade de Economia, Administração e Contabilidade da Universidade de São Paulo, 2001.

RÍMOLI, C. A. et al. Reflexões sobre empreendedorismo: estudo de casos sobre empresas de sucesso e insucesso. In: ENCONTRO DA ANPAD, 28, Curitiba, 2004. *Anais do XXVIII Enanpad*. Curitiba: Anpad, 2004.

SCHUMPETER, J. *The theory of economic development*. Cambridge, Massachusetts: Harvard University, 1934.

SHANE, S.; VENTAKARAMAN, S. The promise of entrepreneurship as a field of research: a response to Zahra and Dess, Singh, and Erikson. *Academy of Management Review*, v. 26, n. 1, p. 13-16, 2001.

SHANE, S.; VENTAKARAMAN, S. The promise of entrepreneurship as a field of research. *Academy of Management Review*, v. 25, n. 1, p. 217-226, 2000.

SOBRAL, E. Trânsito e chuva fazem a festa do McEntrega. *Valor Econômico*, São Paulo, p. B5, 24 nov. 2005.

STEVENS, G.; BURLEY, J. 3.000 raw ideas = 1 commercial success! *Research Technology Management*, maio/jun. 1997.

TIMMONS, J. A. *New venture creation*. Burr Ridge, IL: Richard D. Irwin, 1994.

URBAN, G.; HAUSER, J.; DHOLAKIA, N. *Essentials of new product management*. Englewood Cliffs: Prentice Hall, 1987.

UTTERBACK, J. *Mastering the dynamics of innovation:* how companies can seize opportunities in the face of technological changes. Boston: Harvard Business School, 1994.

ZIMMERMAN, M.; CALLAWAY, S. *Institutional entrepreneurship and the industry life cycle*: the legitimation of new industries. Disponível em: http://www.usasbe.org/knowledge/proceedings/2001/103.pdf, 2001. Acessado em 6 jan. 2006.

CAPÍTULO **7**

Três Casos de Inovação e Empreendedorismo nas Empresas

Celso Augusto Rímoli
Manuela Weill Vasconcelos

Objetivos do capítulo

- relatar a atuação de três empresas no Brasil cujo sucesso inclui elementos importantes de inovação, empreendedorismo e intra-empreendedorismo;
- fornecer subsídios para que o leitor possa avaliar comparativamente a importância da inovação, do empreendedorismo e do intra-empreendedorismo para as empresas em foco;
- relatar as lições de sucesso que essas empresas ensinam.

Este capítulo pode ser lido separadamente. No entanto, reporta-se ao Capítulo 6, motivo pelo qual sugerimos sua leitura prévia.

1 Introdução

Este artigo traz a história de três empresas brasileiras bem-sucedidas que se destacaram por suas inovações, seu empreendedorismo e seu intra-empreendedorismo. A escolha dessas empresas obedeceu a alguns critérios, descritos a seguir. Em primeiro lugar, buscou-se descrever o relato de negócios iniciados no Brasil, cujas histórias e realizações pudessem ilustrar o artigo conceitual que discorre sobre inovação, empreendedorismo e intra-empreendedorismo correspondente ao Capítulo 6 desta obra. Como foi visto no referido artigo, inovação e empreendedorismo permeiam a trajetória das empresas bem-sucedidas desde o início até a estabilidade sustentada no mercado. Assim, inovações e características empreendedoras normalmente estão ligadas à oportunidade de negócio relacionada à criação da empresa e à idéia do produto ou serviço oferecido, bem como à manutenção do nível de competitividade que permite sua existência ao longo dos anos.

As empresas apresentadas a seguir tiveram seu caminho pautado por inovações ligadas a empreendedorismo e intra-empreendedorismo, tendo superado o período crítico de cinco anos de existência. Como foi visto no Capítulo 6, o intra-empreendedorismo é um fator importante na operação de muitas organizações empreendedoras que inovam consistentemente e, em função disso, alcançam sucesso sustentado. Desenha-se, assim, mais um critério que norteou a escolha das empresas apresentadas no artigo: a Credicard, a Cia. Suzano de Papel e Celulose e a Tupy Fundições estão entre as dez empresas mais atuantes no *ranking* brasileiro de empreendedorismo corporativo, segundo a classificação do Instituto Brasileiro de Intra-empreendedorismo (Ibie) e da Revista *Exame*.

Os relatos foram construídos com base em dados coletados entre as empresas e por meio dos respectivos sites, além de pesquisa secundária de matérias publicadas em jornais, revistas, artigos e livros, configurando uma pesquisa de estudo de casos conforme os preceitos de Yin (2005). Os relatos dessas três empresas, apresentados na seqüência, foram construídos com a mesma estrutura básica, para permitir a comparação entre elas e com os conceitos apresentados no Capítulo 6. Assim, cada relato conta com quatro blocos: o primeiro apresenta a empresa como ela é hoje em dia; o segundo mostra as inovações e o empreendedorismo que norteiam sua história; o terceiro ressalta aspectos de intra-empreendedorismo importantes para seu sucesso e, por fim, o último traz alguns resultados alcançados por elas. As próximas seções trazem os três casos, análises individuais e comparativas e suas conclusões.

2 Credicard S. A. Administradora de Cartões de Crédito: apresentação

A Credicard, presente no mercado brasileiro desde 1970, é a maior administradora de cartões de crédito do país, com 7,6 milhões de clientes. Liderar o mercado, inovar, evoluir e fortalecer a marca no mercado de cartões de crédito são desafios contínuos para a empresa. É por meio desses princípios que ela domina um mercado estimado em mais de R$ 120 bilhões em faturamento anual. A Credicard oferece uma linha de produtos e serviços direcionados a diferentes segmentos de mercado, com base em tecnologia avançada, visando continuamente superar as expectativas dos clientes. Para cumprir esse direcionamento estratégico e manter a liderança de mercado, a empresa conta com estratégias voltadas para a inovação, a capacidade de se reinventar e o desenvolvimento de uma cultura empreendedora. Os resultados, positivos e negativos, ao longo de mais de três décadas de trabalho segundo essa filosofia são explorados nos tópicos a seguir.

2.1 História da empresa: aspectos de inovações e empreendedorismo

Em 1970, o Citibank, chamado na época de The First National City Bank, lançou o CityCard, com 15 mil cartões e 2 mil estabelecimentos filiados no Rio e em São Paulo. No ano seguinte, associou-se aos bancos Itaú e Unibanco e juntos criaram, com igual participação acionária, a Cia. de Turismo, Promoções e Administração (Credicard), lançando um cartão de crédito com o mesmo nome, em substituição ao CityCard. Entre os três parceiros, o Citibank, por sua experiência internacional com administração de cartões de crédito, foi nomeado sócio-gerente da empresa. Em 1973, a Credicard contava com mais de 180 mil contas ativas e 15 mil estabelecimentos filiados.

O ano de 1978 marcou a introdução, na empresa, do planejamento estratégico global, que contemplou a modernização tecnológica necessária para focalizar o atendimento a distância, pelos Correios e pelo telefone. Sua denominação passou a ser Credicard S.A. – Administradora de Cartões de Crédito.

Em 1983, a Credicard se associou à Visa Internacional, tornando-se sua emissora exclusiva no Brasil; em 1985, a empresa adquiriu franquia da bandeira Diners Club no Brasil. Dois anos depois, houve alteração na parceria internacional, pela associação com a MasterCard International. A empresa estabeleceu também parcerias com bancos que vendiam e entregavam o cartão ao portador, recebiam o pagamento da fatura mensal e efetuavam o pagamento para o estabelecimento. A Credicard foi a primeira emissora a lançar cartões com validade internacional, a partir da abertura do mercado nacional, nos anos 1990: o Credicard MasterCard Gold e o Diners Club International. Em 1996, a Credicard voltou a emitir cartões de crédito com a bandeira Visa, tornando-se a única administradora de cartões a utilizar as bandeiras MasterCard, Diners e Visa.

A empresa também propiciou a criação de negócios, uma vez que, em 1999, inaugurou o Credicard Hall, a maior casa de espetáculos da América

Latina, utilizando a estratégia de *naming rights*[1] de modo pioneiro no país. No ano seguinte, a área de operações da Credicard, responsável por incrementar o número de estabelecimentos comerciais, foi desmembrada, com a criação da empresa Redecard e da primeira bandeira de crédito totalmente brasileira, a RedeShop. Em seguida, foi criada a Orbitall, destinada a processar os cartões, sendo a maior do país nesse ramo. As duas empresas do grupo ganharam autonomia e trabalham independentemente da empresa-mãe, desde que cumpram as metas de retorno esperado e continuem relacionadas ao negócio central da empresa.

Em seguida, alguns produtos importantes são lançados, visando alcançar segmentos de mercado específicos para manutenção da liderança. Em 2001, a empresa lança o primeiro cartão de crédito pré-pago do mercado brasileiro: o Credicard One. O produto é destinado aos adolescentes, como alternativa prática à tradicional mesada. Em 2003, em continuidade à estratégia de inovação, a Credicard lança produtos e serviços inéditos vinculados ao cartão de crédito: Pague Contas, Parcelamento de Fatura. No ano seguinte, é lançado o Credicard Brasil, nova versão do cartão de crédito destinada ao público de baixa renda e, em 2005, ocorre o lançamento do Crédito Pessoal Credicard, serviço pioneiro no mercado nacional de cartões de crédito.

Assim, a criatividade das equipes de funcionários da Credicard tem sido um elemento importante para o lançamento de novos produtos e serviços como os mencionados, que atendem a necessidades específicas de segmentos distintos como adolescentes e pessoas de baixa renda, entre outros, de forma pioneira.

2.2 Elementos de empreendedorismo interno

O empreendedorismo interno é parte essencial da cultura da Credicard, pois tem contribuído imensamente para sua postura proativa de líder de mercado. Para estimulá-lo, a empresa conta com vários programas estratégicos, como Planejamento, Comunicação, Reconhecimento e Recompensa; Treinamento e Desenvolvimento (T&D) e Estratégia de desenvolvimento de equipes. Essas ferramentas são direcionadas a preservar e aperfeiçoar o rela-

1 NA: Direito de colocação do nome fantasia de uma empresa em uma propriedade ou evento, como hospitais, bibliotecas e campanhas sociais, geralmente como reconhecimento por doações em dinheiro.

cionamento entre as áreas e as pessoas, o que é considerado de extrema importância. Para evitar as rígidas células dos organogramas, os profissionais têm autonomia para passar de uma função a outra. O desafio foi conseguir isso com a participação entusiasmada de todos, o que se deu por meio de programa e metodologia concebidos pelos próprios funcionários. A Credicard incentiva a permeabilidade entre as áreas, para que todos os funcionários possam alcançar novas oportunidades de desenvolvimento e crescimento.

A Credicard acredita que é da reflexão e do esforço individual e da administração eficaz das equipes que nascem a ação e a capacidade de dar vazão ao empreendedorismo. São cerca de 400 profissionais responsáveis pela manutenção da liderança de mercado e pelo futuro da empresa. Portanto, a Credicard depende de um profundo engajamento e do espírito empreendedor de todos os funcionários. Com uma média etária em torno de 30 anos, todos eles possuem alto nível cultural e, espera-se, desejo de crescer. É preciso iniciativa e muito empenho em se desenvolver tanto do ponto de vista pessoal quanto profissional.

Uma das principais frentes de ação é a estratégia de desenvolvimento de equipes, apoiada pela formação de equipes multifuncionais. Desde o início das equipes, os profissionais se sentiram motivados e valorizados, por encontrar novas chances de crescimento na empresa. Implantou-se, assim, uma sistemática para desenvolvimento e implantação de novos projetos, e a empresa chegou a ter cerca de 33 equipes multifuncionais em atividade. Dois grupos foram destacados para conduzir o programa: o Time Excelência em Times (TET), que o concebeu e divulgou por toda a empresa, e o Grupo Gestor de Projetos (GGP), que acompanha a condução e execução dos projetos.

2.3 Resultados alcançados

Os resultados alcançados pela empresa se referem a: a) geração de valor alinhado às estratégias da empresa; b) melhoria do clima organizacional, e c) desenvolvimento de comportamentos associados ao trabalho em equipe e à incorporação de uma cultura de permanente inovação. Outro resultado a mencionar é o reconhecimento da excelência empresarial em vista de diversos prêmios conquistados.

Esses resultados se desdobram também na grande quantidade de prêmios e títulos conquistados nos últimos anos, além do prêmio IBest, de acordo com o Quadro 7.1, a seguir.

Quadro 7.1 Títulos de reconhecimento da Credicard

Título ou prêmio	Revista de negócios e/ou entidade outorgante
Maior empresa de serviços diversos e segunda melhor empresa	Guia Maiores e Melhores – Revista *Exame*
Empresa mais admirada do setor	Revista *CartaCapital*
Melhor do Brasil em gestão da responsabilidade social e ambiental	Revista *IstoÉ Dinheiro*
Sexta melhor empresa para se trabalhar no Brasil e quarta melhor para as mulheres trabalharem	Great Place to Work Institute e Guia *Exame/Você S/A*
Terceira empresa do país entre as 150 melhores para se trabalhar	Revista *Você S/A*

Fonte: Elaborado pelos autores.

A maior vantagem da Credicard, apontada por uma pesquisa feita com os funcionários, é o fato de ela ser uma empresa com espírito jovem, vibrante e com muitas oportunidades, cuja gestão de pessoas é extremamente eficaz. O maior reconhecimento, entretanto, está refletido no índice de satisfação dos clientes, monitorado constantemente e que alcança 85%, muito acima dos padrões internacionais de cartões de crédito.

Para Lício Nogueira, diretor-executivo de Recursos Humanos da empresa, os funcionários da Credicard têm um perfil diferenciado e valioso, são pessoas com iniciativa, dispostas a se desenvolver no plano pessoal e no profissional. "É para essas pessoas que a Credicard traçou estratégias organizacionais ousadas, que permitiram implementar gestão de conhecimento, quebrar barreiras funcionais e mobilizar todos em busca de uma atitude empreendedora e comprometida com os desafios estratégicos da organização", afirma o executivo.

Essa estratégia, alinhada ao planejamento anual integrado e a ações eficazes de comunicação, T&D, garantiu as condições para as mudanças culturais e comportamentais que reforçaram ainda mais a busca da inovação e o empreendedorismo da Credicard.

3 Companhia Suzano de Papel e Celulose: apresentação

A Companhia Suzano de Papel e Celulose é uma empresa tradicionalmente familiar e atua no segmento de papel e celulose desde 1924. Conta com unidades industriais localizadas nos estados de Santa Catarina e São Paulo e 14 núcleos florestais espalhados pelo Brasil, totalizando cerca de 189,2 mil hectares de florestas comerciais. A capacidade produtiva das unidades fabris é de 420 mil toneladas/ano de celulose de eucalipto e de 510 mil toneladas/ano de papel. A empresa possui mais de 3.500 funcionários e detém 16,6% da produção brasileira de papel de imprimir e escrever, 29% da produção nacional de papel-cartão de primeira linha e 8,9% do mercado de celulose, no qual comercializa apenas o excedente de produção. Em fevereiro de 2001, a Cia. Suzano passou a deter o controle acionário da Bahia Sul Celulose, com 72,8% de seu capital total. Sua capacidade anual de produção é de 570 mil toneladas/ano de celulose de eucalipto e de 215 mil toneladas/ano de papel. Com essa aquisição, a Cia. Suzano consolidou-se como a maior produtora integrada de eucalipto e papel da América Latina. Seu faturamento total é da ordem de R$ 1,5 bilhão, e a produção anual totaliza 930 mil toneladas de celulose de eucalipto e 725 mil toneladas de papel. Possui grande preocupação em buscar inovações tecnológicas e desenvolver novos produtos, tendo sido pioneira na obtenção da celulose de eucalipto e na produção nacional de papel 100% reciclado, ambos em escala industrial.

3.1 História da empresa: aspectos de inovação e empreendedorismo

Em 1921, Leon Feffer era um entre os muitos imigrantes recém-chegados ao Brasil, que iniciaram sua vida como comerciante. Por ser obstinado e possuir uma visão sobre seu futuro profissional, em 1924 ele resolveu investir em revenda de papéis nacionais e importados. No final da década de 1930, iniciou a fabricação própria de papel; em 1941, a então Indústria de Papel Leon Feffer & Cia. começou a produzir em larga escala, com resultados rápidos, pois no ano seguinte a produção foi triplicada. Porém, a economia conturbada pela Segunda Guerra Mundial gerou dificuldades de importação da principal matéria-prima, a celulose de pinho, o que trouxe à empresa um período de 20 anos de instabilidade.

A empresa, que naquela época era afeita a inovações tecnológicas, buscava um substituto para a celulose de pinho – a matéria-prima padrão e o principal gargalo para seu crescimento –, fazendo experiências com algodão, sisal, juta, agave e bambu. É possível produzir papel a partir de muitas fibras vegetais, mas é preciso aliar três fatores para a produção em escala industrial: oferta abundante de matéria-prima, custos de produção baixos e qualidade do produto final alta.

Essa situação impeditiva foi superada pela iniciativa de Max Feffer, filho mais velho de Leon, que decidiu integrar a empresa em 1955 e se dedicou a pesquisas e experiências com celulose de eucalipto na Universidade da Flórida. Essa matéria-prima era abundante no Brasil, mas considerada imprópria, pela literatura científica de então, para feitura de papel. Apesar do início desanimador, Max insistiu; em 1961, resultados conclusivos garantiram a obtenção de papel de alta qualidade com 100% de celulose de eucalipto. O novo produto passou a ser fabricado no moderno parque industrial adquirido em 1956, no município de Suzano, quando a empresa teve seu nome alterado para Companhia Suzano de Papel e Celulose.

Os anos 1970 trouxeram a expansão e diversificação de atividades, quando, a convite do governo federal, a Suzano participou como investidora – ou seja, sem funções executivas – na criação da Politeno, fabricante de polietileno, e da Polipropileno, primeira indústria do setor na América Latina. Posteriormente, quando nos anos 1990 o governo passou a se desfazer das participações nas empresas petroquímicas, a Suzano viu-se diante do dilema de continuar como investidora ou efetivamente passar a atuar na gestão desse setor. Após análise e deliberação, a empresa resolveu contratar uma equipe de executivos de alto nível para atuar empresarialmente no setor petroquímico. Em 1992, foi comprada a Petroflex, líder latino-americana na produção de borracha sintética e, em 1996, foi criada a Rio Polímeros, com o objetivo de implantar o Pólo Gás-Químico do Rio de Janeiro.

Paralelamente ao ingresso definitivo no mercado petroquímico, algumas mudanças foram realizadas na área de papel e celulose, como a contratação, em 1975, de Boris Tabacof, que tinha como responsabilidade a criação do organograma após dois eventos: a reestruturação das diretorias, consolidando o processo de profissionalização, e a aquisição da participação da Cia. Vale do Rio Doce na Bahia Sul Celulose, o que garantiria a total propriedade sobre essa empresa. A aquisição da Bahia Sul permitiu à Suzano expandir sua área de florestas. O plantio nessa unidade ocupa 114 mil hectares na Bahia e no Espírito Santo; assim, toda matéria-prima necessária provém de fazendas de eucaliptos da própria empresa: são 140 milhões de árvores de eucalipto, das quais 47% estão no estado de São Paulo.

3.2 Elementos de intra-empreendedorismo

A integração da Bahia Sul Celulose ao ambiente da Suzano constituiu outro importante desafio para esta última, por se tratar de empresas com culturas bastante diferentes. A Bahia Sul foi fundada em 1987 e passou por uma forte crise causada por endividamento de US$ 1,2 bilhão, provocado pela queda no preço da celulose, sendo considerada praticamente falida em 1996. O que salvou a empresa foram o compromisso e a atuação determinada dos funcionários segundo princípios do Prêmio Nacional da Qualidade e sob a condução do então superintendente Murilo Passos. Com muita dedicação e trabalho, essas pessoas se deslocaram de outros estados para a região de Mucuri (BA), muito distante dos grandes centros, conseguindo recuperar e estabilizar financeiramente a empresa. Esse episódio trouxe muita solidez e coesão à empresa, configurando uma gestão profissional e amadurecida. Assim, integrar uma cultura empresarial sólida como a da Bahia Sul com o pioneirismo e a inovação da Suzano era mais um desafio a enfrentar.

Apesar das diferenças entre as organizações, havia também algumas semelhanças básicas, destacando-se o empreendedorismo interno, expresso pelo compromisso de superação de obstáculos, como um dos fatores importantes que permitiam essa integração. Com o foco no aprimoramento da excelência objetivando cultivar uma cultura comum baseada em inovação, criatividade e empreendedorismo interno, a Suzano apostou em gestão de pessoas comprometidas com o sucesso da empresa, liderança competente, treinamento e desenvolvimento, gestão do conhecimento e bom atendimento aos clientes. Ao todo, foram 255.438 horas de treinamento destinadas a 18.796 colaboradores, com um investimento total em torno de R$ 3 bilhões, sendo a integração cultural da Bahia Sul à Suzano realizada com sucesso.

Com foco em melhoria contínua, a gestão unificada Suzano-Bahia Sul realiza anualmente, em nível empresarial, o Sistema de Avaliação da Satisfação do Colaborador (SAC), que tem como objetivo ouvir e entender a percepção das pessoas com relação a processos corporativos, estilo gerencial, gestão da empresa, motivação e credibilidade. Os resultados se traduzem em melhorias potenciais; para que estas se realizem, planos de ação são construídos e colocados em prática, respaldando, assim, a credibilidade e o compromisso da Suzano com seus objetivos e colaboradores.

Programa Click. Com o objetivo de aprimorar o desempenho global da organização, a Suzano criou o programa Click – Programa de Criatividade e Inovação, no qual os funcionários são incentivados a gerar idéias, soluções e inovações. Apenas os gerentes não podem participar, pois eles têm a responsabilidade de avaliar as propostas de idéias para sua área, de acordo com o conhecimento que possuem e as necessidades ou oportunidades de melhoria. As idéias aprovadas são premiadas em dinheiro, sendo R$ 50 para idéias sem retorno financeiro, podendo chegar até a R$ 10.000 para idéias com retorno financeiro mensurável. Em 2001, o programa foi implantado inicialmente na Bahia Sul e se caracterizou como exemplo do envolvimento das pessoas em busca da excelência da empresa, com resultados expressivos nos primeiros anos, o que corroborou o sucesso da integração entre as empresas.

Gestão do conhecimento. Seguindo o princípio de que o conhecimento é um valor que cresce ao ser utilizado e se duplica ao ser dividido, a Suzano investe em sua gestão como um processo sistemático, articulado e intencional em suas unidades, visando alavancar sua competitividade. Por meio da gestão do conhecimento, a empresa procura estimular o desenvolvimento de novas idéias e pensamentos criativos, que surgem da geração, codificação e compartilhamento de informações para alcançar excelência organizacional. O preparo das pessoas, em uma economia intensiva em conhecimento, adquire características de ativo valioso, às vezes escasso, mas que deve ser compartilhado. No mercado atualmente cada vez mais dinâmico, muitas vezes a maior agregação de valor a um produto ou serviço vem de bens intelectuais.

Redução de custos. Com o objetivo de economizar custos de produção e manutenção, otimizar seus processos administrativos e melhorar o ambiente de trabalho, aumentando a satisfação e a produtividade dos funcionários, a Suzano implantou diversos programas, como o Total Productive Management – Gestão Produtiva Total (TPM), o Bomsenso (5S) e o Sistema de Avaliação do Cliente Interno (Saci).

Treinamento. A empresa também conta com programas internos de treinamento e desenvolvimento específicos diversos para áreas produtivas e administrativas, além de programas de *trainees* visando formar executivos no futuro.

3.3 Resultados alcançados

A busca constante da Suzano por excelência, liderança e competitividade faz a empresa desenvolver, capacitar e contratar pessoas que acreditem na inovação e no pioneirismo, seus principais valores, incentivando-as a superar novos desafios, a ultrapassar barreiras em busca de crescimento.

Em três anos, foram aprovadas 239 idéias, que demandaram investimento de R$ 80 mil e trouxeram retorno de R$ 1,7 milhão, e a empresa passou a apresentar a maior margem de lucro no setor. O sucesso do programa de integração da Bahia Sul à estrutura da empresa garantiu sua difusão para as demais unidades da Suzano até o final de 2005. Por meio dele, a Suzano constrói continuamente uma cultura voltada para a inovação e o empreendedorismo, destruindo barreiras departamentais e focalizando seu capital humano como maior potencial para a competitividade da empresa, motivando-o a superar seus limites.

4 Tupy Fundições: apresentação

A Tupy Fundições é a número 1 entre as fundições brasileiras de capital totalmente nacional e está entre as cinco maiores fundições do mundo, possuindo fábricas em Joinville (SC), onde a empresa tem sua sede, e em Mauá (SP). Para alcançar esses resultados, valores como respeito pelas pessoas, cultura empreendedora e inovação têm guiado as atividades da empresa. Fundada em 1938, a Tupy possui capacidade para produzir 500 mil toneladas anuais em peças de ferro fundido e conta com mais de 8 mil funcionários. Grande parte da produção da empresa é constituída de peças para sistemas de propulsão, freio, transmissão e direção, fabricadas sob encomenda para o setor automotivo. A empresa possui escritórios de comercialização nos Estados Unidos, no México, na Alemanha, na Inglaterra, na Itália, no Japão e na Argentina e exporta para mais de 40 países, além de atender ao mercado brasileiro. O programa Criação é um dos principais orgulhos da empresa, contando com uma participação de 2.500 funcionários em prol de melhorias contínuas, qualidade e clientes satisfeitos.

4.1 História da empresa: aspectos de inovação e empreendedorismo

Em 1928, Albano Schmidt, imigrante europeu e um dos fundadores da Tupy, desafiou seus companheiros, Hermann Metz e Arno Schwarz, a desenvolver a fórmula do ferro fundido maleável, para produção de conexões, então conhecidas no país apenas via importação. Com poucos recursos, mas muita dedicação, esse estudo foi feito pelo método de ensaio e erro até que, em 1937, foi obtida a composição correta. Um ano depois, em 9 de março de 1938, a Tupy Fundições foi fundada em Joinville, SC.

Com o mercado de conexões em expansão em todo o país, a Tupy se tornava líder absoluta em vendas, o que fez com que Albano Schmidt logo planejasse a construção do parque industrial do Boa Vista, para onde se transferiu, em 1954. Em 1958, com a morte do fundador, a presidência da empresa foi ocupada por seu filho Hans Dieter Schmidt, então com 26 anos.

Homem de idéias arrojadas e visão empreendedora, Dieter criou, em 1959, a Escola Técnica Tupy, com o objetivo de qualificar mão-de-obra para fazer frente aos desafios que a indústria automobilística traria. Como na época o mercado estava em pleno crescimento, em 1963 foi instalada a segunda unidade de fundição, exclusivamente para atendê-lo.

Em 1972, foi criado o primeiro centro de pesquisa, em parceria com a Escola Politécnica da Universidade de São Paulo; em 1975, uma terceira frente materializava a vocação da empresa para atuar no setor automotivo. Dedicada à produção de blocos e cabeçotes de motor, essa unidade responde hoje por cerca de 50% dos negócios da empresa.

O ano de 1981 trouxe a morte prematura de Dieter, vítima de acidente aéreo, quando ocupava o cargo de secretário de Estado da Indústria. Na época, a empresa alcançava uma diversificação que se revelou excessiva: além do setor metal-mecânico, atuava nas áreas de química e plástico. Todos esses acontecimentos quase provocaram a falência da Tupy, nos anos que se seguiram.

A reversão dessa situação teve início em 1991, com o processo de gestão profissionalizada, porém a empresa, que não havia ainda se recuperado dos reveses sofridos em função da diversificação excessiva, teve, em 1995, seu controle acionário entregue a um conjunto de fundos de pensão e de bancos, em vista de seu grande endividamento. A empresa passou por uma reestruturação que focalizou novamente a área de fundição, seu negócio central, fixando como objetivo consolidar-se no mercado automotivo externo. Seguindo esse direcionamento, em 1998, adquiriu uma unidade de fundição em Mauá, no estado de São Paulo, ao mesmo tempo em que modernizava e expandia o parque fabril de Joinville. Em pouco tempo, a empresa dobrou a capacidade produtiva e hoje se posiciona como a principal fundição brasileira e a quinta maior do mundo, além de ter alcançado o primeiro lugar no *ranking* brasileiro de empreendedorismo corporativo Ibie-Revista *Exame*, com lucros crescentes em 2003 e 2004.

4.2 Elementos de intra-empreendedorismo

A cultura da Tupy está estruturada nos pilares pessoas, clientes, qualidade, conhecimento, empreendedorismo e inovação. Com base neles a empresa estruturou seu programa de gestão e, dessa forma, se organiza, desenvolve e cresce. Trabalha-se com espírito de equipe na Tupy com o intuito de satisfazer os clientes, mas valorizando cada membro da equipe. Assim, cada um se empenha com vontade, dedicação e retidão, visando atuar com excelência, e isso se traduz em serviço confiável, econômico e de qualidade prestado aos clientes.

Primeira no ranking de empreendedorismo interno. A Tupy Fundições foi a primeira classificada no *ranking* de empreendedorismo corporativo do Ibie, conforme foi mencionado anteriormente. "Uma ótima notícia, que confirma o quanto a Tupy tem bons fundamentos". A afirmação é do presidente da Tupy, Luiz Tarquínio Sardinha Ferro, para quem as dificuldades financeiras enfrentadas pela empresa recentemente não impediram que a equipe fosse criativa e superasse os desafios impostos por uma produção que está a plena capacidade e cresce a cada ano.

Antes da entrega do controle acionário aos fundos de pensão, em 1995, a direção da Tupy precisou demitir 4.500 pessoas, metade do quadro de funcionários. Conforme seu presidente, mesmo navegando em mares turbulentos, a Tupy deu respostas adequadas. Além disso, a empresa é considerada paradigma mundial em margem de lucro no setor, com média entre 15% e 16% nos últimos cinco anos. Boa parte desse resultado se deve à cultura de inovação da empresa.

O gestor de recursos humanos da companhia, Richard Spirandelli, declarou que: "Trata-se do reconhecimento de uma evolução histórica. Não temos uma receita pronta que dê resultados imediatos". O que a Tupy alcançou foi conseqüência da forma de gestão escolhida e do modo consistente de conduzi-la, dando oportunidade e espaço para que as pessoas crescessem e criassem na direção em que a empresa precisava.

Programas participativos. A Tupy conta com dois programas principais para participação dos funcionários nas atividades da empresa. Um deles é denominado Criação e se caracteriza como um programa de melhorias contínuas que oferece oportunidades a todos de contribuir para o aperfeiçoamento do ambiente de trabalho, para a solução de problemas de qualidade e produtividade e para que, com idéias nascidas de pessoas que atuam no âmbito específico de cada parte da empresa, algo seja feito e resulte em benefício comum. Entrar para o quadro de funcionários da Tupy é ser apresentado imediatamente ao Criação. Do total de 6.500 funcionários na sua unidade de Joinville, 2.500 estão organizados em grupos com o objetivo de encontrar soluções e implantar melhorias em todos os níveis e em todas as áreas da empresa. São 300 equipes atuando, uma delas vitoriosa no Prêmio Nacional de Qualidade e Produtividade, da Confederação Nacional da Indústria, em 2003. Há também o Programa de Participação nos Resultados (PPR), acessível a todos os funcionários e que permite ganhos extras a cada ano, se metas como redução de refugos e do índice de acidentes forem atingidas simultaneamente ao aumento do lucro operacional.

Esses dois programas são consistentes entre si e criam sinergias, e isso se traduz na cultura de orgulho pela qualidade que faz a diferença na Tupy. Para a empresa, essa qualidade está na atitude, no uso responsável do conhecimento técnico, no planejamento das estratégias e também em iniciativas desses programas, que implantaram mais de 170 mil melhorias, em pouco mais de seis anos de existência.

Valores humanos. Como diferencial competitivo, a Tupy procura reconhecer e investir nas pessoas. Além de remuneração e benefícios de acordo com o mercado, a empresa cuida também da qualidade de vida de seus funcionários, apostando na evolução do conhecimento das pessoas, ou seja, em treinamento e desenvolvimento. Considerando isso, ela investe em capital humano, oferecendo subsídios que podem chegar até a 50% para cursos desde o nível fundamental até o universitário, além de cursos técnicos e especializados ministrados em sua universidade corporativa. São estes os valores que a cultura da Tupy valoriza e dissemina: pessoas, empreendedorismo e inovação, que formam a base de sua competitividade e consolidam sua posição de liderança no mercado.

4.3 Resultados alcançados

A Tupy apresentou resultados expressivos no primeiro semestre de 2005, em que a receita operacional líquida atingiu R$ 837 milhões, 21,1% a mais que a correspondente ao mesmo período do ano anterior. Já o lucro líquido fechou em R$ 15,5 milhões, ante um prejuízo de R$ 1,8 milhão no primeiro semestre de 2004.

Os resultados financeiros anuais de 2004, em comparação aos de 2003, embora favorecidos pela valorização cambial do real perante o dólar, corroboraram o acerto das ações administrativas tomadas para reestruturação da empresa e apresentaram um crescimento de 31,9% na receita operacional líquida (ROL). Ou seja, em 2003, a ROL foi de R$ 1,11 milhão e, em 2004, cresceu para R$ 1,47 milhão.

De acordo com Pinchot (1989), uma empresa não precisa que todos os seus funcionários sejam empreendedores, embora necessite de alguns deles. Se a cultura não for favorável ao empreendedorismo interno, há menos chance de surgirem mudanças necessárias à sustentação do negócio. Consciente disso, a Tupy procura incentivar o empreendedorismo interno por meio de sua missão, sua estrutura e seus programas participativos. Desse modo, valoriza o homem e nutre uma cultura voltada para a inovação, incentivando o intra-empreendedorismo que vem garantindo que ela se mantenha competitiva e com excelência no mercado, com alto poder de reação quando necessário.

5 Análise individualizada e comparativa

Neste tópico, serão feitos comentários analíticos sobre as empresas, comparações entre os casos e entre a prática e a teoria (Capítulo 6), visando aprofundar o entendimento da atuação das empresas e relacionar seu sucesso a aspectos de inovação, empreendedorismo e intra-empreendedorismo. Inicialmente, cada empresa será enfocada isoladamente; em seguida, em conjunto, segundo cada aspecto de análise (inovação, empreendedorismo e empreendedorismo interno) e, por fim, será elaborado um quadro comparativo sintetizando toda a análise.

5.1 Comentários analíticos individualizados

Credicard S.A. Administradora de Cartões. Era um empreendimento brasileiro e americano conjunto do Citibank, do Itaú e do Unibanco até o final de 2004, quando o Unibanco vendeu sua participação aos dois sócios remanescentes em partes iguais a cada um. Em sua trajetória, essa empresa inovou muitas vezes, fazendo disso uma estratégia para manter a liderança no mercado. Nessa linha, fez do lançamento de produtos uma das formas de abordar novos segmentos de mercado antes dos concorrentes, por meio dos diversos produtos lançados, como Credicard One, Credicard Brasil etc. Sua atuação se deu por meio de iniciativas empreendedoras e inovadoras projetadas para sustentar a liderança de mercado que tem a duração da vida da empresa.

Apesar desse pioneirismo todo, ela não foi a primeira empresa de cartões de crédito no Brasil: o primeiro cartão brasileiro foi o Elo, lançado em 1968 pelo Bradesco, que se associou à Visa em 1971, em uma parceria que perdurou até 1980.

O crescimento da empresa gerou três negócios novos, dos quais dois podem ser caracterizados como *spin-offs* amistosos, como foram os casos da Redecard, empresa do grupo destinada a aumentar o número de organizações conveniadas, e da Orbitall, destinada a processar os cartões que a Credicard emite, sendo de grande importância em sua operação. A terceira empresa é o Credicard Hall, casa de shows que faz sinergia com o cartão de crédito para utilização em lazer e caracteriza uma diversificação de atividades.

A empresa estimula o empreendedorismo interno por meio de várias ações ligadas a treinamento e desenvolvimento (T&D) dos funcionários, além de contar com estrutura organizacional flexível, que permite o trânsito por funções diferentes. Essa estrutura e as ações da empresa favorecem o trabalho em equipes, e este, por sua vez, reforça a cultura de inovação e proatividade da Credicard, a qual se traduz, por exemplo, no estabelecimento de equipes multifuncionais.

Suzano Papel e Celulose. A empresa teve, em sua trajetória, grandes períodos de rápido desenvolvimento, que foram marcados, porém, pela superação de grandes obstáculos impostos tanto pelo ambiente empresarial (escassez de matéria-prima – celulose de pinho) quanto pela necessidade de integração cultural (aquisição da Bahia Sul Celulose). O enfrentamento desses desafios contou com os esforços persistentes de inovação de Max Feffer e o empreendedorismo interno presente na estrutura da empresa, sendo ambos os desafios levados a cabo a contento.

A empresa também demonstrou suas características empreendedoras quando realizou a diversificação para o setor petroquímico. Apenas investidora, na década de 1970, aproveitou a oportunidade de negócio que se apresentou nos anos 1990, quando o governo federal procedeu ao programa de privatizações e passou a atuar empresarialmente no setor.

O estímulo ao empreendedorismo interno pode ser observado nas iniciativas consistentes e sinérgicas entre si, como o programa Click, para geração de novas idéias, ao mesmo tempo em que se compartilham informações sobre o processo empresarial na empresa (gestão do conhecimento), do programa de redução de custos e das iniciativas de treinamento sistemático dos funcionários. Essas iniciativas galvanizam a cultura de inovação e empreendedorismo expressa na história de superação de obstáculos e de crescimento da empresa.

Tupy Fundições. A empresa teve início em função da visão empreendedora de seu fundador, que desenvolveu, juntamente com os dois sócios, uma tecnologia inédita no Brasil da época para a fabricação de conexões. Essa foi uma inovação de grande importância, pois direcionou a empresa à liderança de mercado.

Até a morte do fundador, a empresa cresceu sem grandes percalços, situação que continuou após o sucessor – seu filho – assumir a presidência da empresa. Dieter Schmidt demonstrou iniciativa e empreendedorismo em importantes ações, como a criação da escola técnica e também de um centro de pesquisa, em parceria com uma universidade. Entretanto, com seu falecimento inesperado, cerca de 20 anos depois, a empresa entrou em dificuldades sérias, em vista de uma diversificação excessiva, ficando à beira da falência. Mesmo com esses problemas sérios, o corpo de funcionários demonstrou iniciativa e características intra-empreendedoras suficientes para reconduzir a empresa à sua vocação de atuar no setor automotivo com excelência, abandonando os setores químico e plástico.

Esse empreendedorismo interno se fundamenta nos valores em que a empresa se baseia – pessoas, clientes, qualidade, conhecimento, empreendedorismo e inovação – e nos programas participativos, como o Criação e o PPR. Em conjunto, eles estimulam fortemente ações intra-empreendedoras dos funcionários e justificam, em parte, o primeiro lugar no *ranking* de empreendedorismo corporativo Ibie-Revista *Exame*.

5.2 Comentários analíticos conjuntos

As três empresas analisadas atuam em ramos de negócios bastante distintos entre si, a primeira comercializando serviços de crédito, a segunda produzindo e comercializando papel e celulose e a última, bens intermediários para o setor automotivo. Apesar dessas diferenças, devem ser ressaltados alguns pontos em comum. A importância da inovação para iniciar e/ou consolidar a empresa na liderança do mercado ou na produção de insumos em seus primeiros anos de vida é algo presente nas três empresas analisadas.

Outro ponto a ressaltar é a presença do empreendedorismo interno como fator de progresso das empresas e também de reversão de situações financeiramente desfavoráveis ou desafios de integração cultural. Foi observada também a preocupação das três empresas analisadas em estimular o empreendedorismo interno por meio de ações de T&D, de programas participativos e de trabalhos em equipe. Essas ações parecem aumentar o engajamento e a colaboração dos funcionários, resultando em desempenho melhorado para as empresas.

Em relação à teoria sobre esses temas, desenvolvida no Capítulo 6, pode-se dizer inicialmente que as principais oportunidades aproveitadas pelas empresas caracterizavam inovações tanto de produto quanto de processo. Outro ponto a destacar é a ocorrência de *spin-offs* em apenas uma das empresas, e ainda assim de caráter amistoso. Isso talvez tenha ocorrido pelo fato de as empresas apresentarem uma administração muito competente das atividades de empreendedorismo interno. Cabe ressaltar ainda que a estrutura flexível dessas empresas encoraja as iniciativas informais de trabalho dos funcionários (*bootlegging*). Do mesmo modo, a própria estrutura das empresas propicia a formação de equipes formais de trabalho para execução de projetos variados de interesse das empresas (*skunkworks*), embora esses nomes não tenham surgido na coleta de dados.

6 Conclusão

A título de síntese, é apresentado, a seguir, o Quadro 7.2, que traz as principais características das empresas examinadas, no que tange à inovação e empreendedorismo, intra-empreendedorismo e resultados obtidos.

Como considerações finais, ressalta-se, mais uma vez, a importância dos atributos inovação, empreendedorismo e intra-empreendedorismo para o sucesso das empresas analisadas, tanto no dia-a-dia quanto em momentos decisivos de sua existência, alguns deles mostrados no Quadro 7.2.

A análise da trajetória dessas empresas traz uma implicação muito importante para todos os profissionais atuantes em qualquer função profissional, seja como funcionário, seja como proprietário de empresa. É que, dados os altos níveis de volatilidade e incerteza competitiva atuais e a velocidade crescente com que as mudanças ocorrem, torna-se fundamental que os profissionais de todas as áreas saibam lidar adequadamente com inovação, empreendedorismo e empreendedorismo interno.

Em outras palavras, o profissional valorizado pelo mercado deve ser receptivo e proativo em relação a:

- idéias de produtos ou negócios novos que possam competir e talvez suplantar os líderes de mercado atuais;
- maneiras novas e melhores de se fazer as coisas (processos mais eficazes e eficientes);
- iniciativa e propensão a trabalhar em equipes;
- coragem de correr riscos calculados, demonstrando tolerância à ambigüidade nas questões profissionais e empresariais;
- busca constante de atualização nos conhecimentos relacionados à atividade profissional.

Quadro 7.2 Principais características das empresas examinadas

EMPRESAS / ITENS	Credicard S.A. Administradora de Cartões	Cia. Suzano de Papel e Celulose	Tupy Fundições
Inovação e empreendedorismo	Durante sua existência, a empresa tem usado a inovação como estratégia para manter-se na liderança de mercado, lançando produtos e serviços antes da concorrência.	A empresa cresceu e se consolidou após inovar, desenvolvendo celulose de qualidade a partir de eucalipto. Posteriormente, diversificou atividades, assumindo empreendimentos no setor petroquímico.	A criação da empresa foi vinculada ao desenvolvimento de uma inovação inédita no Brasil (ferro fundido maleável), que lhe permitiu fabricar conexões. Inovou criando escola técnica e centro de pesquisa.
Empreendedorismo interno	É estimulado por grande ênfase em programas de T&D e estrutura flexível, o que favorece o trabalho em equipes, algo muito utilizado na execução de projetos internos e externos.	O evento mais emblemático foi a integração cultural da Bahia Sul à Suzano. Para sustentá-lo e estimulá-lo, a empresa conta com programas participativos específicos para o envolvimento dos funcionários.	Foi muito importante na recuperação da empresa, quando foi preciso reduzir o foco dos negócios após a morte de seu segundo presidente. Dois programas participativos auxiliam muito o envolvimento dos funcionários.
Resultados alcançados	Líder em seu setor no Brasil, apresentou crescimento consistente desde a fundação, vem colecionando prêmios de reconhecimento e apresenta índice de satisfação dos clientes de 85%, considerado bastante alto.	Líder em produção de celulose de eucalipto na América Latina, a empresa tem conseguido economias e melhorias de processo com a participação efetiva dos funcionários.	Líder no Brasil e quinta maior empresa do setor no mundo, vem apresentando resultados financeiros cada vez mais promissores nos últimos anos.

Fonte: Elaborado pelos autores.

Referências bibliográficas

A CREDICARD é assim. Disponível em http://www.credicard.com.br Acessado em 2 dez. 2005.

COHEN, D. O ranking da inovação. *Exame*, São Paulo, n. 12, p. 108-113, 23 jun. 2004.

DESDE os primeiros cartões de crédito até os dias de hoje. Disponível em: http://www.visa.com.br/conteudo.asp?pg=21. Acessado em 15 dez. 2005.

HASHIMOTO, M. *Espírito empreendedor nas organizações*. São Paulo: Saraiva, 2006.

HISTÓRIA: os primeiros anos. Disponível em: http://www.tupy.com.br/portugues/empresa/historia.php. Acessado em 15 dez. 2005.

OPERAÇÃO de venda da Credicard. In: *Relatório anual 2004 Unibanco*. Disponível em: http://rao.unibanco.com.br. Acessado em 2 dez. 2005.

PINCHOT, G. *Intrapreneuring*: por que você não precisa deixar a empresa para tornar-se um empreendedor. São Paulo: Harbra, 1989.

TUPY em primeiro no ranking da Ibie/*Exame*. Disponível em: http://www.ibie.com.br/home.htm. Acessado em 15 dez. 2005.

UM POUCO de história: ajudando a construir um país forte e gentil. Disponível em: http://www.suzano.com.br/institucional/historia/index.cfm. Acessado em 2 dez. 2005.

YIN, R. K. *Estudo de caso*: planejamento e métodos. 2. ed. Porto Alegre: Bookman, 2005.

CAPÍTULO **8**

Inovações, Habilidades e Competências: o Papel da Alfabetização Funcional

Daniel Augusto Moreira

O propósito principal do presente trabalho é apresentar ao leitor uma das habilidades fundamentais exigidas pelo trabalho moderno, a qual ocupa uma posição de destaque particular: a alfabetização funcional, ou seja, a capacidade de ler, interpretar e usar a palavra escrita disposta de diferentes formas, bem como a capacidade de utilização funcional da matemática. A posição da alfabetização funcional é de destaque especial, dado que aparece na raiz de todas as demais habilidades, proporcionando o acesso principal a idéias e ao desenvolvimento de estruturas cognitivas que surgem com as demais habilidades. De maneira especial, e ainda exploratória, este trabalho procurará ligar a alfabetização funcional aos esforços inovadores das instituições, seja na geração, seja na utilização das inovações.

Para cumprirmos esse objetivo, este texto está organizado seqüencialmente da seguinte maneira: em primeiro lugar, será preciso elaborar um quadro de referência que apresente ao leitor uma classificação de habilidades e competências, dentro da qual possa se inserir a alfabetização funcional. Para tanto, será usado o conjunto de conceitos proporcionado pelo projeto DeSeCo, apresentado e detalhado mais adiante. Acredita-se que a classificação resultante do projeto seja perfeitamente capaz de dar conta da posição da alfabetização funcional em um contexto mais amplo de habilidades, permitindo antever, ao mesmo tempo, sua necessidade para o treinamento e a aquisição das demais competências e habilidades. Os próprios conceitos de competências e habilidades serão aqui discutidos.

Em seguida, será feito um apanhado representativo de pesquisas que procuram esclarecer a relação entre competências e inovação; a maior parte dessas pesquisas focaliza a relação entre competências e a geração de inovações, e a parte menor aponta para o que se exige no local de trabalho quando nele se procura implantar alguma inovação significativa, principalmente tecnológica. Em particular, nesse último caso, as pesquisas focalizam prioritariamente o setor industrial e, mais particularmente, as mudanças inovadoras na produção.

Será feita, então, a apresentação do conceito e das principais tentativas de medida da alfabetização funcional da população, tanto no exterior como no Brasil. Em seguida, haverá uma breve referência a medidas da alfabetização funcional em ambientes de trabalho, particularmente em empresas industriais. O objetivo dessas referências será preparar o terreno para o estudo de caso do Capítulo 9, que apresenta o detalhamento da medida da alfabetização funcional em uma amostra de funcionários de uma usina siderúrgica.

1 Competências: o referencial do projeto DeSeCo

Desde o início da década de 1980, diversos organismos governamentais e instituições – notadamente dos Estados Unidos e do Canadá, isoladamente, ou de países da OECD, em conjunto – têm procurado definir o que se pode entender pelos termos *habilidades* e *competências*. Dessa mesma época, é o lançamento do primeiro levantamento moderno sobre alfabetização funcional (o Yals – Young Adult Literacy Survey, de 1985). De forma geral, essas e outras iniciativas refletem uma nova demanda que viria a se instalar nos locais de trabalho, ou seja, a demanda por pessoal mais bem qualificado. Essa demanda por melhor qualificação é uma conseqüência direta da introdução de inovações tecnológicas e organizacionais enviesadas para melhores habilidades, ou seja, mudanças que acarretam a própria necessidade de trabalhadores mais bem qualificados, como explicado em outra parte deste trabalho.

Para o objetivo deste trabalho, que é o de introduzir o conceito e as medidas de alfabetização funcional em um contexto de inovações tecnológicas e organizacionais, torna-se necessário montar um quadro de referência no qual se possa inserir a alfabetização funcional. Ela deve ser vista como parte de um referencial mais amplo, que, ao mesmo tempo, permita situá-la conceitualmente e ressaltar sua importância como suporte para uma grande variedade de habilidades e competências.

Deveríamos, então, buscar esse referencial entre tantas tentativas existentes de classificação de habilidades e competências. Entretanto, nossa busca pode ser facilitada, no sentido de que a imposição de alguns poucos critérios pode nos ajudar bastante a economizar tempo e esforço. Em primeiro lugar, precisamos de uma classificação de habilidades e competências a mais simples possível, a qual apresente poucas categorias que possam ser abrangentes o suficiente para englobar esforços classificatórios mais detalhados, mantendo a organicidade e a facilidade de entendimento. De alguma forma, também, essa classificação deverá nos permitir a ligação com a alfabetização funcional, ressaltando seu papel basilar na composição de todas as habilidades e competências. A classificação deverá também se aplicar *prima facie* a outras regiões e situações, além daquelas particulares em que foi gerada. Finalmente, deverá estar sancionada por organismos internacionais de reconhecida seriedade intelectual.

Mesmo sob a ordem desses critérios, há mais de uma escolha possível; entretanto, sob diversos aspectos, as melhores parecem ser o projeto DeSeCo e as habilidades definidas como quadro conceitual do mais moderno levantamento de habilidades de cunho internacional, o Adult Literacy and Lifeskills Survey (ALL), de 2003. Na verdade, essas duas classificações não se excluem, antes se completam, no sentido de que ressaltam graus diferentes de detalhamento de habilidades e competências. O projeto DeSeCo apresenta um grau maior de generalidade, mas suas competências podem ser mais bem entendidas com a classificação do ALL.

1.1 Competências do projeto DeSeCo

O programa Definition and Selection of Competencies: Theoretical and Conceptual Foundations (aqui tratado como projeto DeSeCo) foi lançado em dezembro de 1997, com o objetivo fundamental de criar um esquema classificatório de competências que servisse de orientação a futuros levantamentos internacionais de competências, bem como a estudos sobre resultados de esforços educacionais. Em particular, o projeto tinha em vista o International Adult Literacy Survey, o Adult Literacy and Lifeskills Survey (sobre os quais posteriormente haverá uma apresentação) e o Programme for International Student Assessment (Pisa). Do ponto de vista da política econômica, levantamentos internacionais que proporcionassem dados comparativos poderiam ressaltar o grau em que uma carência de competências-chave constituiria uma barreira para, em última análise, bloquear esforços de inovações tecnológicas, de produto e organizacionais.

O programa, conduzido de 1998 a 2002, fazia parte de um programa mais amplo da OECD sobre indicadores educacionais (Ines). Foi conduzido pelo Swiss Federal Statistics Office e apoiado pelo US Center for Education Statistics e pelo Statistics Canada. Estruturas conceituais importantes e delineadoras do projeto foram publicadas em dois livros disponíveis em circuito comercial, de Rychen e Salganik (2001, 2003). Outros documentos podem ser encontrados no site do projeto: http://www.portal-stat.admin.ch/deseco/index.htm. Essa apresentação do projeto DeSeCo se baseia principalmente no documento estratégico *Definition and Selection of Competencies (DeSeCo): theoretical and conceptual foundations*, de 7 de outubro de 2002, que pode ser encontrado no site.

Uma das preocupações do projeto foi focar competências consideradas importantes sob diversos ângulos: em nível individual e social, na vida profissional e pessoal. Apesar de reconhecer que muitas competências são aprendidas em ambientes formais de aprendizado, o projeto tentou considerar outras formas relevantes de aprender, no lar, na sociedade, em grupos e no trabalho. Além disso, houve uma concentração em torno de competências individuais, embora o projeto reconhecesse a importância de competências de grupo ou institucionais. Procurou-se, também, a ajuda de vários países e profissionais, vindos das áreas de educação, negócios, trabalho, saúde etc.

O projeto DeSeCo usa as palavras *habilidades* (*skills*) e *competências* (*competencies*) em sentidos diferentes. *Competências* indicam um sistema de ação complexo que engloba as habilidades cognitivas, as atitudes e outros componentes não-cognitivos, enquanto *habilidades* indicam a capacidade de atos cognitivos ou motores com facilidade, precisão e adaptabilidade a mudanças de situação. De forma mais simples, competência é vista como a capacidade de fazer frente a problemas individuais ou sociais e de desempenhar tarefas e atividades com sucesso, consistindo tanto de dimensões cognitivas como não-cognitivas. Para o projeto, essa abordagem orientada às necessidades e ao problemas tem a vantagem de trazer à baila as demandas individuais e sociais com as quais nos defrontamos, mas precisa ser complementada por uma conceitualização de estruturas mentais internas (capacidades, disposições individuais). Uma competência particular, então, será constituída de uma combinação de habilidades cognitivas e práticas, conhecimento (tácito ou expresso), motivação, noção de valores, atitudes, emoções e demais componentes comportamentais e sociais que possam ser mobilizados para a ação efetiva (a Figura 8.1 ilustra essa concepção).

As competências são observáveis apenas nas ações empreendidas por alguém em situações particulares. Não existem por si sós, de forma independente da ação. Vão se desenvolver por meio de ações e interações em ambientes formais e informais, que sempre envolvem aprendizado. Em parte, a aquisição de competências é um projeto individual, mas, em parte, é subordinada à existência de meios materiais, institucionais e sociais favoráveis.

COMPETÊNCIA ORIENTADA PARA A DEMANDA	**ESTRUTURA INTERNA DA COMPETÊNCIA**
Exemplo: capacidade de cooperar	conhecimento habilidades cognitivas habilidades práticas atitudes emoção ética e valores motivação

Fonte: Definition and Selection of Competencies, 2002.

Figura 8.1 A demanda define a estrutura interna da competência.

O projeto DeSeCo tem como resultado a proposição de três competências-chave, supostamente necessárias a uma vida de sucesso e à construção de uma sociedade que funcione a contento. Essas competências são: *agir de forma autônoma, usar ferramentas de forma interativa* e *funcionar em grupos socialmente heterogêneos*. Vejamos um pouco mais sobre cada uma delas.

Agir de forma autônoma

De acordo com o documento *Definition and Selection of Competencies* (2002, p. 12), "Agir de forma autônoma incorpora duas idéias centrais inter-relacionadas: o desenvolvimento da identidade pessoal e o exercício da autonomia relativa no sentido de decidir, escolher e agir em um dado contexto".

Isso não significa viver isoladamente, mas gerenciar-se de maneira a exercer controle sobre as próprias condições de vida e trabalho, tendo uma parte ativa na construção do próprio futuro.

A competência *agir de forma autônoma* compreende, por sua vez, três grandes grupos de competências-chave[1]:

---

[1] NA: O projeto DeSeCo distingue entre competências-chave e competências específicas de um dado domínio. Competências-chave são aquelas que designam capacidades que habilitam as pessoas a participar de maneira efetiva em variados contextos da vida social e que contribuem para uma vida individual de sucesso e uma sociedade que funcione a contento. São competências necessárias a todas as pessoas. Já as competências específicas de certo domínio não são necessárias a todos e nem sempre são relevantes para uma vida de sucesso e uma sociedade que funcione a contento. Certas habilidades aprendidas (como tocar um instrumento musical ou trabalhar com madeira) ou outras inatas em grande parte, como escrever poesia ou saber pintar, estão entre as competências específicas de um dado domínio. Embora reconheça a importância das habilidades específicas, o projeto DeSeCo concentra-se nas habilidades-chave.

- *capacidade para defender e afirmar os próprios direitos, interesses, responsabilidades, limites e necessidades*, seja como cidadão, membro de uma família, trabalhador, consumidor etc.;
- *capacidade para desenvolver e conduzir planos de vida e projetos pessoais*, perseguindo objetivos que façam sentido em sua vida e sejam compatíveis com seus valores pessoais;
- *capacidade para agir dentro de um contexto mais amplo*, entendendo como funciona esse contexto, qual é sua posição nele, o que realmente importa, quais serão as conseqüências de suas ações, levando todos esses fatores em conta.

Usar ferramentas de forma interativa

A palavra *ferramenta* deve ser entendida em sentido bem amplo, significando instrumentos dos quais nos valemos para atender a necessidades pessoais e profissionais nas sociedades modernas (como a linguagem, a informação e o conhecimento). Nesse sentido, a ferramenta não é apenas um instrumento passivo, mas uma parte no contato e no diálogo do indivíduo com seu ambiente. Para que se possa usar uma ferramenta de forma interativa, é preciso ter familiaridade com ela (por exemplo, com o computador ou com a linguagem ou informação) e entender como pode alterar a maneira pela qual se pode interagir com o mundo (o que o computador pode fazer, por exemplo).

A competência *usar ferramentas de forma interativa* compreende as competências-chave a seguir:

- *capacidade de usar os símbolos, a linguagem e o texto de forma interativa*, envolvendo a capacidade de se comunicar com os outros e de desenvolver conhecimento e potencial;
- *capacidade de usar o conhecimento e a informação de forma interativa*, gerenciando o conhecimento e a informação, de maneira que sejam usados para o entendimento de opções, a formação de opiniões, a tomada de decisões e o empreendimento de ações;
- *capacidade de usar (nova) tecnologia de forma interativa* e, principalmente, uma consciência das novas formas de interação que sejam possíveis com o uso de tecnologia.

Funcionar em grupos socialmente heterogêneos

Nesse caso, o foco está em lidar com outras pessoas, das quais cada um de nós depende ao longo da existência. Há a necessidade de desenvolver interação efetiva com outras pessoas, incluindo principalmente aquelas que são diferentes de nós, na origem, na etnia, na religião, nos hábitos etc.

Compreende as seguintes competências-chave:

- *capacidade de se relacionar bem com outras pessoas*, iniciando, mantendo e gerenciando relacionamentos pessoais;
- *capacidade de cooperar*, trabalhando em conjunto com outras pessoas na direção de um objetivo comum;
- *capacidade de gerenciar e resolver conflitos*, aceitando-os como algo inerente à natureza humana e tentando solucioná-los de forma construtiva.

Duas observações se tornam necessárias agora. O leitor há de reconhecer, entre as competências derivadas da capacidade de usar ferramentas de modo interativo, a própria alfabetização funcional (na qual estamos particularmente interessados), em especial na capacidade de usar os símbolos, a linguagem e o texto de forma interativa. Como segunda observação, tanto quanto seja possível *aprender* as competências de maneira formal ou informal, coloca-se como questão fundamental para esse aprendizado o domínio (isto é, algum domínio) da competência de usar as ferramentas de forma interativa e, particularmente, o uso de símbolos, linguagem e texto, ou seja, a alfabetização funcional. Essa competência-chave em particular dá ao indivíduo a condição de *treinabilidade*: "Treinabilidade refere-se à capacidade de aprender o conteúdo do programa de treinamento. Os indivíduos são treináveis dependendo da sua habilidade cognitiva geral (ou seja, inteligência) e sua posse de capacidades básicas, como *leitura, escrita e uso da matemática*" (Noe e Colquitt, 2002, p. 59, grifo nosso).

2 As competências e a implantação de inovações

Há muitas formas de justificar o estudo das habilidades e competências nas empresas, pois, tanto individualmente como em grupo, elas ajudam a traçar o sucesso da organização. Dentro dos propósitos deste livro, porém, interessa-nos particularmente a ligação que possa haver entre habilidades e competências, de um lado, e a inovação organizacional e tecnológica, de outro.

Embora existam algumas variantes de pesquisa interessadas nessa ligação, há duas que merecem atenção especial. Uma delas procura levantar habilidades e competências necessárias ao florescimento de um ambiente propício à inovação dentro das organizações. Certas habilidades são particularmente ressaltadas no perfil dos inovadores, como a criatividade, a imaginação, a capacidade de análise do ambiente, o alto poder de comunicação, e assim por diante (Leavy, 2005; Deschamps, 2005; Janssen, Van de Vliert e West, 2004; Riddle, 2000). Muitas vezes, esse veio de pesquisa dá ensejo ao uso fácil de meras opiniões de especialistas, sem a base empírica necessária; em outras, a falha reside na própria metodologia da pesquisa, que não consegue assegurar validade ou confiabilidade aos resultados. As competências ressaltadas nessa linha de pesquisa, se confrontadas com o modelo DeSeCo, pertencem, em parte, ao domínio *agir de forma autônoma*, principalmente pela necessidade de conduzir planos e projetos pessoais e também pela habilidade de entender e agir dentro de contextos mais amplos (entender o ambiente, no caso os *stakeholders* e, mais particularmente, as necessidades dos clientes e os movimentos dos competidores). Pertencem também, de forma clara, à grande competência de *funcionar em grupos socialmente heterogêneos*, no sentido de bom relacionamento com colegas, habilidade para cooperar e também para gerenciar e solucionar conflitos. Novamente, em um contexto específico, parece razoável supor que o desenvolvimento dessas competências (e, mais claramente ainda, das habilidades técnicas) deva ser precedido pelo bom uso interativo de ferramentas, como a habilidade de usar a linguagem, os símbolos e o texto de forma interativa, a habilidade de usar informação e conhecimento e a habilidade para usar novas tecnologias interativamente.

A outra vertente procura analisar o efeito que a introdução de inovações tecnológicas e/ou organizacionais tem sobre as habilidades e competências requeridas dos funcionários e sobre os diferenciais de salários observados. Embora os estudos de caso sobre empresas isoladas possam ser úteis, há uma nova cristalização de pesquisas do tipo correlacional, trabalhando com métodos econométricos e com dados coletados em nível de empresa. É sobre essa linha de trabalho que nos debruçaremos, já que se liga mais de perto às habilidades que dependem diretamente da alfabetização.

2.1 Competências e habilidades ligadas ao uso de inovações

No final da década de 1980 e início da década de 1990, percebeu-se que a desigualdade salarial entre os trabalhadores norte-americanos tinha aumentado, e pesquisadores começaram a aventar uma possível relação entre mudanças tecnológicas e aumentos de salário. Paulatinamente, essa relação foi sendo aceita, e essa visão de consenso acabou conhecida como "hipótese da mudança tecnológica enviesada para as habilidades" (em inglês, usa-se para designar essa hipótese uma sigla já famosa: SBTC, ou Skill Biased

Technological Change). Em termos resumidos, essa hipótese indica o ponto de vista de que inovações tecnológicas e também organizacionais levam a um aumento na procura dos empregadores por funcionários com maior grau de habilidades; essa demanda leva, por sua vez, a um aumento maior dos salários desses empregados altamente habilitados em relação aos menos habilitados (Green, 1998; Card e DiNardo, 2002). No caso das inovações organizacionais, talvez a sua ação seja separada, mas talvez ocorra apenas como efeito mediador entre os resultados e as inovações tecnológicas (Caroli e Van Reenen, 1999). Por outro lado, Acemoglu (2002, p. 7) argumenta que:

> Eu defendo que a mudança tecnológica nos últimos 60 anos, ou mesmo em todo o século passado, tem sido enviesada no sentido de exigir maiores habilidades (do trabalhador). Essa conclusão se segue do fato de que, na ausência de substanciais vieses na tecnologia, o grande aumento no suprimento de trabalhadores de grande habilidade teria diminuído o valor dessas habilidades. (Os últimos 30 anos) testemunharam um rápido aumento no suprimento de educação e um grande aumento nos retornos dos trabalhadores mais habilitados, sugerindo que as mudanças tecnológicas enviesadas para as habilidades continuaram em todo o período pós-guerra.

Na verdade, parece haver um conjunto maior de variáveis complementares, incluindo a inovação (mudança) tecnológica, a inovação organizacional, particularmente as chamadas "práticas de trabalho de alto desempenho" (Murphy e Southey, 2003), a produtividade e as habilidades em geral (Black e Lynch, 2003). Assim, por exemplo, Rush e Ferraz (1993) buscaram analisar o efeito da introdução de inovações na manufatura na demanda por certos tipos de trabalhadores. O estudo foi feito no Brasil, com 132 empresas de oito diferentes setores industriais, representando 17% das vendas das 500 maiores companhias. Investigou-se tanto a introdução de inovações tecnológicas na produção e no *design* como a introdução de inovações nas técnicas organizacionais. No primeiro caso, as inovações foram agrupadas sob o rótulo de automação flexível. Ambos os tipos de inovação foram divididos por área de uso, em Projeto, Produção, Planejamento, Controle de Qualidade e Manutenção. Por sua vez, a mão-de-obra sob análise foi dividida em técnicos, operários de alta habilidade e operários de baixa habilidade. Para a amostra considerada, o estudo mostra inequivocamente que a introdução das inovações fez com que aumentasse significativamente o número de técnicos e operários altamente habilitados, acontecendo o inverso com o número de operários não-qualificados.

Um estudo feito sobre um painel de 540 empresas de manufatura italianas mostrou a complementaridade entre habilidades, mudanças organizacionais e ICT (*information and communication technologies* – tecnologias da informação e comunicação), as quais são parte importante da hipótese de tecnologia enviesada para as habilidades (Giuri, Torrisi e Zinovyeva, 2005). Também na Austrália, a partir do início da década de 1980, houve uma acentuada mudança na direção de contratação de maior número de empregados de alta habilidade, tendo como raiz a mudança tecnológica (Laine, Laplagne e Stone, 2001); o mesmo pode ser verificado para a China, o Brasil e a Malásia, onde o investimento estrangeiro direto e o registro de patentes estrangeiras são associados à maior demanda de trabalho mais bem habilitado, provavelmente porque ajam como canal para a difusão de tecnologias enviesadas desenvolvidas em países industrializados (Fernandez e Fajnzylber, 2004). Finalmente, há fortes evidências de que, nos Estados Unidos, também cresceu a demanda por maiores habilidades dos trabalhadores, principalmente na manufatura (Cappelli, 1993). Para o período 1959-1996, constatou-se a redução substancial na porção do trabalho na produção manufatureira, causada por a um período contínuo de mudança tecnológica não neutra, não obstante esses efeitos sejam mais fortes antes de 1983 (Baltagi e Rich, 2003).

Em outro levantamento internacional com o objetivo de mapear os benefícios para os empregadores em elevar o nível de habilidades básicas dos empregados no local de trabalho, Ananiadou, Jenkins e Wolf (2003) demonstraram que, na Grã-Bretanha, as pessoas com habilidades básicas de alfabetização funcional tendem a ter melhores salários e maiores oportunidades de trabalho que pessoas que têm falta dessas habilidades. Esses resultados não são estranhos, pois o National Adult Literacy Survey também os revela para os Estados Unidos (US Dept of Education, 1999), e o International Adult Literacy Survey os revela para 20 países, a maioria da Europa, mas incluindo também o Chile, o Canadá e os Estados Unidos (*Literacy in the Information Age*, 2000).

Ao analisar os estudos de mercado, os autores concluem que pouquíssimos trabalhos podem ser desempenhados com sucesso sem as habilidades básicas (principalmente as ligadas ao analfabetismo funcional), e essa situação tende a se intensificar no futuro.

Por outro lado, existe farta evidência de que o treinamento em geral tem efeito positivo no desempenho das organizações, tanto em termos de produtividade como de maiores níveis de inovação e melhor desempenho financeiro. Situação diferente é observada em relação ao treinamento em habilidades básicas. Na Grã-Bretanha, não existem dados sistemáticos indicando os benefícios dos empregadores em investir no treinamento de habilidades básicas. Entretanto, há alguma evidência internacional nesse sentido, parte dela obtida pela própria expressão da opinião dos empregadores (ver, por exemplo, Bloom e Lafleur, 1999). Tais benefícios, portanto, ainda devem ser vistos com cautela.

Também Felstead e Ashton (2000) focalizam o impacto das inovações organizacionais sobre as demandas de habilidades no trabalho dos empregados. A pesquisa dos autores tenta suprir uma lacuna na identificação e distribuição dessas habilidades na força de trabalho e em sua ligação com a existência de novas formas organizacionais. Os autores argumentam que estudos anteriores sugerem que inovações organizacionais criam uma demanda por novas habilidades em três grandes domínios: o maior uso de habilidades de solução de problemas; habilidades de fazer parte de grupos, ou seja, a habilidade de colaborar operativamente em busca de um objetivo comum, e a habilidade de se comunicar efetivamente com colegas e clientes.

Para os autores, as empresas associadas às práticas tradicionais de organização definem de forma mais rigorosa os trabalhos e os relacionam rigidamente aos salários; existem linhas demarcatórias claras separando direitos e deveres de funcionários e supervisores; o poder de decisão é zelosamente guardado pelos níveis hierárquicos superiores; a informação organizacional é esparsamente compartilhada e flui por meio de canais formais de comunicação. Já as organizações inovadoras estimulam maior cooperação entre a gerência e os trabalhadores no local de trabalho; promovem maior flexibilidade na organização do trabalho e submetem mais a tomada de decisão e as informações da gerência ao escrutínio dos trabalhadores.

Com base nos dados do Skill Survey britânico de 1997[2], os autores verificam que o fato de estar em uma organização tradicional faz com que os empregados reduzam as oportunidades de uso de suas habilidades de solução de problemas, comunicação e participação em grupos. Por outro lado, organizações inovadoras fazem com que cresçam as oportunidades de uso dessas habilidades. Embora não se possa dizer com absoluta certeza que formas organizacionais particulares criam novas necessidades de habilidades por parte dos funcionários (devido principalmente à natureza correlacional do estudo), não obstante a força e a consistência das relações

2 NA: O Skill Survey britânico foi realizado nos anos de 1997 e 2001. Ambos são levantamentos supostamente representativos de indivíduos empregados, entre 20 e 60 anos, na Grã-Bretanha. No levantamento de 1997, participaram 2.467 trabalhadores e, no de 2001, 4.470 trabalhadores. O Skill Survey representa um certo avanço metodológico na medida das habilidades, já que não faz uso nem da escolaridade, nem das características do trabalho para definir as habilidades. Ao contrário, o empregado é diretamente inquirido sobre o tipo de habilidades requeridas por seu trabalho, a partir de uma lista de 36 atividades projetadas para cobrir as tarefas em uma ampla variedade de ocupações.

entre as características da organização e as habilidades que elas demandam são realmente impressionantes. De qualquer forma, parece ser significativa a associação entre práticas administrativas de alto desempenho no local de trabalho e a crescente desigualdade entre salários (Black, Lynch e Krivelyova, 2003).

Baseando-se também no Skill Survey britânico, dessa vez comparando os resultados de 1997 e 2001, Dickerson e Green (2002) comprovam o crescimento, entre esses anos, da utilização de habilidades computacionais, alfabetização funcional, conhecimento técnico, habilidades de comunicação de alto nível, habilidades de planejamento, habilidades de comunicação com os clientes, habilidades de comunicação horizontal e habilidades de solução de problemas. Em especial, os autores mostram que as habilidades computacionais estão se tornando mais e mais importantes dentro dos locais de trabalho britânicos, expandindo-se de forma muito rápida; isso mostra que a difusão da tecnologia de computação não deve ter atingido seu ponto de saturação (a esse respeito, ver também Felstead, Gallie e Green, 2002). Os autores focalizam, de forma especial, o que chamam de habilidades genéricas. Estas são derivadas das respostas dos trabalhadores ao balanço de atividades questionadas no levantamento, conforme explicado na nota 2. Por meio da análise fatorial, derivam a seguinte taxonomia de habilidades genéricas: habilidades de alfabetização (prosa e documentos); habilidades físicas; habilidades numéricas (alfabetização quantitativa); conhecimento técnico (uso de máquinas, ferramentas etc.); comunicação de alto nível (incluindo persuadir ou influenciar outras pessoas, fazer apresentações, escrever longos relatórios, analisar problemas complexos em profundidade etc.); habilidades de planejamento (incluindo a organização do próprio tempo); comunicação com os clientes; comunicação horizontal (trabalhar com colegas, saber ouvir) e habilidades de solução de problemas (detecção, análise, diagnóstico e solução de problemas). À exceção das habilidades físicas, todas as demais habilidades genéricas tiveram aumento acentuado no período estudado.

Há diversas outras evidências internacionais da hipótese da tecnologia enviesada. Colecchia e Papaconstantinou (1996) notaram que, desde 1980, o emprego vem crescendo mais para os trabalhadores altamente habilitados do que para os menos habilitados (está até mesmo diminuindo para estes). Isso ocorria para a maior parte dos países da OECD, principalmente na manufatura e, em menor grau, nos serviços. Paralelamente, cresceram as despesas com pesquisa e desenvolvimento e o número de patentes (que podem representar a introdução de novas tecnologias). Esse mesmo tipo de associação foi encontrado em um estudo de Machin e Van

Reenen (1998), para os Estados Unidos, a Dinamarca, a França, a Alemanha, o Japão, a Suécia e a Grã-Bretanha.

Em resumo, há uma forte corrente de pesquisa mostrando as relações de complementaridade existentes entre inovações tecnológicas e organizacionais e a necessidade do aumento de habilidades dos empregados no local de trabalho. De forma geral, os estudos tomam como medidas de habilidades a escolaridade e a descrição de habilidades constantes da descrição formal do trabalho. Evidentemente, nenhuma dessas medidas é completamente satisfatória para substituir o conceito de habilidades e competências, embora sejam bons indicativos que não devem ser postos de lado, já que a pesquisa se apropria das oportunidades de medida que existem no contexto das empresas ou mesmo das possibilidades práticas de levantamento dos dados. De qualquer forma, as medidas fornecidas pelo Skill Survey britânico, mais adequadas, embora baseadas em percepções de empregados, mostram claramente como cresceram as necessidades de alfabetização funcional no local de trabalho. Levando em conta também que a escolaridade é, sozinha, o fator mais fortemente correlacionado com a alfabetização funcional (Moreira, 2003) e que as descrições de cargos vão se transformando à medida que exigem mais de seus detentores, em termos de habilidades, pode-se admitir, com razoável segurança, reforçada pela lógica comum, que a alfabetização funcional tem um papel vital na implantação de novas tecnologias e inovações organizacionais. O que é a alfabetização funcional e como é medida, no exterior e no Brasil, é o que passaremos a expor em seguida.

3 Alfabetização funcional: conceito e medidas

Existe certa confusão entre alfabetização e alfabetização funcional ou, alternativamente, entre analfabetismo e analfabetismo funcional. Alguém é alfabetizado, pela noção corrente, se consegue ler e escrever um texto simples em sua língua de origem, o que, por contraposição, os analfabetos não conseguem fazer. Por outro lado, analfabetos funcionais são pessoas adultas (talvez alfabetizadas no sentido tradicional), mas cujo grau de alfabetização é insuficiente para que participem produtivamente no trabalho, em sociedade, e possam usufruir benefícios só disponíveis a quem domine a alfabetização funcional. Sua capacidade limitada de leitura e escrita as coloca em desigualdade social, em quadros excluídos, em faixas salariais mais baixas, em empregos mais simples, em maior risco de desemprego, em menores possibilidades de usufruir educação continuada no trabalho, e assim por diante.

Tentando facilitar a organização e a coleta de dados sobre a alfabetização funcional, alguns autores e organismos governamentais propõem uma ligação direta entre analfabetismo funcional e escolaridade. Bruening (1989), por exemplo, propõe a seguinte classificação: *analfabetos funcionais*: nível de leitura de 0 a 4 anos de estudo; *marginalmente alfabetizados*: nível de leitura de 5 a 8 anos de estudo; *alfabetizados funcionais*: nível de leitura de 9 ou mais anos de estudo. No Brasil, as publicações oficiais do IBGE seguem essa convenção. Embora comum e enraizada em correlações muito fortes, uma classificação desse tipo nega ou rebaixa a própria identidade do analfabetismo funcional como problema. Embora haja uma relação entre analfabetismo funcional e escolaridade, esta última não é suficiente para explicar completamente aquele. É preciso, portanto, que o analfabetismo funcional seja convenientemente definido e, tanto quanto possível, mensurado, para que se possam nortear as políticas públicas a respeito.

A definição mais amplamente aceita de alfabetização funcional foi enunciada pelo National Literacy Act de 1991 (Estados Unidos): "(...) [Alfabetização funcional] é a habilidade de um indivíduo ler, escrever, falar, computar e resolver problemas em níveis de proficiência necessários para funcionar no trabalho e em sociedade, para atingir seus objetivos e desenvolver seu conhecimento e potencial".

Embora ainda pouco operacional e apresentando certa vagueza, essa definição ressalta que a pessoa funcionalmente alfabetizada deve possuir habilidades de leitura, escrita e cálculo suficientes para fazer frente às suas necessidades da vida social e profissional. É fácil perceber que as pessoas não serão simplesmente alfabetizadas ou analfabetas funcionais, mas deverão distribuir-se ao longo de um *continuum*, provavelmente colocadas em grupos coerentes com o grau de alfabetização funcional. O maior problema reside no fato de que níveis muito baixos de alfabetização funcional bloqueiam as melhores oportunidades de uma vida digna que as pessoas poderiam ter. Assim, grande parte dos seres humanos que vivem neste início de século XXI jamais poderá cumprir algumas tarefas simples e corriqueiras em sua vida pessoal e profissional, como: ler uma história infantil para os filhos; cozinhar seguindo uma receita; ler (e compreender) um jornal ou uma revista; entender as instruções de montagem de um brinquedo; consultar o menu de um restaurante; ler os ingredientes de uma embalagem de alimento ou remédio; ler o rótulo de um produto de limpeza; preencher um formulário de oferta emprego; entender suas contas de água, luz e telefone; ler as instruções de segurança de um equipamento etc. (Keller, 1991).

3.1 Medidas da alfabetização funcional no exterior

O primeiro estudo sobre alfabetização nos Estados Unidos, que deixou realmente alguns conceitos importantes para levantamentos posteriores, foi conduzido por Guy Buswell, da Universidade de Chicago (Buswell, 1937). Participaram do estudo cerca de mil adultos moradores da cidade de Chicago. Nos testes, Buswell usou materiais encontrados no dia-a-dia das pessoas, como anúncios de alimentos, filmes, programas de teatro, listas telefônicas etc. Esse tipo de material (ao lado de outros característicos da sociedade moderna) seria de uso obrigatório em levantamentos de alfabetização funcional, a partir da década de 1980.

A tradição moderna de levantamentos de alfabetização funcional começa com o estudo de 1985 – Young Adult Literacy Survey (Kirsch e Jungeblut, 1986). Esse levantamento visou os jovens com idade entre 21 e 25 anos, em 48 estados norte-americanos. Nele, foram utilizadas três diferentes escalas, numeradas de 0 (zero) a 500 (quinhentos) pontos, para medir a alfabetização funcional. Pela primeira vez, foram introduzidas três escalas, reconhecendo que a alfabetização era um fenômeno multidimensional, que desenvolveu o conceito de medida hoje em uso, dividindo a alfabetização em três vetores – alfabetização em textos em prosa, em textos esquemáticos e em textos com informação numérica –, com o seguinte sentido:

Alfabetização em textos em prosa: quem é alfabetizado em textos em prosa (ou simplesmente em prosa) tem o conhecimento e as habilidades necessárias para compreender e usar informação de textos tanto *expositivos* como *narrativos*, que incluem editoriais, matérias de revistas e jornais, poemas, ficção etc. Os textos variam no comprimento, na densidade e na estrutura. O adulto alfabetizado em prosa consegue: localizar informação contida em prosa na presença de informação relacionada, mas desnecessária; encontrar toda a informação necessária e integrar a informação de várias partes de uma passagem de texto, escrevendo uma nova informação relacionada ao texto. Para exemplificar, ele é capaz de encontrar um trecho de informação em um artigo de jornal, interpretar instruções de um certificado de garantia, inferir o tema de um poema ou contrastar opiniões expressas em editoriais.

Alfabetização em textos esquemáticos: quem é alfabetizado em textos esquemáticos tem o conhecimento e as habilidades necessárias para localizar e usar informação contida em materiais como formulários de emprego, formulários de pagamento, horários de chegadas e partidas de meios de transporte, mapas, tabelas, gráficos etc. Textos esquemáticos são mais estruturados (graficamente, em linhas, colunas, desenhos, esquemas etc.). Um indivíduo adulto que é alfabetizado em textos esquemáticos (também chamados de documentos) consegue localizar informação neles; repetir a busca tantas vezes quantas sejam necessárias para encontrar toda a informação; integrar dados de várias partes de um texto e escrever nova informação se solicitado a fazê-lo, em lugares apropriados de um texto esquemático, ao mesmo tempo que ignora a informação relacionada, mas imprópria.

Alfabetização em textos com informação numérica: quem é alfabetizado "numericamente" possui as habilidades imprescindíveis para fazer operações aritméticas, tanto isolada como seqüencialmente, usando números contidos em materiais impressos. As informações numéricas podem estar localizadas tanto em textos em prosa como em esquemáticos. Um adulto alfabetizado "numericamente" sabe usar informação quantitativa contida em textos em prosa ou esquemáticos; consegue localizar quantidades pertinentes, ao mesmo tempo em que abandona informação relacionada, mas desnecessária; pode repetir a busca tantas vezes quantas sejam necessárias para encontrar todos os números; é capaz de integrar informações de várias partes de um texto ou documento; pode inferir as operações aritméticas necessárias e consegue resolver as operações aritméticas corretamente.

Embora o Departamento de Trabalho dos Estados Unidos tenha conduzido um levantamento intermediário com uma amostra da população trabalhadora, não há dúvida, no entanto, de que o maior esforço norte-americano de medida da alfabetização funcional ocorreu com o National Adult Literacy Survey (Nals) de 1992 (US Dept of Education, 1999). Foram entrevistadas mais de 26 mil pessoas maiores de 16 anos de idade. Foram adotadas as três escalas de alfabetização funcional, que tinham sido usadas no Young Adult Literacy Survey (Yals), em 1985. Tal como no Yals, cada escala foi dividida em cinco níveis que refletem a progressão de dificuldade nas habilidades de processamento de informação: Nível 1 (0 a 225 pontos); Nível 2 (226 a 275 pontos); Nível 3 (276 a 325 pontos); Nível 4 (326 a 375 pontos) e Nível 5 (376 a 500 pontos). Os técnicos do levantamento concluíram que os indivíduos pertencentes aos níveis 1 e 2 poderiam ser considerados analfabetos funcionais, inadequados às necessidades de leitura e escrita da sociedade moderna. Cerca de 48% dos norte-americanos foram enquadrados nos níveis 1 e 2, uma porcentagem espantosa, considerando a posição de liderança econômica e tecnológica dos Estados Unidos.

Um levantamento posterior, abrangendo agora outros países, viria a mostrar que esse percentual, encontrado no caso norte-americano, era típico, mesmo em economias avançadas. De 1994 a 1998, 20 países (dentre os quais os mesmos Estados Unidos) utilizaram a infra-estrutura conceitual gerada pelo Nals e conduziram em três etapas o primeiro levantamento de avaliação da alfabetização funcional em caráter internacional. Esses países eram: Canadá, Estados Unidos, Alemanha, Irlanda, Holanda, Polônia, Suécia, Suíça, Austrália, Bélgica, Grã-Bretanha, Nova Zelândia, Chile, República Checa, Hungria, Dinamarca, Finlândia, Eslovênia, Portugal e Noruega. O levantamento recebeu o nome de International Adult Literacy Survey (Ials) e seus resultados consolidados foram publicados no relatório *Literacy in the Information Age – Final Report of the International Adult Literacy Survey* (2000). Os modelos fundamentais de pesquisa, em quase todos os seus detalhes, seguidos pelo Ials, foram os levantamentos norte-americanos de 1985 e 1992, ou seja, o Young Adult Literacy Survey e o National Adult Literacy Survey (Nals), respectivamente. Particularmente, o levantamento repousou sobre o conceito de três escalas de desempenho – alfabetização em textos em prosa, alfabetização em textos esquemáticos e alfabetização em textos com informação numérica. A definição foi a mesma conhecida dos levantamentos norte-americanos, para os três domínios de habilidade, bem como a divisão em cinco níveis, usando exatamente os mesmos pontos divisórios.

Para que o leitor tenha uma rápida idéia das magnitudes do analfabetismo funcional (segundo o critério de classificar os indivíduos que estejam nos níveis 1 e 2) e da própria diferença entre países, basta observar a Tabela 8.1, em que as porcentagens de pessoas alocadas nos níveis 4 e 5 estão somadas. Embora os resultados apresentados na Tabela 8.1 se refiram à escala de textos em prosa, há uma grande semelhança nas pontuações médias nas três escalas e, conseqüentemente, nos percentuais de sujeitos alocados a cada nível.

Tabela 8.1 Textos em prosa: população em cada nível (%)

	Nível 1 (A)	Nível 2 (B)	Níveis 1/2 (C)	Nível 3 (D)	Níveis 4/5 (E)	Relação E/C
Canadá	16,6	25,6	42,2	35,1	22,7	0,54
Alemanha	14,4	34,2	48,6	38,0	13,4	0,28
Irlanda	22,6	29,8	52,4	34,1	13,5	0,26
Holanda	10,5	30,1	40,6	44,1	15,3	0,38
Polônia	42,6	34,5	77,1	19,8	3,1	0,04

(Continua)

(Continuação)

	Nível 1 (A)	Nível 2 (B)	Níveis 1/2 (C)	Nível 3 (D)	Níveis 4/5 (E)	Relação E/C
Suécia	7,5	20,3	27,8	39,7	32,4	1,17
Suíça (francesa)	17,6	33,7	51,3	38,6	10,0	0,19
Suíça (alemã)	19,3	35,7	55,0	36,1	8,9	0,16
Suíça (italiana)	19,6	34,7	54,3	37,5	8,3	0,15
Estados Unidos	20,7	25,9	46,6	32,4	21,1	0,45
Austrália	17,0	27,1	44,1	36,9	18,9	0,43
Bélgica	18,4	28,2	46,6	39,0	14,3	0,31
Nova Zelândia	18,4	27,3	45,7	35,0	19,2	0,42
Grã-Bretanha	21,8	30,3	52,1	31,3	16,6	0,32
Chile	50,1	35,0	85,1	13,3	1,6	0,02
República Checa	15,7	38,1	53,8	37,8	8,4	0,16
Dinamarca	9,6	36,4	46,0	47,6	6,5	0,14
Finlândia	10,4	26,3	36,7	40,9	22,4	0,61
Hungria	33,8	42,7	76,5	20,8	2,6	0,03
Noruega	8,5	24,7	33,2	49,2	17,6	0,53
Portugal	48,0	29,0	77,0	18,5	4,4	0,06
Eslovênia	42,2	34,5	76,7	20,1	3,2	0,04

Fonte: Literacy in the Information Age (2000).

Veja o leitor por si mesmo os elevados percentuais de analfabetos funcionais em todos os países. Mesmo o país mais bem situado nesses termos, a Suécia, tem 27,8% de analfabetos funcionais. Países reconhecidamente evoluídos, econômica e tecnologicamente, comparecem não raro com aproximadamente 50% de analfabetos funcionais.

3.2 Medidas de alfabetização funcional no Brasil

No Brasil, as medidas da alfabetização funcional têm sido realizadas pelo Instituto Paulo Montenegro, ligado ao Ibope, desde 2001. O instrumento usado chama-se Indicador Nacional de Alfabetização Funcional (Inaf) e tem duas versões: Inaf Português e Inaf Matemática. Cada versão é aplicada em intervalos de dois anos. Assim, o Inaf Português foi aplicado em 2001, 2003 e 2005, enquanto o Inaf Matemática, em 2002 e 2004. Normalmente, os resultados são divulgados no mês de setembro.

Conceitualmente, o Inaf Português assemelha-se à medida nas escalas de alfabetização em prosa e em textos esquemáticos, embora essa divisão não seja feita. Por sua vez, o Inaf Matemática seria semelhante à medida da alfabetização numérica. Para ilustrar uma série de características do levantamento, vamos nos valer do Inaf Português, que apresenta a vantagem de ter sido ministrado três vezes, permitindo melhor comparabilidade entre os diversos anos.

Em 2005, o universo pesquisado incidiu sobre a população de 15 a 64 anos, por meio de 2.002 entrevistas. O período de coleta dos dados foi de 30 de junho a 10 de julho de 2005. O intervalo de confiança estimado é de 95%, e a margem de erro máxima é de *2,2 pontos* percentuais, para mais ou para menos, sobre os resultados encontrados no total da amostra.

O respondente é alocado em um dos quatro graus de alfabetização funcional, indo desde o analfabeto absoluto até o Nível 3. Para os três anos em que o Inaf Português foi aplicado, a Tabela 8.2 compara os resultados. São considerados deficientes em alfabetização funcional todos aqueles que não se enquadram no Nível 3. Para o ano de 2005, apenas 26% dos brasileiros são considerados adequadamente alfabetizados funcionalmente.

Tabela 8.2 Percentual de respondentes em cada nível: Inaf Português

	2001	2003	2005
Analfabetismo	9%	8%	7%
Nível 1	31	30	30
Nível 2	34	37	38
Nível 3	26	25	26

Fonte: Inaf Português 2005.

De forma geral, os resultados do Inaf Português são condizentes com estudos internacionais nos quais as mesmas variáveis são analisadas. Assim, por exemplo:

- as pessoas mais jovens saem-se melhor que as mais velhas;
- os oriundos de regiões urbanas saem-se melhor que os de regiões rurais;
- há uma forte correlação entre escolaridade e nível de alfabetização funcional.

Embora represente um enorme avanço em termos nacionais, já que, pela primeira vez, está se medindo sistematicamente a alfabetização funcional no Brasil, pelas suas características de construção, o Inaf ainda não permite uma comparação direta com levantamentos internacionais.

4 Comentários finais

Procurou-se, neste trabalho, apresentar o conceito e as principais medidas existentes de analfabetismo (alfabetização) funcional. Para tanto, foi apresentada uma estrutura mais abrangente de habilidades (o projeto DeSeCo), na qual se inseriu a alfabetização funcional. Detalhou-se também a importância de diversas habilidades na implantação de novas tecnologias e inovações organizacionais.

Todos os instrumentos comentados, tanto os internacionais como as duas versões do Inaf, destinam-se a medidas da alfabetização funcional na população como um todo, embora possam ser (e tenham sido) aplicados em ambientes específicos de trabalho. No entanto, sabe-se, hoje em dia, que a leitura e o uso da matemática no local de trabalho são diferentes do requerido no ambiente escolar e também que o treinamento que incorpora materiais específicos do contexto do trabalho é mais eficaz para melhorar o nível de alfabetização funcional. Dessa forma, no caso de se pretender medir a alfabetização funcional no local do trabalho, é recomendável que sejam construídos instrumentos específicos, a partir de materiais de uso diário, que façam parte do ambiente em que o trabalhador exerce suas funções. Essa experiência será exposta no capítulo seguinte.

Referências bibliográficas

ACEMOGLU, D. Technical change, inequality, and the labor market. *Journal of Economic Literature*, v. XL, p. 7-72, mar. 2002.

ANANIADOU, K.; JENKINS, A.; WOLF, A. *The benefits to employers of raising workforce basic skills levels*: a review of the literature. Londres: National Research and Development Centre for Adult Literacy and Numeracy, Institute of Education, University of London, 2003.

BALTAGI, B. H.; RICH, D. P. *Skill-biased technical change in U.S. manufacturing*: a general index approach. IZA Discussion Papers 841. Institute for the Study of Labor, 2003.

BLOOM, M. R.; LAFLEUR, B. *Turning skills into profit*: economic benefits of workplace education programs. Nova York: The Conference Board, 1999.

BLACK, S.; LYNCH, L. M. *What´s driving the new economy?* The benefits of workplace innovation. Paper CCPR 01703. California Center for Population Research, 2003. Online Working Paper Series.

BLACK, S.; LYNCH, L. M.; KRIVELYOVA, A. *How workers fare when employers innovate?* NBER Working Paper 9569. National Bureau of Economic Research, 2003.

BRUENING, J. C. Workplace illiteracy: the threat to worker safety. *Occupational Hazzards*, p. 118-122, out. 1989.

BUSWELL, G. *How adults read.* Chicago: University of Chicago, 1937. (Supplementary Educational Monographs, 45).

CARD, D.; DiNARDO, J. E. Technology and US wage inequality: a brief look. *Economic Review – Federal Reserve Bank of Atlanta*, v. 87, n. 3, p. 45-62, jul./ago./set. 2002.

CAROLI, E.; VAN REENEN, J. *Skill biased organizational change?* Evidence form a panel of British and French establishments. Cepremap Working Papers (Couverture Orange) 9917. Cepremap, 1999.

CAPPELLI, P. Are skills requeriments rising? Evidence from production and clerical jobs. *Industrial and Labor Relations Review*, v. 46, n. 3, p. 515-530, 1993.

COLECCHIA, A.; PAPACONSTANTINOU, G. *The evolution of skills in OECD countries and the role of technology*. OECD Science, Technology and Industry Working Papers, 1996/8. OECD Publishing, 1996.

DESCHAMPS, J. P. Different leadership skills for different innovation strategies. *Strategy & Leadership*. v. 33, n. 5, p. 31-38, 2005.

DICKERSON, A.; GREEN, F. *The growth and valuation of generic skills.* UKC Discussion Papers in Economics, 2002.

FELSTEAD, A.; ASHTON, D. Tracing the link: organizational structures and skill demands. *Human Resource Management Journal*, v. 10, n. 3, p. 5-20, 2000.

FELSTEAD, A.; GALLIE, D.; GREEN, F. *Work skills in Britain 1986-2001*. Nottingham: DfES, 2002.

FERNANDEZ, A. M.; FAJNZYLBER, P. *International technology diffusion and the demand for skilled labor:* evidence from East Asia and Latin America. Econometric Society 2004 Latin America Meetings. Econometric Society, 2004.

GREEN, F. *The value of skills.* UKC Studies in Economics, 1998.

GIURI, P.; TORRISI, S.; ZINOVYEVA, N. *ICT, skills and organizational change:* evidence from a panel of Italian manufacturing firms. LEM Papers Series 2005/11. Laboratory of Economics and Management (LEM). Sant´Anna School of Advanced Studies, 2005.

JANSSEN, O.; VAN DE VLIERT, E.; WEST, M. The bright and dark sides of individual and group innovation: a special issue introduction. *Journal of Organizational Behavior*, n. 25, p. 129-145, 2004.

KELLER, A. R. Working without words: the need for workplace literacy. *IABC Communication World*, p. 22-25, ago. 1991.

KIRSCH, I.; JUNGEBLUT, A. *Literacy*: profiles of America's young adults. Princeton: Educational Testing Service, 1986.

LAINE, C.; LAPLAGNE, P.; STONE, S. *The increasing demand for skilled workers in Australia*: the role of technical change. Economics Working Paper Archive EconWPA. Labor and Demography 0105005. 2001.

LEAVY, B. Innovation at Xilinx: a senior operating manager´s view. *Strategy & Leadership*, v. 33, n. 4, p. 33-37, 2005.

LITERACY *in the Information Age.* Final Report of the International Adult Literacy Survey. Otawa: Renouf, 2000.

MACHIN, S.; VAN REENEN, J. Technology and changes in skill structure: evidence from seven countries. *The Quarterly Journal of Economics*, v. 113, n. 4, p. 1215-1244, nov. 1998.

MOREIRA, D. A. *Analfabetismo funcional.* O mal nosso de cada dia. São Paulo: Pioneira Thomson Learning, 2003.

NOE, R. A.; COLQUITT, J. A. Planning for training impact: Principles of training effectiveness. In: KRAIGER, K. (Ed.) *Creating, implementing and managing effective training and development*. San Francisco: Jossey Bass, 2002.

MURPHY, G. D.; SOUTHEY, G. High performance work practices. Perceived determinants of adoption and the role of the HR practitioner. *Personnel Review*, v. 32, n. 1, p. 73-92, 2003.

RIDDLE, D. Training staff to innovate. *International Trade Forum*, n. 2, p. 28-30, 2000.

RUSH, H.; FERRAZ, J. C. Employment and skills in Brazil: the implications of new technologies and organizational techniques. *International Labour Review*, v. 132, n. 1, p. 75-93, 1993.

RYCHEN, D. S.; SALGANIK, L. H. *Defining and selecting key competences*. Gottingen, Alemanha: Hogrefe and Huber, 2001.

______. *Key competences for a successful life and a well-functioning society*. Gottingen, Alemanha: Hogrefe and Huber, 2003.

US DEPT OF EDUCATION. National Center for Education Statistics. *National Adult Literacy Survey*: an overview. Working Paper n. 1999-09a, by Lynn Jenkins and Stephane Baldi. Project Officer, Alex Sedlacek, Washington, DC, 1992.

CAPÍTULO **9**

Estudo de Caso: Auditoria de Alfabetização Funcional em uma Usina Siderúrgica

Daniel Augusto Moreira

Este trabalho se refere ao arcabouço teórico desenvolvido no Capítulo 8. É o relato de um estudo de caso que envolve o levantamento dos níveis de alfabetização funcional de 588 empregados da área de manutenção de uma usina siderúrgica com cerca de 6 mil funcionários. Trata-se, provavelmente, da primeira ação nesse sentido no Brasil, ou seja, foi a primeira vez em que se construiu, no ambiente empresarial, um instrumento especificamente voltado ao levantamento de habilidades de alfabetização funcional. Como se verá, o instrumento foi construído com materiais escritos comuns ao ambiente da usina, que melhor caracterizassem o dia-a-dia do trabalho dos funcionários. Em sentido muito claro, portanto, os materiais que compuseram o instrumento atestam o uso "funcional" das habilidades de leitura e interpretação dos funcionários, no contexto particular de suas atividades diárias.

O plano do trabalho é o seguinte: em primeiro lugar, introduz-se o conceito de Programas de Educação no Local de Trabalho, defendendo que a realização de qualquer treinamento – e, em particular, treinamento de habilidades e competências – exige obrigatoriamente uma auditoria de alfabetização, para que se assegure minimamente a condição de *treinabilidade* dos funcionários, aqui entendida como a capacidade de aprender o conteúdo do programa de treinamento que se quer assegurar. Para Noe e Colquitt (2002), os indivíduos são treináveis, dependendo de sua habilidade cognitiva geral (ou seja, inteligência) e sua posse de capacidades básicas, como leitura, escrita e uso da matemática (ou seja, o grau de alfabetização funcional).

1 Programas de Educação no Local de Trabalho (WEPs)

Programas de Educação no Local de Trabalho (ou *Workplace Education Programs* – WEPs) são práticas de treinamento, gerenciados e conduzidos pela corporação, de maneira isolada ou por meio de contratação de pessoas e empresas externas (escolas, firmas de consultoria, professores e profissionais). O objetivo dos WEPs é o desenvolvimento de habilidades para o trabalho. Essas habilidades costumam ser divididas em *habilidades básicas* ou *genéricas* (leitura, escrita, matemática, por exemplo) e *habilidades específicas do trabalho*, ligadas ao treinamento técnico e outras competências típicas das funções que o empregado desempenha ou vai desempenhar. O conceito de treinabilidade, enunciado anteriormente, argumenta, de forma muito direta, que qualquer treinamento de habilidades para o trabalho pressupõe e exige uma auditoria de alfabetização funcional, bem como providências no sentido de cobrir a lacuna de alfabetização funcional porventura existente, sem a qual treinamentos posteriores serão de eficácia duvidosa.

A preocupação maior ou menor com a base de aprendizado dos empregados está presente em qualquer empresa. Muitas delas tentam resolver o problema prioritariamente por meio de um bom sistema de seleção de pessoal, o qual procure filtrar a condição de alfabetização funcional e outras habilidades mínimas dos candidatos. Exigir maior escolaridade dos candidatos a um emprego é uma possibilidade que pode funcionar relativamente bem, já que existe uma forte relação entre a escolaridade e o grau de alfabetização funcional; testes mais rigorosos para a admissão também são importantes quando se quer impor filtros na entrada do funcionário na organização.

De qualquer forma, é muito difícil resolver todo o problema da adequação dos funcionários aos programas de treinamento apenas com o filtro durante a seleção. Em primeiro lugar, existe um certo número de funcionários trabalhando na organização quando da decisão de maior rigor na seleção; eventualmente, estes foram contratados sem os novos rigores. Além disso, muitas vezes, as condições do mercado de oferta de mão-de-obra ou o volume e rapidez com que precisam ser feitas as contratações impedem ou dificultam os cuidados na seleção.

2 Auditorias iniciais de alfabetização funcional

O que foi colocado até o momento tem a pretensão de defender que qualquer Programa de Educação no Local de Trabalho deve ser precedido de um treinamento em habilidades básicas e, mais especificamente, de um treinamento em alfabetização funcional. A partir dessa base, todos os outros programas devem se desenvolver. Se as pessoas não conseguirem ler, escrever, fazer cálculos numéricos e raciocinar de forma adequada ao ambiente de trabalho, dificilmente a empresa poderá esperar grandes resultados dos programas de treinamento.

Para que possa ser devidamente planejado, porém, um treinamento em alfabetização funcional demanda uma avaliação do estado geral de alfabetização dos funcionários selecionados ou selecionáveis para o treinamento. Essa avaliação envolve o mapeamento das falhas dos funcionários nas práticas requeridas de leitura, escrita e cálculos funcionais, isto é, aplicadas ao ambiente de trabalho do dia-a-dia. Pode-se chamar essa avaliação de *auditoria de alfabetização funcional no trabalho*. Ainda é muito incipiente o uso de instrumentos de avaliação de habilidades e alfabetização funcional para o ambiente de empresa. Alguns trabalhos podem ser listados, como os de Norback (1988); Sticht e Caylor (1972); Sticht (1977); Drew, Mikulecky e Pershing (1998) e Philippi (1993), mas são, de certa forma, exceções à regra.

Hoje em dia, aceita-se que três importantes resultados de pesquisas estão solidamente incorporados ao conceito de alfabetização funcional: a leitura relacionada ao trabalho é diferente da requerida em um ambiente escolar; o nível de leitura de trabalhadores nem sempre se equipara àqueles requeridos pelos materiais inerentes ao seu trabalho; o treinamento que incorpora materiais específicos do contexto do trabalho é mais efetivo para melhorar o nível de alfabetização funcional que instruções gerais.

Como um corolário desses resultados, admite-se que qualquer instrumento de medida de alfabetização funcional no trabalho seja construído a partir de materiais de uso real, coletados no próprio ambiente de trabalho. Os testes serão feitos sobre o que o empregado deve manusear, não sobre material genérico fora do contexto, típico de situações formais de aprendizagem.

O Departamento de Educação norte-americano sugere algumas etapas para a auditoria, envolvendo a observação, a coleta e a análise de materiais, entrevistas e testes especialmente desenhados para cada caso. Essas etapas são as seguintes (US Dept of Education and US Dept of Labor, 1988):

a) Determinar, por meio da observação, as habilidades básicas dos empregados que devem ser usadas para desempenhar seu trabalho efetivamente. Os empregados precisam ser observados durante o período de trabalho para se ter segurança de que todas as tarefas foram notadas; cada ocasião em que o funcionário lê, escreve ou faz algum cálculo aritmético deve ser observada; é importante anotar o ambiente em que as atividades têm lugar; tomar nota dos materiais usados pelo empregado para desempenhar as tarefas, verificar com que propósito elas são desempenhadas; registrar se as tarefas são desempenhadas individualmente ou em grupo.

b) Todo material escrito ou lido no trabalho deve ser coletado para se determinar o grau de proficiência que o empregado deve ter. Devem ser incluídos memorandos, mensagens telefônicas, manuais, formulários etc. Os materiais devem ser examinados para determinar os níveis de leitura, o vocabulário necessário e estilo, e o conteúdo dos materiais deve ser analisado para determinar sua função.

c) Sempre que possível, deve-se entrevistar os empregados para determinar sua percepção das habilidades básicas necessárias a seu trabalho. Prestar especial atenção aos melhores empregados, anotando as habilidades que eles consideram mais importantes; verificar que habilidades usam mais e como as usam; conhecer a opinião dos supervisores: Quais são as habilidades mais importantes para o desempenho do trabalho? Quais são as habilidades críticas? Verificar e anotar quaisquer discrepâncias entre as percepções dos empregados e dos supervisores sobre as habilidades necessárias.

d) Determinar se os empregados têm as habilidades básicas necessárias para fazer bem o seu trabalho. Combinar informação colhida da observação dos empregados, coletando os materiais que eles utilizam, e das entrevistas; escrever uma descrição de cada um dos trabalhos auditados em termos da leitura, escrita e habilidades de computação necessárias para desempenhar bem os trabalhos; discutir as observações informalmente com os empregados quando problemas são verificados, para levantar áreas específicas de dificuldade e preocupação.

e) Elaborar testes com perguntas relacionadas especificamente ao trabalho dos empregados. Usar linguagem e estilo relacionados ao trabalho; utilizar situações e formatos nos quais as habilidades básicas testadas realmente ocorrem.

Após ministrar os testes elaborados da forma descrita, os funcionários são, então, agrupados em níveis de alfabetização funcional. É conveniente o uso de três ou quatro níveis de alfabetização, incluindo um nível mínimo, que abrigue as pessoas com pouca habilidade de alfabetização funcional ou mesmo as que não sejam totalmente alfabetizadas no trabalho. Pela análise dos níveis, será possível identificar aqueles cujas necessidades de leitura no trabalho estão plenamente atendidas e também os funcionários que necessitam de treinamento posterior em alfabetização funcional.

Após conhecer melhor os problemas de alfabetização funcional de sua força de trabalho, a empresa pode redesenhar as tarefas e reescrever os materiais básicos, de forma que demandem habilidades no nível em que estão atualmente seus empregados[1]. Alternativamente, a empresa pode (e isso, às vezes, é um imperativo, não uma opção) projetar programas de treinamento, de modo a suprir desvios que tenham sido encontrados entre as habilidades dos empregados e as necessidades do trabalho.

Quando se pretende lançar um programa de melhoria das habilidades de alfabetização funcional no local de trabalho, é conveniente lembrar que o leitor adulto não aceita facilmente que tem um problema, que pode estar oculto há muitos anos. Além disso, a força de trabalho pode se assustar com a auditoria, por medo de demissões ou perda de prestígio e poder. Geralmente, uma auditoria de alfabetização funcional é algo delicado, que só deve ser feito após a idéia ter sido adotada por supervisores e por representantes sindicais. Esses cuidados poderão eliminar muitos distúrbios potenciais no futuro. Lembrar também que o treinamento em alfabetização funcional não deve ser apresentado como algo essencialmente diferente da rotina de treinamento da organização, mas sim como um programa, perfeitamente inserido em uma programação mais abrangente. Evitar lançar luzes negativas é extremamente importante.

3 Estudo de caso

A empresa objeto de estudo é uma grande siderúrgica brasileira, com mais de 6 mil empregados. A alta direção interessou-se pela realização de uma auditoria de alfabetização funcional na área de manutenção, graças aos potenciais problemas de segurança que a má função nessa área poderia gerar. A leitura de instruções, ordens de serviço, diagramas, gráficos etc. era parte corriqueira das operações de manutenção. Participaram da auditoria de alfabetização 588 funcionários.

3.1 Acesso ao campo

A área de Recursos Humanos, mais especificamente a de Treinamento, serviu como ponto de contato para que a equipe de trabalho (três pessoas)

[1] NA: Em outras palavras, pode-se melhorar a *legibilidade* dos materiais escritos. Embora o assunto seja muito mais complexo, pode-se melhorar a legibilidade de materiais seguindo algumas regras simples, como usar palavras simples e familiares; evitar jargões; utilizar linguagem neutra em relação à cultura e ao gênero, sentenças simples, gramática, ortografia e pontuação corretas; usar voz ativa e o presente; começar instruções por um verbo de ação e adotar elementos gráficos simples para tornar o texto mais claro.

fizesse as reuniões necessárias com supervisores e chefes de serviço. A tarefa foi facilitada nessa fase devido ao fato de a área de Treinamento contar com um funcionário com um longo histórico de trabalho na área industrial, tendo particularmente livre trânsito na manutenção.

Foram coletados materiais de uso diário no serviço de manutenção, e também outros materiais que constavam de veículos de comunicação, como comunicados da área de Recursos Humanos e outros setores, alguns jornais de circulação interna destinados aos funcionários etc. Outros poucos materiais foram retirados de publicações técnicas informativas, sempre voltadas ao campo da siderurgia.

Os trabalhos iniciaram-se em 2001 e foram concluídos, também com a análise dos resultados, em maio de 2002.

3.2 A construção do instrumento de medida da alfabetização funcional

O instrumento de medida definitivo recebeu a designação de Inventário de Características de Leitura (ICL), evitando-se assim qualquer conotação negativa que pudesse atrapalhar quando fosse ministrado aos funcionários. Os materiais originalmente coletados na planta foram submetidos a uma seleção, separando-se para uso 18 textos. Foram elaboradas 40 questões sobre eles, as quais exigiam resposta por escrito. Não foram usadas questões de múltipla escolha. Os materiais de leitura eram equivalentes em grau de dificuldade aos apresentados no ensino médio técnico (11 anos de escolaridade média). A imensa maioria dos textos coletados, aliás, foi enquadrada pelos pesquisadores no patamar do ensino médio.

Como se comentou no Capítulo 8, um instrumento, para aferir o grau de alfabetização funcional, deve apresentar questões nos três tipos de escala de alfabetização: textos em prosa, esquemáticos (documentos) e textos com informação numérica. Esses três tipos foram divididos entre as 40 questões. Além disso, foi levantada a hipótese de que o instrumento deveria apresentar quatro níveis de alfabetização funcional, e procurou-se elaborar questões que "em princípio" se encaixassem nesses níveis. Portanto, as 40 questões abrangiam testes de alfabetização sobre os tipos de textos citados anteriormente. Foram utilizadas as seguintes estratégias de trabalho com os textos: localização de informações; subtração, soma, divisão e multiplicação de números; localização e combinação de informações, inclusive números; localização e integração de informações; geração de informações a partir do texto. Essas estratégias são as mesmas utilizadas nos levantamentos internacionais.

O Quadro 9.1 ilustra como foram compostas as questões, em termos de estratégia de trabalho; além disso, mostra também o nível de dificuldade "em princípio" de cada questão, ou seja, o nível de dificuldade suposto pelos pesquisadores em relação à questão apresentada aos respondentes.

Quadro 9.1 Classificação das questões do ICL

Questão	Tipo de texto	Operação	Nível aparente de dificuldade	Questão	Tipo de texto	Operação	Nível aparente de dificuldade
1	Prosa	Localização	1	**21**	Esquemático	Integração	3
2	Prosa	Localização	1	**22**	Numérico	Subtração	3
3	Prosa	Localização	1	**23**	Numérico	Divisão	4
4	Prosa	Localização	2	**24**	Esquemático	Integração	2
5	Esquemático	Localização	1	**25**	Numérico	Combinada	3
6	Esquemático	Localização	1	**26**	Esquemático	Localização	2
7	Numérico	Subtração	1	**27**	Prosa	Localização	1
8	Numérico	Soma	1	**28**	Prosa	Geração	3
9	Numérico	Multiplicação	1	**29**	Esquemático	Geração	3
10	Prosa	Localização	2	**30**	Esquemático	Localização	2
11	Prosa	Localização	2	**31**	Numérico	Soma	2

(Continua)

(Continuação)

Questão	Tipo de texto	Operação	Nível aparente de dificuldade	Questão	Tipo de texto	Operação	Nível aparente de dificuldade
12	Prosa	Localização	2	**32**	Numérico	Divisão	1
13	Esquemático	Localização	1	**33**	Numérico	Combinada	4
14	Esquemático	Localização	2	**34**	Numérico	Combinada	4
15	Numérico	Combinada	3	**35**	Prosa	Localização	1
16	Numérico	Divisão	2	**36**	Prosa	Localização	2
17	Prosa	Integração	4	**37**	Esquemático	Geração	4
18	Prosa	Localização	2	**38**	Esquemático	Geração	4
19	Esquemático	Localização	2	**39**	Esquemático	Localização	3
20	Esquemático	Localização	2	**40**	Prosa	Integração	4

Após a aplicação dos questionários, foi possível comparar a atribuição *a priori* dos níveis de dificuldade das questões ao nível real. Isso foi possível por meio do procedimento a seguir. Em primeiro lugar, as questões foram colocadas em ordem decrescente de porcentagem de acertos, obtendo-se a Tabela 9.1 a seguir:

Tabela 9.1 ICL: Porcentagens decrescentes de acertos às questões

Questão	Porcentagem de acertos	Questão	Porcentagem de acertos	Questão	Porcentagem de acertos
20	99,1	**07**	93,8	**33**	77,8
06	98,8	**17**	93,1	**31**	75,7

(Continua)

(Continuação)

Questão	Porcentagem de acertos	Questão	Porcentagem de acertos	Questão	Porcentagem de acertos
05	98,1	**24**	91,2	**39**	74,1
27	98,1	**11**	90,3	**29**	69,7
10	97,9	**26**	89,7	**23**	69,3
19	97,8	**36**	89,5	**34**	66,7
32	97,4	**38**	88,3	**03**	65,5
13	97,2	**21**	88,1	**01**	64,1
09	95,3	**16**	87,6	**40**	54,5
08	94,7	**22**	87,6	**37**	29,0
35	94,5	**12**	87,2	–	–
02	94,1	**15**	86,7	–	–
18	94,1	**25**	86,2	–	–
30	94,1	**28**	83,3	–	–
14	94,0	**04**	77,9	–	–

Em segundo lugar, com o auxílio da Tabela 9.1, procurou-se agrupar, por tentativas, as questões em níveis, conforme pertencessem aproximadamente ao mesmo grupo de percentuais de dificuldade. Dessa forma, convencionou-se que as questões 20, 06, 05, 27, 10, 19, 32, 13 compunham o primeiro nível, mais simples, com uma porcentagem média de acertos de 98,1%. No segundo nível, estavam as questões 09, 08, 35, 02, 18, 30, 14, 07, 17, com porcentagem média de acertos de 94,2%; no terceiro nível, as questões 24, 11, 26, 36, 38, 21, 16, 22, 12, 15, 25, 28, com porcentagem média de acertos de 88,0%, e, no quarto nível, as questões 04, 33, 31, 39, 29, 23, 34, 03, 01, 40, 37, com porcentagem média de acertos de 65,9%. Se o leitor retornar ao Quadro 9.1, constatará que diversas questões coincidem com sua classificação *a priori*, enquanto outras estão próximas dessa classificação. Raramente uma questão afasta-se muito de sua classificação *a priori*; para se ter uma melhor idéia dessa concordância, pode-se usar o coeficiente de Spearman ou o coeficiente de concordância W entre os níveis reais e os assumidos *a priori* (Ferguson, 1981). Por exemplo, a concordância perfeita revelaria W = 1, e a discordância perfeita faria W = 0. Levando em conta as classificações apresentadas, o valor calculado de W é de 0,998 ($p < 0{,}001$). Em outras palavras, há uma quase coincidência entre os níveis postulados das questões, quando de sua construção, e os níveis finalmente obtidos após a aplicação do instrumento.

A seguir, vejamos três exemplos de questões utilizadas no ICL.

Nível I – Esquemática – Questões 5 e 6

Observe o gráfico abaixo e responda às questões 5 e 6.

Participação por ramo de atividade na indústria paulista em 1999

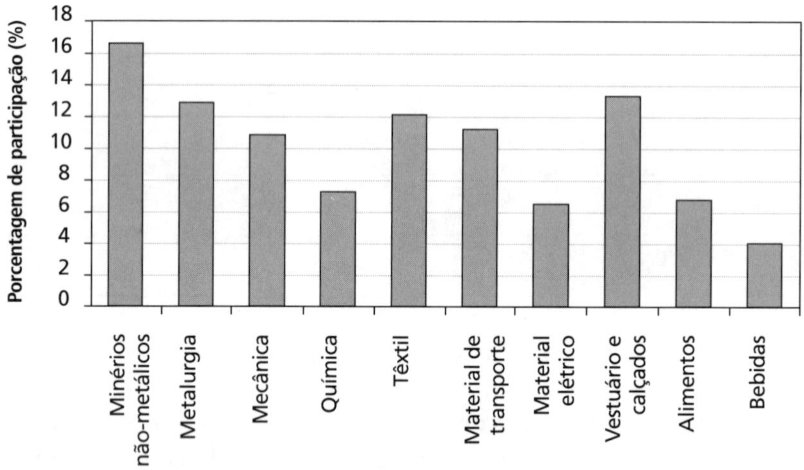

Tipo de ramo de atividade (1999)

05. Qual é o ramo de atividade que mostrou maior participação na indústria paulista em 1999?

06. Qual é o ramo de atividade que mostrou menor participação na indústria paulista em 1999?

Níveis 4 e 2 – Prosa – Questões 1 (Nível 4) e 2 (Nível 2)

Leia o trecho abaixo e responda às perguntas 01 e 02.

Em setembro, a Secretaria de Saúde de Piracicaba, a 180 quilômetros de São Paulo, estará apresentando dados de um programa inédito de acuidade visual desenvolvido pela Belgo-Mineira, durante o Congresso de Prevenção de Cegueira do Conselho Brasileiro de Oftalmologia, no Recife. O oftalmologista Paulo Gaiotto, que atua no programa, discutirá números importantes, como os 1.369 casos de hipermetropia diagnosticados entre quase 3 mil crianças.

"Todo ano, revemos as metas do programa e projetamos sempre 10 mil novos atendimentos", explica Elisabeth Simões, que em setembro, pouco antes do congresso do Conselho de Oftalmologia do Recife, estará encerrando a etapa 2000 do programa na cidade, quando mais de 10 mil crianças na faixa etária de 7 a 14 anos deverão se somar às já atendidas. Isso representa 45% de um universo – sempre crescente – de 46.599 crianças. Trata-se de um programa único entre crianças de 7 a 14 anos com problemas de visão na cidade.

01. Quantas crianças foram atendidas pelo programa "Ver é viver"?

02. O programa "Ver é viver" foi criado por ________________

Nível 3 – Esquemática – Questões 23 e 24

O gráfico abaixo mostra a utilização percentual dos diversos modos de transporte no Estado de São Paulo, em 1999.

Porcentagem de carga transportada por tipo de transporte utilizado no estado de São Paulo – 1999

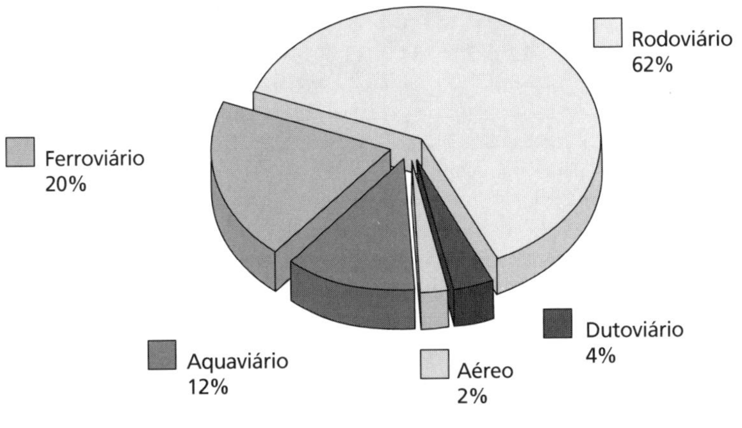

23. Analisando o gráfico acima, quantas vezes o transporte ferroviário é mais utilizado que o transporte aéreo?

24. Qual é o segundo tipo de transporte menos utilizado?

3.3 Pontuação das questões

Por convenção, o funcionário que respondesse corretamente a todas as 40 questões atingiria o máximo de 500 pontos; o limite inferior era de 0 ponto. A escala foi, portanto, arbitrariamente construída de 0 a 500 pontos, seguindo a tradição dos levantamentos internacionais.

Considerou-se mais adequado que a pontuação reservada a cada questão refletisse de alguma forma a dificuldade intrínseca da questão. Desse modo, para a construção da escala, as questões receberam pontuações diferentes, que espelhavam a dificuldade de cada uma. Para a atribuição de pontos, as questões receberam pesos inversamente proporcionais à porcentagem de acertos de cada uma delas. Assim, as questões mais fáceis, com maior porcentagem de acertos, obtinham os menores pesos. De posse dos pesos relativos, e obrigando que a escala tivesse 500 pontos, foi possível pontuar cada questão, cuja pontuação está relacionada na Tabela 9.2.

Tabela 9.2 Inventário de Características de Leitura (ICL). Pontuação dada às questões

Questão	01	02	03	04	05	06	07	08	09	10	11	12	13	14
Pontos	16	11	15	13	10	10	11	11	11	10	11	12	10	11
Questão	**15**	**16**	**17**	**18**	**19**	**20**	**21**	**22**	**23**	**24**	**25**	**26**	**27**	**28**
Pontos	12	12	11	11	10	10	11	12	15	11	12	11	10	12
Questão	**29**	**30**	**31**	**32**	**33**	**34**	**35**	**36**	**37**	**38**	**39**	**40**	_	_
Pontos	15	11	13	10	13	15	11	11	35	11	14	19	_	_

Fonte: Pesquisa de campo e cálculos posteriores do autor.

3.4 Alocação dos funcionários em níveis de alfabetização funcional

O passo seguinte, tendo cada funcionário sua respectiva pontuação, de acordo com as questões a que houvesse respondido corretamente, era a divisão dos funcionários em níveis de alfabetização funcional.

Uma forma imediata de fazer essa alocação consiste em atribuir um nível a cada quartel de pontuações. Assim, as 25% menores notas ficariam com o Nível 1 de alfabetização funcional (mais baixo), e assim sucessivamente. A solução adotada, porém, foi mais elaborada e partiu inicialmente da distribuição percentual de acertos por questão. Apesar de ser alta a média de acertos, ainda assim o instrumento discrimina suficientemente entre os respondentes.

Com base na Tabela 9.2, as questões foram divididas em níveis de forma aproximada, tendo cada nível um percentual médio de acertos característico. Assim, os quatro níveis projetados foram (lembrando que o Nível 1 contém as questões mais fáceis, com maiores porcentagens de acerto): Nível 1: Questões 20, 06, 05, 27, 10, 19, 32, 13 (porcentagem média de acertos de 98,1%); Nível 2: Questões 09, 08, 35, 02, 18, 30, 14, 07, 17 (porcentagem média de acertos de 94,2%); Nível 3: Questões 24, 11, 26, 36, 38, 21, 16, 22, 12, 15, 25, 28 (porcentagem média de acertos de 88%); Nível 4: Questões 04, 33, 31, 39, 29, 23, 34, 03, 01, 40, 37 (porcentagem média de acertos de 65,9%). Apesar da elevada média de acertos, ainda assim se verificou que o instrumento discriminava suficientemente bem entre os respondentes.

Para fazer a alocação de um certo funcionário a um determinado nível de alfabetização funcional, partiu-se da convenção dos levantamentos internacionais sobre alfabetização funcional, os quais consideram que uma pessoa pertence a um dado nível se acertar aproximadamente 80% de suas questões. Assim, um funcionário seria alocado ao Nível 4 se acertasse 9 questões desse nível (81,8%); ao Nível 3, se acertasse 10 questões desse nível (83,3%); ao Nível 2, se acertasse 7 questões desse nível (77,8%) e, finalmente, ao Nível 1, se acertasse 6 questões desse nível (75%).

Com a adoção desse critério, cada respondente foi alocado a um determinado nível. Começou-se a alocação com o Nível 4; quem acertou 9 questões foi considerado pertencente a esse nível, sendo então retirado da amostra. Fez-se, em seguida, o mesmo com o Nível 3 e assim sucessivamente, até se ficar com um grupo remanescente de funcionários, automaticamente alocados no Nível 1, o mais simples de todos.

A Tabela 9.3 mostra o resultado dessas alocações. O leitor atento notará que é possível haver uma certa superposição de pontuações, que ocorre porque pessoas em um dado nível podem acertar questões de níveis mais altos, melhorando a pontuação. As médias, a nota mínima e a nota máxima, entretanto, são bem distintas para os diversos grupos.

Tendo em vista os resultados encontrados para a população brasileira, por meio do Inaf 2005 (como se viu no Capítulo 8), que demonstra que apenas 26% da amostra pode ser considerada adaptada às necessidades modernas de alfabetização funcional, os números apresentados para a usina são muito favoráveis. Da forma como foi construído o instrumento, pode-se considerar que os funcionários do Nível 3 e, principalmente, do Nível 4 estão adaptados às exigências de leitura e interpretação de textos em prosa, esquemáticos e com conteúdo numérico. No que diz respeito às decisões de recursos humanos, provavelmente apresentam condições satisfatórias de treinabilidade e podem participar de programas de treinamento e de operações que suponham essas exigências. Por outro lado, os funcionários do Nível 2 e, principalmente, os do Nível 1, necessitam de treinamento especial que os habilite a ler e interpretar textos nas três categorias, nos tipos e graus de dificuldade exigidos na planta. Pelo modo como foi elaborado o instrumento de avaliação, esses funcionários tendem a apresentar dificuldades, principalmente com textos que solicitam a integração ou a geração de informações, em prosa (principalmente) ou de forma esquemática. Apresentam também alguma dificuldade de trabalho com textos em que é necessário combinar informações numéricas.

Tabela 9.3 Alocação dos funcionários aos níveis

	Número de funcionários	Pontuações		
		Mínima	Média	Máxima
Nível 1	14	136	246	324
Nível 2	96	220	338	417
Nível 3	280	302	404	458
Nível 4	188	380	457	500

Fonte: Pesquisa de campo e cálculos do autor.

4 Características da amostra e níveis de alfabetização funcional

É fato conhecido por meio de pesquisas internacionais (como o National Adult Literacy Survey e o International Adult Literacy Survey) e também por pesquisas realizadas no Brasil (como, por exemplo, o Informe de Resultados do Saeb 1995, 1997, 1999 e o Inaf do Instituto Paulo Montenegro), que a alfabetização funcional se liga em maior ou menor grau a algumas características do histórico de vida das pessoas. Influência positiva marcante é exercida pelo nível de escolaridade – quanto maior, mais elevado é o nível de alfabetização funcional. O efeito intergeracional também é forte: a maior escolaridade do pai e da mãe (desta, principalmente) inflencia no aumento do o nível de alfabetização funcional. Os filhos tendem a perpetuar a situação escolar dos pais, isto é, filhos de pais mais bem alfabetizados tendem a pertencer aos níveis mais altos de alfabetização funcional.

No estudo de caso em pauta, para poder realizar um conjunto de testes ligando a alfabetização funcional a determinadas variáveis do histórico de vida dos respondentes, foi construído um questionário auxiliar de dados situacionais, também respondido pelos funcionários da manutenção. Esse questionário indagava, entre outras questões: a procedência do funcionário (zona rural ou urbana); a conclusão ou não do ensino médio; o número de reprovações no ensino fundamental; o número de reprovações no ensino médio; a escolaridade do pai; a escolaridade da mãe.

O teste utilizado foi o do χ^2 (qui quadrado), considerando-se significativas as diferenças apoiadas pelos níveis de confiança usuais, ou seja, acima de 95%. Às vezes, os testes consideraram os níveis 1 e 2 de alfabetização funcional de forma conjunta, de modo a obter uma freqüência de pelo menos cinco unidades em cada célula, como exigido pelo teste do χ^2.

Vejamos a análise das principais variáveis potencialmente relacionadas à alfabetização funcional.

4.1 Procedência do funcionário (zona rural ou urbana)

A Tabela 9.4 mostra o número de funcionários em cada nível e a respectiva procedência, rural ou urbana.

Tabela 9.4 Nível de alfabetização funcional e procedência do funcionário (número de pessoas)

	Região urbana	Região rural
Nível 1	12	2
Nível 2	92	4
Nível 3	256	23

(Continua)

(Continuação)

	Região urbana	Região rural
Nível 4	180	8
Total	541	37

Fonte: Pesquisa de campo.

A grande maioria dos funcionários (540) procedia de região urbana, sendo apenas 37 oriundos de região rural. Um dos funcionários não informou a região de origem. O teste do χ^2 mostrou que, embora fosse um pouco alta a procedência rural no Nível 3, e um pouco baixa no Nível 4, em relação ao que seria de se esperar, o efeito desses desvios foi muito baixo ou praticamente desprezível. No caso da amostra em pauta, pode-se considerar que a procedência não teve influência significativa nos resultados. Esse resultado não é concorde com o encontrado tradicionalmente em pesquisas de correlação entre as variáveis. Normalmente, a procedência da zona rural está ligada a níveis mais baixos de alfabetização funcional, talvez porque a leitura e o uso de textos sejam mais típicos e mais necessários em regiões urbanas. Não é possível saber por que, no presente caso, essa relação não se manteve, mas o leitor não deve julgar que seja devido à diferença de pessoas nas duas condições, rural e urbana. Basta observar o resultado a seguir para verificar que essa diferença não tem influência no teste.

4.2 Conclusão do ensino médio

A Tabela 9.5 mostra que a grande maioria dos funcionários (541) da amostra concluiu o ensino médio, ou seja, oito anos completos de escolarização formal. Por pura coincidência, os totais nas duas colunas são exatamente os mesmos que aparecem na Tabela 9.4. Nenhuma conseqüência deve ser esperada por isso. Repare o leitor que, apesar de um razoável grau de escolaridade da maioria dos respondentes, isso não impediu que muitos deles fossem alocados aos níveis 1 e 2.

O teste estatístico do χ^2 mostra que há uma forte ligação entre a conclusão do curso médio e o nível de alfabetização funcional. Proporcionalmente, um número maior de pessoas que completaram o ensino médio estão nos níveis 3 e 4 (96,2%) que nos níveis 1 e 2 (82,7% dos alocados). O leitor que se sentir mais confortável com isso pode calcular as porcentagens nas várias células, para tornar mais evidentes as diferenças.

Tabela 9.5 Relação entre nível e ter ou não completado o ensino médio (número de pessoas)

	Completou o ensino médio	Não completou o ensino médio
Nível 1	11	3
Nível 2	80	16
Nível 3	265	15
Nível 4	185	3
Total	541	37

Fonte: Pesquisa de campo.

4.3 Nível de alfabetização funcional *versus* número de reprovações no ensino fundamental

A maioria dos funcionários da amostra (328 funcionários, ou 56,9%) passou pelo ensino fundamental sem nenhuma reprovação. A Tabela 9.6 mostra os resultados. Vale reparar que um percentual também significativo (248 funcionários, ou 43,1%) ostenta pelo menos uma reprovação. Dois funcionários não informaram o número de reprovações no ensino fundamental.

Tabela 9.6 Relação entre nível e número de reprovações no ensino fundamental (número de pessoas)

	Nenhuma	Uma	Duas ou mais
Nível 1	5	7	2
Nível 2	42	39	14
Nível 3	149	100	30
Nível 4	132	51	5
Total	328	197	51

Fonte: Pesquisa de campo.

O teste estatístico do χ^2 mostra uma relação muito forte entre o nível de alfabetização funcional e a quantidade de reprovações no ensino fundamental. A tendência é que, quanto maior o número de reprovações, menor o nível de alfabetização funcional. Dos 188 funcionários alocados no Nível 4, que constam da Tabela 9.6, apenas 27% têm uma reprovação, enquanto 70,2% não têm nenhuma reprovação. No caso dos 95 funcionários do Nível 2, os percentuais com nenhuma e com uma reprovação são quase idênticos: 44,2% e 41,1%, respectivamente.

4.4 Nível de alfabetização funcional *versus* número de reprovações no ensino médio

A expressiva maioria de funcionários da amostra não apresentou reprovação em nenhuma série do ensino médio (459 funcionários, ou 80,1%). A Tabela 9.7 mostra que apenas 114 funcionários, ou 19,1%, apresentaram pelo menos uma reprovação.

Tabela 9.7 Relação entre nível e número de reprovações no ensino médio (número de pessoas)

	Nenhuma	Uma	Duas ou mais
Nível 1	10	4	0
Nível 2	70	22	2
Nível 3	221	51	5
Nível 4	158	25	5
Total	459	102	12

Fonte: Pesquisa de campo.

A análise estatística mostra que há uma provável relação entre o nível de alfabetização funcional e o número de reprovações no curso médio, sendo as diferenças significativas para os níveis 1 e 2 e para o Nível 4. O efeito é o mesmo verificado com o número de reprovações no ensino fundamental, agora, porém, menos acentuado.

4.5 Nível de alfabetização funcional *versus* escolaridade do pai

As escolaridades do pai e da mãe são duas das variáveis mais influentes na alfabetização funcional dos filhos, o que é conhecido como efeito intergeracional. Como já foi dito, levantamentos nacionais e internacionais apontam para essa forte relação. A Tabela 9.8 mostra os resultados consolidados para os funcionários da amostra, segundo a escolaridade do pai.

Tabela 9.8 Relação entre nível e escolaridade do pai (número de pessoas)

	Não estudou	Fundamental incompleto	Fundamental completo	Médio incompleto	Médio completo	Superior
Nível 1	53	4	4	3	0	0
Nível 2	20	40	21	6	9	0
Nível 3	27	129	68	13	34	5
Nível 4	10	78	48	14	32	6
Total	60	251	141	36	75	11

Fonte: Pesquisa de campo.

Aqui, pode-se observar de imediato que a maioria dos funcionários da amostra apresenta pais com baixa escolaridade; 452, ou 78,7%, têm apenas até o curso fundamental (quarta série do ensino fundamental). O teste estatístico do χ^2 indica que existe uma relação acentuada entre o nível de alfabetização funcional funcionário e o nível de escolaridade paterno. Mais funcionários do Nível 1 e do Nível 2 descendem proporcionalmente de pais sem instrução que funcionários do Nível 4; opostamente, entre os funcionários alocados no Nível 4, há proporcionalmente menos pais que não estudaram e mais pais com nível médio ou superior.

4.6 Nível de alfabetização funcional *versus* escolaridade da mãe

O efeito da escolaridade da mãe sobre o nível de alfabetização funcional do filho costuma ser mais acentuado que o do pai, possivelmente porque, em geral, a criança passa mais tempo com a mãe que com o pai. Nessa fase, sofre grande influência do cuidado materno, em especial para despertar o gosto pela leitura.

A Tabela 9.9 mostra os resultados, tendo como variável separadora a escolaridade da mãe.

Tabela 9.9 Relação entre nível de alfabetização e escolaridade da mãe

	Não estudou	Fundamental incompleto	Fundamental completo	Médio incompleto	Médio completo	Superior
Nível 1	5	1	3	3	2	0
Nível 2	20	40	21	6	9	0
Nível 3	27	129	68	13	34	5
Nível 4	11	93	57	11	16	0
Total	63	263	149	33	61	5

Fonte: Pesquisa de campo.

Pode-se notar que 475 mães (ou 82,8%) têm até o curso fundamental, posição semelhante àquela dos pais.

O teste estatístico do χ^2 revela que há marcante ligação entre o nível de alfabetização funcional e a escolaridade da mãe. O sinal mais evidente está no fato de que há muitas mães sem instrução nos níveis 1 e 2. Depois, há menos mães sem estudo para os funcionários do Nível 4 do que seria de se esperar. No Nível 3, há mais mães com nível médio ou superior do que o esperado, o que ocorre também com as mães de funcionários do Nível 4.

5 Comentários finais

Apresentamos um estudo de caso no qual se procedeu a uma auditoria de alfabetização funcional em uma amostra de funcionários da área de manutenção de determinada usina siderúrgica. Em termos gerais, os resultados foram satisfatórios, com a grande maioria dos empregados alocada nos níveis 3 e 4 de alfabetização funcional, adequados à maioria de suas funções na manutenção. Merecerão especial atenção os funcionários alocados nos níveis 1 e 2, principalmente quanto à treinabilidade. Deverão receber treinamentos de adequação, para aumentar seus níveis de alfabetização funcional, antes que possam participar de treinamentos mais específicos.

De qualquer maneira, o que se pretendeu foi exemplificar como se pode fazer uma auditoria de alfabetização funcional, identificando funcionários com necessidades particulares de alfabetização funcional, de forma que, após atenção especial, possam estar mais bem preparados para a introdução de novas técnicas no local de trabalho, sejam representadas por melhorias no processo, sejam pela constituição de novos arranjos organizacionais. A maneira mais adequada para se proceder a essa auditoria é pela construção de um instrumento específico para a mensuração da alfabetização funcional, construído com o auxílio de materiais específicos ao contexto ao qual pertencem os funcionários auditados.

Referências bibliográficas

DREW, R. A.; MIKULECKY, L.; PERSHING, J. *How to gather and develop job specific literacy materials for basic skills instruction.* A practitioner´s guide. Bloomington: Indiana University School of Education, 1998.

FERGUSON, G. A. *Statistical analysis in psychology and education.* 5. ed. Tóquio: McGraw-Hill Kogakusha, 1981.

NOE, R. A.; COLQUITT, J. A. Planning for training impact: Principles of training effectiveness. In: KRAIGER, K. (Ed.) *Creating, implementing and managing effective training and development.* San Francisco: Jossey Bass, 2002.

NORBACK, J. S. *Literacy skills analysis for job training.* NCAL Technical Report TR 88-07, 1988.

PHILIPPI, W. J. *Retraining the workforce*: Meeting the global challenge. Dallas: R. Jan Le Croy Center for Educational Telecommunications, Dallas County Community College District, 1993.

STICHT, T. G. Comprehending reading at work. In: JUST, M.; CARPENTER, P. (Eds.) *Cognitive process in comprehension.* Hilsdale: Laurence Erlbaum Associates, 1977.

STICHT, T. G.; CAYLOR, J. S. *Development and evaluation of job reading task tests.* Alexandria: Human Resources Research Organization, 1972.

US Dept of Education and US Dept of Labor. *Bottom Line*: basic skills in the workplace. Washington, 1988.

CAPÍTULO 10

Marketing para Organizações Intensas em Inovação e Tecnologia

Celso Augusto Rímoli

Objetivos do capítulo

- apresentar sucintamente a evolução da área de marketing e o desenvolvimento da especialidade marketing de inovação e tecnologia;
- mostrar como a cultura organizacional pode estimular competências e rigidezes essenciais no processo de obtenção de vantagem competitiva;
- explicar a importância do bom relacionamento entre as áreas de marketing e P&D, com parceiros e com clientes, para o sucesso da empresa;
- explicar aspectos básicos do comportamento do consumidor de produtos intensos em inovação e tecnologia.

1 Introdução

A partir dos anos 1950, ocorreu a aceleração progressiva na complexidade dos mercados, o que suscitou a criação de áreas de estudo no campo de marketing. Assim, além do tradicional marketing de consumo, surgiram o marketing industrial, de serviços, global etc. Recentemente, tornou-se evidente a importância da inovação e da tecnologia para o sucesso de empresas em muitos setores; assim, teve início a consideração de mais uma especialidade na área mercadológica: marketing de inovação e tecnologia.

Nesse contexto, este trabalho examina conceitualmente a evolução de marketing e a influência que a inovação e a tecnologia têm tido recentemente no ferramental gerencial dessa área. Com está explicitado nos objetivos do capítulo, são examinadas as condições e as adaptações que as organizações devem proceder nas ações de marketing quando atuam em mercados intensos em inovação e tecnologia. O texto foi elaborado com base na consulta a obras de referência sobre marketing, inovação e tecnologia, bem como a artigos acadêmicos em periódicos reconhecidos e bases de dados eletrônicas, como o Proquest.

2 Marketing: evolução e especialidades

Marketing pode ser compreendido como atividade empresarial e como disciplina acadêmica ensinada em cursos de graduação e pós-graduação. Teve suas origens na economia, com o objetivo de resolver questões que os pressupostos de comportamento racional dos consumidores não explicavam nessa disciplina. Em seu desenvolvimento, contou com importantes contribuições advindas principalmente da psicologia e da sociologia, além de requisitos instrumentais, provenientes da matemática. De acordo com Bartels (1970), o marketing foi ensinado pela primeira vez (provavelmente) em 1902, na University of Wisconsin, embora os primeiros textos e livros tenham sido escritos apenas décadas mais tarde. Webster (1988) e Lambin (2000) afirmam que o desenvolvimento desse campo de conhecimentos se deu em três "eras": produção, vendas e marketing; esta última marcou a adoção da orientação para o consumidor, superando as anteriores. Isso se deu progressivamente, à medida que os mercados se desenvolveram e o crescimento da oferta de produtos pelas empresas foi superando a demanda de mercado. Kotler (1998) apresenta essa questão como orientações da empresa em relação ao mercado, expressas por meio de cinco conceitos: produção, produto, vendas, marketing e marketing societal. Essa abordagem, por estar desvinculada de períodos históricos, evita as críticas de autores que questionam a existência das eras de produção e vendas, em função da existência de organizações que realizaram grandes esforços mercadológicos antes do início da era de marketing. Esse autor definiu marketing como a atividade destinada a satisfazer necessidades e desejos humanos por meio de produtos, em processo de troca entre organizações e consumidores.

O surgimento do conceito ou orientação para marketing se deu em um momento de efetiva aceleração na complexidade e especificidade do ambiente econômico-empresarial. Como destaca Kotler (1998), as economias nacionais têm evoluído segundo transformações cada vez mais rápidas, com aumento progressivo da complexidade e da especificidade dos mercados, principalmente em função de duas grandes forças. A primeira é a globalização, expressa pelo crescimento e internacionalização das empresas, pela sofisticação das cadeias produtivas, pelo crescimento do setor terciário da economia e pela relevância crescente das causas sociais. A segunda força se traduz nas mudanças tecnológicas, que têm trazido notável disponibilidade de informações, velocidade nas comunicações, novos materiais, bem como o desenvolvimento de produtos e serviços novos em muitos segmentos, entre os quais os de bioenergia e de medicamentos. Entre outras conseqüências, a ação dessas forças suscitou a focalização em áreas de estudo específicas dentro do campo de marketing. Assim, no decurso da segunda metade do século XX, além do já existente marketing de consumo, estruturaram-se: marketing industrial, marketing de serviços, marketing global, marketing social etc.

Mais recentemente, tornou-se ainda mais evidente a importância da inovação, da tecnologia e das dinâmicas voláteis de mercado para o sucesso de empresas em muitos setores industriais (Rosen, Schroeder e Purinton, 1998). Conforme destaca Mohr (2000), é certo que o escopo de inovação e alta tecnologia não está mais restrito a computadores, telecomunicações e bens eletrônicos, passando também pela biotecnologia, genômica, fibras ópticas etc. Essas evoluções têm levado muitos setores industriais, tanto os mais tradicionais e maduros quanto os mais recentes e turbulentos, ao aumento de três características genéricas em seus ambientes empresariais: a incerteza tecnológica, a incerteza mercadológica e a volatilidade competitiva. Em função desses desenvolvimentos, teve início, nesse período, a consideração de mais uma especialidade na área mercadológica: marketing de inovação e tecnologia. Nas próximas seções, serão desenvolvidas essas três variáveis, que caracterizam os mercados intensos em inovação e tecnologia.

2.1 Incerteza tecnológica

Na atualidade, a economia global é largamente movida pela inovação tecnológica. Entre os atuais setores ditos de alta tecnologia, encontram-se os de TI e computadores (*hardware*, *software* e telecomunicações), biotecnologia, telecomunicações e o sistema tecnológico que envolve a Internet. Entretanto, a lista de setores nos quais a inovação tecnológica está criando modificações radicais é bem mais ampla, incluindo o automotivo, a administração do lixo, a agricultura, o petróleo e gás natural, além de categorias de produtos de consumo. Embora alguns acreditem que esses setores sejam mais de baixa que de alta tecnologia, as inovações os estão revolucionando.

Mas o que vem a ser alta tecnologia em um contexto em que pode permear muitos setores industriais, até mesmo os mais básicos da economia?

Partindo do princípio de que tecnologia é o estoque de conhecimento útil aplicado tanto a processos produtivos (idéias envolvidas na fabricação) quanto a produtos (idéias e conhecimentos incorporados a eles), o que vem a ser alta tecnologia, ou alto conteúdo tecnológico?

De acordo com Markwald (2005), as primeiras classificações de intensidade tecnológica surgiram nos Estados Unidos; em 1984, a Organização para a Cooperação e o Desenvolvimento Econômico (OCDE) apresentou uma classificação com base em setores industriais de 11 países, tendo como indicadores o número de empregados técnicos, o capital investido em P&D e o número de patentes no setor, entre outros. Desse estudo, originou-se uma classificação organizada em três categorias: alta, média e baixa tecnologia. Em meados da década de 1990, a OCDE atualizou essa classificação, com base na introdução de um indicador indireto de intensidade tecnológica, relacionado à utilização de equipamentos e insumos tecnologicamente mais sofisticados, o qual apresentava boa correlação com os demais. Essa classificação passou a incluir 22 setores de dez países e discriminava quatro categorias: alta, média-alta, média e baixa intensidade tecnológica. Em 1997, a classificação foi aprimorada pela introdução de uma categorização numérica de até cinco dígitos para análise do fluxo internacional desses produtos.

Como se pode notar, essa classificação foi construída segundo critérios cuidadosos, levando em conta setores de vários países, e passou por revisões e aperfeiçoamentos. Embora essa definição tenha sido rapidamente difundida e adotada por muitos países, entre eles o Brasil, apresenta algumas limitações para o uso de marketing de tecnologia. Por exemplo, alguns setores industriais, como o de cigarros, são, segundo a OCDE, intensivos em P&D, mas seus produtos não são inovadores, o que enseja o uso de marketing tradicional na comercialização dos produtos; a classificação também pode excluir setores intensivos em tecnologia, como o têxtil, que utiliza a última palavra em *laser* para *design* e corte de tecidos; por sua vez, outros setores, como os de equipamentos eletrônicos de baixo custo e semicondutores, envolvem alto índice de capital/trabalho e poucos conhecimentos científicos.

Há outros fatores, além da dificuldade de definir propriamente os graus de intensidade tecnológica, que trazem dúvidas sobre se a empresa ou o produto podem cumprir a promessa ensejada pela tecnologia. Entre eles, podem ser citados cinco tipos:

- incerteza sobre se a última inovação funcionará como se espera, o que ocorre quando é lançado, por exemplo, um novo medicamento que acaba gerando receio nos pacientes sobre sua eficácia em relação ao anteriormente usado;

- incerteza sobre a programação de desenvolvimento de novos produtos, uma vez que a ocorrência de atrasos no lançamento de produtos de alta tecnologia é comum e acaba gerando problemas tanto para as empresas fabricantes quanto para os consumidores;
- ambigüidade sobre se o fornecedor será capaz de fazer reparos relativos à nova tecnologia, se o consumidor tiver problemas com os produtos baseados na nova tecnologia;
- preocupação com conseqüências inesperadas e não planejadas ou efeitos colaterais. Por exemplo, muitas empresas implantam ferramentas de TI para agilização de seus processos internos; entretanto, pesquisas apontam que os funcionários usam em média 3,7 horas de Internet por semana em interesses pessoais durante o horário de trabalho;
- preocupação com obsolescência, uma vez que não há como saber se uma nova tecnologia será viável do ponto de vista da difusão para o mercado.

2.2 Inovações tecnológicas e cadeia de fornecimento

O termo *inovação* tem sido largamente conceituado, tanto de modo amplo quanto especificamente. Para os propósitos deste trabalho, será adotada a definição genérica de inovação do Fórum Nacional de Inovação (FGV–SP), em que Álvares e Barbieri (2003) apresentaram a equação a seguir, caracterizando como aspecto principal da inovação o fato de se constituir em conhecimento aplicado que gera resultados:

$$\text{inovação} = \text{invenção} + \text{aplicação} + \text{resultados}.$$

Em termos mais específicos, uma das importantes categorizações das inovações as classifica em radicais e incrementais. As primeiras apresentam outras denominações, como revolucionárias ou descontínuas. As características dessas inovações envolvem a utilização de invenções ou resultados de laboratório em busca de aplicações comerciais lucrativas. Em relação à cadeia de fornecimento, essas inovações em geral ocorrem em seus níveis iniciais, próximos aos fornecedores de insumos, e podem afetar radicalmente o processo de fabricação ou o produto. A área de P&D (em empresas, universidades ou institutos de pesquisa) conduz esses movimentos, sendo as aplicações comerciais ou os clientes-alvo considerados apenas quando a inovação já foi desenvolvida. Por essas razões, esses mercados são referidos como situações *technology push*. Como exemplos dessas inovações temos a Internet, um resultado adicional do sistema computacional do sistema de defesa norte-americano para sobreviver a um ataque soviético. Empresas farmacêuticas como a Amgen, em vez de começar o desenvolvimento de produtos a partir da doença e trabalhar para trás, até a ciência, partem de resultados científicos brilhantes, para os quais procuram aplicações para eles.

Por outro lado, as inovações incrementais são continuações de métodos ou práticas existentes e podem envolver extensão de produtos já lançados, caracterizando mudanças evolucionárias, em oposição às revolucionárias. Produtos que incorporam inovações incrementais são substitutos próximos uns dos outros e localizam-se mais ao final da cadeia de fornecimento, próximo aos consumidores finais. As características dos produtos são bem definidas, e tanto fornecedores quanto consumidores têm clara idéia do que são os produtos, e o consumidor pode articular suas necessidades facilmente. Assim, a área de marketing é mais apta a conduzir os esforços mercadológicos que envolvem essas inovações.

O Quadro 10.1, a seguir, dispõe as inovações em um *continuum* que traz, em um extremo, características totalmente radicais, até o outro extremo, de características puramente incrementais.

Quadro 10.1 *Continuum* de inovações na cadeia de fornecimento

RADICAIS ←	→ INCREMENTAIS
Tecnologia cria mercado novo	Extensão do produto ou processo existente
Invenção de P&D no laboratório	Características de produtos bem definidas
Desempenho funcional superior em relação à antiga tecnologia	Vantagens competitivas em custos de produção baixos
Oportunidade de mercado específica ou novo modo de atender a necessidades antigas	Sempre desenvolvida em resposta a uma necessidade de mercado específica
"Lado da oferta": *technology push*	"Lado da demanda": *customer pull*

Fonte: Mohr, Sengupta e Slater, 2005, p. 19.

2.3 Incerteza mercadológica e padrões setoriais

A incerteza mercadológica concerne ao tipo e extensão de necessidades ou desejos dos clientes que podem ser satisfeitos por determinada tecnologia, esteja ela embutida em produtos ou em processos. Os principais fatores que a compõem são descritos na seqüência:

- ambigüidade sobre o tipo e a extensão das necessidades dos clientes que podem ser satisfeitas por determinada tecnologia;
- medo, incerteza e dúvida (MID) do consumidor sobre quais necessidades serão atendidas e quão bem elas serão atendidas. Esses receios influenciam a velocidade de adoção, pois os consumidores precisam de conhecimento e assistência pós-compra envolvendo a inovação;
- as necessidades do cliente podem se modificar rápida e imprevisivelmente, em mercados de alta tecnologia, o que as torna alvos móveis, difíceis de serem administrados;
- ansiedade do cliente sobre a falta de padrões setoriais e de *design* dominante, pois uma inovação recém-surgida provavelmente não conta com a existência de um padrão setorial que a sustente;
- incerteza sobre o ritmo de adoção, o que é, em parte, conseqüência dos três fatores apontados anteriormente, como ocorreu com a taxa de adoção lenta dos televisores coloridos nos Estados Unidos;
- incerteza sobre, ou inabilidade de prever, o tamanho do mercado, em função de desconhecer se a inovação será difundida ou não, ou seja, quanto menos uma inovação se difunde, há mais dificuldade em se conhecer as dimensões do respectivo mercado.

Padrões setoriais são caracterizados por produtos que possuem uma tecnologia embutida que forma o *design* dominante utilizado em determinado setor. Por exemplo, no início do século XX, quando o setor automobilístico estava em sua infância, havia várias opções tecnológicas para automóveis, como motor a gás, elétrico, a explosão etc. Por várias razões, essa última opção tecnológica se tornou o *design* dominante no setor e todas as empresas o adotaram. Somente nos últimos anos, com o esgotamento dessa tecnologia, mais alternativas passaram a ser consideradas, mas contemplando um futuro ainda relativamente distante.

Padrões setoriais são importantes porque criam uma arquitetura subjacente comum para produtos oferecidos por diferentes empresas no mercado. São importantes também porque os clientes ganham compatibilidade, dominando seu risco percebido (fatores MID), além de trazerem convergência e interface entre componentes de produtos.

O padrão setorial de um dado setor enseja uma disponibilidade de produtos complementares, determinada pela quantidade de clientes que compra o produto ou serviço básico. As empresas ofertantes, por sua vez, conseguem obter maior valor do produto básico, à medida que mais produtos complementares se tornam disponíveis.

A organização que apresenta pela primeira vez uma tecnologia ao mercado pode estabelecer um novo padrão no setor, ainda que seja inferior ao oferecido por outras tecnologias. Como exemplo, estão os teclados Qwerty, que perduram como *design* dominante muito tempo depois de o requisito que o gerou – necessidade de reduzir a velocidade de digitação das máquinas de escrever mecânicas – haver desaparecido (Rogers, 1995).

O fator crítico de sucesso no estabelecimento de um padrão setorial é criar rapidamente um grande contingente de clientes para o produto genérico – uma base instalada. Pode haver implicações antitrustes quando um padrão se aproxima de um monopólio. Há algumas estratégias para as empresas tentarem estabelecer padrões setoriais, as quais apresentam vantagens e desvantagens. A primeira delas é licenciar acordos de fabricação (para os *original equipment manufacturers*, OEMs). A segunda estratégia para estabelecer um padrão setorial é constituir alianças estratégicas a fim de, patrocinar conjuntamente o desenvolvimento de um determinado padrão tecnológico. A terceira estratégia envolve diversificação de produto, apresentando aos clientes produtos complementares, de modo a lhes oferecer maior valor, aumentando e consolidando a base instalada de clientes. A quarta e última estratégia envolve a realização de um posicionamento agressivo de produtos, utilizando preço de penetração, proliferação de produtos e ampla distribuição.

2.4 Volatilidade competitiva

Como a própria expressão diz, volatilidade competitiva envolve alta possibilidade de alterações no contexto competitivo de determinado setor, implicando mudanças nos concorrentes, em suas ofertas e estratégias. Há basicamente três fontes de volatilidade competitiva. A primeira é a incerteza sobre quem serão os futuros concorrentes e em quais mercados, pois a maioria das novas tecnologias que ameaçam um setor provém de fora dele. A segunda se refere às "regras do jogo" (isto é, incerteza sobre estratégias e táticas competitivas), pois os novos entrantes trazem abordagens não conhecidas pelas antigas empresas do setor. Por sua vez, a terceira é relacionada à concorrência quanto à forma de produto: competição entre classes de produtos e marcas diferentes do mesmo produto.

A principal implicação da volatilidade competitiva é a destruição criadora, fenômeno que enseja a adoção de uma nova tecnologia pela destruição das bases anteriores da tecnologia substituída, conforme é visto adiante neste texto. Os mercados de alta tecnologia apresentam também outras características que enfatizam a volatilidade competitiva, como, por exemplo, o custo da primeira unidade, que se expressa pelo fato de os custos de produzir a primeira unidade serem muito altos em relação aos custos de reprodução. Um exemplo disso são os custos de desenvolvimento de um *software*, em comparação com os de obter unidades adicionais (reprodução) desse produto. Podem surgir também problemas de comercialização, por ser difícil avaliar o *know-how* que forma a base da tecnologia subjacente. Por exemplo, quanto se deve cobrar pelo licenciamento dos direitos de um micróbio que se alimenta de lixo? Pode haver também extravasamento de conhecimento, em que os desenvolvimentos tecnológicos em um domínio estimulam novos desenvolvimentos em outras áreas, como é o caso do projeto genoma humano.

A descrição dessas três variáveis ambientais – incerteza tecnológica, incerteza mercadológica e volatilidade competitiva – caracterizam o meio ambiente de marketing de inovação e tecnologia e são esquematizados na Figura 10.1.

Fonte: Elaborada pelo autor com base em Mohr, Sengupta e Slater, 2005, p. 6.

Figura 10.1 Ambiente de marketing de tecnologia.

A área central da figura, delimitada pela interseção das incertezas tecnológica e mercadológica, caracteriza, para os efeitos de uma administração mercadológica eficaz pelas empresas, setores de alta inovação e tecnologia. Conforme Mohr, Sengupta e Slater (2005), as abordagens de marketing correntes e as ferramentas tradicionais podem não ser suficientes para gerenciar os fortes impactos tecnológicos que acometem esses produtos e, em função disso, novas abordagens e ferramentas se tornam necessárias. Para administrar adequadamente a área e as atividades de marketing, considerando ativamente esse contexto, os autores propõem a teoria da contingência, ilustrada pelo Quadro 10.2, a seguir.

Quadro 10.2 Marketing e os tipos de inovação

INOVAÇÕES	RADICAIS	INCREMENTAIS
Interação marketing e P&D	P&D conduz: *technology push*	Marketing conduz: *customer pull*
Tipo de pesquisa de marketing	Usuários pioneiros; observação etnográfica	Levantamentos, grupos focais
Papel da propaganda	Demanda primária; educação de clientes	Demanda seletiva; construção de imagem
Preço	Pode ser *premium*	Tende a ser mais competitivo

Fonte: Elaborado com base em Mohr, Sengupta e Slater, 2005.

Quanto mais presentes em um setor forem as inovações incrementais, mais tradicional a abordagem de marketing deve ser. No outro extremo, quanto mais as empresas lidarem com inovações radicais em seus produtos, mais as ferramentas de marketing devem ser adaptadas a essas condições. O Quadro 10.2 mostra algumas implicações para a administração de marketing envolvendo os dois tipos de inovação. No caso de inovações incrementais, utilizam-se ferramentas de marketing tradicional, ao passo que, quando as inovações são radicais, ferramentas de marketing de inovação e tecnologia são mais adequadas.

3 Cultura de inovação

A cultura organizacional, segundo Schein (1985), é um complexo de padrões e suposições básicas inventadas, descobertas ou criadas por determinado grupo e usadas por ele para lidar com problemas de adaptação externa e integração interna, o qual tenha funcionado bem o bastante para ser considerado válido e, em vista disso, deva ser ensinado aos membros mais novos como o correto caminho para entender, pensar e sentir em relação aos referidos problemas. O autor também afirma que podem ser distinguidos três níveis característicos e interconectados, que permitem entendê-la e examiná-la. O nível mais superficial e enganador é o dos artefatos visíveis (modos de falar, vestir e comportar-se etc.); segue-se o nível dos valores, que é intermediário e traz regras e preceitos que modelam o comportamento das pessoas; por fim, no nível dos pressupostos básicos residem as razões inconscientes que, em grupo, incentivam as pessoas a agir de determinada maneira.

Em empresas intensas em inovação, quanto mais a cultura a favorecer, ou seja, quanto mais os valores e pressupostos básicos estiverem alinhados a princípios inovadores, mais fácil será alcançar o sucesso, caracterizando o que se pode chamar de cultura de inovação.

3.1 Vantagem competitiva: competências e rigidezes essenciais

As vantagens competitivas estão relacionadas à cultura de inovação, sejam elas obtidas por diferenciação, custos baixos ou estratégia de focalização em nichos (Porter, 1992). Em geral, suas fontes estão relacionadas aos ativos da organização, tanto tangíveis quanto intangíveis. Como exemplos do primeiro tipo, têm-se produtos, unidades produtivas e recursos financeiros há para exemplificar o segundo tipo, têm-se a(s) marca(s), a reputação, o *know-how* que a empresa detém e sua cultura e o favorecimento dos pontos de destaque perante os concorrentes. Entretanto, uma outra fonte importante de vantagem competitiva está nas competências da empresa, presentes em suas rotinas e processos. As competências essenciais, que realmente podem diferenciar a empresa perante seus concorrentes, possuem três características básicas: devem ser de difícil imitação pelos concorrentes, ser significativamente relacionadas aos benefícios que os usuários finais recebem e permitir acesso a ampla variedade de diferentes produtos-mercados. Quanto mais as competências alcançarem esses três requisitos, mais a empresa correspondente oferecerá valor aos clientes, por meio de seus produtos e serviços, alcançando vantagens competitivas diferenciadas e sustentáveis. Essas características são ilustradas na Figura 10.2, que faz uma analogia entre uma árvore e as competências essenciais.

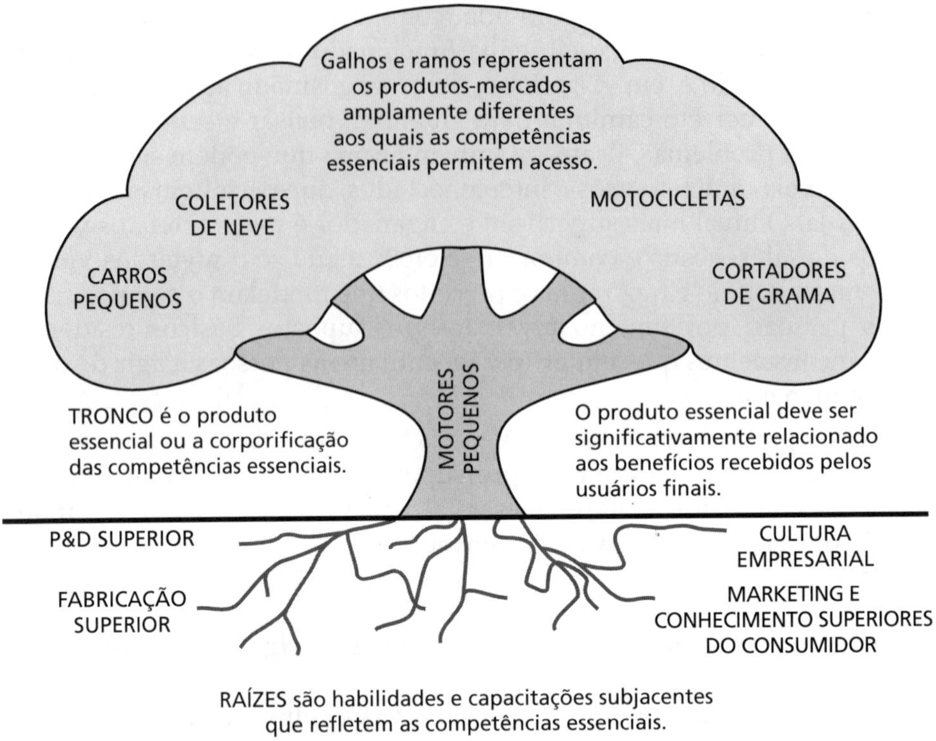
Galhos e ramos representam
os produtos-mercados
amplamente diferentes
aos quais as competências
essenciais permitem acesso.
COLETORES
DE NEVE
MOTOCICLETAS
CARROS
PEQUENOS
CORTADORES
DE GRAMA
MOTORES
PEQUENOS
TRONCO é o produto
essencial ou a corporificação
das competências essenciais.
O produto essencial deve ser
significativamente relacionado
aos benefícios recebidos pelos
usuários finais.
P&D SUPERIOR
FABRICAÇÃO
SUPERIOR
CULTURA
EMPRESARIAL
MARKETING E
CONHECIMENTO SUPERIORES
DO CONSUMIDOR
RAÍZES são habilidades e capacitações subjacentes
que refletem as competências essenciais.

Fonte: Mohr, Sengupta e Slater, 2005, p. 52.

Figura 10.2 Analogia às competências essenciais.

Conforme ilustra a árvore retratada na Figura 10.2 para a empresa Honda, as raízes mostram as áreas em que a empresa possui excelência, em termos de capacitações e habilidades. A metáfora da raiz se refere à construção de uma base de operações e também ao fato de não serem características muito aparentes. Todas essas capacitações excelentes convergem no produto essencial, que deve estar bastante relacionado aos benefícios recebidos pelos clientes – representado pelo tronco da árvore – e que são os motores pequenos. Por fim, os frutos da árvore representam os resultados de excelência distribuídos aos clientes, os quais, neste exemplo, se traduzem nos seguintes produtos-mercados: carros pequenos, coletores de neve, motocicletas e cortadores de grama.

As empresas em geral serão mais, ou menos, propensas a realizar inovações, de acordo com condições e características que podem ser classificadas como obstáculos e facilitadores da inovação. Como obstáculos, há o dilema da inovação, as rigidezes essenciais e a obrigação de ser grande e, como facilitadores, têm-se a destruição criadora e a dominância empresarial, os quais serão examinados na seqüência.

3.2 Obstáculos e facilitadores da inovação

O dilema da inovação está relacionado à adequada gestão de inovações incrementais e radicais, à medida que elas surgem. As primeiras são muito mais abundantes que as segundas e, por isso, na maior parte das vezes, deve-se aplicar as melhores práticas de gestão, que auxiliam as empresas a serem bem-sucedidas. Mas, em algumas ocasiões – em presença das inovações radicais –, seguir os preceitos das melhores práticas pode fazer as empresas falirem. Assim, ouvir os melhores clientes e incorporar suas necessidades ao conjunto de novos produtos é algo fundamental para o sucesso de uma empresa. O dilema é que isso pode ser muito enganador, quando inovações de ruptura, conforme foram denominadas por Christensen (2000), surgem no mercado. Muito freqüentemente, clientes principais de mercados atuais não podem ou não querem utilizá-las quando surgem. Elas podem ser utilizadas somente por um pequeno grupo de clientes diferentes, em pequenos nichos, que, com a evolução da nova tecnologia e dos produtos nos quais está embutida, acabam evoluindo, ganhando o mercado principal e substituindo a antiga tecnologia. Como exemplo estão, as câmeras digitais *versus* câmeras com filmes.

Rigidezes essenciais são caracterizadas como um fruto pernicioso das competências essenciais, originadas de áreas de excelência das empresas que, com o passar do tempo, se transformaram em rotinas entranhadas, apoiadas por normas culturais nunca questionadas. O que um dia permitiu que a organização se destacasse e consolidasse uma posição diferenciada no mercado passou a ser uma camisa-de-força que inibe a habilidade de desenvolver produtos novos sobre conhecimentos e rotinas que não sejam familiares.

A obrigação de ser grande também está relacionada às rigidezes essenciais e pode inibir a capacidade de as empresas desenvolverem inovações radicais. O fato é que as grandes empresas, para poder operar adequadamente, necessitam em geral de um formato que traga alto teor de burocracia, foco em economias de escala, receio de canibalização de produtos e o dilema de uma empresa bem colocada no mercado no momento de investir em inovações radicais. Essas empresas são capazes de lançar no mercado produtos novos destinados a substituir seus atuais produtos de sucesso, desde que isso ocorra no mesmo paradigma tecnológico, que ela domina. Quando surge uma inovação radical (relacionada a uma tecnologia de ruptura), as grandes empresas podem ter suas posições de mercado ameaçadas.

Em função das características e dos problemas apresentados, torna-se importante para as empresas concentrar parte de seus esforços em desenvolver proativamente a próxima geração tecnológica que poderá obsolescer a atual, com os facilitadores da inovação. O primeiro deles é a destruição criadora, termo cunhado em 1942 por Joseph Schumpeter em seu trabalho *Capitalism, socialism and democracy*, para denotar o processo de mutação setorial que incessantemente revoluciona a estrutura econômica por dentro, destruindo a antiga e criando a nova. Em outras palavras, a destruição criadora ocorre quando algo novo desfaz algo antigo. Um bom exemplo disso é o setor de computadores pessoais, conduzido pela Microsoft e pela Intel, empresas que destruíram muitas outras fabricantes de computadores *mainframe*. Em compensação, ao fazer isso, os empreendedores que as conduziam criaram uma das mais importantes invenções recentes, que se converteram em inovações com diversas aplicações.

Quanto à dominância empresarial, a própria expressão já ressalta a natureza das vantagens que oferece. Suas fontes estão nos investimentos realizados na geração de produtos atuais (dentro do paradigma tecnológico dominante), na participação de mercado e na riqueza. Os dois primeiros fatores podem inibir a inovação, enquanto o último facilita seu desenvolvimento.

3.3 Orientação para o mercado e interação eficaz entre marketing e P&D

Em geral, as pessoas no âmbito de uma empresa acumulam informações que, se socializadas, poderiam contribuir para seu bom desempenho e orientação para o mercado. Entretanto, fatores limitantes, como rigidezes essenciais, as fazem desconsiderar tais informações. Se, em adição a isso, houver também a "tirania do mercado atendido", em que só se ouvem os clientes atuais e só se quer resolver problemas com as tecnologias existentes, o bom desempenho e a orientação para o mercado podem desaparecer. Há situações em que ouvir demais os clientes e fazer o que pedem podem inibir a inovação, pois eles podem ser imprecisos tanto em seu apoio positivo quanto em sua rejeição a novos produtos. Isso ocorre em mercados intensos em inovação, pois, nessa situação, os clientes não estão ainda conscientes de suas necessidades e desejos, embora os sintam. Por isso, a superação dessa situação envolve menor enfoque no que os clientes falam e maior atenção ao que eles fazem. Assim, é importantíssimo casar o *feedback* do cliente com o tipo de inovação que se apresenta. Para inovações incrementais, o *feedback* do cliente em geral é fundamental e útil, mas, quando se trata de inovações radicais, normalmente os clientes estão limitados pelas soluções existentes. Neste ponto, cabe ressaltar a diferença entre ser um profissional de marketing conduzido pelo cliente – postura típica de quem está tomado pela "tirania do mercado atendido" – e ser orientado para o cliente, em que se procura identificar e satisfazer suas necessidades. Em situações de inovações incrementais, as necessidades e desejos são conhecidos e expressos claramente, porque os clientes conhecem bem as opções de sua satisfação. As formas mais comuns de buscar informações são pesquisas de levantamento e de grupos focais, além de testes de conceito de produtos. Já em presença de inovações radicais, geralmente se trabalha com necessidades desarticuladas de mercados e clientes novos, sendo o aprendizado ensejado bastante dinâmico e diferenciado. Os modos mais comuns de coletar informações para marketing com inovações radicais envolvem observação (etnográfica) do cliente, pesquisa de usuários-pioneiros e experimentação.

Dado esse contexto, é mister que se estabeleça uma interação de qualidade entre a área mercadológica e a tecnológica para uma efetiva orientação para o mercado. Se as inovações são radicais, o sucesso, se ocorrer, será baseado no talento tecnológico da equipe técnica de P&D, sendo papel do marketing proporcionar *feedback* sobre áreas de oportunidade de mercado, desenvolvimento de mercado, características do produto e sua viabilidade em termos de engenharia. Em resumo, o papel do marketing é inserir a voz do cliente e do mercado no processo de desenvolvimento tecnológico e de produto. Em relação às inovações incrementais, como os clientes podem fornecer um *feedback* útil sobre o desenvolvimento do produto, cabe à P&D, além de auxiliar com seus esforços, garantir que o marketing compreenda as capacidades tecnológicas, uma vez que essa área assume um papel fundamental nessa situação. Desse modo, a função P&D e os profissionais técnicos tendem a estar mais comprometidos com os clientes durante o processo de desenvolvimento e administração de produtos.

Outro problema é encontrado na cultura organizacional que apresenta rigidez essencial por ser excessivamente orientada para a tecnologia. Nesse ambiente, há uma elevação do *status* dos funcionários de engenharia em relação aos de marketing; como conseqüência, aquela função acaba assumindo tarefas importantes que caberiam à área mercadológica. Também não é incomum haver distâncias físicas, espaciais, entre as áreas de marketing e de P&D. Para ilustrar os problemas de relacionamento que podem ocorrer, são mostrados, no Quadro 10.3, os estereótipos apresentados pelos profissionais de marketing pelo corpo técnico de P&D e vice-versa, ou seja, as percepções que o pessoal de uma área normalmente tem da outra.

Quadro 10.3 Percepções que o marketing e o P&D têm um do outro

Pessoal de marketing sobre o pessoal técnico	Pessoal técnico sobre o pessoal de marketing
Não possuem nenhum senso de tempo	Querem tudo agora
Não se preocupam com custos	São agressivos e demasiadamente autoritários
Não têm idéia sobre o que é o mundo real	Não são realistas
Escondem-se no laboratório	Rapidamente prometem o que não podem cumprir
Não conseguem se comunicar claramente	São envolvidos apenas com comunicação
Deveriam ser isolados dos clientes	Focalizam clientes que não sabem o que querem
Querem que os clientes se adaptem a eles	Fazem previsões ruins
Não são voltados nem têm senso de serviço ao cliente	Não conseguem tomar decisões
Não vêem concorrentes e vantagens competitivas	Mudam as especificações de projeto com freqüência
Sempre buscam a padronização	São muito impacientes
São muito conservadores e inflexíveis	Estão mais interessados em jogar golfe
Têm uma visão muito estreita do mundo	Estão sempre com pressa
Sempre subestimam os custos	Não confiam no pessoal técnico
Não têm senso de humor	Estabelecem metas não realistas para margem de lucro
Vivem em outro mundo	Possivelmente não conseguem entender a tecnologia
São passivos e lentos	Não se interessam pelos problemas dos cientistas
Não entendem os clientes	Lançam produtos rápido demais
Não conseguem cumprir agendas	Querem enviar o produto antes de ele estar pronto
São interessados somente em tecnologia	—
Nunca acabam de desenvolver o produto	—

Fonte: Bruce e Biemans, 1995 apud Rímoli, 2001, p. 35.

Para incrementar a interação entre marketing e P&D, são apresentadas, na seqüência, quatro estratégias para cooptação, coordenação, comunicação e conflito construtivo. Na cooptação, os profissionais de marketing constroem redes e pontes informais com os profissionais técnicos, nas quais se procuram entender os produtos técnicos fazendo perguntas, em vez de dizer o que eles devem fazer. Além disso, é preciso que a área comercial entenda e seja capaz de comunicar informações de forma articulada sobre o domínio da área técnica e vice-versa, com relação a produtos, tecnologia ou mercados.

Na coordenação, há quatro providências principais a serem exploradas, sendo a primeira a acomodação de marketing e P&D em lugares fisicamente próximos. Como segunda atividade, é interessante promover o rodízio dos funcionários por várias funções, permitindo-lhes entender o papel e a importância de seus colegas; na seqüência, podem ser desenvolvidas redes transfuncionais informais, incentivando a cooperação pela execução eficaz de trabalhos. Em seguida, sugere-se a criação de uma estrutura formal, com responsabilidades e incentivos conjuntos entre as duas áreas, os quais encorajem a cooperação. Essas providências podem facilitar o consenso de forma não diretiva.

A terceira estratégia é incrementar a comunicação interna por meio de quatro ações: aumentar a freqüência de contatos entre as áreas; aumentar a disseminação de informações pelos canais formais; criar normas de compartilhamento e uso de informações e enfatizar que os objetivos da empresa estão acima dos das áreas comercial e técnica.

A quarta estratégia é administrar positivamente discussões acaloradas (conflito construtivo), visando a obtenção de idéias novas e inovadoras. Embora a harmonia entre as áreas seja algo desejável, além de certo ponto ela pode sufocar o surgimento de pontos de vista alternativos. Nesses casos, a ênfase na harmonia pode ser o "pensamento grupal", em que opiniões contrárias não são expressas e os problemas são ignorados para não comprometer o clima de cordialidade no grupo.

3.4 Marketing de relacionamento: parcerias e alianças, seus benefícios e riscos

Refere-se à formação de relacionamentos de longo prazo com clientes e outros parceiros de negócios que produzam resultados ganha/ganha e mutuamente satisfatórios. Em mercados de alta tecnologia, dadas as características desse ambiente empresarial – incertezas tecnológica e mercadológica e volatilidade competitiva –, torna-se vital estabelecer esses relacionamentos, pois em geral o ciclo de *time-to-market* é curto, com riscos e custos de desenvolvimento altos. As empresas tendem a considerar projetos conjuntos, como fizeram GM e WEG no desenvolvimento de motores. Além disso, pode haver também ganhos sinérgicos, pela complementação de competências entre os parceiros.

Além disso, parcerias podem ser realizadas por atores diversos no contexto produtivo, sendo de dois tipos básicos: verticais, com membros de outros níveis da cadeia de fornecimento, como fornecedores, canais de distribuição e clientes, e horizontais, com membros do mesmo nível da cadeia de fornecimento, como empresas complementares, fabricantes de produtos utilizados em conjunto com os da empresa, concorrentes próximos e genéricos. Quanto aos benefícios que as parcerias e alianças podem trazer às organizações que as compõem, estão inicialmente ganhos relacionados a eficiências de custo, aceleração do *time-to-market* e acesso a novos mercados. Parcerias e alianças contribuem também para a definição de padrões no setor, o desenvolvimento de inovações incrementais – e eventualmente radicais – para novos produtos, bem como o desenvolvimento de produtos complementares, o que reforça o poder e a dominância de mercado.

Entretanto, como não poderia deixar de ser, há riscos de perdas caso as parcerias não redundem em sucesso – como, por exemplo, o completo fracasso dos relacionamentos, a perda de autonomia e controle sobre processos de desenvolvimento, produtos e operações e a perda de informações protegidas por direitos autorais. Essa situação configura grande desgaste pela não realização dos objetivos da aliança e pode trazer ainda questões legais e problemas antitruste potenciais.

Os fatores de sucesso nas parcerias envolvem uma garantia de interdependência bilateral, ou seja, é interessante que cada participante seja dependente do outro em função de algum recurso valioso e difícil de ser obtido de outra fonte. Deve haver precauções em caso de parceiros de tamanho desigual, situação em que essa interdependência é mais difícil. Entretanto, tratando-se de setores de alta tecnologia, não é incomum encontrar parcerias entre uma pequena empresa com uma nova tecnologia promissora e uma empresa grande e estabelecida que contribui com os recursos necessários, acesso a mercados e experiência em marketing e administração.

3.5 Relacionamentos estáveis e duradouros com clientes

Há várias razões para cultivar relacionamentos estáveis e duradouros com clientes. A primeira delas é que esses relacionamentos proporcionam soluções que beneficiam ambos os lados, oferta e procura por produtos. Além disso, é mais barato manter os clientes atuais, se forem interessantes e lucrativos, que buscar novos clientes, embora isso possa exigir sacrifício de lucros a curto prazo em favor de ganhos a longo prazo. Dada sua importância a longo prazo, é fundamental escolher clientes que efetivamente valorizem e potencializem esses relacionamentos. Do ponto de vista da empresa, a obtenção de clientes duradouros pode ser tratada como a aquisição de um ativo, com critérios análogos. Em primeiro lugar, é interessante adquirir todo tipo de cliente, contanto que seu valor futuro descontado (projeção da receita de sua primeira compra) exceda os custos de aquisição (custos da campanha de aquisição, dos contatos realizados, dos contatados que se tornaram clientes e de aquisição por cliente) correspondentes.

Reinartz e Kumar (2002) encontraram evidências segundo as quais classificaram clientes leais, de acordo com o valor que geram para a empresa, em quatro categorias. Os mais valiosos foram chamados de *amigos verdadeiros*, por serem altamente lucrativos, orientados ao relacionamento com a empresa e ao benefício mútuo a longo prazo. O segundo grupo de clientes mais valiosos é o dos chamados *borboletas*, que são essencialmente compradores de curto prazo, sempre buscando novas opções de compra, e também muito lucrativos. Entretanto, se ocorrer de mudarem seu relacionamento para um concorrente, dificilmente retornarão ao antigo. O terceiro grupo é o dos *crustáceos*, que se caracterizam por desejarem relacionamento a longo prazo, mas ou seu volume de compra é muito baixo ou o custo de servi-los é muito alto. Assim, podem ser os mais problemáticos entre os quatro grupos, no entanto, se forem bem-administrados, podem ser relativamente lucrativos. O último grupo é o dos *estrangeiros*, que desejam relacionamentos a longo prazo, porém são mais focados em preço e pontualidade das trocas do que na realização de valor por meio delas. Por isso, tendem a ser os menos lucrativos.

Para encerrar as considerações sobre marketing de relacionamento em mercados de alta tecnologia, vale examinar um pretenso paradoxo que, na realidade, revela a importância de administrar bem e cautelosamente os relacionamentos. Assim, por um lado, uma empresa pode desejar as parcerias mais estreitas possíveis para incrementar o aprendizado e o valor para si mesma e seus clientes ou, então, desejar parcerias menos estreitas para impedir a transferência indesejada de informações. É preciso ter controle sobre o nível e a intensidade de relacionamento adequados a cada tipo de cliente, visando maximizar o valor para ele e a lucratividade para a empresa.

4 Comportamento do consumidor em mercados de alta tecnologia

Comportamento do consumidor é uma ampla e tradicional área de estudo no campo de marketing, e já assume, segundo alguns estudiosos, uma identidade própria em termos conceituais. Sheth, Mittal e Newman (1999) focalizaram também, em sua obra, o comportamento do cliente, a quem definem como uma pessoa ou unidade organizacional que desempenha o papel de comprador, pagador ou usuário na consumação de uma transação com um profissional de marketing ou organização. Nessa seção, serão abordados três importantes tópicos de comportamento do consumidor adaptados a marketing de inovação e tecnologia: estágios do processo de compra; processo de adoção e difusão de inovações e abordagens estratégicas aos vários segmentos de mercado.

4.1 Estágios do processo de compra

Todas as pessoas e organizações procuram resolver muitos de seus problemas ou, em outras palavras, satisfazer suas necessidades e desejos adquirindo um bem ou serviço, que representam essa resolução ou satisfação. As diversas ações envolvidas, desde o momento da consciência de um problema até sua resolução, configuram os estágios do processo de compra, ilustrado na Figura 10.3 e descrito na seqüência.

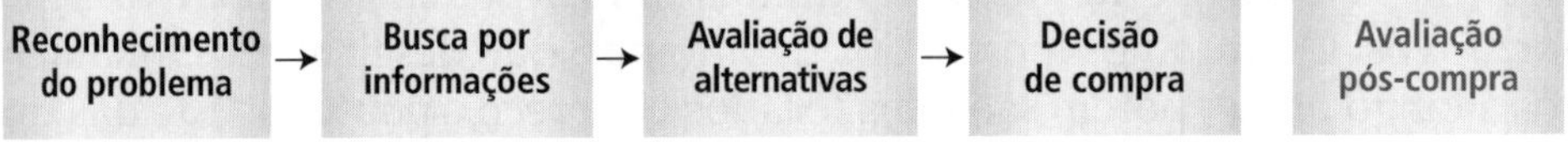

Fonte: Mohr, Sengupta e Slater, 2005, p. 171.

Figura 10.3 Estágios do processo de compra.

Conforme mostrado na Figura 10.3, o processo de compra inicia quando o comprador reconhece o motivo (problema ou oportunidade, manifestado em necessidade ou desejo) que leva à compra. Esse reconhecimento pode ser estimulado interna ou externamente. Um exemplo de estímulo interno em empresas é a identificação de um gargalo no processo produtivo, ao passo que a propaganda pode oferecer estímulos externos à compra.

O segundo estágio do processo de compra envolve a busca ativa de informações para resolver o problema apresentado, a qual pode utilizar fontes pessoais, como consulta a colegas e amigos; publicações especializadas;

fontes comerciais, como propaganda e vendedores; Internet etc. A quantidade de informação necessária varia segundo a categoria do produto (mais ou menos complexo) e também o tipo de cliente (de acordo com seu perfil de risco).

O terceiro estágio, avaliação de alternativas para produtos intensos em inovação, segue a estrutura de Rogers (1995), segundo a qual a adoção de uma nova tecnologia é uma decisão que envolve risco alto e ansiedade. As fontes de incerteza tecnológica e mercadológica significam que os clientes se preocupam com uma possível tomada de decisão inadequada em função de custos de mudança, necessidades de treinamento, e assim por diante. Foram identificados seis fatores principais que afetam a velocidade de adoção: vantagem relativa que a tecnologia oferece; compatibilidade com as normas culturais e similaridade com modos existentes de fazer as coisas; nível de complexidade, ou seja, quão difícil é para o consumidor utilizar o novo produto; experimentação do produto, a qual reduz o risco percebido pelo comprador potencial; habilidade de comunicar eficazmente os benefícios do produto e capacidade de observação e habilidade de avaliar benefícios obtidos pelo uso do novo produto, adquirido por amigos e usuários. Se os benefícios forem fluidos e/ou de difícil compreensão, a adoção será lenta. Esses seis fatores são obstáculos cruciais a serem transpostos por um marketing eficaz.

O quarto estágio do processo de compra é a decisão de adquirir o produto, quando o cliente chega a um acordo com o vendedor sobre os termos da compra, os quais envolvem o escopo da oferta considerada, o preço, as condições de pagamento e de entrega.

Finalizando o processo, o quinto estágio traz a avaliação pós-compra, em que o comprador considera até que ponto o produto adquirido atende às suas necessidades e desejos, resolvendo, desse modo, seu problema. Os questionamentos básicos nesse estágio envolvem o uso bem-sucedido da nova tecnologia pelos clientes, verificando se ela cumpriu todos os benefícios prometidos e se há custos ocultos de utilização do produto.

4.2 Difusão e categorias de adotantes

Em complementação às noções básicas do processo de compra, são desenvolvidos, nessa seção, os fundamentos de difusão e adoção de inovações em mercados de alta tecnologia. As categorias de adotantes discutidas em modelos de adoção e difusão tradicionais incluem inovadores, adotantes iniciais, maioria inicial, maioria tardia e retardatários. Com base em extensa revisão nessa área de pesquisa, Rogers (1995) descobriu que as pessoas da primeira metade da curva (inovadores, adotantes iniciais e maioria inicial) adotam inovações antes do tempo médio de adoção, em oposição aos adotantes posteriores (maioria tardia e retardatários), que as adotam após o tempo médio de adoção. Além disso, os primeiros tendem a ser mais jovens, apresentam nível educacional mais alto, têm maior grau de mobilidade social ascendente, maior capacidade de lidar com a incerteza e a mudança, maior exposição à mídia de massa e se intercomunicam mais que os últimos. Moore (2002) adaptou a teoria da difusão e adoção de inovações para a compra de produtos de computação intensos em inovação em mercados organizacionais, renomeando os grupos de consumidores e introduzindo o conceito de abismo. Sua adaptação é mostrada na Figura 10.4; na seqüência, são expostas as características desses segmentos.

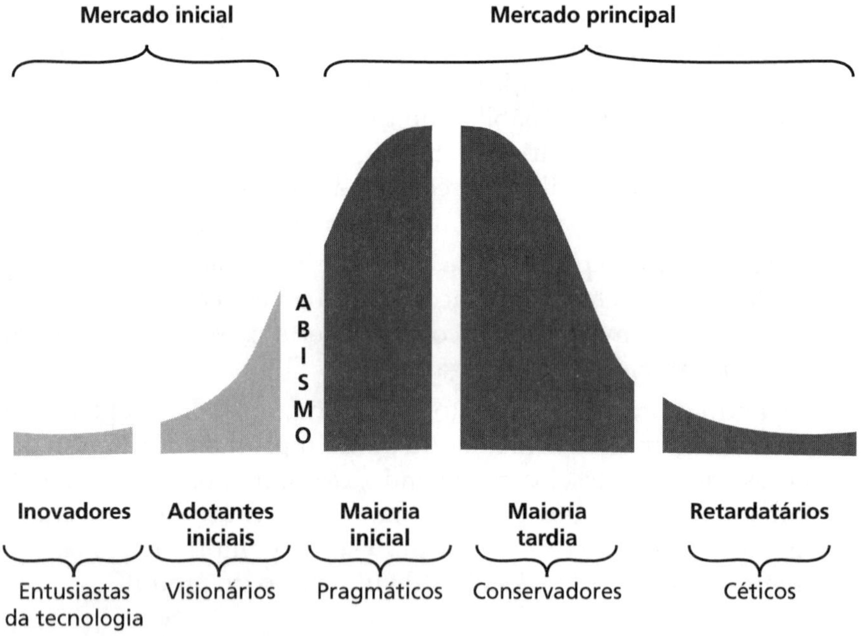

Fonte: Adaptado pelo autor, a partir de Mohr, Sengupta e Slater, 2005, p. 177.

Figura 10.4 Categorias de adotantes.

Inovadores. Esse grupo abrange os *entusiastas da tecnologia*, que apreciam a tecnologia em si, fundamentados no princípio de que, cedo ou tarde, ela vai melhorar a vida das pessoas; são motivados pela idéia de serem agentes de mudança em seu grupo de referência. Por isso, esses indivíduos têm prazer em aprender detalhes complicados e toleram limitações iniciais dos produtos recém-chegados ao mercado. Desenvolvem soluções adaptativas para esses problemas, trabalhando com o pessoal técnico e de marketing das empresas fabricantes. Desse modo, são tipicamente os primeiros consumidores de qualquer coisa que seja verdadeiramente inédita e, embora não tragam muita receita para as empresas, são importantes porque facilitam o acesso ao grupo seguinte.

Adotantes iniciais. Esse segmento finaliza o mercado inicial e corresponde aos *visionários*, que auxiliam na divulgação das inovações que surgem, impulsionando-as rumo ao sucesso de vendas. Assim, esse é o primeiro grupo que traz dinheiro para as empresas que lançam novos produtos e serviços. Adotam e utilizam novas tecnologias na esteira de uma descoberta importante e revolucionária que lhes traga vantagens competitivas importantes sobre os concorrentes. São atraídos por projetos de risco e recompensa altos, não sendo necessariamente sensíveis a preço. Os consumidores no mercado inicial procuram soluções de demanda personalizada, resposta rápida e apoios de vendas e técnico de alta qualidade. A concorrência se dá normalmente entre categorias de produtos (por exemplo, entre câmeras fotográficas e filmadoras), enquanto a comunicação entre clientes potenciais se dá horizontalmente (por meio dos setores e dos limites profissionais).

Maioria inicial. O grupo dos *pragmáticos* inicia o mercado principal (ver Figura 10.4). Eles não amam a tecnologia em si; na verdade, buscam produtos e inovações evolucionárias, relacionadas à obtenção de lucros para suas empresas viaganhos de produtividade. As pessoas que compõem esse grupo são adversas a rupturas e mudanças revolucionárias em suas operações; por isso, querem aplicações comprovadas, serviços e resultados confiáveis. Esse grupo é tido como a fortificação do mercado principal em função de três princípios que o guiam: movimentam-se em conjunto, o que explica o crescimento de vendas vigoroso nesse ponto do processo de difusão; buscam a mesma solução tecnológica, a fim de evitar riscos e, quando tomam uma decisão, querem implementá-la rapidamente. Tendem a não comprar uma nova solução tecnológica sem a indicação de um colega confiável, outro pragmático. Do ponto de vista mercadológico, essa situação coloca simultaneamente um paradoxo e um desafio: como conseguir que o primeiro pragmático realize a compra se ele não adquirirá nada sem a indicação de outro pragmático?

Maioria tardia. Pessimistas a respeito de sua habilidade de obter qualquer valor oriundo de investimentos em tecnologia, os *conservadores* os assumem apenas sob pressão, se a alternativa remanescente é permitir que o restante do mundo os supere. Avessos ao risco, são também tecnologicamente tímidos e muito sensíveis a preços. Esse grupo de consumidores requer soluções prontas e pré-fabricadas, motivadas somente pela necessidade de se nivelar aos concorrentes no setor de atuação; para isso, toma por base um conselheiro confiável.

Retardatários. Esses consumidores são *céticos* tecnológicos, críticos ferrenhos das novas soluções e consumidores potenciais não muito característicos que objetivam apenas manter o *status quo*, considerando a tecnologia uma obstrução para as operações da empresa. Compram apenas se todas as demais alternativas forem piores e a custos bastante compensadores.

Cada grupo de adotantes tem características únicas, constituindo segmentos independentes, e isso é mostrado na Figura 10.4 por hiatos (separações) entre os segmentos. Estes representam a dificuldade potencial de cada grupo adotar um produto novo se ele for apresentado do mesmo modo como foi ao grupo imediatamente à esquerda. A passagem por esses hiatos – de um segmento a outro – traz maior chance de a empresa perder o ritmo de crescimento das vendas de um novo produto e menor de se consolidar como líder de mercado. Isso pode ocorrer durante a transição de quaisquer segmentos; porém, a mais crítica de todas, é a transição do segmento dos visionários para o dos pragmáticos, pois as diferenças entre os dois grupos são muito grandes. Ela está representada na Figura 10.4 por um hiato maior que os demais, pois, na verdade, separa o *mercado inicial* (entusiastas da tecnologia e visionários, indicados em cinza-claro) do *mercado principal* (pragmáticos, conservadores e céticos, indicados em cinza-escuro). Esse hiato pronunciado, responsável, muitas vezes, por um período relativamente longo de redução nas vendas e que pode conduzir um produto novo ao fracasso, é chamado de *abismo*.

4.3 Abordagens estratégicas aos vários segmentos de mercado: atravessando o abismo

Abismo é um intervalo de tempo que ocorre quando o mercado inicial já está saturado, mas o mercado principal ainda não está pronto para comprar, em função de grandes diferenças existentes entre visionários e pragmáticos. Essa é a mais formidável e impiedosa transição do processo de adoção e difusão de inovações, pois o abismo explicita as grandes diferenças entre os dois segmentos. O Quadro 10.4 contrasta resumidamente as principais características desses dois grupos de consumidores, sendo essas diferenças tanto mais exacerbadas quanto maior a intensidade de inovação do novo produto ou serviço considerado. Telefones celulares e *palm tops* são exemplos de produtos que enfrentaram um abismo de vendas na passagem dos visionários aos pragmáticos.

Quadro 10.4 Contrastes entre visionários e pragmáticos

Visionários	Pragmáticos
• são aventureiros e afeitos ao risco	• são prudentes, ficam na zona do "razoável", sob orçamento
• pensam grande e investem	• movimentam-se em grupos
• querem ser os primeiros a implementar idéias em seus setores	• progridem lenta e seguramente
• acham os pragmáticos muito parados	• acham os visionários perigosos

Fonte: Adaptado pelo autor, a partir de Mohr, Sengupta e Slater, 2005, p. 177.

Por essas razões, esforços de marketing bem-sucedidos com os visionários simplesmente não funcionam com os pragmáticos, e muitas versões interessantes de produtos não conseguem transpor o abismo. É preciso abordar os vários segmentos de modo personalizado, procurando minimizar o intervalo de tempo em que a empresa enfrenta o abismo de vendas.

Na abordagem aos visionários, é preciso dedicar-lhes apoio técnico de alto nível, o que é bastante custoso. Há um risco alto envolvido nisso, porque eles são a fonte inicial de receita. Muitas vezes, os produtos são lançados muito cedo no mercado, a fim de estabelecer sua reputação. É um período em que a engenharia conduz o processo empresarial, e o foco dos trabalhos é dirigido ao desenvolvimento da melhor solução técnica possível.

Entretanto, chega o momento em que inicia o abismo: a empresa atende a mais visionários do que pode e não tem condições de assumir mais projetos individuais, mas os pragmáticos não estão prontos para comprar. O mercado inicial fica saturado e o crescimento da receita estanca ou regride, e assim pessoas-chave do processo de difusão ficam decepcionadas. O que, em geral, se recomenda é a utilização de uma abordagem de nichos, escolhendo-se mercados-alvo com aplicações específicas. A área de P&D deve criar interfaces para sistemas *legacy*, trabalhar com padrões e atuar na interface serviço-engenharia.

Uma vez que o mercado principal tenha sido atingido, a abordagem aos pragmáticos envolve grande atuação do vendedor, que deve assumir responsabilidade por prover uma solução completa (produto total), o que inclui *hardware*, *software*, conectividade, treinamento, apoio etc. Requer trabalho significativo com os parceiros, bem como o desenvolvimento de padrões e compatibilidade entre produtos principais e complementares, além de excelente serviço prestado aos clientes. Outro ponto estratégico importante é a simplificação das características dos produtos, tornando-os mais fáceis de operar. Para os conservadores, o produto deve ser ainda mais simples, barato, confiável e conveniente.

Essas são as principais condições para que produtos intensos em inovação e tecnologia alcancem trajetórias bem-sucedidas em seu ciclo de vida, trazendo lucros satisfatórios às respectivas empresas.

5 Conclusões

Os comentários finais deste trabalho retomam os objetivos de aprendizagem, que trataram inicialmente do desenvolvimento da especialidade marketing de inovação e tecnologia. Em seguida, discorreu-se sobre a cultura de inovação (competências e rigidezes essenciais); e a importância do fator relacionamento para o sucesso das empresas. Por fim, foram desenvolvidos aspectos do comportamento do consumidor em mercados intensos em inovação e tecnologia. Os parágrafos seguintes abordaram sinteticamente cada um deles.

O marketing de inovação e tecnologia está entre as mais recentes especialidades da área mercadológica e se consolidou em função dos grandes impactos que as inovações e a evolução tecnológica têm trazido ao ferramental de marketing tradicional. Observou-se uma certa dificuldade, em termos gerenciais, para a caracterização da intensidade de inovação e tecnologia nos diversos setores econômicos (empresas de cigarros são consideradas de alta tecnologia, de acordo com a classificação da OCDE, mas seus produtos são comercializados segundo os preceitos do marketing tradicional). A principal conclusão é que, quanto maior a importância das inovações incrementais no contexto mercadológico de determinada empresa, mais adequadas serão as ferramentas de marketing tradicional. E, opostamente, quanto maior a importância das inovações radicais para a atuação de uma empresa, mais ela deve adaptar seu gerenciamento ao marketing de inovação e tecnologia.

Cultura organizacional é um composto de artefatos visíveis, valores e pressupostos básicos que, se alinhados a princípios inovadores, podem caracterizar uma cultura de inovação, estimulando as competências essenciais. Entretanto, é muito importante que a empresa esteja atenta a fatores que podem modificar drasticamente as posições de produtos e empresas no mercado. O primeiro deles é o dilema da inovação, que implica um gerenciamento balanceado de inovações incrementais e radicais (de ruptura).

Deve-se atentar também para que essas competências não se transformem, com o tempo, em rigidezes essenciais, como uma fórmula do sucesso que os executivos relutam em questionar, mesmo com mudanças importantes no ambiente empresarial. Relacionada às rigidezes essenciais, está a obrigação de ser grande, que pode fazer a empresa perder oportunidades de mercado em função de uma estrutura grande, cara e burocrática.

O estudo bibliográfico realizado revelou também que o fator relacionamento é importantíssimo em todos os níveis examinados. Internamente nas empresas, foi focalizada a importância da proximidade entre as áreas técnica e comercial. Os profissionais que atuam nessas duas áreas normalmente têm formação, vivências e vieses profissionais muito diferentes, e é preciso saber aproveitar a contribuição que cada um pode oferecer em prol da empresa. O relacionamento entre empresas se revela nas parcerias que podem ser realizadas em todas as fases do ciclo de vida das empresas, desde o início de suas atividades até a maturidade. Nesse ponto, é preciso encontrar o nível ideal de relacionamento, que seja próximo o suficiente para permitir incrementar o aprendizado e a realização de valor para os clientes, mas distante o suficiente para evitar a transferência indesejada de informações. Em relação ao relacionamento com os clientes, é preciso ter em mente que é importante manter apenas aqueles que trazem bom retorno financeiro e de imagem a longo prazo.

Os pontos principais a destacar sobre o comportamento do consumidor de produtos intensos em inovação e tecnologia envolvem o processo de adoção e difusão de inovações e, especificamente, o conceito de abismo. Trata-se de um período de queda nas vendas, quando o mercado inicial está saturado e o principal ainda não está preparado para adquirir os produtos. Essas diferenças tendem a ser tanto mais pronunciadas quanto maior a intensidade de inovações em um setor e quanto maior a presença de inovações radicais. Assim, as empresas devem dar muita atenção a cada um dos cinco segmentos existentes no processo de adoção e difusão, mas especialmente ao abismo que separa os visionários (final do mercado inicial) dos pragmáticos (início do mercado principal).

Para finalizar, são ressaltados alguns pontos fundamentais que caracterizam o marketing de inovação e tecnologia.

Referências bibliográficas

BARBIERI, J. C.; ÁLVARES, A. C. T. Inovações nas organizações empresariais. In: BARBIERI, J. C. (Org.) *Organizações inovadoras*: estudos e casos brasileiros. São Paulo: Fundação Getúlio Vargas, 2003.

BARTELS, R. Influences on development of marketing thought. 1900-1923. In: ______. (Org.) *Marketing theory and metatheory*. Homewood: Irwin, 1970.

BETZ, F. *Managing technological innovation*. Nova York: John Wiley & Sons, 1998.

BRUCE, M.; BIEMANS, W. G. (Orgs.) *Product development:* meeting the challenge of the design-marketing interface. Chichester, Inglaterra: John Wiley & Sons, 1995.

CHRISTENSEN, C. *The innovator's dilemma*. 2. ed. Nova York: Harperbusiness, 2000.

GROONROS, C. Defining marketing: a market-oriented approach. *European Journal of Marketing*, v. 23, n. 1, p. 52-60, 1989.

KOTLER, P. *Administração de marketing*: análise, planejamento, implementação e controle. 5. ed. São Paulo: Atlas, 1998.

LAMBIN, J. J. *Marketing estratégico*. 4. ed. Alfragide, Portugal: McGraw-Hill de Portugal, 2000.

MARKWALD, R. Intensidade tecnológica e dinamismo das exportações brasileiras. Disponível em: http://www.funcex.com.br/bases/79-Exp Bras-RM.pdf0. Acessado em 10 nov. 2005.

MOHR, J. The marketing of high-technology products and services: implications for curriculum content and design. *Journal of Marketing Education*, v. 22, n. 3, p. 246-259, dez. 2000.

MOHR, J.; SENGUPTA, S.; SLATER, S. *Marketing of high technology products and innovations*. 2. ed. New Jersey: Pearson, 2005.

MOORE, G. A. *Crossing the chasm*: marketing and selling high-tech products to mainstream customers. ed. rev. Nova York: HarperCollins, 2002.

MORGAN, R.; HUNT, S. The commitment trust-theory of relationship marketing. *Journal of Marketing*, v. 58, n. 3, p. 20-39, 1994.

PORTER, Michael E. *Vantagem competitiva*: criando e sustentando um desempenho superior. Rio de Janeiro: Campus, 1992.

REINARTZ, W.; KUMAR, V. The management of customer loyalty. *Harvard Business Review*, n. 80, p. 86-95, 2002.

RÍMOLI, C. A. *O processo de desenvolvimento e administração de produtos*: um estudo de casos múltiplos em empresas brasileiras de ortopedia. São Paulo, FEA/USP, 2001. Tese (Doutorado) – Programa de Pós-Graduação em Administração, Faculdade de Economia, Administração e Contabilidade da Universidade de São Paulo, 2001.

ROGERS, E. *Diffusion of innovations*. 4. ed. Nova York: Free, 1995.

ROSEN, D.; SCHROEDER, J.; PURINTON, E. Marketing high tech products: lessons in customer focus form the marketplace. *Academy of Marketing Science Review*, v. 1, n. 6, p. 1-19, 1998.

SCHEIN, E. *Organizational culture and leadership*. San Francisco: Jossey Bass, 1985.

SHETH, J.; MITTAL, B.; NEWMAN, B. *Customer behavior*: consumer behavior and beyond. Fort Worth: Dryden, 1999.

STONER, J. A. F.; FREEMAN, R. E. *Administração*. 5. ed. São Paulo: Prentice Hall do Brasil, 1992.

WEBSTER JR., F. E. The rediscovery of the marketing concept. *Business Horizons*, v. 31, n. 3, p. 29-39, 1988.

CAPÍTULO 11

Abordagens Mercadológicas em Empresas Intensas em Inovação e Tecnologia

Celso Augusto Rímoli
Ricardo A. Raschiatore

Objetivos do capítulo

- apresentar dois processos empresariais – a constituição de uma empresa e um processo de lançamento de produto – intensos em inovação e tecnologia;
- mostrar exemplos de competências e rigidezes essenciais, relacionamento em níveis diferentes nas empresas e peculiaridades na difusão e adoção de inovações;
- analisar as lições de sucesso que esses casos ensinam.

Este capítulo constitui uma exemplificação do Capítulo 10, por isso sugerimos a leitura prévia do capítulo anterior.

1 Introdução

Este trabalho traz dois casos que exemplificam a utilização de conceitos e ferramentas gerenciais de marketing de inovação e tecnologia: a constituição de uma empresa de base tecnológica e um lançamento de produto, ambos bem-sucedidos.

A escolha dos casos obedeceu a alguns critérios, descritos a seguir. Em primeiro lugar, buscou-se descrever processos empresariais cujas histórias e realizações pudessem ilustrar o artigo conceitual que discorre sobre marketing em mercados intensos em inovação e tecnologia, desenvolvido no Capítulo 10 desta coletânea. Como foi visto nesse capítulo, quanto mais incrementais forem as inovações envolvidas com o gerenciamento mercadológico das empresas, mais se deve utilizar princípios e ferramentas tradicionais de marketing. E, quanto mais radicais forem as inovações envolvidas nesses processos, mais se deve adaptá-las ao marketing de inovação e tecnologia. Assim, são mostradas nos casos várias aplicações de conceitos, estratégias e táticas de marketing ao ambiente empresarial intenso em inovação.

Os casos apresentados – a história da Softcomex Informática Ltda., maior empresa brasileira de *softwares* para comércio exterior, e, em seguida, o lançamento do Palm Pilot pela empresa Palm Computing, inicialmente adquirida pela USRobotics e depois pela empresa 3Com – ilustram alguns aspectos de marketing de inovação e tecnologia. São vistos competências e rigidezes essenciais; vários níveis de relacionamento: entre áreas dentro da empresa, parcerias e com clientes; aspectos de comportamento do consumidor, especialmente difusão, adoção de inovações e abismo.

Os relatos dos casos foram construídos com base em dados coletados diretamente nas empresas por meio de entrevistas semi-estruturadas e também por visitas aos respectivos *sites*, além de pesquisa secundária de matérias publicadas em jornais, revistas, artigos e livros, configurando uma pesquisa de estudo de casos conforme os preceitos de Yin (2005). Os dois relatos mostram processos de constituição de empresas e lançamento de produtos intensos em inovações radicais. Entretanto, o foco do primeiro é a empresa: o surgimento e os caminhos (oportunidades e ações) que a tornaram a maior em seu setor no país; o segundo focaliza o produto: esforços e percalços de desenvolvimento e lançamento de um aparelho muito inovador e bem-sucedido no mundo todo. Em função disso, a estrutura de cada relato foi adaptada a cada foco, ilustrando satisfatoriamente pontos específicos da teoria desenvolvida no Capítulo 10 e ensejando apenas pequena comparação entre os dois casos. As próximas seções trazem os dois casos, as análises realizadas e as conclusões.

2 Caso Softcomex Informática Ltda. (Softway)

A Softcomex Informática Ltda., mais conhecida como Softway, é uma empresa de base tecnológica que atua fornecendo soluções em *software*, tanto produtos quanto serviços, para empresas envolvidas com o comércio exterior. Para consolidar sua atuação no mercado, a empresa visa atingir um conjunto completo de soluções tecnológicas para gerenciamento, controle e operações para comércio exterior, atendendo a pequenas, médias e grandes empresas.

2.1 Origem da empresa e produtos lançados

A empresa foi fundada no início de 1997, por um engenheiro elétrico e professor universitário que se lembra, com satisfação: "Vivia em um celeiro de jovens em formação, ávidos por colocar a mão na massa, e isso me fez convidar três deles a pôr em prática um sonho". Nesse clima, foi fundada a Softway, que inicialmente escolheu se dedicar ao desenvolvimento de *softwares* sob encomenda e de propósito geral.

Na época, a cotação do dólar norte-americano era próxima a R$ 1, o que fomentou a importação de produtos em geral; posteriormente, com a desvalorização do Real, a exportação foi bastante estimulada. Essa situação fez com que a Receita Federal, para controlar as operações ligadas a comércio exterior, passasse a exigir que as empresas que importam e exportam produtos utilizassem *softwares* homologados por ela. Havia também carência de oferta desses programas no país, o que, somado à experiência prévia do fundador em sistemas, incentivou a concentração de esforços nesse segmento. Em meio a esses acontecimentos, uma encomenda de programas para gerenciar importações da Hewlett-Packard (HP) colocou o processo todo em marcha.

Assim, no início de 1998, a empresa decidiu investir pesadamente na área de comércio exterior, inicialmente reunindo informações sobre as carências desse mercado e, posteriormente, buscando um diferencial para competir com os concorrentes. Como resultado desse trabalho inicial, a empresa identificou a oportunidade de investir na tendência da Receita Federal de informatizar cada vez mais seus regimes internos: o Recof e o Linha Azul, ambos descritos na seqüência.

Pelo Regime Aduaneiro de Entreposto Industrial sob Controle Informatizado (Recof), instituído em dezembro de 1997, as empresas de comércio exterior poderiam isentar o imposto de importação de insumos quando seus produtos acabados eram exportados. Inicialmente desenvolvido para o setor de informática e telecomunicações, em agosto de 2002, o projeto passou a incluir o setor aeronáutico; em dezembro de 2002, incluiu o setor automotivo e, em abril de 2004, alcançou as empresas de semicondutores e de componentes de alta tecnologia para informática e telecomunicações.

Já o Regime de Despacho Aduaneiro Expresso (Linha Azul) trouxe como benefícios o tratamento preferencial em situações de importação e exportação, possibilitando redução no tempo de desembaraço de mercadorias de dez dias para quatro horas, além de desconto na taxa de armazenamento da Infraero. Foi instituído em 1999, tendo sofrido alterações em função de um ato declaratório em 2000 e se aplica aos despachos de importação, exportação e trânsito aduaneiro.

A Softway, então, lançou dois produtos que se adequavam às exigências da Receita Federal e que foram por ela homologados. Os *softwares* foram oferecidos às empresas importadoras e exportadoras, para que tivessem direito aos benefícios oferecidos pelo Recof, sendo rapidamente adotados por elas. Assim, o grande investimento em sistemas que atendessem às normas desses regimes se mostrou acertado, pois a Softway tornou-se a primeira empresa a ter soluções comerciais disponíveis e homologadas no mercado. Isso tem garantido 100% do mercado que utiliza o programa Recof e 99% do que utiliza o Linha Azul, sendo esse seu grande diferencial.

Após algumas vendas iniciais dos sistemas e da implantação bem-sucedida desse sistema na multinacional Dell Computadores do Brasil, em 1999, a Softway contratou seu primeiro grande projeto: o fornecimento de soluções completas em comércio exterior, englobando *softwares* de importação, exportação, câmbio e Recof integrados, para a empresa sueca de telecomunicações Ericsson. O crescimento da demanda por soluções envolvendo Recof e Linha Azul abriu as portas de diversas empresas em todo o território nacional, possibilitando crescimento elevado na venda desses sistemas.

Em paralelo, o primeiro cliente, a HP, continuava solicitando soluções que atendessem às suas necessidades; com isso, grande parte do processo de comércio exterior na América Latina, entre unidades de negócios da HP, foi integrada com *softwares* da Softway. Em 2002, a empresa integrou os processos de comércio exterior entre as plantas da GM do Brasil e da Argentina. Atualmente, a Receita Federal oferece diversos programas de regimes especiais, entre eles o Sistema para Controle do Regime Especial *Drawback* (Drawback SYS), que já existia antes do próprio Recof; o Sistema para Controle do Regime de Entreposto Aduaneiro; o Sistema para Controle de *Bounded Warehouse* e o Porto Seco, e a empresa possui soluções para todos esses programas. O que passou a ocorrer, então, é que a venda desse produto inovador fez com que a Softway fosse procurada por clientes atuais e novos para fornecer *softwares* já existentes no mercado, substituindo os concorrentes.

Em 2004, a empresa lançou sua nova versão de soluções integradas em comércio exterior, o e-Softcomex, para ser utilizado exclusivamente em ambiente de Internet, possibilitando a venda e o aluguel do *software*. Essa solução teve um investimento aproximado de R$ 2 milhões e quase dois anos de P&D. Segundo cálculos realizados a partir do faturamento bruto da empresa no período (R$ 17 milhões), estima-se que tenha sido investido quase 12% desse montante só no desenvolvimento desse produto.

A Softway ainda investe em outros segmentos: em 2002, consolidou sua parceria com a Oracle, uma das gigantes no segmento de *software* em tecnologia da informação, colocando suas soluções de comércio exterior como parte integrante do produto de ERP dessa empresa. No mesmo ano, estabeleceu um contrato com o governo do estado de São Paulo para desenvolver um *software* inovador para gerenciamento de projetos do Banco Mundial; em 2004, entrou como parceira de uma empresa certificadora, credenciada no Ministério da Agricultura e Abastecimento, para atuar no segmento de rastreabilidade bovina e bubalina, Sisbov, desenvolvendo e fornecendo um *software* totalmente integrado com o sistema desenvolvido pelo governo federal.

2.2 A Softway hoje: estrutura, cultura de inovação e relacionamentos

A Softway é a maior fornecedora de soluções em *software* para comércio exterior, segundo dados do Ministério do Desenvolvimento, Indústria e Comércio Exterior (2004a, 2004b). Entre as dez maiores empresas exportadoras do país, quatro utilizam os sistemas da Softway; já entre as dez maiores importadoras do país, cinco utilizam seus sistemas. Os valores exportados e importados também ilustram a utilização dos sistemas da Softway. Em 2003, o Brasil importou aproximadamente US$ 48 bilhões; desse total, 24,36% (US$ 10,77 bilhões) foram realizados por usuários de sistemas Softway; quanto às exportações, o Brasil realizou um total de, aproximadamente, US$ 73 bilhões, sendo 17,13% desse total (US$ 12,51 bilhões) efetuados por usuários dos sistemas da empresa. Segundo o Balanço Anual (2004), a Softway é a primeira colocada em soluções em *software* para comércio exterior e a décima terceira em tecnologia da informação no segmento *software*. Seus produtos, totalmente desenvolvidos na empresa, têm sido comercializados em mais de sete países, em empresas como a Hewlett-Packard (HP) do México e a GM da Argentina, entre outras. A empresa tem como metas, a médio prazo, consolidar suas soluções para todo o mercado latino-americano e, a longo prazo, fortalecer parcerias com empresas de serviços em comércio internacional de outras regiões, como os Estados Unidos, a Europa e a Ásia.

A Softway conta com mais de 300 funcionários, a grande maioria analistas de sistemas, engenheiros de computação e analistas de negócios, dos quais mais de 90% tem nível superior e 40%, MBA, especialização ou mestrado, concluídos ou em conclusão. Estão distribuídos pelas seguintes áreas funcionais: comercial, projetos, produtos, consultoria, pós-venda, fábrica de *software*, qualidade, P&D, novas oportunidades, infra-estrutura de *software* e *hardware*, além da Academia Softway. Conta ainda com escritórios em Porto Alegre, São Paulo, Jaguariúna e São José dos Campos. Essas áreas se complementam na oferta de produtos e serviços de qualidade aos clientes, trabalhando com flexibilidade e agilidade desde o início da empresa.

Quanto à evolução da estrutura organizacional, a empresa iniciou suas atividades livre de qualquer formalidade e totalmente orgânica. Suas atividades principais eram centradas nas funções comercial e de produtos (no início da empresa, não eram ainda propriamente áreas funcionais), além de serviços prestados relativos às funções de consultoria e pós-venda. Com o rápido crescimento, houve a primeira reestruturação, objetivando estabelecer uma estrutura orientada por processos, mantendo baixo o nível de formalidade. No segundo semestre de 2003, teve início um aprofundamento dessa reestruturação, para aperfeiçoar a estrutura baseada em processos. A grande dificuldade foi alocar os projetos ainda em desenvolvimento à nova estrutura, que contempla uma área nova, a fábrica de *software*. Centralizou-se nessa fábrica todo o desenvolvimento (montagem) dos produtos negociados, com processos de negócio claramente definidos e estruturados, objetivando maior produtividade, maior controle e atuação segundo as normas da certificação Capability Maturity Model Integrated (CMMi), o mais importante padrão de qualidade nesse setor. Como a questão da qualidade é crucial, foi criada também a área de qualidade, responsável por estender a implantação da certificação CMMi por toda a empresa, bem como pelo gerenciamento dos grupos de trabalho, focados em estudos para a melhoria dos diversos processos da Softway.

Todo conhecimento utilizado por essa fábrica é produzido pelo setor de P&D, que, com o término do desenvolvimento do produto e-Softcomex, já descrito, voltou a ser um setor independente. Nessa estrutura, existem os gerentes de produtos, negócios, infra-estrutura de *hardware* e de *software*, fábrica de *software* e pré e pós-venda. Desses gerentes se exigem iniciativa, liderança e capacidade de realização, características consideradas muito importantes e que confluem em capacidade empreendedora. Cada problema, solicitação, tanto interna quanto externa, notícias oficiais ou não, informações e possíveis necessidades de clientes e fornecedores devem ser encarados como uma nova oportunidade de negócio.

Para verificar a demanda de necessidades fora do segmento de comércio exterior, existe uma área denominada novas oportunidades, relativamente independente do restante da empresa. Sua missão é estudar as oportunidades que lhe são apresentadas, bem como identificar novos desafios. Caso quaisquer desses tipos de oportunidades se mostrem viáveis, a área deve também desenvolver o projeto de criação das respectivas soluções.

Desde 2003, a empresa mantém um projeto de capacitação pessoal chamado Academia Softway, que oferece um treinamento focado em tecnologias desenvolvidas e utilizadas pela empresa a universitários que se destacam nos dois últimos anos dos cursos de análise de sistemas e engenharia da computação, objetivando preparar esses recursos humanos para as vagas que freqüentemente surgem na empresa. Segundo o responsável, esse projeto tem gerado ótimos resultados, pois mantém um estreito relacionamento com instituições de ensino e prepara profissionais para suas necessidades de médio prazo.

A Softway mantém ainda uma rede de informações que envolve clientes e empresas parceiras especializadas em comércio internacional. O modo como as áreas funcionais se formaram e evoluíram revela uma cultura organizacional que traz flexibilidade, adaptabilidade, iniciativa, liderança e proatividade no aproveitamento de oportunidades. Essas características, bem impregnadas nos funcionários da Softway, contribuíram para consolidar rapidamente a empresa e evidenciam uma cultura que estimula a inovação.

Na Softway, não há uma estratégia explícita nem ferramentas ou procedimentos para diminuir as barreiras de relacionamento entre profissionais técnicos e comerciais. O que existe é auto-adaptação, um processo informal ligado a uma das competências essenciais da empresa, enraizada em sua cultura: o compromisso de sempre suprir as necessidades do cliente. A dinâmica que explica isso é descrita a seguir. A fábrica de *software* recebe muitas solicitações das áreas comercial e de produtos, como melhorias em produtos maduros, correções e estabelecimento de novas funcionalidades em produtos já lançados, personalizações destinadas a clientes específicos, solicitação de desenvolvimento de novos produtos etc. Em situações complexas, a área de P&D também é envolvida. Somente assim as áreas comercial e de produtos podem fornecer boas soluções ao mercado no menor tempo possível, para que a Softway cumpra a missão a que se propôs, de sempre ser a primeira a oferecer os produtos que seus clientes necessitam. Se necessário for – e isso ocorre com certa freqüência –, a empresa forma equipes de força-tarefa, deslocando profissionais de diversas áreas para atender aos problemas que aparecem entre os clientes. É comum que as áreas que cedem profissionais fiquem debilitadas, mas é nesses momentos que todos assumem um espírito comum e se dedicam de forma excepcional para que as metas sejam atingidas e os clientes fiquem satisfeitos. Por exemplo, na passagem de 2003 para 2004, a Softway foi a única empresa que conseguiu adequar seus *softwares* às mudanças no cálculo do PIS e Cofins para uso de seus clientes no primeiro dia útil do ano-novo. O mesmo ocorreu na oferta de novas versões adaptadas do *software* Recof-SYS e na criação de novos produtos, essenciais para a participação em algumas concorrências.

A conquista e a fidelização de clientes têm início com as estratégias utilizadas para entrar em novos segmentos. Quando a empresa descobre um segmento interessante, realiza um trabalho de identificação de empresas importantes nesse segmento, busca aproximação, oferece os produtos que possui com atrativos adicionais etc. Em caso de sucesso nessa iniciativa, realiza-se um trabalho personalizado, visando manter um ótimo relacionamento com esse cliente, apostando que ele possa abrir as portas para outros. Outro resultado importante dessa estratégia é o conhecimento adquirido referente ao novo segmento.

2.3 Tendências recentes

A área de novas oportunidades da empresa vem monitorando diversos segmentos; neste trabalho, são destacados dois deles: o agropecuário, conhecido por Sisbov, já em viabilização, apesar de alguns obstáculos encontrados, e o relativo ao gerenciamento de projetos de desenvolvimento internacional, denominado GP-SYS, ligado ao objetivo estratégico de aumentar o grau de inserção internacional da empresa.

Segmento agropecuário – Sisbov. O setor de agronegócios foi identificado como de interesse para a Softway, que, aplicando seus critérios de prospecção, escolheu o segmento pecuário para exploração. Antes mesmo de o processo de rastreabilidade bovina (mapeamento de origem, crescimento e saúde dos animais) ter sido divulgado na mídia e de o Brasil desenvolver leis e normas para essa atividade, a empresa iniciou investimentos para automação de procedimentos de campo, como o processo eletrônico de coleta de dados. Esse investimento gerou apenas conhecimento tecnológico. Em 2002, o Brasil publicou a instrução normativa que dita as normas e procedimentos do Sistema Brasileiro de Identificação e Certificação de Origem Bovina e Bubalina (Sisbov). Ao ver essa oportunidade, a empresa decidiu investir na área, desenvolvendo um *software* que atendesse às certificadoras (empresas privadas credenciadas no Sisbov para trabalhar no processo de rastreabilidade bovina brasileiro).

Como em toda ferramenta de *software* a ser desenvolvida, havia duas tarefas principais a serem feitas. A primeira se referia à definição da tecnologia a ser adotada no desenvolvimento do programa e a segunda, ao conhecimento do processo de negócio que a ferramenta de *software* a ser desenvolvida iria atender. A primeira foi de fácil solução, mas, para executar a segunda, foi preciso buscar conhecimento dos processos de certificação e rastreabilidade bovina. Outro problema que a empresa enfrentava era de natureza mercadológica: por ser um produto novo, não havia bases seguras para fixar o preço do produto no mercado, nem para saber quantos eram os clientes potenciais e qual era o tamanho das empresas nesse segmento.

A Softway realizou um estudo preliminar e identificou três clientes potenciais no segmento, mas eles já possuíam um *software* próprio. Havia uma instrução normativa exigindo que a empresa certificadora utilizasse um *software* para gerenciar seus processos, que deveriam ser avaliados por técnicos do governo. Diante desse cenário, a empresa adotou a seguinte estratégia, descrita em cinco passos:

1. Buscar uma empresa certificadora que estivesse entrando no mercado e oferecer parceria.
2. Nessa parceria, a Softway ficaria responsável pela solução tecnológica, ou seja, o desenvolvimento e manutenção do *software*, a realização de comunicações com o governo, a disponibilização desse produto em ambiente de Internet (facilitando o acesso do cliente, gerenciando os servidores em seu *data center* e tornando a distribuição da solução disponível em qualquer lugar em que houvesse um ponto de Internet).
3. A certificadora parceira, Tecnagro, seria responsável pela área de atuação (certificação e rastreabilidade), assim como transmitiria todo o conhecimento de negócio para que a Softway desenvolvesse uma solução que atendesse a todas as necessidades. Nesses termos, cada empresa ficaria responsável pelas atividades que sua capacitação abrange.
4. Foi negociado e assinado também um contrato de exclusividade entre ambas as partes, que definiu explicitamente a participação, os direitos e as obrigações de cada parceiro.
5. As empresas trabalhariam com um valor fixo por cabeça de gado cadastrada no sistema, e parte desse valor seria destinado à Softway e o restante ficaria com a empresa certificadora. Sabendo que havia mais de 200 milhões de cabeças de gado no Brasil e diante do cronograma dos processos de rastreabilidade definidos pelo governo, as empresas vislumbraram um cenário promissor: no início do segundo ano de operação, todo o investimento seria recuperado e o mercado

continuaria crescendo substancialmente até uma estabilização entre o terceiro e o quarto ano.

Tudo corria bem nesse projeto, até que o governo resolveu suavizar o rigor de várias exigências inicialmente definidas; isso gerou descrédito entre os pecuaristas, provocando queda na procura pela rastreabilidade. A diminuição na demanda fez com que todo o planejamento de retorno do investimento fosse revisto, e a previsão de recuperação dos investimentos realizados aumentou de um para dois anos. Para piorar a situação, em outubro de 2005, aconteceu o problema da febre aftosa, aliado a uma proposta de reformulação completa do Sisbov para o ano de 2006. Nesse cenário adverso, ocorreu uma queda drástica no volume de animais certificados, o que gerou, além do atraso na recuperação do investimento, um prejuízo operacional. Apesar disso, a Softway e sua parceira têm uma estratégia para reverter esse quadro em 2006, pois elas entendem que tal situação é passageira e que esse mercado tem muito a oferecer.

Gerenciamento de projetos internacionais – GP-SYS. Esse *software* é outra busca por novos produtos em outros segmentos de negócios. Ele visa oferecer uma ferramenta que atenda às necessidades do gerenciamento de projetos de desenvolvimento internacional, caracterizados como públicos, de tamanho médio para grande; estes atendem a todos os setores de países em desenvolvimento e são financiados por agências de fomento como: bancos multilaterais de desenvolvimento (Banco Mundial); bancos de desenvolvimento regional; agências associadas à ONU; agências governamentais bilaterais e multilaterais; organizações não-governamentais (ONGs) e agências governamentais de países em desenvolvimento.

O GP-SYS possibilita um acompanhamento efetivo dos indicadores físicos e financeiros, facilitando o controle e a execução dos projetos em três níveis: gerencial, regional e local, permitindo uma visualização dos indicadores em cada nível, assim como de forma consolidada.

As agências de fomento exigem diversas pré-condições para que se acesse o recurso financiado ou doado, sendo uma delas possuir uma ferramenta de *software* aprovada para o projeto específico; ou seja, não existe a possibilidade de um *software* ser homologado, e cada projeto precisa ter um *software* específico aprovado.

Para esse produto, a Softway adotou uma forma de atuação um pouco diferente de suas maneiras convencionais de trabalhar. Por atender a projetos públicos, toda contratação precisa ser tratada de acordo com a Lei de Licitação; por isso, foi preparada uma estrutura para identificar as oportunidades e atender às exigências de forma que a chance de sucesso no processo fosse alta. Desse modo, não bastava oferecer o produto foi necessário oferecer também consultorias para estruturar o projeto de acordo com as normas das instituições de fomento, informando indicadores físicos e financeiros na forma desejada por elas, assim como possibilitando o controle do tomador de financiamento pelos responsáveis pelo projeto. Em outras palavras, foi preciso desenvolver ferramentas para atender a ambas as instituições, agência e Estado, sem a necessidade de redigitação ou retrabalho.

Além disso, foi necessário adquirir conhecimentos para que, nas pré-auditorias, feitas pelo órgão financiador antes mesmo da liberação do financiamento, fosse possível homologar o *software* para o projeto, podendo esse processo de homologação levar de um até três dias. Também foi necessário preparar uma estrutura capaz de alterar constantemente as funcionalidades do *software,* visto que ele precisa atender caso a caso e, mesmo após o início de sua utilização, sempre que surgirem novas necessidades.

Mesmo com apenas três casos de sucesso, o GP-SYS apresentou retornos sobre o investimento realizado, uma vez que o serviço oferecido não é apenas um *software,* mas toda uma gama de serviços que envolvem consultoria, manutenção e alteração constantes, suportes permanentes, *hosting* etc. Esse sistema foi escolhido como um dos produtos que fazem parte do investimento da Softway para viabilizar uma estrutura perene de exportação de seus produtos.

Além dessas duas incursões em novos segmentos, atualmente a Softway está envolvida em um processo para consolidar a meta de ser uma empresa exportadora de soluções em *software*. Recentemente, aderiu ao Programa setorial para incentivar e desenvolver a exportação do *software* brasileiro (PSI-SW) e tem sofrido algumas ameaças de novas empresas entrantes, algumas com apoio internacional e significativo montante de capital para investimento. Ainda assim, a empresa espera crescer ao menos 20% no ano de 2006 e, para os próximos anos, intensificar atividades em regiões do Brasil em que possui pouca penetração, bem como abrir escritórios em países da América Latina. Algo que transparece quando se conversa com seus diretores é o orgulho de ela nunca ter sido substituída por uma empresa concorrente, e isso decorre de seu empenho em sempre atender plenamente ao cliente. Esse empenho tem um certo preço, muitas vezes pago em horas extras e em desgaste dos funcionários, além do afastamento de suas áreas de origem. Porém, para a empresa, o que vale é obter a lealdade do cliente – mesmo quando ele não traz um retorno financeiro direto – pois, segundo sua visão, os próprios clientes são ótimos vendedores.

3 Caso Palm Pilot

Em 1986, aos 29 anos, Jeff Hawkins deixou seu emprego promissor na empresa de computadores GRiD, no Vale do Silício (EUA), para realizar o sonho de descobrir como o cérebro humano funcionava, algo que suas leituras não lhe explicavam. Dirigiu-se à Universidade da Califórnia, Berkeley, para fazer um doutorado em biofísica, e debruçou-se sobre esse tema. Enquanto esteve lá, entre disciplinas e leituras de trabalhos científicos, descobriu que muitos pesquisadores vinham estudando o cérebro humano, mas nenhum deles desenvolvera uma teoria abrangente sobre seu funcionamento, ou seja, como ele entende, aprende e memoriza coisas. Após muitas leituras e estudos, Hawkins passou a acreditar que a pesquisa nessa área ignorava dois fatores fundamentais: o tempo e a predição. O primeiro fator era relativo à seqüencialidade de apreensão de informações do ambiente pelas pessoas: uma informação após a outra. O segundo era relativo à antecipação feita do que vai acontecer no momento seguinte ao que estão vivendo. Hawkins resumiu sua teoria, ainda por ser provada, na seguinte frase: "Predição de padrões de tempo mutantes são a chave da inteligência humana". Em seguida, começou a buscar evidências contrárias às suas proposições, as quais pudessem derrubar suas idéias, sem encontrá-las. Ao mesmo tempo, passou a especular que as máquinas poderiam trabalhar do mesmo modo que o cérebro humano, o que traria muitas aplicações comerciais. Por exemplo, haveria sistemas de segurança residenciais que distinguiriam entre trabalhadores noturnos, cães de rua e ladrões reais e que reagiriam adequadamente a cada um deles. Ou então, veículos que não necessitariam de motoristas porque entenderiam os carros e o trânsito ou, ainda, máquinas que fariam traduções acuradas porque compreenderiam o contexto de cada palavra em cada idioma, do mesmo modo que as pessoas o fazem. Isso tudo parecia interessante e promissor, mas havia um empecilho: ele deveria passar cerca de seis anos adicionais estudando coisas de que não gostava, para depois se dedicar ao que realmente o motivara a essa empreitada.

3.1 A primeira tentativa: GRiDPad

Seis anos era tempo demais para Hawkins, que via desafios mais interessantes no mundo empresarial. Decidiu, então, tentar retornar à antiga empresa, ocasião em que apresentou aos executivos um fruto de suas especulações: um *software* para reconhecimento de caracteres manuscritos – o PalmPrint –, que desenvolvera nas horas vagas. Foi assim que, aos 31 anos, retornou à GRiD, então como vice-presidente de P&D. Logo, ele se envolveu em um projeto que visava produzir o GRiDPad, um aparelho com caneta computadorizada que utilizava o PalmPrint, licenciado agora para a empresa. O GRiDPad, ilustrado na Figura 11.1, utilizava componentes já existentes para minimizar custos e tempo de desenvolvimento, pesava 2 kg, media 22,9 cm × 30,5 cm × 3,5 cm e era vendido por US$ 2.500. Por volta de 1991, a Microsoft anunciou seu Microsoft Windows for Pen Computing, e a caneta computadorizada foi então divulgada como a "próxima grande novidade", embora o GRiDPad fosse ainda o único produto existente que a utilizasse. Esse produto teve poucas unidades vendidas diante do que se pretendia.

Fonte: www.digibarn.com

Figura 11.1 O GRiDPad.

3.2 A segunda tentativa: Zoomer

Assim, apesar de a idéia ser original e de todo esforço de viabilização, Hawkins sentiu que o GRiDPad era o "produto errado": muito grande, caro e direcionado ao mercado empresarial. Era preciso um produto menor, que custasse menos de US$ 1.000 e fosse direcionado ao mercado de consumo. Hawkins apelidou essa idéia de Zoomer e, em novembro de 1991, resolveu buscar uma empresa iniciante que desenvolvesse o conceito do produto. Em janeiro de 1992, com fundos de US$ 1,3 milhão, foi fundada a Palm Computing.

Havia quatro parceiros no projeto inicial: o Zoomer utilizaria um sistema operacional à base de Geos, da GeoWorks; a Palm produziria o *software* de aplicação; a Tandy se encarregaria da distribuição e a Casio o fabricaria. As empresas AOL e Intuit aderiram ao projeto posteriormente e, com seis parceiros, características supérfluas em excesso logo foram inseridas no produto, o que o tornou mais complicado e de difícil utilização, em vez de melhor. As tentativas de Hawkins para conter os exageros de características e opções acabaram tendo um efeito formativo e de reforço na filosofia "menos é mais" da Palm Computing. As Figuras 11.2 e 11.3, a seguir, mostram duas versões do Zoomer.

O Zoomer foi lançado em outubro de 1993, logo após o malsucedido *début* do Apple Newton, e 20 mil unidades foram adquiridas pelos adotantes iniciais nos primeiros dois meses. Em seguida, as vendas caíram abruptamente e não se recuperaram. As empresas Tandy e Casio perderam o interesse e cessaram as promoções. Embora o mercado possa ter sido prejudicado pelo lançamento pobre do Apple Newton – no sentido de desmerecer o conceito do produto – na realidade, o Zoomer também havia sido um insucesso: era muito grande, muito lento e muito caro (cerca de US$ 700).

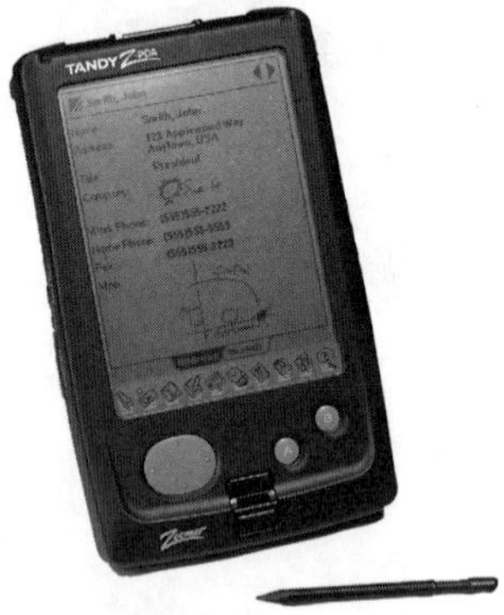

Fonte: http://www.grot.com.zoomer/pictures.

Figura 11.2 Tandy Zoomer.

Fonte: www.pencomputing.com/palm.

Figura 11.3 Casio Zoomer.

De certo modo, a Palm Computing ficou surpresa pelo fato de 50% dos compradores do Zoomer possuírem um PC; por isso, quando o *software* de conectividade Palmconnect foi lançado, a aceitação foi alta. A partir dessas evidências, tornou-se claro que os usuários consideravam o aparelho um acessório complementar aos PCs, em vez de um substituto para ele. Havia, então, um erro básico de conceito do produto a ser corrigido, além do fato de muitas funções do Zoomer serem supérfluas. Em função disso, a Palm entendeu que poderia haver uma versão atualizada do Zoomer, com um processador mais potente que o tornasse mais rápido. A interface do usuário foi aperfeiçoada e simplificada: em vez de melhorar o *software* PalmPrint, Hawkins propôs, em face de tanto ceticismo, a adoção de uma nova abordagem que facilitasse ao usuário escrever e digitar de modo que o *software* pudesse interpretar (apelidado de PowerPalmPrint, chamado mais tarde de Graffiti). Mas, mesmo com melhoramentos significativos na velocidade e no *design* do *software*, a Casio não se convenceu e abandonou o consórcio de seis empresas, o que inviabilizou o lançamento do Zoomer II no mercado.

3.3 Projeto Palm Pilot

Restavam à Palm fundos adicionais para mais 18 meses, embora uma das opções fosse simplesmente desistir e devolver o dinheiro aos investidores. A missão da empresa era tornar-se a fornecedora número 1 de *softwares* para o setor de computadores de mão – mas ninguém ainda havia fabricado esse produto adequadamente. Um investidor sugeriu que talvez a Palm devesse tomar a iniciativa e desenvolver o produto completo sozinha. Isso ia contra a "sabedoria convencional", mas parecia não haver alternativas para a Palm.

Hawkins se sentiu muito desafiado com essa situação e, com base em suas expectativas, assumiu a empreitada. Aprendeu com as experiências anteriores e aprimorou o conceito do produto, que deveria ter as seguintes características: o custo teria de ser, no máximo, US$ 299; o aparelho deveria ter pequenas dimensões, de modo a caber em um bolso de camisa; a operação seria simples, direcionada ao consumidor mediano não a especialistas; o produto deveria apresentar complementaridade aos PCs e não substituí-los; ter sistema robusto, sem mostrar mensagens de erro; o uso da caneta deveria ser minimizado e o produto ser simples e rápido, de uma forma geral. O Palm Pilot pode ser visto na Figura 11.4, a seguir.

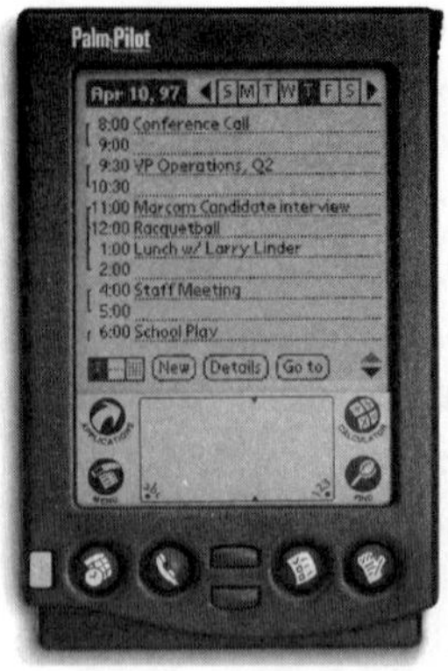

Fonte: http://www.betterproductdesign.net/npi/products/palm.htm.

Figura 11.4 Palm Pilot.

Dado o porte do mercado-alvo, Hawkins revisou cuidadosamente as implicações desse projeto para a arquitetura do produto. Haveria espaço para pilhas até o tamanho AAA, uma tela de 160 × 160 pixels e, mais importante, nenhum teclado: o aparelho dependeria do Graffiti. Em poucas horas, ele produziu um modelo de madeira em escala, com uma imitação de tela aderida a ele e uma pequena caneta feita a partir de cortes sucessivos em um *hashi*, palito utilizado como talher. Hawkins podia ser visto interagindo com seu modelo de madeira como se fosse um aparelho real. (A forma do modelo acabou sendo muito próxima à do produto final.)

Em resumo, o conceito do produto era expresso por uma máquina pequena e simples, mas com sistema operacional rápido, poderoso e flexível: o Palm OS. De modo correto a equipe se tornou hábil em eliminar características desnecessárias.

A empresa de projeto local Palo Alto Design Group (PADG) ofereceu-se para projetar o aparelho em troca de uma taxa reduzida e algumas ações da Palm. Os modelos iniciais tinham formato de pequenas caixas, e a PADG assegurou à Palm que desenhos futuros seriam mais arredondados, mas Hawkins discordou da idéia, pois considerava que curvas tomariam espaço adicional; além disso, o limite do orçamento era algo que ele defendia com veemência.

A Palm contava com 27 pessoas, US$ 3 milhões e 18 meses para apresentar o produto ao mercado, enquanto a Apple teve centenas de pessoas, levou cinco anos e gastou US$ 200 milhões para lançar o Newton. Como a Palm não podia arcar com custos de contratação, criou uma equipe virtual com dois engenheiros de *hardware* externos, PADG e Flextronics, que fabricaria o aparelho em Cingapura.

Mais uma vez, Hawkins quis utilizar componentes disponíveis no mercado se fosse possível, embora a Palm estivesse interessada no *chip* de processamento Motorola Dagonball, ainda em desenvolvimento. Para manter os custos baixos, decidiu-se utilizar os *chips* de memória quase obsoletos PS-RAM, que custavam um terço daqueles no estado da arte. A Palm teve de implorar à Toshiba, o último fornecedor restante, para não interromper a fabricação desses *chips*, pelo menos até o lançamento do produto.

Hawkins era obstinado em relação a preservar a visão de produto; então, quando a equipe de *hardware* anunciou que, por causa dos componentes utilizados, a espessura do aparelho seria aumentada em um milímetro, ele se recusou a aceitar isso. Um método diferente teve de ser encontrado e, no início do outono de 1995, a equipe alcançou virtualmente todos os objetivos de projeto – o aparelho caberia em um bolso de camisa, os custos permitiriam um preço de venda de US$ 299 e o sistema seria simples e robusto.

3.4 Financiamento da fase final

Embora houvesse dinheiro em caixa suficiente para completar os desenvolvimentos de *software* e de *hardware*, seriam necessários US$ 5 milhões adicionais para cobrir os gastos de fabricação e de marketing nos primeiros meses, até que as primeiras receitas de vendas entrassem em caixa. Os capitalistas de risco da Palm sugeriram o envolvimento de uma empresa estabelecida, como Motorola, Ericsson ou Compaq. Outro investidor potencial era a USRobotics (USR), de quem a Palm havia se aproximado para produzir um *modem* para o projeto, e a opção de parceria foi feita com a USR.

Mas a USR pegou a Palm de surpresa: em vez de investir na empresa, ofereceu-se para adquiri-la. Embora não fosse isso o que a Palm tivesse em mente, talvez fosse o único modo de colocar o produto no mercado. Após muita deliberação, a Palm indicou que poderia concordar com a aquisição, desde que continuasse a ter *status* e responsabilidade independentes pelo projeto do Palm Pilot. Em agosto de 1995, foi finalmente estabelecido um acordo com um valor em torno de US$ 44 milhões.

Inicialmente, a USR desejava que a Palm abandonasse a Flextronics e fabricasse seus produtos em suas instalações produtivas nos Estados Unidos. A Palm insistiu que essa mudança causaria uma ruptura na programação e que as instalações da USR não eram adequadas. Então, foi estabelecido um compromisso segundo o qual a Flextronics fabricaria em Cingapura, mas embarcaria as unidades para Utah, para serem embaladas.

3.5 Preparação para o lançamento

No início de fevereiro de 1996, a fábrica da Flextronics em Cingapura iniciou a produção das primeiras 10 mil unidades. Assim que essas chegaram aos Estados Unidos, surgiu uma seqüência de problemas: as molas que acondicionavam as pilhas estavam se deformando, provocando perda de contato elétrico. O problema foi rapidamente resolvido, mas a programação não cumpriu o prazo; além disso, algumas unidades que chegavam a Utah simplesmente não funcionavam. Isso causou um erro no novo processador da Motorola. Uma operação adicional de *software* foi executada, mas a programação de entrega também não foi cumprida no segundo mês. Então, um "auto-objetivo" foi descoberto: uma parte de código *easter egg* (que geraria uma tela, mas totalmente fora da programação se uma seqüência-chave obscura fosse executada) foi ativada erroneamente, gerando uma freqüência não planejada na tela do aparelho, a qual também foi corrigida.

Então, foram desembarcadas mais algumas unidades que não funcionavam, e a produção foi interrompida até que a falha fosse identificada. Dessa vez, o problema foi rastreado como a recente inclusão de um fio vermelho na parte traseira da caixa de pilhas, avisando aos usuários para trocá-las rapidamente, evitando assim perda de dados. Infelizmente, esse rótulo tinha um milímetro de espessura e, quando a caixa de pilhas era fechada, entrava em contato com as baterias, provocando desconexão com os terminais. (Ironicamente, se a Palm tivesse sido capaz de manter o plano original de trabalhar apenas com a Flextronics, essas falhas talvez não tivessem sido detectadas antes das primeiras entregas ao consumidor.)

Finalmente, em abril de 1996, as primeiras unidades estavam prontas para serem entregues aos clientes. A partir do mês de maio e até o final do outono americano, as vendas esgotaram os estoques das lojas. Durante o verão, as vendas caíram bastante, mas lentamente foram se recuperando até o final daquele ano. E, quando o período de Natal terminou, a Palm alcançou 70% de participação de mercado nos Estados Unidos, ganhando, a partir daí, mais de 20 prêmios na categoria "melhor produto". Atualmente, esse produto ainda é líder de vendas, e a Palm Computing, que no início do projeto pertencia à USRobotics, foi posteriormente adquirida pela empresa 3Com.

4 Análise

Nesta seção, são feitos comentários analíticos sobre os dois casos e comparações entre a prática e a teoria exposta no Capítulo 10, visando aprofundar o entendimento da atuação das empresas e relacionar seu sucesso a aspectos de marketing de inovação e tecnologia.

Caso Softcomex Informática Ltda. A empresa foi fundada em 1997 e rapidamente cresceu e se consolidou, tornando-se a mais destacada empresa nacional fornecedora de soluções informatizadas na área de comércio exterior. Nesse sentido, sua trajetória tem revelado grande dinamismo, visão de oportunidades e capacidade de aproveitamento.

A Figura 10.2 do capítulo conceitual trouxe a analogia de uma árvore para discorrer sobre competências essenciais e parece adequada para ilustrar a estrutura da Softway. Em primeiro lugar, as raízes, que correspondem a habilidades e capacitações subjacentes, na Softway se expressam pela cultura de inovação, rapidez na identificação de oportunidades e rapidez no desenvolvimento e fabricação de *softwares*. O tronco, ou produto essencial da empresa, corresponde a todo o conjunto de *softwares* que a Softway oferece ao mercado, com rapidez, eficácia e eficiência, tanto no produto em si quanto nos serviços de instalação e assistência técnica que o acompanham. Já os galhos correspondem aos tipos de *softwares* que atendem a mercados específicos; o maior e mais definido corresponde à oferta de produtos diferenciados em soluções de comércio exterior, tendo como produtos (frutos da árvore) *softwares* para extração de informações gerenciais, logística, banco de dados de clientes, entre outros. Outro galho ou ramo da árvore da Softway corresponde ao *software* desenvolvido para o setor pecuário, para rastreamento de bovinos e bubalinos (Sisbov). Um terceiro segmento (galho) corresponde ao *software* para gestão de projetos de desenvolvimento financiados por bancos de fomento nacionais e internacionais. Essa plataforma tem como fruto a implantação de três projetos financiados pelo Banco Mundial aos estados de São Paulo e Rio de Janeiro e se mostra bastante promissora.

A Softway ilustra com propriedade também a cultura de inovação, impregnada em sua estrutura e operação desde a constituição, nos aspectos de atendimento aos clientes com qualidade e rapidez, bem como na evitação de rigidezes essenciais. Esse último aspecto pode ser notado no equilíbrio apresentado em atividades estratégicas, pois a empresa investe fortemente para sustentar a posição de principal fornecedora de soluções para comércio exterior (inovações mais incrementais atualmente), ao mesmo tempo em que busca novos segmentos de atuação, como é o caso do Sisbov e do GP-SYS (inovações mais radicais).

Para manter suas competências, a empresa ainda conta com o investimento em novos talentos, jovens que ainda cursam o nível superior. Com isso, consegue fortalecer ainda mais sua cultura organizacional, pois grande parte dos funcionários é formada e influenciada profissionalmente por sua cultura.

A questão dos relacionamentos também é ilustrada com propriedade ao se observar, por exemplo, que não há esforços formais direcionados a melhorar a interação entre as áreas mais técnicas, como P&D e fábrica de *software*, e as mais ligadas aos clientes, como comercial e produtos. Essas áreas, como em qualquer empresa, têm suas diferenças, mas, quando se trata de atender aos clientes, prevalecem características culturais mencionadas que permitem um excelente aproveitamento do tempo, em uma consonância entre a visão de tempo dos clientes, do pessoal da área comercial e de P&D. As áreas técnicas são bombardeadas por solicitações diversas e pressionadas pelas necessidades de resultados, mas acabam alcançando as metas propostas, o que se traduz em relacionamento eficaz e eficiente, tanto internamente quanto com os clientes. Quanto a esses últimos, a empresa tem por filosofia atendê-los muito bem e procurar fidelizá-los, mesmo quando alguns deles não são lucrativos, divergindo um pouco da tipologia apresentada na Seção 3.5 do Capítulo 10. Isso porque a Softway entende que os clientes não-lucrativos podem abrir as portas de clientes futuros que o sejam.

No tópico relacionamento, há ainda a questão das parcerias, e uma importante parceira da Softway é a Tecnagro, no esforço conjunto empreendido pelas duas empresas na abordagem ao setor pecuário (Sisbov). Entende-se que a Softway soube constituir uma parceria de característica horizontal, em que pesa a diferença constitucional entre as empresas. Essa é uma parceria que vislumbra o êxito, em vista dos bons resultados comuns que podem ser obtidos e da pouca probabilidade de que qualquer um dos parceiros prejudique o outro pela vocação empresarial diferente que cada empresa apresenta. Apesar disso, fatores do ambiente empresarial estão, no momento, atrapalhando a boa evolução dos negócios, como foi relatado.

Caso Palm Pilot. A questão das parcerias, suas vantagens e desvantagens e seus resultados positivos e negativos é ilustrada com mais propriedade pelo relato do lançamento do Palm Pilot. A evolução dos assistentes pessoais digitais, desde a primeira idéia, e os desenvolvimentos iniciais de *software* de reconhecimento de caracteres escritos até o produto alcançar vendas estrondosas no mundo todo é repleta de ensinamentos, e as parcerias permeiam toda a sua história.

Os assistentes pessoais digitais são produtos que exemplificam vários aspectos abordados no Capítulo 10. Em primeiro lugar, é preciso mencionar a evolução do conceito do produto, inicialmente concebido como um substituto para os computadores pessoais (PCs), direcionado ao mercado organizacional, com dimensões relativamente grandes, custo em torno de US$ 2.500 e operação precária. Esse conceito inicial evoluiu por diversas versões de produtos que agradaram apenas ao mercado inicial (entusiastas da tecnologia e visionários) e de modo algum alcançaram o mercado principal, como ocorreu com o GRiDPad e as duas versões do Zoomer. Além desses produtos, houve tentativas da concorrência, como o Apple Newton, também um insucesso de mercado. Todas as versões de assistentes pessoais atenderam – as últimas mais adequadamente que as primeiras – apenas ao mercado inicial e morreram no abismo. Foi o aprendizado gerado por esses insucessos que permitiu a Jeff Hawkins e à Palm Computing adotar a filosofia "menos é mais" e desenvolver o conceito do produto até chegar ao Palm Pilot. Esse produto, que conseguiu transpor o abismo – pois também enfrentou um período de queda nas vendas –, foi concebido como um aparelho complementar aos PCs, direcionado ao mercado de consumo (pessoas físicas), cabia em um bolso de camisa e custava menos de US$ 300.

Assim, o sucesso do Palm Pilot se deve muito às suas versões anteriores. O papel das parcerias em todo esse processo foi crucial, embora nem sempre positivo. Conforme foi relatado, havia seis parceiros produzindo o Zoomer, e, por um lado, isso permitiu colocá-lo no mercado, mas, por outro, o carregou de características supérfluas e desnecessárias, contribuindo para o insucesso. Posteriormente, a saída da Casio, que fabricava os aparelhos nesse *pool* de parceiros, inviabilizou o lançamento do Zoomer II, sua segunda versão. O pequeno porte e a ausência de capital suficiente por parte da Palm Computing a obrigaram a buscar parceiros maiores, e ela acabou sendo adquirida pela USRobotics, que tentou dispensar a fabricação pela Flextronics. Foi feito um acordo, e os produtos fabricados pela Flextronics foram embalados pela USR em solo americano. Nesse arranjo de parceria, ocorreram problemas que ocasionaram atrasos no lançamento por diversas vezes, mas, por fim, o produto foi colocado no mercado, teve vendas iniciais boas, enfrentou alguns meses de abismo e, após transpô-lo, tornou-se um estrondoso sucesso de vendas.

Não se deve deixar de mencionar também que, conforme foi exposto no Capítulo 10, o motivo básico que fez o Palm Pilot passar pelo abismo antes do sucesso tem muito a ver com as inovações radicais que esse produto traz. Assim, o produto foi bem-sucedido no mercado inicial, bastante afeito a inovações, mas, quando se tratou do mercado principal (pragmáticos, conservadores e céticos), fatores relacionados às incertezas mercadológica e tecnológica se fizeram presentes. Os consumidores provavelmente tiveram medos, incertezas e dúvidas (fatores MID) sobre o funcionamento das inovações, a eficiência da assistência técnica e a obsolescência, entre outros. Fica evidenciado, dessa forma, que produtos intensos em inovações radicais necessitam de uma abordagem mercadológica diferenciada da tradicional.

5 Conclusões

Os dois casos apresentados trazem relatos de empresas criadas, e também do lançamento dos respectivos produtos, com o intuito de exemplificar conceitos de ferramentas de marketing de inovação e tecnologia. Conforme foi antecipado na introdução, o foco do primeiro relato foi a constituição e a operação da empresa que, entre suas atividades, lançou alguns produtos. Já o segundo relato focalizou especificamente o lançamento de produtos, alguns malsucedidos e um bem-sucedido, ficando a história da empresa como pano de fundo.

Essa diferença de foco foi adequada à exemplificação de diversos conceitos expostos no Capítulo 10, mas não permitiu grandes comparações entre as empresas. Em comum, os dois relatos têm o fato de serem empresas que atuam em ambientes intensos em inovação e que utilizaram, em sua gestão mercadológica, princípios e ferramentas de marketing de inovação e tecnologia.

Como reflexão final e síntese deste capítulo, é importante ressaltar que se espera ter exemplificado a contento a necessidade de se adaptar conceitos e ferramentas de marketing ao tipo e intensidade de inovações pelas organizações. Quanto mais incrementais forem, mais tradicional deve ser a abordagem mercadológica e, quanto mais radicais as inovações, mais elementos de marketing de inovação e tecnologia devem ser empregados, para garantir o sucesso sustentado das organizações.

Referências bibliográficas

BALANÇO ANUAL 2004. *Gazeta Mercantil*, São Paulo, n. 28, ago. 2004.

BRASIL. Diretrizes de política industrial, tecnologia e de comércio exterior. Ministério do Desenvolvimento, Indústria e Comércio Exterior. Brasil. Disponível em: http://www.desenvolvimento.gov.br, nov. 2003. Acessado em 15 set. 2004.

BRASIL. Exportação brasileira: principais empresas em US$ F.O.B. Ministério do Desenvolvimento, Indústria e Comércio Exterior. Brasil, 2004b. Disponível em: http://www.desenvolvimento.gov.br. Acessado em 15 set. 2004.

BRASIL. Importação brasileira: principais empresas em US$ F.O.B. Ministério do Desenvolvimento, Indústria e Comércio Exterior. Brasil, 2004a. Disponível em: http://www.desenvolvimento.gov.br. Acessado em 15 set. 2004.

BUTTER, A.; PLOGUE, D. *Piloting Palm*: the inside story of palm, handspring and the birth of the billion dollar handheld industry. Nova York: John Wiley & Sons, 2002.

MOORE, G. A. *Crossing the chasm*: marketing and selling high-tech products to mainstream customers. Ed. rev. Nova York: HarperCollins, 2002.

PALM PILOT. Disponível em: http://www.betterproductdesign.net/npi/products/palm.htm. Acessado em 12 dez. 2005.

SOFTCOMEX Informática Ltda. Disponível em: http://softcomex.com.br. Acessado em 10 nov. 2005.

YIN, R. K. *Estudo de caso*: planejamento e métodos. 3. ed. Porto Alegre: Bookman, 2005.

CAPÍTULO 12

O Grupo e a Inovação

Héctor Rafael Lisondo

1 Introdução

Ao exprimir a maestria que o fez imortal, no episódio da batalha de Agincourt do drama *Henrique V*, Shakespeare nos faz deparar com a realidade interna e externa percebida por dois grupos diferentes – ingleses e franceses –, prestes a encarar uma feroz batalha. Ambos os exércitos temem o mesmo perigo, mas um deles, o dos ingleses, menos favorecido em número e recursos – cinco vezes inferior ao oponente e com seus homens desgastados após uma penosa marcha pelos campos franceses –, consegue transformar a ameaça em vantagem e vence a batalha. A obra de Shakespeare revela uma aguda intuição sobre o funcionamento dos grupos humanos. Mostra os soldados franceses atuando como um grupo primitivo, desprovido de senso crítico, que, em sua arrogância, não levou em conta a realidade externa, entregando-se a fantasias de onipotência. Nesse grupo, os indivíduos não se integram em torno de crenças transcendentes, que conferissem orgulho e identidade, mas prevalece a ação individual, intempestiva, sem pensamento. O exército francês pagou o preço de ser dizimado pelo oponente. Já os ingleses comportam-se na batalha não como agrupamento de sujeitos, mas como equipe, um estágio evoluído do grupo. Sua desvantagem diante da superioridade numérica do inimigo é compensada pela coesão em torno de um ideal de nobreza e transcendência. A mais notável diferenciação entre os dois grupos está no fato de que o inglês é mais capaz de pensar e, assim, planejar a estratégia da batalha para enfrentar o poderoso inimigo.

É impossível, ao ler a obra, não associar a diferença entre os dois conjuntos à influência e excelência do líder, Henrique V, que sinaliza aos soldados o caminho para construir a sua identidade como grupo. Assim, ao chamá-los de "irmãos", inclui-se entre eles:

> Nosso exército, nosso feliz pequeno exército, nosso bando de irmãos;
> Aquele que hoje verter o seu sangue comigo
> Será meu irmão; por mais vil que seja...
>
> (Shakespeare; *Henrique V*, 4º Ato, Cena 3)

Não é somente no tempo de Shakespeare e nas circunstâncias de sua extraordinária obra que a liderança é decisória, mas em todos os momentos em que os grupos são defrontados com sérias crises ou desafios. Nesse evento, Henrique V apelou para uma verdadeira inovação no uso do poder e no relacionamento com seus soldados. Ao contrário da cultura da época que, referida pela história, nos apresenta reis déspotas, autoritários e cruéis, mesmo com seus soldados, esse líder consegue acender a motivação dos súditos com uma abordagem notavelmente inovadora. Em vez de ordenar, trata de compreender as fantasias que atormentavam a alma dos soldados. Na noite da véspera da batalha, disfarçado, visita os acampamentos para ouvir os soldados e assim avaliar, pessoalmente, o alcance de seus temores. Inspirado pelo que viu – e, principalmente, pelo que ouviu –, dirige depois, ao coração dos soldados, o famoso discurso de São Crispiniano. Nesse discurso inflamado, Henrique V não mente para seus homens, negando, por exemplo, a possibilidade de sua morte, nem promete ouro e riquezas, mas um tesouro intangível: a honra e, com ela, a possibilidade de que seu sangue derramado se juntasse ao de seu líder, com quem se identificavam. O dramaturgo nos deixa ver que foi a inovação na cultura – talvez a mais difícil das inovações –, e, nesse caso, na cultura do uso do poder, que possibilitou a conquista. Mas também fica claro que a inovação, tanto para o líder como para os liderados, não é uma proposta simples, pois envolve uma complexa interação entre fatores racionais, emocionais e relacionais.

Na marcha da civilização, os grupos tiveram de adaptar-se aos desafios impostos pela realidade. Isso resultou em inovações na ciência, na política, na arte, na religião, na guerra etc. Segundo Toynbee (1986), a exigência de adaptação deflagrou inúmeras inovações na interação com a realidade externa e interna, grupal e individual, que marcaram a trilha da evolução. Assim, raramente as inovações foram espontâneas na história da cultura, mas geralmente incitadas pela necessidade de sobrevivência e/ou adaptação.

Muitas inovações nas organizações também estão submetidas a esse pressuposto (Van de Ven, 1986, p. 596).

A fim de colocar alguma luz na questão, este capítulo tentará mostrar as condições que inibem ou favorecem o aproveitamento das idéias que resultam na geração e implantação de inovações por meio de grupos de trabalho, trazendo a compreensão de que a capacidade para pensar e mudar resulta de um processo de evolução grupal que envolve fatores cognitivos e emocionais. Levando em consideração que a questão envolve complexidade e incerteza (Kanter, 1997; Van de Ven, 1986), fatores capazes de ocasionar dispersão da energia e do pensamento do grupo (Gabriel, 1999), este trabalho também expõe um caminho composto de fases sucessivas que podem oferecer uma trilha de referência capaz de orientar as equipes no processo de inovação.

Para isso, apresentamos inicialmente uma breve resenha da história recente da administração de grupos, procurando mostrar a compatibilidade com o processo de geração e implantação de inovações em diferentes épocas. A seguir, sob o título "Fases da evolução dos grupos", é apresentada uma teoria sobre as diferentes etapas e características particulares de cada uma, que resultam na construção da competência para pensar e criar. Na seção "Psicologia do grupo", mostramos o processo de construção e percepção da *identidade grupal* como resultante de uma transformação do grupo primitivo em grupo institucionalizado. Este tópico trata da preparação ou desenvolvimento da capacidade psicológica do grupo para inovar. A seguir, é mostrada a formação da *competência emocional dos grupos* como facilitador do processo de inovação, desde a perspectiva do indivíduo, da interação dentro do grupo e na interface com outros grupos. Finalmente, abordamos as fases operativas do processo de solução de problemas e geração de inovações – aprofundando-nos na dinâmica do processo de decisão –, com o intuito de mostrar uma trilha orientadora como resguardo à dispersão.

2 A administração de grupos na história recente das organizações

A visão de Taylor e Ford, nas primeiras décadas do século passado, fundou a perspectiva clássica da administração. A idéia central da Escola Clássica era a de *Homo economicus*, a qual considerava o ser humano previsível e controlável, egoísta e utilitarista, capaz de otimizar suas ações após pesar todas as alternativas possíveis, com racionalidade absoluta e suscetível aos incentivos econômicos (Motta e Vasconcelos, 2002).

Essa escola não via o trabalho em grupo com simpatia, pois era considerado menos produtivo. Supunha-se, nessa perspectiva, que o ritmo de consecução dos resultados era marcado pelo(s) indivíduo(s) menos produtivo(s). Voltada para tempos e movimentos e baseada no posto de trabalho – e na alocação fixa de um trabalhador por posto –, a produtividade global, na visão clássica, era compreendida como a soma das produtividades individuais. Os projetos de produção eram detalhados por meio de regras e procedimentos de trabalho minuciosos, supervisionados por técnicos especializados com poder hierárquico sobre os trabalhadores. Esse modelo transformou a produção artesanal em produção em massa. Cooperação e autonomia dos trabalhadores eram desestimuladas. As comunicações com relação às demais áreas eram centralizadas nos supervisores, para garantir o controle de padrões e procedimentos de trabalho. Esse modelo de administração se pautava em estruturas organizacionais funcionais, com nítidas delimitações de fronteiras interdepartamentais e premiação de desempenho individual (Marx, 1998). Condizente com os sistemas físicos fechados, o modelo logo se mostraria ineficaz, por ser simplista perante os desafios da crescente complexidade das variáveis da administração, que incluem aspectos técnicos e humanos (Wheatley, 1994). Obviamente, não favorecia o processo de inovações por meio de grupos.

A chamada Escola de Relações Humanas no Trabalho, cujas figuras relevantes foram Mary Parker Follett, Elton Mayo, Roethlisberger e Dickson e Chester Barnard, entre outras, representou uma inovação quanto à maneira de administrar grupos nos Estados Unidos, a partir da década de 1930. Sua origem remonta estudos e experiências realizados por professores da Universidade de Harvard na Western Electric, em sua fábrica de equipamentos telefônicos de Hawthorne, a partir de 1927. Da perspectiva psicológica, a obra de Freud teve importante influência no desenvolvimento dessa escola. O fundador da psicanálise apontava uma dicotomia entre o homem e a sociedade. Para ele, o homem seria pouco social, centrado em si mesmo e dominado pelos instintos, cabendo à sociedade a repressão destes pelo processo de socialização. Dissentindo de Freud, a Escola de Relações Humanas não considerava o indivíduo a unidade básica da sociedade, mas o grupo primário (Motta e Vasconcelos, 2002).

Ao contrário da visão clássica, verifica-se uma ênfase maior no fator humano como determinante do resultado do trabalho. O modelo de *Homo economicus* é substituído pelo *Homo social*. Nessa nova concepção, o comportamento das pessoas não poderia ser reduzido a esquemas simples e mecanicistas. O homem é condicionado pelo sistema social e pelas demandas biológicas. Também possui necessidades de afeto, aprovação social, prestígio e auto-realização (Motta e Vasconcelos, 2002).

Essa escola atribuía à gerência a responsabilidade por iniciativas que resultassem na motivação dos funcionários. O objetivo, nessa perspectiva da administração, era reduzir, bem como corrigir, os efeitos indesejáveis da introdução das propostas de Taylor – que denotavam preocupação mínima com os aspectos humanos –, mas sem alterar sua lógica da produtividade e estrutura de poder (Marx, 1998). Essa postura não estimulava o direcionamento da atenção das pessoas e dos grupos para as questões não rotineiras, não favorecendo, portanto, o processo de inovação (Van de Ven, 1986).

A Escola Sociotécnica surgiu na década de 1950, como conseqüência dos estudos de pesquisadores associados ao Tavistock Institute de Londres, representando uma notável inovação sobre os modelos anteriores. Alguns testes e reavaliações desse modelo foram realizados em minas de carvão em Durham (Inglaterra, 1949), na Índia (1952) e na Noruega (décadas de 1960 e 1970). Representantes dessa escola, Eric Trist e Fred Emery identificaram a presença de dois subsistemas na organização: o técnico e o social. O subsistema técnico se refere às demandas da tarefa, à implantação física e ao equipamento disponível, sendo responsável pela eficiência potencial da organização. O subsistema social aponta as relações sociais das pessoas que realizam as tarefas, transformando a eficiência potencial em real. A idéia central da Escola Sociotécnica é a do *Homem funcional,* conceito que representa a organização como um sistema de conjuntos de papéis, mediante os quais as pessoas se mantêm inter-relacionadas (Motta e Vasconcelos, 2002).

De acordo com esse modelo, o grupo passaria a assumir a responsabilidade completa pela produção de um produto ou linha de produtos. Nessa perspectiva, não existiriam tarefas fixas e predeterminadas para cada componente do grupo, sendo responsabilidade do próprio grupo a atribuição das tarefas, sem interferência da supervisão – que funcionaria como fator de ligação entre cada grupo e seu meio externo. A indução de comportamentos dirigidos à obtenção de resultados seria conseqüência mais de um projeto organizacional coerente que da coerção da supervisão. É óbvio que esse paradigma proporciona à organização mais capacidade para inovar (*organizational innovativeness*, Wolfe, 1994) e alivia um pouco os grupos das limitações às quais os submetem as incertezas e a complexidade do processo de inovação (*mecanismos de defesa*, Van de Ven, 1986).

A Escola Sociotécnica é o antecedente para o conceito de grupo semi-autônomo, indicando que muitas decisões referentes ao planejamento, método e controle da produção são tomadas pelo grupo, mas nem todas. Aspectos estratégicos, como os relativos às políticas de produção, vendas e finanças, continuam como prerrogativas da direção (Marx, 1998). O princípio de grupos autônomos de trabalho foi desenvolvido por Trist e consiste em colocar juntas, em uma seção, atividades recíprocas e interdependentes, visando minimizar os custos de coordenação. Esses grupos se auto-organizam e, por isso, a supervisão segue o princípio de mínima intervenção (Van de Ven, 1986).

Como conseqüência da Segunda Guerra Mundial, o Japão inovou na maneira de administrar a produção por meio de grupos. A redução de custos e a produção em massa de produtos variados em pequenas quantidades foram a linha mestra da abordagem japonesa de pós-guerra – destacando-se a Toyota, cujo sistema de produção ficou famoso. Em vez de metas individuais de produção, as metas são estabelecidas para uma linha e para o grupo que nela trabalha. A ênfase está na definição e no cumprimento de padrões e tempos de tarefas parceladas. Em vez de exercer controle minucioso e coercitivo do trabalho, a supervisão concentra-se no treinamento e na resolução de problemas existentes nas fronteiras intergrupos, decorrentes das mudanças do processo, interagindo como integradora entre as pessoas que planejam e as que executam. O escopo das responsabilidades dos trabalhadores aumenta, incluindo, por exemplo, a prática da melhoria contínua e grupos de estudos de solução de problemas (CCQ, círculos de controle de qualidade) como gargalos, defeitos e oportunidades de melhorias, indicados pela supervisão e pela gerência, que têm a missão de identificá-los (Marx, 1998). Ao contrário do paradigma clássico, existe aqui uma preocupação da administração com o envolvimento dos trabalhadores com a empresa, sua estratégia, organização e gestão de RH. A flexibilidade e a multifuncionalidade dos trabalhadores, que podem se deslocar para outras funções ou nelas se revezarem, quando necessário, fazem parte da proposta. Nesse contexto, a formação, o reconhecimento e a importância dos grupos são parte da cultura organizacional (Hirschhorn, 2002).

Segundo Marx (1998), a visão contemporânea mais inovadora para as organizações flexíveis que se apóiam na autonomia e na competência dos trabalhadores, operando em grupo, aponta para as *organizações qualificantes*. Essa inovação na gestão se afirma em grupos semi-autônomos, com fluidez entre seus membros, que utilizam ferramentas de gestão para discutir, definir e atingir seus objetivos, alinhando-os com a estratégia da organização, e determinam prioridades sobre suas atividades. Os papéis profissionais são redefinidos, assim como o conteúdo do trabalho, que passa a incluir, além das funções tradicionais, as de qualidade, manutenção *Total Preventive Maintenance* (TPM), desenho e análise de fluxos, planejamento, gestão e avaliação de resultados. A redução das hierarquias resulta no incremento da autonomia e iniciativa dos trabalhadores, modificando as relações de poder, no que diz respeito aos papéis da supervisão e da gerência, que se concentra agora em apoiar, validar e controlar a consecução dos objetivos.

Embora esse paradigma estimule o desenvolvimento dos grupos, essas organizações qualificantes também precisam enfrentar fatores adversos, como, por exemplo, certa tendência para a concentração dos esforços, no curto prazo, no regime de produção cotidiano, o que resulta em uma forte reatividade, postergando a evolução e a inovação. É nesse âmbito que as lideranças cumprem um papel importante. Elas devem gerenciar a tensão entre ambas as correntes, a que representa a rotina conhecida e a inovadora. Esta última demanda, da liderança, equilíbrio entre paciência e velocidade, a habilidade de persistir e também de se mover com rapidez quando o caminho certo se apresentar (Kanter, 1997).

A eficácia da inovação é influenciada por três fatores do cotidiano organizacional: o modo como os propósitos e valores são produzidos e mantidos; o modo como a inovação é introduzida e transformada em idéias geradoras de ação, e o modo como a transição entre a realidade anterior e a nova é efetivamente realizada. O balanço dessas três questões centrais cria contínua tensão entre a lógica dominante (maneira atual de fazer, tradição, referência histórica) e a nova lógica (oportunidades, testes, experimentos etc.) (Bouwen e Fry, 1991; Kanter, 1997).

De modo a manter a autonomia e possibilitar seu progressivo crescimento, cabe à liderança o estímulo permanente, por meio da sustentação de um diálogo sobre os acertos e os erros em situações reais do cotidiano de trabalho, fazendo de todos os eventos ocasiões de reflexão e aprendizagem individual e coletiva, procurando pensar sistemicamente e reavaliando constantemente os modelos mentais (Senge, 1990).

Ao contrário da perspectiva clássica, as organizações qualificantes configuram-se segundo o modelo físico de sistemas abertos e comportam uma grande complexidade que integra questões técnicas específicas, de gestão e humanas, muito mais alinhadas com as ciências da complexidade que com as ferramentas clássicas. Elas necessitam de um clima organizacional no qual os trabalhadores sejam reconhecidos pelos seus esforços na consecução de inovações, no qual, ao contrário de enfatizar os objetivos de curto prazo, sejam estimulados e valorizados por seus resultados de longo prazo em termos de inovação (Wheatley, 1992). Para isso, a coesão entre os membros da organização é vital, desde que a inovação demande a integração de diversas frações de conhecimentos dispersas entre os diferentes setores (Montes et al., 2004). Nesse contexto, desenvolve-se o gerenciamento das inovações organizacionais para o qual Andrew Van de Ven identifica quatro principais e complexas questões que somente podem ser abordadas da perspectiva das organizações como sistemas abertos: gerenciamento de idéias, gerenciamento da atenção, gerenciamento das relações entre as partes e o todo e liderança institucional (Van de Ven, 1986).

A gestão de pessoas, historicamente conduzida pelo setor de *recursos humanos*, também sofre a influência da visão inovadora contemporânea. Às tradicionais funções de recrutamento e seleção, avaliação, treinamento e desenvolvimento, remuneração e benefícios, acrescentaram-se as funções de desenho organizacional e comunicação. Administração de mudanças, planejamento e organização alternativa do trabalho, saúde e cuidado de dependentes, análise estratégica do trabalho, justiça e apoio legal, treinamento de integração entre diferentes culturas são algumas das inovações que acenam no horizonte da gestão de RH. Para que cristalizem, líderes deverão adotálas, resistências deverão ser vencidas, paradigmas deverão ser substituídos e grupos deverão aprender novas maneiras de trabalhar e de se relacionar (Wolfe, 1995; Ulrich, 1998 e 2001).

Embora as inovações que levaram os grupos de trabalho, desde a escola clássica até as *organizações qualificantes*, sejam enormes, elas funcionaram como pontes e não como estações terminais. Ante a complexidade da questão, não se pode afirmar que a última palavra tenha sido dita; mas, ao contrário, é sensato prever que outras inovações ainda estão por vir com relação à forma de organização dos grupos de trabalho e suas lideranças.

3 Fases da evolução dos grupos

As ciências humanas, como a filosofia, a sociologia e a psicologia, podem conduzir a algumas hipóteses sobre a formação e o desenvolvimento dos grupos. Sartre, por exemplo, afirmava que um grupo humano nunca está acabado nem pode atingir sua completude e plenitude. O filósofo sugeriu uma série de etapas que marcam o aprendizado e a evolução (Rosenfeld, 1988). Nesse processo, a maneira mais simples e primária de conformação de um grupo pode ser chamada de *serialidade*, que é um tipo de relação humana na qual cada membro é indiferenciado e substituível por qualquer outro. Esse tipo de relação se caracteriza pela *identicidade*, no sentido de que a pessoa é equivalente a qualquer outra, o que significa considerar o indivíduo como uma coisa. Um conjunto de pessoas de diferentes idades, sexos e propósitos, aguardando em uma fila de ônibus, enquadra-se nesse tipo de grupo, unido apenas por uma necessidade externa. A predominância dessa relação, sem os vínculos afetivos próprios da condição humana, resulta alienante para os indivíduos, produzindo sofrimento.

Segundo Sartre, a praxe do grupo é uma ação de luta constante contra a *serialidade* e a alienação, juntamente com uma tentativa de permanente transformação (Rosenfeld, 1988). Como resultado, o grupo modifica seus membros e, por outro lado, é modificado por eles. Criam-se assim as possibilidades para a passagem ao estágio seguinte: a *fusão*.

Nessa fase, cada indivíduo não mais reage isoladamente, mas como representante da comunidade grupal. A *reciprocidade* ocupa o lugar que antes pertencia à solidão e à alienação. Reciprocidade significa que cada indivíduo é, para o outro, um meio para um fim transcendente, não um objeto de uso para os próprios interesses. Para Sartre, a reciprocidade afirma-se pela *mediação* de uma terceira parte, passando a ser, portanto, uma relação ternária. Segundo esse autor, a perspectiva dual do *homem contra o mundo* (ou *o mundo contra o homem*) representa um conceito rígido e estático que não condiz com a evolução. Em vez disso, o homem integra-se a um pequeno grupo, do qual passa a fazer parte. Por exemplo: a família, no caso da criança, e a equipe, no caso da organização. Nele, pode atuar e ajustar-se ou modificar a realidade. É o grupo, essa terceira parte, que medeia a relação entre o homem e o mundo. Cada um dos membros do grupo também pode atuar como terceira parte mediadora entre outro membro e o grupo. Para poder se integrar, cada membro requer outro mediador, e esse regulador atua sinalizando ao grupo um caminho que este segue não por passiva obediência, como se fosse uma ordem, mas ativamente, de modo criativo, porque descobre que o projeto do mediador e o deles coincidem. Essa figura de terceira parte reguladora é o *líder funcional* (Rosenfeld, 1988).

Ter transcendido do estado de serialidade para o de fusão não é, no entanto, suficiente para que um grupo seja capaz de realizações manifestas no ambiente externo, como, por exemplo, inovações em sistemas e processos, no caso do trabalho nas instituições. Essa nova configuração deve ser referendada por uma espécie de *juramento* simbólico entre os membros, que visa afirmar os laços entre eles. A origem desse juramento está no temor sempre presente de debandada, fortemente sentido no início. No grupo juramentado, cada membro incorpora uma perspectiva de grupo mais organizado: o juramento demanda pertencer mais intensamente ao grupo que a fusão inicial. Alguns estudiosos da administração contemporânea, como Hogg et al. (2004), Milton e Westphal (2005), Ellemers e De Gilder (2004), também pensam dessa maneira.

Depois da fusão, segundo Sartre, outras fases ainda deverão ser superadas, como a de *organização* dos papéis e tarefas em torno de um objetivo comum significativo para todos e depois a *institucionalização*. Esta pode se consolidar na preservação de um modelo rígido, burocrático, dirigido à sobrevivência e adverso à evolução e à inovação ou, ao contrário, na capacidade de organizar-se como processo plástico, móvel e flexível, em permanente trabalho evolutivo na direção do autodescobrimento e complementação. Esse último modelo condiz com a inovação (Kanter, 1997; Van de Ven, 1986). Para que a institucionalização aconteça, é necessário que a organização descubra e introjete valor, como fonte de gratificação pessoal e veículo da integridade do grupo. Essa infusão de valores acontece gradualmente e produz uma identidade distintiva, hábitos e compromissos entre os participantes, transcendendo todos os aspectos da vida organizacional e dando-lhe uma integração social que vai além da estrutura formal de comando e das funções instrumentais da organização (Van de Ven, 1986; Hogg et al., 2004).

Não é simples a passagem entre as fases de *organização* e *institucionalização*, pois, em meio a elas, intercala-se outra fase, muito sofrida, que pode ser chamada de *fraternidade-terror*, realidade na qual as emoções internas impõem sérios ajustes nas relações entre os membros. Nessa realidade, o grupo, como uma estrutura poderosa e absoluta, exige, até com crueldade, devoção e lealdade inquestionáveis (Rosenfeld, 1988).

4 Psicologia do grupo

Um observador externo registrará, como atividades do grupo, aquelas que se apresentam à percepção, como, por exemplo, as associadas à realização de reuniões, à coleta de dados, ao planejamento de melhorias, à realização de tarefas, relatórios, controles, análises etc., e conceberá, como objetivos principais do grupo, aqueles associados à finalidade primária da organização, como aprimorar um processo, executar mudanças, resolver problemas, melhorar a qualidade, administrar o custo, desevolver inovações etc. Evidentemente, essas são questões finais que interessam ao gerente ou a quem se propõe a estudar os grupos, do ponto de vista da administração e da competitividade das organizações. Infelizmente, elas não são diretas nem imediatas, mas emergem como produto do processamento de atividades internas ao grupo, racionais e emocionais, conscientes e inconscientes, que envolvem a administração de uma decisiva dinâmica interna, na qual flui vasta energia mental. Como conseqüência, o grupo pode evoluir e produzir resultados concretos, como a geração e/ou implementação de inovações, ou pode, ao contrário, impedir o progresso, inibir ou restringir os resultados, frustrando seus integrantes e a organização.

Na óptica dessa realidade interna, pode-se dizer que todo grupo de trabalho obrigatoriamente deve resolver diferenças pessoais, questões de identidade individual e grupal, conflitos com o alinhamento de objetivos entre membros e com a instituição, integração na organização, papel de liderança, falhas e inconsistências da comunicação intra e extragrupo, incoerências e inconstâncias próprias da interação humana etc. A resolução, ou amenização, das tensões resultantes dessa dinâmica é tão importante quanto a tarefa externa e deve antecedê-la para que ela possa ter vez (Hirschhorn, 2002).

A dinâmica em cena compreende complexas forças emocionais que dão forma à vida do grupo, desejos e tendências inconscientes que influenciam o processo grupal e delicadas redes de relacionamentos que os membros constroem entre eles. Da perspectiva da psicologia psicanalítica, uma aproximação com relação aos "processos inconscientes" pode auxiliar na descrição do que acontece nos grupos. Isto é, os membros de um grupo específico compartilham uma experiência emocional que freqüentemente oblitera a experiência individual e que é disparada por um processo inconsciente único e diferente dos que caracterizam a vida mental dos indivíduos separadamente (Gabriel, 1999).

Tido como um dos primeiros estudiosos dos grupos, o psicólogo francês Gustave Le Bon (1895 apud Gabriel, 1999) considerava que os grupos funcionam como entidades autônomas, mais que como uma coleção de indivíduos. Segundo ele, de uma perspectiva psicológica, o grupo funciona como um ser provisório formado por elementos heterogêneos que, em determinado momento, são combinados – de modo semelhante ao que ocorre no campo da biologia, quando as células se integram formando um organismo vivo, com características muito diferentes das apresentadas por célula individualmente. A teoria de Le Bon está apoiada em duas idéias principais: a primeira sustenta que os processos mentais do indivíduo são radicalmente alterados quando ele se sente membro de um grupo e compartilha a experiência emocional dos outros; a segunda afirma que, dentro dos grupos, as forças emocionais e inconscientes predominam sobre as da razão (apud Gabriel, 1999).

Para Freud, são os líderes que mantêm os grupos integrados e coesos, nem tanto por suas ações e decisões, mas pela posição que eles ocupam na vida inconsciente e, portanto, nas fantasias de seus integrantes. Essa mesma convicção sobre a importância da liderança é também manifestada por pensadores reconhecidos na área da administração de inovações organizacionais (Van de Ven, 1986; Kanter, 1997). Para o fundador da psicanálise, a experiência emocional compartilhada pelos membros do grupo está pautada pela identificação compartilhada com o líder. Freud também percebeu que, em determinadas circunstâncias, existem no grupo tendências para regressão ou para involução na direção de estados mais primitivos (Gabriel, 1999).

W. Bion, um pensador subseqüente da psicanálise de grupos, partiu da percepção de Freud para afirmar que os grupos são suscetíveis de atuar de maneiras primitivas ou regressivas e que estas podem ser controladas por meio de intervenções adequadas. Bion, médico psicanalista inglês, realizou estudos de dinâmica de grupos com soldados portadores de traumas emocionais decorrentes da Segunda Guerra Mundial. As derivações de sua pesquisa permitiram estabelecer as bases de sua teoria de grupos, visando compreender a dinâmica da emoção e a razão grupal. Ele propõe a existência de uma figura virtual, porém muito forte, a qual chamou de *mente grupal*, que rege as atitudes do grupo. Essa mente não seria igual à de nenhum de seus membros, mas seria constituída pela confluência de todas elas, dando lugar à construção da *identidade grupal*, que não seria um conceito fixo ou estático, mas evolutivo e singular para cada grupo. Freqüentemente, os membros do grupo não têm consciência de sua identidade grupal, assim como do estágio evolutivo (de maturidade) em que o grupo se encontra. Estudiosos atuais da administração também concordam com essa visão (Milton e Westphal, 2005). Desse modo, seus membros ficam como que em uma luta às cegas contra a realidade externa adversa – a única que podem enxergar e de onde consideram que provêm todas as dificuldades – para conseguir seus objetivos, sentindo-se, então, vítimas de freqüentes frustrações, para as quais não encontram explicação, mas que podem paralisá-los. Van de Ven (1986) também destaca a atuação desses mecanismos psicológicos. Um exemplo prático dessa situação será estudado no Capítulo 13.

De acordo com Bion, o grupo manifesta-se pela mente grupal como se fosse um único indivíduo, e o indivíduo como se fosse um grupo – não é difícil compreender essa última situação, quando, em uma mesma pessoa, não se verifica uma disposição ou tendência única, mas um conjunto de desejos, tendências e impulsos, às vezes opostos, que a faz assemelhar-se a um grupo (Bion, 1975; Gabriel, 1999).

Bion afirma que a construção do grupo passa por um processo evolutivo, como se fosse uma escala, em cujo início (imaturidade) coloca a figura a qual chama de *grupo de pressupostos básicos* e, no fim, o que denomina *grupo de trabalho* (maturidade). A diferença essencial entre ambas residiria na maneira de administrar as emoções e na predominância dos fenômenos inconscientes ou conscientes. A primeira proposição de Bion coincide com as fases iniciais de serialidade, fusão etc. de Sartre; já o grupo de trabalho equivale ao grupo institucionalizado, em uma estrutura plástica e flexível capaz de responder aos ambientes externo e interno com adaptações e inovações (Kanter, 1997; Van de Ven, 1986).

Quando prevalece o estado primitivo de *pressupostos básicos*, as relações do grupo são dominadas por mecanismos de regressão "típicos das primeiras fases da vida mental" (Bion, 1975) como, por exemplo: ciúmes, inveja, hostilidade, individualismo, auto-suficiência, vaidade, egoísmo, agressividade, intolerância, impaciência, arrogância, necessidades desmesuradas de amor e reconhecimento, culpas etc. Nessa situação, em que se investem poderosas forças emocionais oriundas de fases primitivas do desenvolvimento individual de seus membros, o grupo operaria pautado em estados emocionais de natureza inconsciente, os quais Bion chamou de estados de *pressupostos básicos* e que se opõem ao processo de pensar.

Quando operam os *pressupostos básicos*, a força das emoções é tão intensa que há pouco ou nenhum espaço para o contato do grupo com a realidade e para o pensamento, imperando uma tendência à regressão que se opõe e resiste à evolução. Essa dinâmica resulta na fragmentação organizacional, oposta às formas organizacionais integradas e fortemente adversa à inovação (Bouwen e Fry, 1991). Nesse estado, o grupo não tem consciência de sua identidade e, obviamente, não há condições para que a criatividade se manifeste na geração e implantação de inovações (Milton e Westphal, 2005).

Uma das características importantes do estado de *pressuposto básico* é a dissociação do tempo como manifestação da realidade. Ter presente essa conclusão é muito importante para o trabalho de implantação de mudanças e inovações organizacionais, geralmente pautado em cronogramas que apresentam, nessas circunstâncias, escassas probabilidades de serem cumpridos. A criatividade e a inovação são muito problemáticas para um grupo de pressupostos básicos, pois a energia das emoções que provêm de estágios primitivos origina uma luta inconsciente no sentido de suprimir a *idéia nova*, percebida como ameaça ao *status quo* (Bion, 1975; Van de Ven, 1986).

A qualidade da união entre os membros apresenta características muito diferentes entre os grupos primitivos de *pressupostos básicos* e os *grupos de trabalho* institucionalizados, plásticos e flexíveis. Nos primeiros, a união mostra-se como *conluio*, canalizando as energias na mobilização de defesas quando a tensão gerada por conflitos inconscientes ultrapassa um nível tolerável, que habitualmente é baixo. Já a *aliança construtiva* ou *coalizão*, própria dos segundos, representa a agregação de poder com a intenção consciente de utilizar as faculdades dos membros do grupo com propósitos construtivos, como a implantação de mudanças ou inovações (Zaleznik e De Vries, 1981).

Esses comportamentos e atitudes não são ocasionados por falhas nos valores, desonestidade ou desvios de caráter. Pode ocorrer que o grupo esteja vivendo uma fase em que o poder das emoções prevalece sobre o pensamento. Essa fase, porém, pode ser transitória. Se esse processo for trabalhado adequadamente pela liderança, poderá gerar o conhecimento e a experiência que pautam o interminável processo de evolução e amadurecimento, em que se transforma, gradualmente e de forma oscilante, como se verá, o *grupo de pressupostos básicos* em *grupo de trabalho*.

Nessa situação, o *líder funcional* torna-se efetivo se, em vez de tentar forçar o grupo em uma direção por ele determinada, mesmo que seja condizente com a realidade e o bom senso, for capaz de captar, moldar sua postura e operar nas bases das forças emocionais presentes (Hirschhorn, 2002). Naturalmente, para isso, o líder deverá aprender a distinguir o estado emocional que está presente no grupo e, ainda, ser flexível para se adaptar e mudar, pois esses estados não são fixos, mas dinâmicos, alternando-se. Entrando primeiro em contato com as emoções, o líder pode tentar depois colocar o grupo em contato com a realidade. A ansiedade para fazer prevalecer a sua (do líder) percepção da realidade (que pode até ser adequada, mas que o grupo não pode ver, pois está tomado pelas emoções) poderá resultar em resistências e defesas, impedindo o aprendizado e a inovação.

A *mente grupal*, para cuja formação cada indivíduo contribui inconscientemente, expressa, de maneira unânime, a vontade do grupo e reprova o indivíduo quando pensa ou atua em desacordo com os pressupostos básicos. É notável, por exemplo, a maneira como um grupo de adolescentes abomina a falta de enquadramento de algum de seus membros. Como conseqüência, o fato de pertencer a um grupo mobiliza, nos indivíduos, sentimentos de medo que podem chegar ao terror, perante o forte poder de punição que esse grupo pode exercer sobre os membros. Tal poder pode se materializar, por exemplo, na rejeição ou, pior, na indiferença do grupo. O filósofo norte-americano William James escreveu que não poderia ser imposto um castigo mais cruel a uma pessoa que colocá-la em um grupo cujos membros a ignorassem. Essa situação equivale à *fraternidade-terror*, de Sartre (Rosenfeld, 1988).

No extremo mais avançado dessa escala, Bion situa o *grupo de trabalho* que, como já foi dito, corresponde à forma plástica e flexível (não a rígida ou burocrática) da *institucionalização*, de Sartre. Essa evolução do *grupo de pressupostos básicos* para o *grupo de trabalho* pode acontecer quando o grupo toma consciência da operação dos pressupostos básicos e das emoções que estão em jogo (Bion, 1975). Trata-se de uma espécie de *dar-se conta*, a que se poderá chegar mais rápida ou demoradamente, com maior ou menor sofrimento, dependendo do conjunto de fatores externos e internos ao grupo.

Entre os fatores externos, destaca-se a qualidade da cultura organizacional (Montes et al., 2004). Modelos de sistemas fechados, com ambientes autocráticos e centralizadores, afirmados nas hierarquias, produzem e mantêm a operação de *pressupostos básicos*. Um dos mais importantes fatores internos é a competência e a preparação do líder, sua capacidade para perceber, entender e canalizar as emoções grupais. Para essa evolução, não bastam racionalidade e bom senso, nem os conhecimentos mais atualizados, tampouco a utilização das mais apuradas metodologias, como os métodos científicos de resolução de problemas, análises de processos, planejamento estratégico, planos de ação e cronogramas etc. Antes disso, o líder deve ser capaz de avaliar a maturidade do grupo para mostrar a todos o rumo ao qual suas forças emocionais se dirigem. Essa habilidade é condizente com a que Edgar Schein sinaliza como própria para o líder: *"Go with the flow"* (Schein, 1999). A maneira mais eficaz de fazer isso é atentar para as próprias emoções e sentimentos que a situação vivida vai produzindo nele; dessa maneira, em vez de reforçar a dependência ou revidar os ataques, é conveniente canalizar suas energias para o entendimento das emoções – angústias, ansiedades, incertezas, medos etc. – que, ao imperar no grupo, tolhem seu pensamento (Hirschhorn, 2002; Gravenhorst et al., 2003).

Segundo Bion, no *grupo de trabalho*, as emoções primitivas continuam a existir, mesmo depois da evolução, mas ficam subordinadas à razão, não dominando mais a vida do grupo, que passa a ser capaz de tomar contato com a realidade, pensar e criar. Pode organizar-se em torno de um trabalho grupal e objetivo, destinado a conseguir uma finalidade comum, como, por exemplo, dar à luz uma inovação em métodos, sistemas de produtos, processos etc. O tempo, fator essencial da realidade, agora é intrínseco à sua atividade. Como esse grupo desenvolve uma tolerância maior à frustração, existe uma possibilidade, também maior, de que os problemas sejam enfrentados com pensamento sistêmico (procurando causas às vezes distantes no tempo e no espaço), em vez do sintomático (restringe-se à eliminação dos efeitos indesejados com soluções imediatas, paliativas ou superficiais) (Senge, 1990).

As responsabilidades do líder, nesse estágio, estão mais associadas aos aspectos do mundo real e incluem estimular o grupo para a comunicação, o planejamento, a iniciativa, definir suas metas e métodos para atingi-las, ser autocrítico, prover *feedback*, garimpar e estimular oportunidades para inovações. Como gerenciador de fronteiras, ele pode interagir com os níveis superiores da organização, integrar diferentes grupos de trabalho, auxiliar no treinamento e na disponibilidade de equipamentos e recursos, manter uma adequada comunicação com os líderes de outros grupos, construir redes e administrar conflitos. Essas competências são próprias do *líder institucional.* No seio da organização, a liderança institucional é crítica na criação do contexto cultural que estimula a inovação e estabeleça a estratégia organizacional, a estrutura e os sistemas que a facilitam (Van de Ven, 1986).

Segundo Bion, mesmo tendo-se alcançado níveis elevados de maturidade, que representam o *grupo de trabalho* ou *grupo institucionalizado,* esse estado nunca chega a ser definitivo. O fluxo de transformações persiste, manifestando-se em oscilações em que se alternam evoluções e regressões, dada a pressão das emoções conscientes e inconscientes sobre as pessoas, mesmo depois do progresso (Gabriel, 1999). Tal processo pode conduzir a um desenvolvimento, no caso de o grupo compreender e institucionalizar sua condição como *grupo de trabalho* – o que se dá pelo reconhecimento, entre os membros do grupo, de *quem é quem...* e *para quem,* isto é, qual o lugar que cada um ocupa na missão que dá sentido e identidade ao grupo (Milton e Westphal, 2005; Hogg et al., 2004). Porém, em determinadas situações adversas, as emoções primitivas ainda podem prevalecer e voltar a ocupar o espaço do pensamento, ocasionando involução. Por exemplo, a gratidão cede lugar à inveja, a paciência à ansiedade, a tolerância à hostilidade etc. Motivos prováveis para essa regressão podem estar em falhas da liderança, deficiências na condução de mudanças, inconsistências nas táticas da direção, incoerência entre o que é manifesto e o que é realmente praticado pela direção, fusões e vendas de empresas sem levar em conta as características culturais etc.

Também para Sartre uma equipe ou grupo de trabalho não é uma entidade estática e sim dinâmica, em permanente formação e crescimento, e jamais será algo acabado. Segundo esse autor, a praxe do grupo é o processo pelo qual o homem trata permanentemente de conseguir sua desalienação, realizando-se como ser humano, modificando a si mesmo e ao ambiente, porque transformar o ambiente, por sua vez, exige sua modificação. Nesse sentido, as inovações criadas e/ou implantadas na empresa pela equipe, de uma perspectiva interna ao grupo, também representam alternativas para conter a alienação, vindo à luz na forma de evidências que revelam sua produção, e podem ser sentidas como tijolos na construção de sua identidade (Ellemers e De Gilder, 2004).

Do exposto aqui, pode-se concluir que a manutenção de uma equipe na empresa, operando como *grupo de trabalho* em evolução, no sentido expresso por Bion, ou *grupo institucionalizado*, segundo Sartre, não é espontânea nem automática, mas requer cuidados da liderança, que deve se capacitar nessa arte. Esses cuidados se concentram na afirmação da identidade e no desenvolvimento da *competência emocional* do grupo. Somente quando este possui esse grau de evolução é capaz de pensar e inovar.

5 Competência emocional no grupo

O grupo com competência emocional denota-se pela credibilidade entre os membros, seu senso de identidade grupal e de eficácia, isto é, seus membros sentem-se mais efetivos trabalhando juntos que individualmente (Druskat e Wolff, 2004). Construir a competência emocional do grupo significa trazer as emoções deliberadamente à tona, explorá-las, considerá-las parte das variáveis que determinam o resultado e tratar de entender como afetam o seu desempenho. Competência emocional no grupo refere-se, por exemplo, a pequenos atos, como agradecer ou perguntar a um membro que permanece em silêncio sobre seus pensamentos, gestos que fazem toda a diferença. Não significa harmonia, nem exclusão de tensões, nem que os membros devam gostar uns dos outros, mas reconhecer quando a harmonia é falsa, a tensão é reprimida, e fazer prevalecer o respeito mútuo. Aponta, portanto, para a busca permanente da verdade sobre a perspectiva emocional que impera a cada momento no grupo. A competência emocional do grupo inclui a capacidade para ter consciência e administrar as próprias emoções (competência pessoal) e as que se referem aos demais componentes (competência social) e ainda a necessidade de lidar, além das emoções próprias do grupo, com as de outros grupos e indivíduos fora dele (Druskat e Wolff, 2004).

Vanessa U. Druskat e Steven B. Wolff abordam a questão a partir de três perspectivas: o indivíduo, o grupo e as relações com pessoas ou grupos externos.

a) O indivíduo: trabalho e ajuste das emoções do indivíduo intermediado pelo grupo

De uma perspectiva individual, um grupo possui competência emocional quando as emoções, experimentadas individualmente por qualquer um dos membros, vêm à consciência e são objeto de atenção dos outros integrantes da equipe. Isso quer dizer que o pensamento lógico, firmemente enraizado na cultura organizacional, não deveria asfixiar a lógica das emoções, que é diferente da lógica da razão. Por exemplo, as técnicas tradicionais de solução de problemas, como os diagramas de afinidade, que tendem a abafar as emoções pela coleta de dados e análise de perspectivas de uma maneira "mecânica", não podem impedir o contato emocional capaz de gerar credibilidade e confiança, que resultam em maior participação dos membros (Rafaeli e Sutton, 1987).

Outro indicador de competência emocional é o fato de as decisões no grupo não serem tomadas apenas com base no voto da maioria, mas as opiniões e/ou objeções da minoria, ou dos indivíduos, possuírem espaço e tempo para serem ouvidas e analisadas.

Competência emocional no grupo, de uma perspectiva individual, tem a ver com o desenvolvimento de uma cultura em que são possíveis tanto o confronto como o cuidado ou acolhimento do grupo aos membros. Se, por exemplo, algum comportamento individual ultrapassar os limites estabelecidos explícita ou implicitamente pelo grupo, este deveria criar recursos para detectá-lo e, por meio da atuação no conflito com o integrante, sinalizar e coibir o comportamento inadequado. Comportamentos indesejáveis sempre têm uma razão de ser. O desafio é encontrar essa(s) razão(ões), por meio de perguntas, tendo disposição para ouvir (Druskat e Wolff, 2004).

Como cuidado ou acolhimento, entenda-se a atitude grupal de posturas de aprovação dirigida a seus membros como indivíduos, pela ação bem-feita, compreensão interpessoal, afeto, apoio e compaixão. Escutar e respeitar individualidades e diferenças são posturas condizentes com essa visão. Esse conjunto de atitudes é a matéria-prima para a construção da identidade, e o desenvolvimento delas se constitui em um importante desafio para a liderança funcional.

b) O grupo: trabalho e ajuste das emoções internas do grupo pelo próprio grupo

As emoções desdobram-se também em nível do grupo. Se o grupo desenvolver habilidades e hábitos de autoconsciência de seus estados emocionais, dos aspectos nos quais se sente forte e nos quais se percebe fraco e das dificuldades internas induzidas pelo fluxo do processamento das tarefas sob sua responsabilidade (por exemplo, por meio de uma rotina de auto-avaliação praticada em grupo), será possuidor das características da competência emocional condizentes com a eficácia grupal. A condição para que possa haver evolução a partir do *estado de pressupostos básicos* é que o grupo se *dê conta* das emoções e sentimentos que estão presentes em seu seio. Isso pode acontecer quando se desenvolvem posturas que, ao contrário de negar ou esconder as informações frustrantes, buscam ativamente opiniões externas sobre o resultado do cumprimento de suas tarefas e responsabilidades, seu progresso e desempenho. Essa perspectiva externa pode provir de fornecedores, clientes ou colegas da organização.

Ajuste das emoções no grupo significa que deve existir consciência interna de que a atitude grupal pode ser também objeto de melhoria contínua. As culturas organizacionais clássicas poderão experimentar certa ansiedade quando o grupo focalizar o trabalho na construção de sua competência emocional, podendo, desse modo, se afastar um pouco do trabalho objetivo. No entanto, os benefícios são relevantes, pois, desse investimento, resulta maior capacidade para responder aos desafios que envolvem emoções. Os alvos buscados nesse sentido podem incluir o desenvolvimento de recursos para trabalhar com emoções e proporcionar um ambiente favorável e posturas proativas na solução de problemas e na geração de inovações (Druskat e Wolff, 2004; Casciaro e Lobo, 2005, Van de Ven, 1986).

Dessa forma, o grupo deve reservar tempo para analisar sua eficácia, criar objetivos e metas mensuráveis e assumir rotinas de avaliação. E deve, também, encontrar algum modo de identificar e levar em conta o sentimento do grupo, aceitando as emoções e se concentrando na solução de problemas, em vez de espalhar culpas (Abraham, 1998). Nesse sentido, o *feedback* proveniente dos clientes internos e externos é relevante, assim como a realização de *benchmarking* dos processos sob responsabilidade do grupo (Druskat e Wolff, 2004). Um exemplo prático dessa perspectiva será apresentado no Capítulo 13.

c) Fora do grupo: trabalho e ajuste das emoções com outros grupos

É óbvio que a competência emocional do grupo não se confina aos próprios limites, mas deve considerar as relações não só dentro, como também fora do grupo. Em um grupo dedicado a implantar inovações, por exemplo, contar com membros provenientes de setores cruciais relacionados à mudança traz como conseqüência a consideração permanente da perspectiva externa. Isso é extremamente importante quando o trabalho do grupo tem impacto significativo sobre outros na organização. Nesse sentido, reconhecer sentimentos e necessidades dos outros grupos pode fazer uma grande diferença na consecução de objetivos interdependentes. Essa habilidade de administrar emoções nas órbitas externas ao grupo pode ser atingida investindo-se nas relações externas, de maneira a ganhar a confiança dos grupos e pessoas de fora, adotando uma atitude integradora, em vez do isolamento.

Para isso, é importante identificar e entender as responsabilidades e necessidades de outros grupos na organização e oferecer-lhes apoio, bem como conhecer suas convenções internas, símbolos, significados e linguagem. Também será importante identificar as pessoas na organização que podem exercer influência na aptidão do grupo para a consecução de seus objetivos; entender a cultura e as políticas da organização; estimular a comunicação e analisar a compatibilidade das ações do grupo com a missão da organização (Kivimäki et al., 2000; Montes et al., 2004). O investimento em uma transformação cultural que se preocupe e ofereça espaço para que os grupos possam trazer à tona, conhecer e regular as suas emoções em todos os níveis de interação desenvolve a confiança, a identidade grupal e a eficácia de que necessitam para a verdadeira cooperação e complementação que resulta em alto desempenho (Druskat e Wolff, 2004; Ellemers e De Gilder, 2004). O processo de inovação aproxima mais as pessoas e torna mais importante a dimensão pessoal dos relacionamentos (Kanter, 1997).

Ante essa realidade, as comunicações interna e externa se constituem em determinantes de eficácia para a inovação organizacional. Por meio da comunicação externa, os grupos se aproximam das principais fontes de idéias inovadoras, ou seja, os requisitos dos consumidores, de um lado, e o desenvolvimento da ciência e da tecnologia, de outro, conhecidos como *market pull* e *science* e *technology push*. Dessa óptica, contatos com clientes, outras firmas, distribuidores, fornecedores, consultores, universidades e centros de pesquisa favorecem a inovação, mesmo levando-se em conta que possam existir restrições na divulgação de informações que comprometam a vantagem competitiva sobre a concorrência. A comunicação interna envolve dois tipos de interação e colaboração. A primeira se refere às atividades de comunicação formal entre os grupos, departamentos e *staff*. A segunda se circunscreve ao processo em que dois ou mais grupos trabalham juntos, possuindo uma compreensão mútua e uma visão comum, compartilham recursos e atingem objetivos coletivos (Kivimäki et al. 2000; Bouwen e Fry, 1991).

6 Solução de problemas e geração de inovações

Segundo Schein (1999), todo grupo, em sua interação com o mundo, deve lidar com três questões fundamentais: 1) como administrar as fronteiras, definindo quem está dentro, quem está fora e como manter sua identidade; 2) como sobreviver diante do ambiente externo, cumprindo sua função ou tarefa primária, e 3) como construir e manter a si próprio como entidade capaz de administrar suas relações interpessoais internas.

Este capítulo ensaiou alguma aproximação entre os itens 1 e 3. No item 2, está contido o processo de solução de problemas e de tomada de decisão, o qual pode compreender a geração de inovações. Van de Ven (1986) propõe como conceito de *inovação* o desenvolvimento e a implantação de novas idéias por pessoas e grupos que, ao longo do tempo, interatuam por meio de transações com outros grupos, em um contexto institucional. A força original – ou motivação, para esse movimento – parte de um sentimento de frustração, da percepção, ou da consciência, de uma necessidade, de um *dar-se conta*, que é um estado mental com atividade emocional capaz de questionar paradigmas e/ou mitos que imperaram até então – mas que se mostram inadequados para lidar com a realidade interna ou externa (Lisondo, 2004).

Schein (1999) propõe uma análise do processo de solução de problemas pelos grupos – ou geração de inovações – por meio de dois ciclos, separados por uma fase de transição, que é o processo de decisão. O primeiro ciclo acontece antes que a decisão ou ação sejam tomadas, o outro segue depois delas. Por sua vez, esses ciclos se desdobram em diferentes estágios. O primeiro caracteriza-se por atividade mental reflexiva em um campo que contém tanto fatores racionais objetivos, próprios da interação com a realidade externa, quanto fatores emocionais impostos pelo relacionamento humano. Esse ciclo compreende as fases de: a) formulação do problema; b) geração de propostas alternativas para a ação de mudança; e c) previsão das conseqüências e avaliação conceitual para as soluções propostas. Esse primeiro ciclo finaliza quando o grupo chega a uma decisão formal sobre o que vai fazer. A partir desse momento, começa o segundo ciclo, que se concentra na ação transformadora em relação com o mundo concreto, mas que, nem por isso, excluirá as emoções, e que compreende: d) planejamento; e) execução das ações planejadas; e f) avaliação dos resultados alcançados em cada passo. Freqüentemente, essa avaliação leva o grupo a retornar ao primeiro ciclo na redefinição do problema. Em cada uma dessas fases, podem-se destacar aspectos relevantes:

a) *Formulação do problema*. Uma das falhas mais comuns na formulação do problema, ou na identificação de uma oportunidade para inovação, está na confusão entre o sintoma e o problema. A tensão da vida cotidiana faz com que apareçam problemas que contrariam as expectativas das pessoas. Algo que é indesejável aparece. Mas esse "algo" não é o problema, e sim sintomas a serem removidos. É um erro formular um problema com base no sintoma. Por exemplo, pensar que a queda de vendas em um determinado setor é o problema que deve ser abordado pela equipe de vendas, sem primeiro investigar as causas, pode levar a ações ineficazes e dispendiosas, como aumentar a propaganda ou a própria equipe de vendas. A queda de vendas pode, por sua vez, ter causas sistêmicas que não serão removidas com essas iniciativas. Ela pode estar associada a falhas na previsão de vendas, o que significa não fazer nada no campo e fazer algo no setor de marketing, ou à entrada de um novo competidor, ou à queda na qualidade do produto, ou à perda de vendedores-chave para o concorrente (Schein, 1999). O pensamento sistêmico mostra que os sintomas são como respostas ou conseqüências das verdadeiras causas fundamentais e que estas podem estar distantes no tempo e no espaço (Senge, 1990). A descoberta dessas causas não é imediata; em geral, exige bastante tempo, dedicação, esforço, paciência, investigação disciplinada e, principalmente, tolerância à frustração. A frustração – com o conseqüente sofrimento – inevitavelmente estará presente nessa fase, pela impossibilidade de remover de imediato a perturbação; portanto, será necessário conviver por algum tempo com ela, caso se deseje investigar as causas sistêmicas. É aqui que se podem distinguir as qualidades diferentes da formulação do problema – ou da inovação –, em um grupo de *pressupostos básicos* (que não tolera a frustração e parte para o imediato, ou seja, o ataque ao sintoma) e um *grupo de trabalho*, ou *institucionalizado* (capaz de suportar a frustração e pensar). Para chegar à formulação do problema ou inovação, o grupo deverá adotar uma rotina de pesquisa exploratória dirigida a encontrar as razões para os eventos e as ações, assim como também para as emoções que os acompanham (por exemplo: Como nos sentimos com relação a isso? Como os outros se sentem? Como reagem?). A condição necessária para poder formular o problema é o diagnóstico – ou seja, a correta definição das causas sistêmicas. Isso significa um levantamento, organização e análise pelo grupo, de incidentes, fatos e dados que possam ser associados ao sintoma (que é o efeito), tudo realizado com a consciência grupal de que o problema, em sua essência, é ainda desconhecido. Essa percepção somente poderá vir à tona se, na cena emocional do grupo, prevalecer a humildade. Aqui está outra diferença importante entre o grupo de *pressupostos básicos*, que tende à onipotência, e o *de trabalho*, que aceita seu *não saber* como condição para poder chegar a *algum saber*.

b) *Geração de propostas para ação de mudança.* O *brainstorming* pode ser um método adequado para gerar um conjunto o mais amplo possível de idéias. Todavia, seus resultados tampouco estão isentos da influência das emoções, de modo que alguns reparos devem ser feitos. Um deles é a tradicional advertência de que, nessa fase, não devem ser feitas avaliações. Ansiedade ou dificuldade para lidar com a frustração podem resultar em avaliações prematuras. Quando estas não são evitadas, não se apresentam oportunidades suficientes para que as idéias possam ser apreciadas em perspectiva, porque não poderão ser comparadas a outras. A avaliação prematura ameaça a idéia e a pessoa que a propôs. Às vezes, essa avaliação prematura encobre sentimentos inconscientes, como, por exemplo, a necessidade de mostrar competência, ou conhecimento, ou talvez revanchismo, ou mesmo ressentimento. Em conseqüência, os membros que tiveram as idéias rejeitadas prematuramente terão menos disposição para oferecê-las em outros estágios. Quando se realiza um *brainstorming*, também é importante levar em conta o estágio de maturidade do grupo que o desenvolve. Em grupos imaturos, em vez de sinergia, pode ocorrer de as pessoas se utilizar da técnica para extravasar indiretamente os reais, e freqüentemente inconscientes, sentimentos de rivalidade dos quais estão tomadas e entrarem em competição entre si, cada qual querendo ser visto como mais inteligente ou capaz.

Uma vez feita a lista de idéias, o grupo pode descartar as que pareçam *a priori* menos aplicáveis e trabalhar as poucas que pareçam adequadas. Nesse momento, uma tendência é inconveniente: a de trabalhar as idéias uma a uma. Ao contrário, o grupo deve adotar um raciocínio sistêmico e examinar como as várias idéias interagem e se relacionam umas com as outras (Schein, 1999). Esse trabalho de avaliação requer um investimento de tempo, o que significa dedicação, paciência, disciplina. Mais uma vez, isso significa controle emocional, para poder usufruir o potencial racional.

c) *Avaliação das conseqüências das soluções propostas.* Para esse objetivo, o grupo pode utilizar vários critérios, como experiência pessoal, opiniões de pessoas experientes, pesquisa a partir dos dados e informações disponíveis, planejamento de testes ou experimentos. Desses, a experiência pessoal e a opinião de pessoas experientes são os mais fáceis e, portanto, bastante adotados, mas também os menos válidos. As outras técnicas, como pesquisas quantitativas, entrevistas e experimentos, são mais válidas, no entanto consomem mais tempo. É importante que a pressa e a tensão cotidiana não induzam o grupo a evitar ou tratar superficialmente essa fase, porque isso empobreceria muito a qualidade da solução ou da inovação. Todavia, é possível que a discussão nesse estágio produza descobertas que conduzam o grupo a uma reformulação do problema inicial. Embora a constatação dessa perspectiva de retorno cíclico ao ponto de partida, na reformulação do problema, pareça frustrante e demorada, o grupo maduro aprenderá que ela não é uma perda de tempo. Ao contrário, se evitada, a eficácia da solução ficará comprometida; por outro lado, a cada ciclo, haverá uma capitalização de aprendizado e experiência que contribuirá na afirmação da identidade do grupo e no aumento da sua eficácia na solução de problemas (Hogg et al., 2004). Mais uma vez, um importante desafio da equipe, ante as inovações, será a sua capacidade para lidar com a própria frustração, que é condição prévia para que a criatividade possa se desenvolver.

O primeiro ciclo do processo de solução de problemas ou inovações estará concluído quando o grupo chegar a uma decisão sobre as ações que irá empreender a seguir. Essa estação encontra-se na transição entre o primeiro e segundo ciclo.

Vários são os caminhos pelos quais o grupo pode chegar a uma decisão, mas nenhum é, *a priori*, melhor que o outro. Cada um deles é apropriado para determinadas circunstâncias e, por sua vez, resulta em conseqüências particulares para a operação do grupo no futuro. O método escolhido deveria levar em conta o tempo disponível, a história passada do grupo, o tipo de tarefa e o tipo de clima que o grupo deseja estabelecer (Schein, 1999).

Por exemplo, às vezes, as decisões são construídas na base da *falta de resposta*. Isso significa que uma pessoa pode propor uma idéia e, antes de alguém dizer algo sobre ela, outra pode sugerir uma outra idéia, e assim sucessivamente, até que o grupo adota uma delas para as próximas ações.

Dessa forma, o grupo tomou a decisão de não apoiar as idéias que não tiveram resposta. Isso faz os proponentes sentirem-se rejeitados. Vários mecanismos defensivos, que visam reduzir a tensão emocional, podem conduzir a essa curiosa situação, que, no entanto, ocorre com freqüência. Por exemplo, o temor de que a exposição de reparos à idéia de outro possa gerar inimizades ou de que a aprovação possa significar um compromisso (que não se está disposto a assumir), a necessidade de ocultar algum aspecto incômodo sobre a idéia exposta ou o temor de bancar o ridículo diante dos outros. O comportamento de falta de resposta é disfuncional e não-construtivo, sendo pouco freqüente nos grupos maduros. Em geral, revela dificuldades dos integrantes para lidar com as emoções.

Outra maneira de decidir se afirma na *autoridade formal*. Nesses casos, o grupo gera e propõe idéias sobre o tema e pode manter discussões sobre elas, mas a decisão cabe à figura investida de autoridade formal, que deverá ouvir o grupo. Embora esse método seja muito eficiente, sua eficácia depende do fato de a autoridade formal ser um bom ouvinte e ter boa capacidade para filtrar e escolher as idéias apropriadas. Em contrapartida, esse método induz pouco envolvimento do grupo nas fases seguintes, porque seus componentes podem não ter entendido ou não estar de acordo com a decisão tomada pela pessoa que detém a autoridade, não se mostrando, portanto, capacitados ou motivados para levá-la adiante.

Às vezes, são as *minorias* que puxam a decisão, ou ela é tomada por meio de um processo de auto-aprovação. Isso quer dizer que poucas pessoas do grupo podem utilizar táticas que, produzindo ação (ou agitação), passam a ser consideradas decisões, mas na realidade não possuem a concordância da maioria do grupo. O pressuposto, nesse caso, é que o silêncio significa consentimento. O processo de auto-aprovação significa que alguém expõe uma proposta sobre o que fazer, nenhuma outra proposta é apresentada a seguir e não aparece nenhum comentário negativo. Então, o grupo faz o que foi proposto. Esse caminho para chegar à decisão – silêncio significa consentimento – pode ser perigoso, dando oportunidade para a manipulação por parte de integrantes habilidosos na arte de aproveitar, para o próprio interesse, as dúvidas ou a insegurança das outras pessoas. Mostra-se aqui a atitude de dependência da maior parte dos integrantes do grupo, também própria de estados emocionais imaturos. A razão pela qual as pessoas permanecem em silêncio, facilitando a manipulação, pode ser a de que todos assumem que são minoria e que discordar pode ser visto como bloqueio. Dessa maneira, surge uma forte pressão interna para que as pessoas permaneçam caladas e as coisas tomem seu curso, mesmo que elas não concordem.

Também a decisão *por maioria*, por exemplo, por meio da votação, apresenta suas dificuldades. Às vezes, o método que resulta na eleição de uma idéia não se converte em uma boa implementação dessa idéia na prática. Algumas barreiras psicológicas podem explicar isso. Por exemplo, freqüentemente, as minorias não concordam com o pressuposto da regra da maioria, mas também não se sentem com forças para contestá-la. Podem considerar que o tempo para discussão foi escasso ou ainda que o processo de votação dividiu o grupo em duas facções que não estão mais focadas na forma como a proposta da maioria será implementada, mas em quem será ganhador ou perdedor ou como ganhar a próxima batalha. Essa situação, em que a competição aniquila a cooperação, é nefasta para a inovação (Monge et al., 1992; Kanter, 1997).

Outra maneira de chegar à decisão é o *consenso*, que não significa unanimidade. Essa modalidade, que estimula a comunicação bastante aberta, traz para os membros a sensação de que todos tiveram boas chances de influenciar a decisão, especialmente aqueles cuja proposta não foi escolhida, mas que, ao terem oportunidade de serem ouvidos e respeitados, podem se dispor a contribuir depois com o trabalho de implementação de outras idéias diferentes das deles. Para que isso seja alcançado, é necessário que o grupo invista um tempo considerável no diálogo e na discussão. O diálogo consiste em uma exploração livre e criativa de questões complexas e delicadas, em que cada um *escuta* as idéias do outro sem manifestar sua opinião. Na discussão, são apresentadas e defendidas diferentes opiniões, buscando-se sempre a melhor idéia para apoiar as decisões que deverão ser tomadas a seguir. Diálogo e discussão são, portanto, complementares e também dependem da competência emocional do grupo (Senge, 1990). O diálogo é divergente – o que exige a tolerância para as diferenças –, não busca um acordo, mas uma compreensão maior das questões complexas. Diferentes idéias são apresentadas como um meio para se chegar a uma nova idéia. Dessa forma, o diálogo ajuda a evidenciar as incoerências do pensamento. A qualidade do diálogo durante o esforço de inovação definirá a qualidade do aprendizado que está sendo capitalizado pela organização (Bouwen e Fry, 1991).

A discussão é a contraparte do diálogo. Diferentes idéias são apresentadas e defendidas, o que pode resultar em uma boa análise da situação como um todo. Quando construtiva, converge para uma conclusão ou curso de ação. Trata-se de um processo dialético. Dessa maneira, decisões são tomadas. Um grupo produtivo, ou *grupo de trabalho*, deve saber se movimentar entre o diálogo e a discussão, passando de um para outro sempre que necessário (Senge, 1990).

Ainda é importante levar em conta que, no diálogo e na discussão, para análise da realidade por meio de fatos e dados, podem subjazer duas atitudes aparentemente similares, mas de efeitos totalmente diferentes: a *indagação versus* a *advocacia*. Um grupo focado na indagação considera cuidadosamente a maior variedade possível de opiniões e trabalha em sinergia para descobrir a melhor solução. Embora as pessoas tenham os próprios interesses, a meta dessa postura não é persuadir os outros para adotar um determinado ponto de vista, mas, em vez disso, chegar a um acordo no melhor curso de ação. As pessoas compartilham amplamente as informações para que os participantes possam chegar às próprias conclusões. Mais que suprimir discordâncias, o processo de indagação estimula o pensamento crítico. Nesse questionamento, o conflito pode ser intenso, mas dificilmente será pessoal. A indagação é própria dos *grupos de trabalho*; já quando o foco do grupo se inclina para a *advocacia*, as pessoas buscam a decisão por meio da competição, embora não o façam aberta nem conscientemente. Os participantes defendem passionalmente suas posições e se mantêm firmes ante as discordâncias. Têm, dessa maneira, bastante dificuldade para concentrar a atenção nos argumentos dos oponentes. Apresentam informação seletiva, fincando seus argumentos e sonegando dados relevantes que possam ser conflitantes. Nesse processo, os desacordos são explosivos e antagônicos. Personalidades e egos entram na cena e as diferenças são resolvidas em batalhas nos bastidores. Aqui, o pressuposto básico é que a melhor solução emergirá como um teste de forças e resistências entre as posições competidoras. Porém, esse modo de se posicionar inibe a inovação e estimula os participantes a apoiar a visão dominante, de modo a abolir maiores conflitos (Garvin e Roberto, 2004).

Quando realizado com efetividade, o consenso possibilita que todos tenham oportunidade para expor suas propostas detalhadamente e fiquem com a certeza de que foram ouvidas e compreendidas. Por isso, essa modalidade, além de ser demorada, demanda maturidade do grupo, especialmente no que diz respeito a saber ouvir e a sentir-se ouvido. O consenso pode ser adequado para as decisões referentes a métodos e processos, aquelas que estão dirigidas ao *como* fazer e que irão demandar a participação de todos na sua implementação (Bouwen e Fry, 1991).

Ainda existe o *consenso unânime*, que é o mais difícil de atingir e que ocorre quando todos concordam verdadeiramente com o curso da ação a ser tomada. Algumas poucas decisões vitais demandam o consenso unânime, mas, para a maior parte das decisões cotidianas, o consenso pode ser suficiente, se for realmente verdadeiro.

Seja qual for o caminho que o grupo tenha escolhido para chegar à decisão, ele deve estar bem claro para todos. Os participantes devem perceber se restaram sentimentos residuais ou desejos inconfessos de sabotar a ação posterior do grupo.

Uma vez que o grupo tenha adotado uma decisão sobre o que vai fazer, tem início o segundo ciclo que, como já dito, se concentra na ação. Agora os participantes deverão produzir um plano detalhado sobre o curso das ações, estabelecer indicadores para monitorar a consecução ou não dos objetivos previstos para cada fase, prever alternativas de correção ante eventuais desvios e cumprir os passos.

d) *Planejamento.* Essa fase pode ser tratada como um novo problema que exige a própria formulação, geração e teste de idéias. É mais uma tarefa que requer dedicação, paciência, disciplina. Se não for suficientemente bem-realizada, uma boa proposta pode malograr, e o grupo poderá concluir, erroneamente, que ela é deficiente, quando, na realidade, foi o planejamento que falhou. Outra vez, a ansiedade deverá ser controlada para que o pensamento possa produzir um bom plano. Os resultados serão mais efetivos para o grupo quanto maior o detalhamento, no plano, das ações específicas atribuídas a pessoas específicas com prazos específicos. Isso não só aumenta as chances de que a ação seja empreendida, mas também serve como teste de validação para a decisão tomada na fase anterior. Por exemplo, a pessoa responsável por uma tarefa poderia levantar questões próprias da implementação que não foram levadas em conta antes, durante o processo de decisão (Schein, 1999).
e) *Execução das ações planejadas.* É importante que as pessoas (o grupo) que têm a responsabilidade pela implementação do segundo ciclo tenham participado, entendido e se comprometido profundamente com o primeiro, assim como com a fase de ligação entre ambos na tomada de decisão. A comunicação é um fator decisivo nessa fase. As informações detalhadas sobre as ações da cada etapa devem estar ao alcance das pessoas responsáveis. Van de Ven identifica dois modos de aprendizagem no processo de gerenciamento da atenção do grupo para o desenvolvimento de inovações: aprendizagem de *loop* simples e *loop* duplo. No primeiro, não há mudança nos critérios de avaliação de resultados. Consiste na atividade tradicional de monitoramento sistemático dos itens de controle para cada atividade do plano[1], e seu

[1] NA: Os itens de controle são os indicadores que permitem aferir se o processo de implementação está sob controle. Eles são determinados pelo grupo quando este realiza o planejamento estabelecendo bandas de aceitação. Por exemplo, um item de controle poderia ser o percentual de trabalho concluído em um determinado tempo ou o número de peças instaladas, o de funcionários treinados etc. (Campos, 1994).

confronto com os objetivos possibilita ajustes e correções durante a marcha. Isso significa que os itens de controle e os indicadores mensuráveis que o grupo espera para eles também serão objeto de planejamento. A teoria da qualidade estimula o uso intensivo do ciclo seqüencial PDCA (*plan, do, check, act*) para essa finalidade. Dessa maneira, a ação é planejada (P), depois executada (D), a seguir monitorada (C) – é no indicador do item de controle que se faz o monitoramento, que consiste em comparar se o executado é compatível com o planejado – e, se houver desvios, uma ação de correção deve ser tomada (A); caso não haja desvios, o grupo continua executando (D) e verificando (C). Se o grupo incorporar o hábito de utilização do PDCA à sua cultura, terá boas chances de manter seu rumo e atingir o objetivo traçado. Já o processo de aprendizagem de duplo *loop* envolve mudanças nos critérios de avaliação. Antigas práticas são questionadas, novos pressupostos sobre a organização são levantados e importantes mudanças nas estratégias são consideradas. Isso significa que o gerenciamento da atenção não depende apenas de se atingir o limiar da ação dos participantes, mas também de canalizar a ação na direção de fins construtivos (Van de Ven, 1986).

f) *Avaliação dos resultados alcançados.* Para que seja possível, é necessário que o grupo chegue previamente ao consenso sobre os critérios para a avaliação, a definição do cronograma das ações e a determinação dos responsáveis por relatar as informações correspondentes. Pode ser que as conclusões levem o grupo de volta ao primeiro ciclo, na fase de reformulação do problema. Essa descoberta pode ser frustrante, mas o grupo emocionalmente maduro deverá lidar com ela e vê-la também como uma capitalização de experiência e sabedoria.

A síntese das idéias apresentadas neste capítulo leva à seguinte conclusão: para que um grupo reverta em resultados concretos seu potencial para conceber e implantar inovações, é necessário que evolua de *grupo de pressupostos básicos* para *grupo de trabalho*. Para isso, deverá conhecer e afirmar sua *identidade* (Milton e Westphal, 2005; Hogg et al., 2004; Ellemers e De Gilder, 2004) e também construir e continuamente aprimorar sua *competência emocional* (Druskat e Wolff, 2004), sendo conduzido a essa competência por uma adequada *liderança institucional* (Van de Ven, 1986).

Embora este texto tenha concentrado a atenção na dinâmica psicológica que determina a vida dos grupos, é evidente que fatores próprios da realidade objetiva, como capacitação técnica na área de atuação, habilidades gerenciais, técnicas científicas de resolução de problemas, experiência e competências específicas na função, são também requisitos necessários para a geração e implantação de inovações. À medida que aumenta o grau de complexidade tecnológica e/ou a demanda intelectual da missão, essa afirmação se torna mais contundente (Daft, 1978). Isso quer dizer que atualização e treinamento dos integrantes do grupo são indispensáveis. Deverá haver, portanto, complementação entre o repertório de conhecimentos e as habilidades psicológicas.

Referências bibliográficas

ABRAHAM, R. Emotional dissonance in organizations: a conceptualization of consequences, mediators and moderators. Leadership & Organization Development Journal, v. 19, n. 3, p. 137-146, 1998.

BION, W. R. *Experiências com grupos*. São Paulo: Imago, 1975.

BOUWEN, R.; FRY, R. Organizational innovation and learning: four patterns of dialog between the dominant logic and the new logic. *International Studies of Management & Organization*, v. 21, n. 4, p. 37, 1991-1992.

CAMPOS, V. F. *Gerenciamento da rotina do trabalho do dia-a-dia*. Belo Horizonte: FCO, 1994.

CASCIARO, T.; LOBO, M. S. *Affective microfoundations of instrumental ties in organizations*. Working Paper, 24 abr. 2005.

DAFT, R. L. A dual-core model of organizational innovation. *Academy of Management Journal*, v. 21, n. 2, p. 193-210, 1978.

DEMING, W. E. *Qualidade*: a revolução da administração. Rio de Janeiro: Marques Saraiva, 1990.

DRUSKAT, V. U.; WOLFF, S. B. Building the emotional intelligence of groups. *Harvard Business Review on teams that succeed*. Boston: Harvard Business School, 2004.

ELLEMERS, N.; DE GILDER, D. Motivating individuals and groups at work: a social identity perspective on leadership and group performance. *Academy of Management Review*, v. 29, n. 3, p. 459-478, 2004.

GABRIEL, Y. *Organizations in depth*. Londres: Sage, 1999.

GARVIN, D. A.; ROBERTO, M. A. What you don't know about making decisions. *Harvard Business Review on teams that succeed*. Boston: Harvard Business School, 2004.

GRAVENHORST, K. M.; WERKMAN, R. A.; BOONSTRA, J. J. The change capacity of organization: general assesment and five configurations. *Applied Psychology*: An International Review, v. 52, n. 1, p. 83-105, 2003.

HIRSCHHORN, L. *Managing in the new team environment*. Nova York: Authors Choice, 2002.

HOGG, M. A. et al. The social identity perspective: intergroup relations, self-conception, and small groups. *Small Group Research*, v. 35, n. 3, p. 246-276, jun. 2004.

KANTER, R. M. *Quando os gigantes aprendem a dançar*. Rio de Janeiro: Campus, 1997.

KIVIMÄKI, M. et al. Communication as a determinant of organizational innovation. *R&D Management*, v. 30, n. 1, 2000.

LISONDO, H. R. *Mudança sem catástrofe ou catástrofe sem mudanças*. São Paulo: Casa do Psicólogo, 2004.

MANZ, C. C. Teamthink: beyond the groupthink syndrome in self-managing work teams. *Journal of Managerial Psychology*, v. 10, n. 1, p. 7, 1995.

MARX, R. *Trabalho em grupos e autonomia como instrumento da competição*. São Paulo: Atlas, 1998.

MILTON, L. P.; WESTPHAL, J. D. Identity confirmation networks and cooperation in work groups. *Academy of Management Journal*, v. 48, n. 2, p. 191-212, 2005.

MONGE, P. R.; COZZENS, M. D.; CONTRACTOR, N. S. Communication and motivational predictors of the dynamics of organizational innovation. *Organization Science*, v. 3, n. 2, maio 1992.

MONTES, F. J. L.; MORENO, A. R.; FERNANDEZ, L. M. M. Assessing the organizational climate and contractual relationship for perceptions of support for innovation. *International Journal of Manpower*, v. 25, n. 2, 2004.

MOTTA, F. C. P.; VASCONCELOS, I. F. G. *Teoria geral da administração*. São Paulo: Thomson, 2002.

RAFAELI, A.; SUTTON, R. I. Expression of emotions as part of the work role. *Academy of Management Review*, v. 12, n. 1, p. 23-27, 1987.

ROSENFELD, D. *Psychoanalysis and groups*. Londres: Karnac, 1988.

SCHEIN, E. H. *Process consultation revisited*. Nova York: Addison-Wesley, 1999.

SENGE, P. M. *A quinta disciplina*. São Paulo: Best Seller, 1990.

TOYNBEE, A. *Um estudo da história*. Brasília: Martins Fontes, 1986.

ULRICH, D. *Os campeões de recursos humanos*. Inovando para obter os melhores resultados. São Paulo: Futura, 2001.

______. A new mandate for human resources. *Harvard Business Review*, v. 76, n. 1, p. 124, jan./fev. 1998.

VAN DE VEN, A. H. Central problems in the management of innovation. *Management Science*, v. 32, n. 5, p. 590, maio 1986.

WHEATLEY, M. J. *Leadership the new science*. San Francisco: Berret-Koehler, 1994.

WOLFE, R. A. Human resource management innovation: determinants of their adoption and implementation. *Human Resource Management*, v. 34, n. 2, 1995.

______. Organizational innovation: review, critique and suggested research directions. *Journal of Management Studies*, v. 31, n. 3, maio 1994.

ZALEZNIK, A.; DE VRIES, M. F. R. *O poder e a mente empresarial*. São Paulo: Pioneira, 1981.

CAPÍTULO 13

Construção da Identidade Grupal: um Exemplo de Aplicação

Héctor Rafael Lisondo

1 Introdução

Este capítulo apresenta um exemplo da aplicação dos conceitos relativos à formação da identidade do grupo, desenvolvidos no Capítulo 12. A fundamentação teórica que sustenta as hipóteses que serão expostas encontra-se, portanto, naquele capítulo. Trata-se de um estudo realizado em uma empresa multinacional sediada no Brasil, montadora de veículos automotores: caminhões e ônibus. O trabalho se deu no período de fevereiro a novembro de 2001, durante nove meses consecutivos. O foco de pesquisa foi um setor da cadeia produtiva e de valor dessa organização, cuja missão era o desenvolvimento de componentes comprados de fornecedores externos e o planejamento e a garantia da qualidade desses componentes. A equipe objeto de estudo estava dividida em células com vários integrantes e missões diferenciadas e específicas.

A estrutura do setor correspondia a uma organização matricial, com "células especialistas" formadas por engenheiros e técnicos especializados em determinados sistemas e componentes do veículo e "células generalistas", também formadas por engenheiros e técnicos, porém com atuação ampla. A composição desse setor está representada na Tabela 13.1.

Tabela 13.1 Divisão do grupo em células com responsabilidades específicas

Nome da célula	Função	Enfoque	Área de atração	Nº de Pessoas
Planejamento de projetos	Planejar, acompanhar e controlar o desenvolvimento de componentes comprados nos diversos novos projetos	Geral	Projetos	5

(Continua)

(Continuação)

Nome da célula	Função	Enfoque	Área de atuação	Nº de pessoas
Início de produção	Coordenar os prazos de fornecimento dos componentes comprados para os novos projetos	Geral	Projetos	4
Acompanhamento da produção de caminhões	Coordenar as ações relativas à qualidade de componentes comprados na linha de montagem	Geral	Linha de montagem de caminhões	11
Acompanhamento da produção de ônibus	Coordenar as ações relativas à qualidade de componentes comprados na linha de montagem	Geral	Linha de montagem de ônibus	3
Elastômeros	Coordenar o desenvolvimento e garantir a qualidade de componentes comprados	Geral	Componentes de borracha	2
Estampados	Coordenar o desenvolvimento e garantir a qualidade de componentes comprados	Concentrado	Componentes metálicos, estampados	5
Acabamentos	Coordenar o desenvolvimento e garantir a qualidade de componentes comprados	Concentrado	Componentes de plástico, acabamentos	5
Sistemas veiculares	Coordenar o desenvolvimento e garantir a qualidade de componentes comprados	Concentrado	Agregados e sistemas veiculares	2
Elétrica	Coordenar o desenvolvimento e garantir a qualidade de componentes comprados	Concentrado	Sistemas elétricos	5

(Continua)

(Continuação)

Nome da célula	Função	Enfoque	Área de atuação	Nº de pessoas
Qualidade de peças de reposição	Garantia da qualidade de componentes comprados	Geral	Peças de reposição	9
Coordenação geral	Formada pela gerência, supervisões e secretaria	Geral		4
Equipe total	Planejar, coordenar, acompanhar e controlar o desenvolvimento e a qualidade de componentes comprados para veículos			55

A empresa em estudo adotou como estratégia de competitividade e desenvolvimento o *balanced scorecard*, nas premissas propostas pelos seus idealizadores, Kaplan e Norton (1997). Nessa estratégia, concentra-se a organização da empresa em quatro fatores principais: *resultados financeiros, clientes, processos internos* e *aprendizado e crescimento*, propondo-se em todos identificar indicadores e concentrar a direção executiva no estabelecimento de metas e no seu monitoramento sistemático. A técnica destaca-se pela ênfase com que se associa e se condiciona o resultado global da organização a fatores "invisíveis", tais como aspectos motivacionais, aprendizagem, sinergia de equipes etc., que, por serem difíceis de mensurar (Kaplan e Norton, 1997), até a introdução dessa perspectiva na administração, pouco eram levados em conta pelos gestores. No caso do estudo, a estratégia facilitou uma ponte para o conhecimento da inteligência emocional das equipes, porque as diretrizes orientadoras da pesquisa sobre a vida emocional das células foram selecionadas repertório de itens e indicadores que tecem a trama da estratégia *balanced scorecard*. Assim,

- com referência aos aspectos financeiros, foi selecionado o fator *orientação para resultados*;
- com referência ao cliente, foi selecionado o fator *foco no cliente*;
- com referência aos processos internos, foram selecionados os fatores *planejamento da tarefa* e *solução de problemas*;

- com referência à aprendizagem e crescimento, foram selecionados os fatores *comunicação, relacionamento interpessoal, trabalho em equipe, maturidade técnica, proatividade* e *flexibilidade*, deixando ainda para cada célula a opção de incluir algum outro fator considerado oportuno.

Delineada a direção a percorrer na busca da identidade do grupo, fazia-se necessária também uma tática para que esses fatores gerassem discussões controladas, capazes de produzir conhecimento sobre a inteligência emocional das equipes. Foi escolhida a técnica de dinâmica de grupos com diálogos e discussões a respeito de questões prefixadas (os fatores associados ao *balanced scorecard* já explicitados).

Esses debates foram coordenados e moderados por um pesquisador externo e neutro, sem vínculo funcional com a organização e capacitado para distinguir e canalizar as manifestações emocionais – tanto as de conteúdo verbal como as implícitas nas entrelinhas e nas expressões corporais. Isso quer dizer que tal capacitação do pesquisador deveria incluir o seu treino para a percepção e compreensão da presença e alternância dos estados inconscientes de *pressupostos básicos*, assim como dos movimentos que surgissem no sentido da transformação na direção do *grupo de trabalho* (ver Capítulo 12).

Dessa maneira, cada célula se reunia em várias sessões (entre duas e quatro, com intervalos variáveis entre elas) de duas horas de duração, em um ambiente reservado e isolado, sem estímulos externos, com garantia de privacidade e com o compromisso de não revelar o conteúdo dos debates nem identificar os manifestantes.

É evidente que a primeira atitude do pesquisador teve de ser a de construir com cada grupo um vínculo de confiança e respeito que não apenas possibilitasse, mas que também estimulasse, um fluxo de manifestações emocionais capaz de aproximar, e se possível reproduzir, a dinâmica que realmente acontecia na vida cotidiana do trabalho dessas equipes (Lisondo, 2004). Para isso, foi explicado às equipes que o objetivo do trabalho era chegar a um maior e melhor conhecimento de todos sobre os fatores internos e externos, favoráveis e adversos, racionais e emocionais, conscientes e inconscientes que condicionavam a qualidade de vida, o resultado do trabalho e a realização pessoal dos membros de cada célula. Também era objetivo incorporar mais luz sobre a interação entre as células do setor e destas com os grupos externos da organização (Druskat e Wolff, 2004). A equipe poderia esperar, depois disso, uma evolução na direção da maturidade, condizente com o aumento da sua eficácia no cumprimento de responsabilidades e na solução de problemas, o que poderia resultar também no incremento da auto-estima, por parte dos integrantes do grupo, bem como do reconhecimento, por parte de observadores da organização externos ao grupo. Deveriam ser prevenidos, porém, de que tal percurso não é pautado apenas nos momentos gratificantes: a frustração pode também surgir ao se descobrirem condicionados em suas atitudes, e até em seus atos, por estados mentais desconfortáveis, como hostilidade, medo, ciúme, culpa etc. Talvez a experiência os levasse a redirecionar boa parte da responsabilidade pela sua frustração, que até então atribuíam a fatores externos a si próprios.

Dessa maneira, a organização prévia para as entrevistas consistiu em preparar uma matriz como a apresentada na Tabela 13.2, em cujas linhas estariam apontados os fatores guias da investigação. Eles foram alocados na seguinte ordem: comunicação, relacionamento interpessoal, trabalho em equipe, maturidade técnica, orientação para resultados, planejamento, solução de problemas, foco no cliente, proatividade e flexibilidade. As colunas foram atribuídas aos sujeitos de análise da seguinte maneira: a primeira coluna se referia à própria célula em pauta, e seus integrantes davam para as outras colunas os nomes das outras células do setor ou dos outros setores da organização, cuja interação sentiam que fosse importante analisar.

O método de trabalho que pautava a dinâmica grupal consistiu em convidar os integrantes das células para atribuírem, em consenso, uma nota de qualificação de 1 a 10 para cada fator confrontado com o sujeito de estudo. Quanto maior a nota de qualificação, mais favorável era a opinião sobre o fator em pauta. No caso da análise interna, o estudo abrangia todos os fatores (coluna 1). Já no caso da percepção das outras células (coluna 2 em diante), a avaliação limitou-se aos fatores *comunicação, relacionamento interpessoal* e *trabalho em equipe* (para realizar uma avaliação completa, cada célula deveria conhecer profundamente a "vida interior" das outras, o que não era real).

No processo de construção da identidade, o valor atribuído a cada fator pelo grupo é menos importante do que o processo de aprendizado pelo qual o grupo chegou a ele – pois tal dinâmica traz à tona fenômenos e particularidades do processo de decisão, alguns deles apontados no Capítulo 12. Por exemplo, em alguns casos, prevaleceu a decisão na base da *falta de resposta*. Isso acontecia quando uma pessoa propunha uma avaliação e, antes que alguém dissesse algo acerca dela, uma outra sugeria uma outra avaliação, e assim sucessivamente, sem que houvesse oportunidade para que as considerações que levaram cada membro à sua avaliação pudessem ser expostas ao grupo. Atitudes como adotar a média das avaliações não produzem novos conhecimentos. Na realidade, mecanismos defensivos, que visam reduzir a tensão emocional, podem ser os determinantes dessa situação. Por exemplo, o temor de que a exposição de reparos a uma percepção dos outros possa gerar inimizades, ou a necessidade de ocultar algum aspecto incômodo que a avaliação exposta tenha suscitado, ou ainda a insegurança de se manifestar perante os outros sobre questões das quais nunca se falou, gerada pelo temor de se sentir ridículo. Esse comportamento pode revelar dificuldades dos integrantes do grupo em lidar com suas emoções. Sinalizando-o, o moderador pode trazer um novo conhecimento para a equipe.

Outras vezes eram as *minorias* que determinavam a avaliação, isto é, umas poucas pessoas poderiam influenciar a decisão, a despeito da concordância da maioria do grupo. Esse processo, que pode ser chamado de *auto-aprovação*, traz à tona o *pressuposto básico* de dependência da maior parte dos integrantes do grupo, caracterizando estados emocionais imaturos. Sinalizando-o oportuna e adequadamente, o pesquisador também pode contribuir para o desenvolvimento da inteligência emocional do grupo.

Adotar a avaliação *por maioria* – por exemplo, por meio da votação – nem sempre contribui para o conhecimento emocional e/ou para a construção da identidade do grupo (Druskat e Wolff, 2004). Como já foi dito, freqüentemente as minorias não concordam com o pressuposto da maioria, mas também não se sentem com forças para contestá-lo. A tarefa do pesquisador, nesse caso, concentra-se em oferecer ao grupo o tempo e o estímulo necessários para que as minorias possam ser ouvidas ou, ainda, sinalizar fantasias dos integrantes, como, por exemplo, a de que o processo de votação pode ter dividido o grupo em duas facções que não estão focadas na avaliação, mas em quem será o ganhador e o perdedor.

O papel essencial do pesquisador, neste caso em estudo, foi o de propiciar o *consenso*, no sentido de processo de decisão, como explicado no Capítulo 12, e que não significa unanimidade. O mais importante, para que esse processo possa vir à tona, é assegurar que haja um bom investimento de tempo em diálogo e discussão (Senge, 1990), especialmente para a posição adotada pelas minorias.

Diálogo e discussão podem ser bons condutores para a aprendizagem e o desenvolvimento da competência emocional do grupo. Diálogo e discussão também representam um desafio para que o grupo possa adentrar na complexidade que reveste as realidades interna e externa a ele, em um processo dialético em que as contradições manifestas como teses e antíteses estimulam o *dar-se conta*, resultando em sínteses portadoras de uma nova percepção da realidade, antes desconhecida.

No contexto do consenso, o papel do moderador é possibilitar que todos tenham oportunidade para expor detalhadamente as razões que os levaram a atribuir sua pontuação na avaliação e se assegurem de que suas razões foram ouvidas e compreendidas por todos. O processo vivenciado por cada integrante, de verbalizar suas percepções e de ouvir a si mesmo perante os outros, vai lhe permitindo *dar-se conta* das razões lógicas e emocionais que o levaram à sua conclusão. É por isso que esse método de pesquisa parte da disponibilidade de tempo e concentração na tarefa, assim como da participação ativa de um coordenador capacitado para sinalizar os eventos portadores de oportunidades de aprendizado. O resultado não será instantâneo nem estará contido apenas nos números finais resultantes da pontuação, mas aparecerá gradualmente, às vezes também penosamente, ao ser produzido pelo processo de transformação, na medida em que as questões vão sendo pensadas, e os paradigmas e mitos vão sendo contestados ou quebrados.

Por fim, é oportuno lembrar que, como nesse exercício se está lidando com fatores humanos, o valor concreto atribuído pelos grupos à pontuação não deveria ser tomado como absoluto, mas relativizado, pois, em algumas circunstâncias, uma diferença de apenas um ponto entre dois fatores pode ter maior importância para essa análise que diferenças de vários pontos em outros contextos.

A seguir, são apresentados, em tabelas, resumos do resultado desse trabalho em algumas das células.

2 Alguns comentários sobre a experiência na Célula de Acabamento

A Tabela 13.2 refere-se à dinâmica ocorrida na célula denominada Acabamento. O nome dos integrantes foi alterado para sua apresentação nesse estudo – bem como o dos integrantes das outras células. O trabalho nessa célula foi desenvolvido em três sessões de duas horas de duração cada, em diferentes datas. Os períodos entre sessões tinham como função permitir a elaboração interna.

Nas colunas da matriz estão incluídos os diferentes setores, ou células, com os quais a Célula de Acabamento interagia. Alguns faziam parte da mesma equipe a qual ela pertencia (QDV, Qualidade de Desenvolvimento de Veículos), como as células de Planejamento, Elétrica, Segmento Prédio I, Coordenação QDV, Estampados, Elastômeros e Sistemas Veiculares. Outros eram externos, como Compras CMP4, Engenharia EAT (Produção), Engenharia TCC (Desenvolvimento), Produção MCA, Protótipos e Serviços Administrativos.

As observações relativas a momentos relevantes do processo de avaliação – que se constitui no veículo para o processo de autoconhecimento –

estão sinalizadas nessa tabela e em todas as outras, com letras sobrescritas, e depois são detalhadas, embaixo da matriz, por meio de comentários específicos, que visam interpretar a dinâmica de cada célula.

Algumas interações não foram avaliadas pelo grupo e estão sinalizadas com "X" na matriz. Em outros casos, não foi possível chegar a uma conclusão, o que foi indicado por "?" na matriz.

Tabela 13.2 Percepções da Célula de Acabamento sobre as interações relacionais internas e externas

MONTADORA DE VEÍCULOS

Análise de Percepção na Interação de Equipes

Planilha de levantamento de dados datas: 25/04, 20/06 e 25/09/2001

Participantes: **Miguel, Pedro, João, Tomás, Vinicius, Rodrigo, Marcio, Carlos (25/09)**[k] CÉLULA: **Acabamento**

Fator analisado	Interno	Planejamento	Elétrica	Segmento Prédio I	Compras CMP4	Engenharia EAT (Produção)	Engenharia TCC (Desenvolvimento)	Produção MCA	Serviços Administrativos	Protótipos	Coordenação QDV	Estampados	Elastômeros	Sistemas Veiculares		
Comunicação	6[a]	1[f]	9	7[g]	4[h]	8	7	8	8	3	7[i]	3	3	3		
Relacionamento interpessoal	9[b]	4	8	10	8	8	6	9	8	6	8	3	3	3		
Trabalho em equipe	4[c]	2	6	6	3	8	4	8	8	4	6[j]	3	3	3		
Maturidade técnica	6[d]															

(Continua)

(Continuação)

Fator analisado	Interno	Planejamento	Elétrica	Segmento Prédio I	Compras CMP4	Engenharia EAT (Produção)	Engenharia TCC (Desenvolvimento)	Produção MCA	Serviços Administrativos	Protótipos	Coordenação QDV	Estampados	Elastômeros	Sistemas Veiculares		
Orientação para resultados	8															
Planejamento	8															
Solução de problemas	8															
Foco no cliente	8															
Proatividade	8															
Flexibilidade	?															
Outros	4[e]															

Observações:

a) Um membro da equipe era percebido como deslocado. Não participou das duas primeiras sessões, o que provocava desagrado no grupo.
b) Faltavam iniciativas pessoais para compartilhar informações, facilitando a interfuncionalidade.
c) Faltavam iniciativas de integração, os membros se percebiam trabalhando individualmente.
d) Faltava conhecer as outras áreas.
e) Conflito com a visão de Qualidade/Planejamento.
f) Não se sentiam comunicados, sentiam-se tocadores de projetos depois de prontos.
g) Percebiam que eles não estavam passando informações para o segmento e reciprocamente.
h) Problema percebido como do Setor Compras.
i) Agilidade das pessoas (centralização).
j) Definições do trabalho (confiança no sistema).
Em 16/07, o grupo aceita discutir com a Célula de Planejamento os conflitos entre ambos.
k) Em 25/09, o grupo discute na presença de Carlos o significado da sua ausência. Carlos se surpreende ante a importância do fato e se vê pelos olhos do grupo. Então, descobre sua responsabilidade perante sua equipe, tomando consciência do significado de pertencer a ela.
Em 25/09, o grupo se questiona: Para onde estamos indo? O que queremos como equipe?
Então, o grupo manifesta seu desejo de não atribuir mais pontuações, mas realizar dinâmicas internas que lhe permitam uma melhor percepção dos conflitos que ele traz.

O exercício permitiu a esse grupo tomar contato com o desafio envolvido no trabalho em equipe. Inicialmente, descobriram as dificuldades para a integração do grupo e as atribuíram a um caso extremo de individualismo – o de Carlos, um dos integrantes da célula. No decurso das sessões, porém, puderam se dar conta de que todos os membros estavam trabalhando individualmente, com pouca sinergia, e de que tinham transferido sua deficiência para Carlos, colocando-o no papel de "bode expiatório". Até então, pouco havia sido feito para corrigir essa situação anômala da qual se consideravam vítimas. Perceberam que esses sentimentos não haviam sido explicitados. Carlos não estava ciente de que o seu trabalho individual contribuía pouco para os resultados da célula, nem dos sentimentos do grupo para com ele. Os integrantes decidiram, então, resolver em equipe o problema que os incomodava, convocando Carlos em uma das sessões deste trabalho. Era a primeira vez que traziam a questão à tona na presença de toda a equipe e que puderam comunicar tais sentimentos, que incluíam uma alta dose de frustração. A iniciativa provocou uma acentuada mobilização em Carlos: surpreendeu-se com a importância e o efeito da sua ausência e distância dos colegas e pôde, então, conhecer o significado de pertencer à célula. A partir desse momento, os integrantes mudaram suas atitudes e seu relacionamento no grupo, na medida em que os desagrados e frustrações encontraram espaço para serem discutidos. Pode-se denotar, nessa experiência do grupo, uma passagem do estado de *fusão* para o de *organização*, apresentados no Capítulo 12, e também um desenvolvimento da inteligência emocional no tratamento das emoções de um membro pelo grupo, assim como das emoções dentro do grupo.

Ainda na sua análise interna (coluna 1), os integrantes puderam se dar conta de que a sua competência técnica também estava um tanto comprometida por uma característica do grupo, a de ser fechado em si, e de que, para aprimorá-la, deveriam empenhar-se em conhecer as características e peculiaridades de outros setores. Não chegaram a conclusões sobre o fator *flexibilidade*, mas detectaram a necessidade de lidar com um conflito entre a sua visão de qualidade aplicada à sua missão e a da Célula de Planejamento. Confiavam que a experiência vivida internamente, no sentido de poder falar das suas percepções, também serviria para tratar os problemas de interface com a Célula de Planejamento: sentiam necessidade de serem chamados a participar do desenvolvimento dos projetos que, depois de elaborados, deveriam implantar.

Com outras células da sua equipe, como a denominada Segmento Prédio I, o trabalho lhes permitiu descobrir que não estavam tomando iniciativas no sentido de comunicar e informar e que isso possivelmente estivesse estimulando atitudes recíprocas dos outros com relação a eles. Ainda dentro da equipe, analisaram a interação com a Célula de Coordenação.

Com relação aos setores externos, os membros da célula dialogaram entre si sobre as dificuldades com Compras, Engenharia de Desenvolvimento e Serviços Administrativos, discriminando os tipos de problemas e tratando de encontrar situações em que poderiam intervir, empregando outra iniciativa de relacionamento.

Por fim, na última sessão, deram um salto em direção à autonomia, comprometendo-se entre si (*juramento*) na busca e construção de sua visão de futuro. Em definitivo, a evolução que o trabalho estimulou apontava para a *institucionalização*, ou seja, para a mudança do grupo, de *pressupostos básicos* para *grupo de trabalho*.

3 Alguns comentários sobre a experiência na Célula de Planejamento

A Tabela 13.3 refere-se à dinâmica ocorrida na célula denominada Planejamento. O trabalho nessa célula foi desenvolvido em quatro sessões de duas horas de duração cada uma, em datas diferentes.

Nas colunas da matriz estão incluídos os diferentes setores ou células com os quais a Célula de Planejamento interagia, começando pela análise interna. Alguns grupos faziam parte do mesmo setor ao qual ela pertencia (QDV, Qualidade de Desenvolvimento de Veículos), como as células de Acabamento, Elétrica, Estampados, Elastômeros, Sistemas Veiculares, Início de Produção e Coordenação QDV. Outros eram externos, como QDA, Compras, Engenharia de Produto, Engenharia de Testes, Protótipos, Engenharia de Análise do Valor, Planejamento Global de Produtos e Logística.

Essa célula era constituída por profissionais de engenharia, com alta competência e experiência na sua função – resultante de um longo tempo de serviço nela –, os quais se envolviam em todas as fases do projeto e da construção dos veículos, incluindo a prática de engenharia simultânea. No entanto, amargavam uma longa crise de identidade, com reflexos tanto no relacionamento interno como no externo à célula. Por isso, o trabalho na célula necessitou de quatro sessões. As tarefas e competências de cada membro eram específicas e diferentes, o que favorecia o individualismo. Isso talvez explique por que se sentiam desconectados tanto entre si quanto no setor (QDV) como um todo. Na atribuição de notas à comunicação interna ("a") e ao trabalho em equipe ("c"), verificaram-se as piores avaliações, entre todas as apontadas na coluna de percepção interna. Até o relacionamento interpessoal ("b") era sentido como inferior às competências técnicas individuais, que consideravam altíssimas. Dentre essas, curiosamente, o planejamento interno teve a menor nota, embora a função do grupo fosse planejar. Concluíram que, embora possuíssem competência técnica, eram deficientes em competência emocional, pois os seus resultados dependiam de uma sinergia que não sabiam como atingir. Configuravam-se como um grupo de *pressupostos básicos*, em que dependência, ataque e fuga e conluios alternavam-se aleatoriamente. Apesar dos longos anos em que trabalhavam juntos, seu estado emocional tinha estagnado em uma situação próxima a que Sartre denominou *fusão* (ver Capítulo 12). Perguntaram, então, se poderiam ser ajudados (pressuposto básico de *dependência*). Esse foi um momento de ruptura no trabalho que abriu uma possibilidade de mudança, marcada pela sensação nova de poder se *dar conta* de que, apesar da sua alta preparação técnica e cultural, precisavam de ajuda. A humildade prevaleceu sobre a onipotência.

Tabela 13.3 Percepções da Célula de Planejamento sobre as interações relacionais internas e externas

Análise de Percepção na Interação de Equipes

Planilha de levantamento de dados datas: 09/05, 12/06, 16/07 e 30/10/2001

Participantes: **Pedro, Lincoln, Sidney, Alvaro, Walter, Guilherme, Zacarias** CÉLULA: **Planejamento**

Fator Analisado	Interno	Acabamento	Elétrica	Estampados	Elastômeros	Sistemas Veiculares	Início de Produção	QDA	CMP (Compras)	Engenharia de Produto	Engenharia de Testes	OPP (Protótipos)	GPP (Análise do Valor)	PCI (Plan. In. Prod.)	DLM (Logíst. Mts)	Coordenação QDV	
Comunicação	7[a]	6	7	7	8	7	7	5[d]	7	7	6	9	6	8	8	6	
Relacionamento interpessoal	8[b]	8	8	8	8	7	8	7	8	8	8	9	7	8	8	8	

(Continua)

(Continuação)

Fator Analisado	Interno	Acabamento	Elétrica	Estampados	Elastômeros	Sistemas Veiculares	Início de Produção	QDA	CMP (Compras)	Engenharia de Produto	Engenharia de Testes	OPP (Protótipos)	GPP (Análise do Valor)	PCI (Plan. In. Prod.)	DLM (Logíst. Mts)	Coordenação QDV	
Trabalho em equipe	7[c]	5	7	6	8	7	7	4[d]	7	7	6	9	6	8	8	6	
Maturidade técnica	9																
Orientação para resultados	9																
Planejamento	8																
Solução de problemas	9																
Foco no cliente	10																
Proatividade	9																
Flexibilidade	9																

Observações:

a) Percebiam que a comunicação interna deixava a desejar.
b) Relacionamento interno estava um tanto coibido pelo individualismo.
c) Percebiam o trabalho em equipe como um dos itens mais fracos da célula.
d) Sentiam-se impotentes para resolver as dificuldades em todos os campos da interface com a célula QDA.
O grupo percebia sua missão mais como um conjunto de objetivos individuais do que grupais. Sentiam-se um pouco desconexos tanto internamente (no domínio da própria Célula de Planejamento), quanto no QDV como um todo.
A natureza das tarefas e das competências (bem específicas e diferentes) reforça essa visão. Indagavam por diretrizes, não para a tarefa específica, na qual se sentiam altamente competentes, mas para a busca da sinergia e da realização (contribuição institucional). Poderiam ser ajudados?
Sentiram-se injustiçados pelas percepções que a Célula de Acabamento tinha deles. Revidar?
Perceberam a sua identidade como difusa no QDV, na montadora: Quem somos? E para quem?

(Continua)

(Continuação)

Sentiam como se tivessem perdido o poder, não apenas no grupo, mas no setor como um todo. Percebiam-se isolados, uma ilha, mas a origem desses isolamentos permanecia desconhecida: seria pela liderança (gerência), as outras células QDV, a índole da tarefa, eles mesmos? O grupo toma consciência de que o seu primeiro desafio é a construção da sua identidade. Perceberam que ainda não haviam conseguido se repensar como grupo, mas assumiram essa responsabilidade, sabendo que deverão submergir em uma dimensão emocional até então desconhecida. Em 16/07/01 participam de uma dinâmica de *feedback* com a Célula de Acabamento, em que cada pessoa tenta dizer como imagina que a outra a percebe. Relação intergrupal (Planejamento-Acabamento) evolui.

Como conseqüência do processo, tomaram conhecimento, com perceptível sofrimento, da impressão negativa que algumas das outras células tinham deles e, em alguns casos, essa dor foi tão acentuada que apelaram a mecanismos defensivos para amenizá-la. Por exemplo, sentiram-se injustiçados pelas percepções que os integrantes da Célula de Acabamento tinham expressado sobre eles[1]. Perguntaram-se, então, se deveriam revidar. No entanto, conseguiram transformar a hostilidade, que resultou em reflexão, em vez de ataque e fuga, e foram levados a ensaiar uma mudança de perspectiva com relação aos relacionamentos. O duro conhecimento do que os outros pensavam deles forçou-os a apostar em uma investigação interna.

Nesse caminho, perceberam que suas identidades como indivíduos e, sobretudo, a identidade do grupo estavam difusas. Os seus papéis e a suas missões no próprio setor, e na organização como um todo, não estavam claros para eles. Queriam saber, então, quem eles eram para si mesmos e para os outros indivíduos e grupos externos.

Reconheceram-se como náufragos em uma ilha, impotentes e isolados. Passaram, então, a indagar a origem do seu isolamento, questionando a liderança (gerência), os outros grupos, a índole da tarefa e, por fim, a si mesmos. *Deram-se conta*, então, de que, em termos de visão de futuro, cada um deles tinha se concentrado quase que exclusivamente no seu plano individual de desenvolvimento de carreira e de vida, descuidando da construção da visão de grupo.

Decidiram que o seu principal desafio era construir suas identidades e se organizaram, solicitando um número maior de sessões para serem ajudados a pensar e falar a respeito. Nesse momento do trabalho, a *fusão* cedeu lugar à fase de *organização*, e o grupo de pressupostos básicos fez um movimento concreto na direção da *institucionalização*.

[1] NA: Durante a execução do trabalho, as matrizes de resultados eram divulgadas para todos os grupos.

A inteligência emocional do grupo experimentou um importante progresso na sessão de 16 de julho, quando os integrantes realizaram uma dinâmica de *feedback* com a Célula de Acabamento (Druskat e Wolff, 2004). A sessão desenvolveu-se em dois momentos principais. Primeiro, todos os integrantes das duas células, falando individual e sucessivamente, exprimiram o que pensavam e sentiam em relação à interação com os membros da outra célula. Todos assim ouviram a todos sistematicamente. A segunda parte da dinâmica consistiu em que cada um, após ouvir um integrante da outra célula, tentasse descrever não o que pensava, mas o que o outro estava sentindo, do modo como foi percebido pela fala do outro. A experiência, que se baseou em um exercício de empatia, em vez de confronto de argumentos, trouxe uma nova luz que revelou a ação de fantasmas e fantasias, até então tidos como representação de uma realidade que impedia o progresso do relacionamento entre essas equipes. Logo após esse evento, houve um sensível aumento na fluidez da interação entre os dois grupos. O trabalho para desenvolver a inteligência emocional no grupo de Planejamento concentrou-se em dois dos campos relacionados no Capítulo 12: ajuda para administrar as emoções internas do grupo pelo próprio grupo e ajuda para administrar as emoções com outros grupos (Druskat e Wolff, 2004).

4 Alguns comentários sobre a experiência na Célula Elétrica

A Tabela 13.4 refere-se à dinâmica ocorrida na célula denominada Elétrica. O trabalho nessa célula foi desenvolvido em três sessões de duas horas de duração cada, em datas diferentes.

Nas colunas da matriz estão incluídos os diferentes setores ou células com os quais a Célula Elétrica interagia, começando pela análise interna. Alguns grupos faziam parte do mesmo setor ao qual ela pertencia (QDV, Qualidade de Desenvolvimento de Veículos), como as células de Planejamento, Segmento, Prédio I, Prédio V e Coordenação QDV. Outros eram externos, como QDA, Compras, Engenharia de Desenvolvimento, Engenharia de Testes, Garantia da Qualidade, Laboratório, Logística, Planejamento Global de Produtos e Protótipos.

Esse grupo era composto por cinco pessoas, das quais quatro formavam um conjunto muito coeso e sinérgico. Já um dos membros era visto como destoante e pouco ligado aos objetivos e afazeres cotidianos dos outros quatro. Por meio deste trabalho, o grupo ensaiou várias tentativas de diálogo para integrar o membro desconectado. Trataram de procurar entender os seus sentimentos e de buscar alternativas para sensibilizá-lo, pois sentiam que as suas atitudes eram descompromissadas para com a tarefa primária dos outros, o que ameaçava o prestígio do grupo como um todo. Os integrantes ficavam incomodados porque gostavam de sentir orgulho pelas suas realizações de equipe. Porém, nesse processo de geração de conhecimento emocional, depararam-se com uma patologia de isolamento que governava os atos do membro que destoava, a qual ficava encoberta. Embora possuísse uma alta competência técnica na criação individual, não era capaz de produzir a sinergia necessária para que o potencial se transformasse em resultados grupais. Com efeito, nada do que os integrantes tentaram, para ajudá-lo a mudar o relacionamento com o grupo, teve resultados positivos. Após várias experiências, chegaram à conclusão de que não conseguiriam mudá-lo e decidiram, não sem sofrer intensa frustração, expulsá-lo do grupo. Pode se perceber a presença da figura *fraternidade-terror*, de Sartre, explicada no Capítulo 12. O sentimento que aflorou, então, no grupo foi a culpa, e o seu trabalho foi elaborá-la, não negá-la ou dissimulá-la. O sofrido processo trouxe um substancial aumento da inteligência emocional, ao considerar as emoções individuais e as internas do grupo.

Ainda com referência ao trabalho interno, o grupo percebeu a sua vulnerabilidade no fator planejamento ("e"). Para melhorá-lo, resolveram adotar a rotina diária de uma outra célula do setor ("Início de Produção"), que, durante o desenvolvimento deste trabalho, também percebeu a mesma fraqueza. Os seus membros criaram, então, um original, prático e eficiente roteiro de planejamento cotidiano, idéia que compartilharam com as outras células. A Célula Elétrica gerou oportunidades de diálogo com a outra célula, tomou conhecimento da rotina que ela estava usando; então, a adaptou e a adotou em sua prática cotidiana. Como resultado, os problemas que antes eram atacados com remédios sintomáticos, passaram a ser enfrentados de maneira sistêmica. Isso ficou refletido na elevação da nota atribuída – de 7, inicialmente, para 9, em 30 de outubro.

Com relação à interação com o grupo de Coordenação, identificaram a necessidade de organizar a comunicação, criando espaço para que ela contemplasse as questões humanas e não apenas as técnicas. Por iniciativa dos integrantes da Célula Elétrica, essa constatação foi depois tema de diálogo com a Coordenação. A mesma postura foi utilizada com as células de Planejamento e Compras. Esse foi o benefício do aumento da inteligência emocional do grupo na sua interação com outros grupos.

Tabela 13.4 Percepções da Célula Elétrica sobre as interações relacionais internas e externas

Análise de Percepção na Interação de Equipes

Planilha de levantamentos de dados datas: 25/04, 20/06, e 30/10/2001

Participantes: **José, Roberto, Sousa, Edimilson, Sandro** CÉLULA: **Elétrica**

Fator Analisado	Início de Produção	Planejamento	CMP4 (Compras)	Engenharia TEE (Desenvolvimento)	Engenharia EAT	Segmento QDV	GEQ Garantia de Qualidade	CTQ Laboratório	Acabamento	PLV - Logística	QDA	Coordenação QDV	Prédio 41	Prédio 46	PCI (Plan. In. Prod.)	OPP (Protótipos)	
Comunicação	8	6[a]	8[b]	8	8	9	8	8	8	7[c]	8	7[d]	9	9	8	8	
Relacionamento interpessoal	9	8	8	8	8	9	8	9	8	8	9	9	9	9	8	8	
Trabalho em equipe	8	6[a]	8	8	8	9	8	8	8	7[c]	8	8	9	9	8	8	
Maturidade técnica	8																
Orientação para resultados	8																
Planejamento	7[e]																
Solução de problemas	8																

(Continua)

(Continuação)

Fator Analisado	Início de Produção	Planejamento	CMP4 (Compras)	Engenharia TEE (Desenvolvimento)	Engenharia EAT	Segmento QDV	GEQ Garantia de Qualidade	CTQ Laboratório	Acabamento	PLV - Logística	QDA	Coordenação QDV	Prédio 41	Prédio 46	PCI (Plan. In. Prod.)	OPP (Protótipos)	
Proatividade	8																
Flexibilidade	8																

Observações:

a) Sentiam falta de iniciativa para chamá-los e informá-los durante o desenvolvimento (ambas as partes).
b) Sentiam que as definições técnicas deveriam ser melhoradas.
c) Só percebiam a existência recíproca quando apareciam problemas.
d) Sentiam que faltava organizar a comunicação e incluir questões humanas, além de técnicas.
e) O grupo se percebia pouco eficaz no planejamento cotidiano das suas tarefas. Superar o obstáculo foi o seu desafio.

O grupo enfrentou e resolveu uma difícil e penosa crise interna de índole humana da qual saiu amadurecido, com bons efeitos na sua performance. Em 30/10 se percebiam assim:
Criaram e estavam aplicando uma rotina eficaz para o planejamento interno das suas atividades.
Usaram a lista de peças criada pelo PCI (Plan. In. Prod.) adaptado com semáforos.
Antes: Tudo que surgia era urgente. Desconheciam assuntos. Só enfrentavam incêndios. Nota: 7 30/10: Conseguiam priorizar. Conheciam assuntos. Conseguiam prevenir alguns incêndios. Nota: 9

5 Alguns comentários sobre a experiência na Célula Prédio I

A Tabela 13.5 refere-se à dinâmica ocorrida na célula denominada Prédio I. O trabalho nessa célula foi desenvolvido em três sessões de duas horas de duração cada uma, em datas diferentes.

Nas colunas da matriz estão incluídos os diferentes setores ou células com os quais a Célula Prédio I interagia, começando pela análise interna. Alguns grupos faziam parte do mesmo setor ao qual ela pertencia (QDV), como as células Início de Produção, Planejamento, Sistemas Veiculares, Estampados, Elastômeros, Elétrica, Acabamento, Coordenação QDV e Prédio 46.

Os grupos e setores externos eram QDA, Produção, Engenharia, Logística, Auditoria e Laboratório.

Esse grupo estava sediado em um prédio separado, fisicamente distante da administração do setor e das outras células. O desenvolvimento do trabalho passou por circunstâncias semelhantes às de algumas outras equipes – esse grupo também teve de lidar com a situação de distanciamento de um de seus integrantes.

Tabela 13.5 Percepções da Célula Prédio I sobre as interações relacionais internas e externas

MONTADORA DE VEÍCULOS

Análise de Percepção na Interação de Equipes

Planilha de levantamentos de dados datas: 20/06, 16/07 e 29/08/2001

Participantes: **Luiz, Edimar, Victor, Cláudio, Juliano, Mendes, Hamilton, Ricardo, Zacarias, Roberto, Inácio, Washington, Roberson, Vicente** CÉLULA: **Prédio I**

Fator Analisado	**Início de Produção**	**Planejamento**	**Sistemas Veiculares**	**Engenharia TEE (Desenvolvimento)**	**Estampados**	**Elastômeros**	**Elétrica**	**Acabamento**	**Coordenação QDV**	**Prédio 46**	**QDA**	**Produção**	**Engenharia**	**Logística**	**Auditória**	**CTQ Laboratório**	
Comunicação	6[a]	8	8	9	7	9	9	8	7	9	7	8	8	7	8	8	
Relacionamento interpessoal	7[a]	8	8	9	8	9	9	8	8	9	8	9	8	8	8	8	
Trabalho em equipe	6[a]	8	8	8	7	9	9	8	7	9	7	8[c]	8	7	8	8	
Maturidade técnica	7																

(Continua)

(Continuação)

Fator Analisado	Início de Produção	Planejamento	Sistemas Veiculares	Engenharia TEE (Desenvolvimento)	Estampados	Elastômeros	Elétrica	Acabamento	Coordenação QDV	Prédio 46	QDA	Produção	Engenharia	Logística	Auditória	CTQ Laboratório	
Orientação para resultados	8																
Planejamento	6[b]																
Solução de problemas	8																
Foco no cliente	9																
Proatividade	8																
Flexibilidade	8																

Observações:

a) O grupo conseguiu explicitar, trabalhar e resolver uma crise relacional interna que, no parecer dos membros, estava afetando o seu desempenho.
b) Ciente da necessidade de melhorar o planejamento interno, o grupo estava buscando o seu caminho.
c) Para conhecer a opinião do seu cliente, o grupo pensava desenhar e aplicar um questionário de pesquisa de satisfação.

As notas relativamente baixas atribuídas aos itens comunicação interna, relacionamento interpessoal e trabalho em equipe ("a") – que contrastam com as altas notas com que avaliaram esses três indicadores em relação aos outros grupos do setor e externos – revelam que os membros da equipe estavam cientes de que o desenvolvimento deveria atentar, em primeiro lugar, para o interior da célula. Essa consciência é índice de inteligência emocional. Para que isso aconteça, o grupo deve se *dar conta de* e sentir-se *incomodado com* uma situação frustrante percebida e reconhecida dentro do próprio grupo. Para chegar a essa concepção, deverá vencer a tentação de projetar as causas da anomalia nos objetos ou fatores externos, na esperança de evitar o desconforto e reduzir a ansiedade. Deverá, portanto, aprender a esperar, conviver com a realidade frustrante até que o processo do pensamento possa encontrar maneiras de resolvê-la, o que não equivale à resignação.

No caso em questão, um dos membros da equipe, Juliano (o nome foi alterado) – um funcionário antigo, esforçado e competente, cujo prestígio na organização era valorizado explicitamente pelos formadores de opinião –, agia de maneira autoritária e individualista. Os outros, que eram os seus pares, o percebiam arrogante e sentiam como se estivesse pretendendo outorgar-se uma hierarquia sobre eles, que, na realidade, não possuía. Alguns, inclusive, sentiam-se desrespeitados. Representando o grupo por iniciativa própria (manipulação), Juliano chegava a assumir compromissos em nome do grupo, os quais os outros, mesmo não concordando, sentiam-se obrigados a honrar. Essa situação disfuncional, curiosamente, durava já um longo tempo. O grupo parecia resignado em relação a ela. Como evitavam falar das questões emocionais, em geral, não tinham ainda conversado sobre tal situação. É possível que cada membro se sentisse como o "deslocado" – já que ninguém manifestava seu desagrado – e, por temor de ser ridicularizado, não se dispusesse a comunicar seus sentimentos. Em vez disso, optava por dissimular.

Alegando um motivo qualquer, Juliano não participou da primeira sessão deste trabalho. A dinâmica que ocorreu – centrada em um diálogo que, além dos assuntos técnicos, tratava do fluxo das emoções – trouxe à tona, por um lado, as conseqüências dessa carga emocional não-resolvida na produtividade e criatividade da equipe e, por outro, a descoberta de que o desconforto era comum a todos – cogitou-se, inclusive, que fosse também do próprio Juliano. Decidiram, então, solicitar uma segunda sessão, para a qual o convocaram. Nessa oportunidade, cada um deles expressou como se sentia diante das atitudes e ações do colega problemático. Quando todos acabaram de dizer o que pensavam sobre o relacionamento entre eles, Juliano se declarou surpreso ante o que tinha ouvido e disse que nunca imaginara que fosse o causador dessa frustração generalizada. Aceitou o *feedback*, prometeu aos colegas que se esforçaria para mudar e solicitou-lhes que continuassem a fornecer-lhe *feedback*, pois nesse momento tinha-se *dado conta* de quão importante era para ele pertencer ao grupo. Na terceira sessão, ocorrida um pouco mais de um mês depois, o grupo fez questão de elogiar a promissora transformação que Juliano tinha conseguido nas atitudes e no relacionamento com os outros. No entanto, os conflitos emocionais têm raízes profundas e não se resolvem rapidamente; mesmo após o acesso a uma percepção clara da realidade, as resistências podem causar regressão. Foi o caso de Juliano, que voltou a protagonizar, algum tempo depois, outros episódios desagregadores e, ao *dar-se conta*, decidiu abandonar o grupo, solicitando sua transferência para outra função. Isso não teve efeitos negativos no grupo, que cresceu com a experiência. Seus integrantes aprenderam, sobretudo, que deviam reservar e respeitar sistematicamente um tempo e um espaço para dialogar e discutir em grupo, tanto as questões técnicas quanto as emocionais. *Juraram* entre si não cometer mais o equívoco de não cuidar das emoções.

A reprodução de situações parecidas em várias das células confirma a hipótese de que o processo de desenvolvimento da inteligência emocional deve ocorrer de dentro para fora. Muitas vezes, isso não acontece de forma espontânea (todas as equipes operavam com os mesmos integrantes desde longa data), mas pode ser estimulado e assistido por um processo desse tipo, cuja essência está na convocação e tratamento das emoções reprimidas em um contexto controlado, pautado na confiança, compaixão, respeito e privacidade.

6 Alguns comentários sobre a experiência na Célula Coordenação QDV

A Tabela 13.6 refere-se à dinâmica na célula denominada Coordenação QDV. O trabalho foi desenvolvido em três sessões de duas horas de duração cada, em datas diferentes.

Nas colunas da matriz estão incluídos os diferentes setores ou células com os quais a Célula Coordenação QDV interagia, começando pela análise interna. Alguns grupos faziam parte do mesmo setor, como as células de Acabamento, Elétrica, Elastômeros, Estampados, Sistemas Veiculares, Início de Produção, Planejamento, Prédio I e Prédio V. Os grupos e setores externos eram QDA, Protótipos, Produção e Engenharia.

Os integrantes dessa célula são os responsáveis pelo gerenciamento e supervisão do Setor QDV. Como se observa pelas notas auferidas aos itens comunicação, relacionamento interpessoal e trabalho em equipe – assim como todos os outros itens da perspectiva interna –, o grupo não percebia, a princípio, problemas intestinos que reclamassem a sua atenção (exceto o planejamento cotidiano).

Tabela 13.6 Percepções da Célula Coordenação QDV sobre as interações relacionais internas e externas

Análise de Percepção na Interação de Equipes

Planilha de levantamentos de dados datas: 23/05, 16/07 e 30/10/2001

Participantes: **Rogério, Saito, Gilberto, Maria, José Carlos** CÉLULA: **Coordenação QDV**

Fator Analisado	**Interno**	**Acabamento**	**Elétrica**	**Elastômeros**	**Estampados**	**Sistemas Veiculares**	**Início de Produção**	**Planejamento**	**Prédio I**	**Prédio 46**	**CMP's Compras**	**QDA**	**OPP Protótipos**	**MCM Produção**	**MCA Produção**	**Engenharia**	
Comunicação	9	7[b]	7[b]	7[b]	7[b]	7[b]	7[b]	7[b]	7[b]	7[b]	6[c]	8	9	9	9	6[e]	
Relacionamento interpessoal	9	9	9	9	9	9	9	9	9	9	8	9	9	9	9	8	
Trabalho em equipe	10	9	9	9	9	9	9	9	9	9	6[c]	7[d]	9	9	9	6[e]	
Maturidade técnica	10																
Orientação para resultados	10																
Planejamento	7[a]																
Solução de problemas	9																
Foco no cliente	10																
Proatividade	9																

(Continua)

(Continuação)

Fator Analisado	Interno	Acabamento	Elétrica	Elastômeros	Estampados	Sistemas Veiculares	Início de Produção	Planejamento	Prédio I	Prédio 46	CMP's Compras	QDA	OPP Protótipos	MCM Produção	MCA Produção	Engenharia	
Flexibilidade	9																

Observações:

a) Percebiam a necessidade de disciplinar e priorizar o tempo e o hábito para o planejamento interno.
b) Viam necessidade de melhorar a organização das informações. Perceberam a inexistência de critérios de consenso sobre o que é ou não necessário ser rotineiramente informado.
Acreditavam no valor de sistemas de reuniões periódicas (por exemplo: café da manhã). Percebiam também necessidade de a Supervisão promover reuniões particulares periodicamente com cada célula.
c) Sentiam falta de retorno da informação, disputa de prestígio, rotatividade.
d) Sentiam uma percepção administrativa diferente, um processo gradual de interajuste.
e) Não se sentiam incluídos, sentiam-se obrigados a enfrentar atrasos e modificações constantes.

Autopercepção da Coordenação QDV sobre a visão que as células poderiam ter dela:
A coordenação acredita que as demais células:
- consideram que a Coordenação deveria melhorar o seu planejamento interno;
- sentem falta de diretivas claras (autonomia ok, mas não sem suficiente acompanhamento);
- sentem falta de reconhecimento sobre o trabalho bem realizado (elogio/recompensa econômica);
- consideram que a Coordenação vem sistematicamente "apagando incêndios" e,
- com relação aos Prédios 41 e 46, que estes a consideram distante.

Conseguem perceber que algumas das tarefas assumidas por ela poderiam estar nas mãos de colaboradores que têm competência e maturidade para abordá-las, liberando assim tempo e energia para os aspectos anteriores, que julgam mais importantes. Novo objetivo: descobrir o que não precisa ser feito por eles.

Do ponto de vista da interação externa, desde o início do trabalho estavam cientes de que as suas comunicações com alguns grupos deixavam a desejar. Atribuíam tais dificuldades a uma cultura centrada na perspectiva técnica e na ação, como resultado da falta de tempo para abordar as questões humanas. Mas na questão trabalho em equipe, consideravam que era excelente a sua interação com todos os grupos do seu setor. Surpreenderam-se depois, quando souberam que a visão que as células exprimiram sobre eles não era igual à deles nesse item, embora fosse ótima com relação ao fator relacionamento interpessoal (cf. Tabela 13.10). Tal situação do grupo pode ser enquadrada no modelo de *institucionalização rígida e burocrática*, em vez de *plástica e flexível* (cf. Capítulo 12). A experiência deste trabalho permitiu aos integrantes do grupo *dar-se conta* dessa realidade disfuncional e os levou a escolher essa transformação interna como o seu objetivo e desafio – o que lhes inspirou temor e exigiu deles um ato de coragem. Para vencer tal desafio, deveriam submergir nas profundezas das emoções que permeiam os relacionamentos humanos verdadeiros, em um terreno no qual não mais iriam se sentir seguros como até então. Sabiam que, na nova cultura, a sua competência, a experiência técnica e o poder inerente à hierarquia não mais seriam os únicos nem os decisivos fatores determinantes do progresso do grupo. Até o momento, sua gestão pautara-se na lógica da razão. A partir de então, propunham-se a aprender a administrar também a lógica das emoções – as próprias e as dos outros –, o que significava que desejos, medos, ciúmes, "instabilidade emocional", ambição e dúvida seriam fatores que também fariam parte da nova dinâmica do contexto. O desafio transcendia até o próprio setor, pois tal visão questionava os próprios paradigmas da cultura organizacional da montadora.

Começaram esse movimento em uma das sessões por meio de um exercício que propunha imaginar como os outros grupos os percebiam. Esse trabalho possibilitou uma autocrítica que não ocorrera inicialmente. Estavam satisfeitos, por exemplo, com a autonomia que os grupos demonstravam no fluxo das decisões, mas se questionaram sobre a falta de estímulo, confirmação explícita e apoio na implementação, que eles (a Coordenação) não estavam oferecendo. Da mesma forma, atentaram para a sua escassez nos elogios pelo trabalho bem-feito e na falta de manifestações de acolhimento (continência) às equipes ante as dificuldades e frustrações que inevitavelmente acompanham a execução dos trabalhos. Conforme a discussão realizada no Capítulo 12, estes são aspectos importantes para o desenvolvimento da inteligência emocional (Druskat e Wolff, 2004). Puderam ainda se *dar conta* de que, eventualmente, estariam frustrando as equipes por não praticar a oportuna delegação. A boa delegação não apenas revelaria confiança e estimularia a realização (motivação) dos grupos, mas também liberaria mais tempo deles – da Coordenação – para se ocupar da interface relacional do trabalho. Nesse ponto, pode-se afirmar que, mesmo não conseguindo atingir plenamente os objetivos para a concretização da nova cultura, o fato de os grupos perceberem a consciência e disposição da Coordenação para dar mais ênfase aos aspectos humanos da gestão transformou definitivamente o relacionamento interno do setor, com o conseqüente aumento do potencial para a produtividade e inovação.

Na interação externa, perceberam algumas dificuldades com as áreas de Compras e de Engenharia, setores nos quais sentiam a comunicação e o trabalho em equipe um pouco prejudicados por questões emocionais, tais como disputas de poder, prestígio e isolamento. Mas também perceberam que, até então, consideravam essa situação com fatalismo, e poucas iniciativas tinham empreendido para tentar mudá-la. Internamente, estavam muito decididos a melhorar a sua competência para o planejamento cotidiano.

7 Percepções do setor QDV sobre as competências nos vários fatores selecionados do *balanced scorecard* e estudados na dinâmica de grupo

A Tabela 13.7 relaciona, nas linhas, todos os fatores do *balanced scorecard* da organização que foram selecionados para análise nesta experiência de construção da identidade grupal e, nas colunas, as apreciações internas que cada equipe tinha de si própria para cada fator (como as expressas na primeira coluna das Tabelas 13.2 a 13.6). São também apresentados médias e desvios padrão.

Nas três primeiras linhas, constam os fatores de maior peso na vida emocional do grupo. Nota-se um contraste entre a percepção do relacionamento interpessoal, que apresenta uma avaliação alta – e de forma bem homogênea, como aponta o desvio padrão –, e os fatores trabalho em equipe e comunicação, que têm avaliações sensivelmente mais baixas.

Com relação ao trabalho em equipe, o desvio padrão indica uma maior dispersão nas apreciações, revelando que a cultura do grupo ainda não o tinha institucionalizado claramente nem desenvolvido um consenso sobre esse conceito.

Do ponto de vista técnico, destaca-se a percepção das dificuldades da equipe com o fator planejamento cotidiano. Descobriram que as conseqüências da falha não afetavam apenas a qualidade da tarefa, mas atingiam também os relacionamentos, pois inúmeras frustrações – com a conseqüente sobrecarga emocional – que poderiam ser evitadas emergiam, devido às deficiências ou falta de planejamento. Para corrigir essa falha, seria necessário fazer uma mudança capaz de acrescentar técnica e disciplina ao seu modo de trabalho e adotá-las como hábito.

Tabela 13.7 Percepções de todas as células do setor QDV sobre as competências nos vários fatores selecionados do *balanced scorecard* estudados na dinâmica de grupo

MONTADORA DE VEÍCULOS

Análise de Percepção na Interação de Equipes

Planilha de levantamento de dados datas: Várias, 2º semestre 2001

Participantes: **Todos** CÉLULA: **Todas**

Fator Analisado	Início de Produção	Prédio I	Prédio V	Planejamento	Acabamento	Estampados	Elétrica	Elastômeros	Coordenação QDV	Sistemas Veiculares			Médias	Desvio padrão	
Comunicação	7	6	8	7	6	7	8	10	9	8			7,60	1,265	
Relacionamento interpessoal	10	7	9	8	9	7	9	10	9	7			8,50	1,179	
Trabalho em equipe	7	6	9	7	4	6	8	10	10	7			7,40	1,897	
Maturidade técnica	7	7	7	9	6	9	8	6	10	9			7,80	1,398	
Orientação para resultados	9	8	8	9	8	7	8	10	10	9			8,60	0,966	
Planejamento	9	6	6	8	8	4	7	5	7	6			6,60	1,506	
Solução de problemas	6	8	6	9	8	6	8	8	9	8			7,60	1,174	
Foco no cliente	9	9	8	10	8	8	8	8	10	9			8,70	0,823	

(Continua)

(Continuação)

Fator Analisado	Início de Produção	Prédio I	Prédio V	Planejamento	Acabamento	Estampados	Elétrica	Elastômeros	Coordenação QDV	Sistemas Veiculares			Médias	Desvio Padrão	
Proatividade	7	8	7	9	8	6	8	10	9	7			7,90	1,197	
Flexibilidade	9	8	8	9		9	8	8	9	7			8,33	0,707	

Observações:

Nota-se que o fator *planejamento das tarefas cotidianas* era percebido como mais vulnerável para toda a equipe.
Os grupos souberam que o *trabalho em equipe* também era outro ponto fraco que deveria ser aprimorado.
A equipe sentia que o *relacionamento interpessoal* era um dos pontos fortes.
Reconheciam como outros pontos fortes: *foco no cliente, orientação para resultados* e *flexibilidade*.
Os três itens anteriores apresentam a maior uniformidade (menor dispersão), mostrando a cultura do setor.

Três perspectivas técnicas foram as que mais se destacaram pelas suas médias na matriz de avaliação interna geral: orientação para resultados, foco no cliente e flexibilidade. Todas as três também tiveram baixa dispersão (cf. os desvios padrão) em relação aos outros fatores, o que indica compartilhamento e consenso. Tais fatores, relacionados à tarefa primária do setor, são portadores dos valores inseridos na cultura da organização e contrastam, pela sua força e homogeneidade, com os atribuídos a itens da interface relacional (emocional).

Essa análise permitiu, a todos os integrantes do setor, tomar contato com a imagem que cada um dos grupos tinha de si mesmo e confrontá-la com a sua idéia individual. Desse conhecimento surgiu, certamente, uma evolução no vetor competência emocional do setor.

8 Resultados da percepção intergrupal sobre a comunicação

A Tabela 13.8 apresenta uma matriz de resultados de interação grupal referente ao fator comunicação e foi construída com os dados levantados durante as dinâmicas com os grupos. Cada linha se refere a uma célula e, no cruzamento dessa linha com cada uma das colunas, está apontada a nota com que essa célula avaliou o fator comunicação na interação com a outra célula que define a coluna. Por exemplo, a célula Início de Produção avaliou com 9 a sua comunicação com a célula Prédio I; também com 9 a sua comunicação com a célula Prédio V; com 7 a comunicação com a célula Planejamento e assim por diante. Quando um sinal de interrogação é usado em uma casa da matriz (como no caso da linha Início de Produção, na intersecção com a coluna Coordenação QDV), significa que a célula que comanda a linha não considerou o relacionamento com a outra no momento das dinâmicas registradas nas matrizes das Tabelas 13.2 a 13.10.

Essa organização dos dados possibilita duas análises. A apreciação na direção horizontal das linhas demonstra a maneira como cada célula percebe a sua relação com as outras. Já a análise na direção vertical das colunas aponta como cada célula é percebida pelas outras. Assim, voltando ao exemplo da célula Início de Produção, ela avaliou a sua comunicação com Prédio I e Prédio V com nota 9, mas a sua comunicação é avaliada pelas células Prédio I e Prédio V com notas 8 e 6, respectivamente.

Todos tiveram acesso a esses resultados, assim como a todos os outros do trabalho. Dessa forma, o confronto das médias de linhas e colunas acrescentou conhecimento sobre a própria identidade da equipe e enriqueceu a inteligência emocional do grupo. Assim, algumas células escolheram estudar a relação com outras células por considerá-las importantes, mas nem sempre houve reciprocidade nessa ligação. Por exemplo, a célula Planejamento não incluiu nas suas dinâmicas a relação com as células Prédio I e Prédio V (o que foi apontado com sinais "?" na linha de planejamento da matriz). Por sua vez, as células Prédio I e Prédio V consideraram importante a sua relação com a célula Planejamento. Ou seja, pode estar ocorrendo desequilíbrio no que diz respeito à reciprocidade e sinergia. É um conhecimento importante para a célula que não considerou o vínculo com a outra.

Tabela 13.8 Matriz de resultados de interação grupal referentes ao fator *comunicação*

MONTADORA DE VEÍCULOS

Análise de Percepção na Interação de Equipes

Matriz de confronto de resultados por fator

Fator inter-relacional das equipes: COMUNICAÇÃO:

Data da análise: ABRIL a OUTUBRO de 2001

Como cada célula é percebida pelas outras células ↓

Como cada célula percebe a relação com as outras células →

Célula	Início de Produção	Prédio I	Prédio V	Planejamento	Acabamento	Estampados	Elétrica	Elastômeros	Coordenação QDV	Sistemas Veiculares		Médias	Desvio Padrão
Início de produção		9	9	7	8	9	9	9	?	9		8,63	0,74
Prédio I	8		9	8	8	7	9	9	7	9		8,22	0,83
Prédio V	6	7		6	7	7	7	7	8	7		6,89	0,6
Planejamento	7	?	?		6	7	7	8	6	7		6,86	0,69
Acabamento	?	7	?	1		?	9	?	6	?		5,75	3,4

(Continua)

(Continuação)

Célula	**Início de Produção**	**Prédio I**	**Prédio V**	**Planejamento**	**Acabamento**	**Estampados**	**Elétrica**	**Elastômeros**	**Coordenação QDV**	**Sistemas Veiculares**		**Médias**	**Desvio Padrão**
Estampados	?	?	?	6	?		?	?	7	7		6,67	0,58
Elétrica	?	9	9	6	8	?		?	7	9		8	1,26
Elastômeros	?	5	?	6	8	8	7		6	?		6,67	1,21
Coordenação QDV	7	7	7	7	7	7	7	7		7		7	0
Sistemas veiculares	?	?	?	6	7	8	6	8	7			7	0,89
Médias	7	7,33	8,5	5,89	7,38	7,57	7,63	8	6,75	7,86			
Desvio padrão	0,82	1,51	1	1,96	0,74	0,79	1,19	0,89	0,71	1,07			

Verificam-se também diferenças entre as análises horizontais da comunicação (autopercepção das células) e as verticais (*feedback* de percepção externa). Algumas células viam a si próprias com uma qualidade de comunicação superior à que lhes atribuíram as parceiras. Por exemplo, as células Início de Produção, Prédio I e Planejamento foram apreciadas com valores inferiores aos que se atribuíram. Tal conhecimento pode estimular uma reflexão sobre a relação entre o empenho e o resultado da sua comunicação. Ao contrário, outras, como Prédio V, Acabamento, Estampados, Elastômeros e Sistemas Veiculares, foram avaliadas no quesito comunicação com notas superiores às que se atribuíram. Para outras células, por fim, o exercício confirmou a sua autopercepção sobre a questão da comunicação, como foram os casos das células Elétrica e Coordenação QDV.

9 Resultados da percepção intergrupal sobre o relacionamento interpessoal

A Tabela 13.9 apresenta uma matriz de resultados de interação grupal referentes ao fator relacionamento interpessoal. Ela foi construída com os dados registrados durante as dinâmicas, da mesma maneira e com os mesmos critérios

Tabela 13.9 Matriz de resultados de interação grupal referentes ao fator *relacionamento interpessoal*

MONTADORA DE VEÍCULOS

Análise de Percepção na Interação de Equipes

Matriz de confronto de resultados por fator

Fator inter-relacional das equipes: RELACIONAMENTO INTERPESSOAL:

Data da análise: ABRIL a OUTUBRO de 2001

Como cada célula é percebida pelas outras células

Como cada célula percebe a relação com as outras células

Célula	Início de Produção	Prédio I	Prédio V	Planejamento	Acabamento	Estampados	Elétrica	Elastômeros	Coordenação QDV	Sistemas Veiculares		Médias	Desvio padrão
Início de produção		9	9	9	8	9	9	9	?	9		8,88	0,35
Prédio I	8		9	8	8	8	9	9	8	9		8,44	0,53

(Continua)

(Continuação)

Célula	Início de Produção	Prédio I	Prédio V	Planejamento	Acabamento	Estampados	Elétrica	Elastômeros	Coordenação QDV	Sistemas Veiculares		Médias	Desvio Padrão
Início de produção		9	9	9	8	9	9	9	?	9		8,88	0,35
Prédio I	8		9	8	8	8	9	9	8	9		8,44	0,53
Prédio V	8	8		8	8	8	7	8	8	8		7,89	0,33
Planejamento	8	?	?		8	8	8	8	8	7		7,86	0,38
Acabamento	?	10	?	4		?	8	?	8	?		7,5	2,52
Estampados	?	?	?	7	?		?	?	9	8		8	1
Elétrica	?	9	9	8	8	?		?	9	9		8,67	0,52
Elastômeros	?	5	?	8	10	9	8		10	?		8,33	1,86
Coordenação QDV	9	9	9	9	9	9	9	9		9		9	0
Sistemas veiculares	?	?	?	7	8	8	8	9	9			8,17	0,75
Médias	8,25	8,33	9	7,56	8,38	8,43	8,25	8,67	8,63	8,43			
Desvio padrão	0,5	1,75	0	1,51	0,74	0,53	0,71	0,52	0,74	0,79			

de análise que a matriz da Tabela 13.7. Essa tabela mostra que o relacionamento interpessoal entre todos os grupos foi avaliado com notas elevadas. Também se observa bastante homogeneidade nas apreciações, com pouca dispersão (os valores dos desvios padrão são relativamente baixos). Praticamente não há discrepância entre a análise horizontal (auto-avaliação) e a vertical (*feedback*), o que revela o alto valor que a cultura do grupo atribuía ao relacionamento pessoal entre os integrantes, que para eles era uma forma de realização. As falhas percebidas nesse fator provocavam, como foi visto, considerável frustração. Os afetos, fatores centrais da competência emocional, ocupavam, portanto, um lugar relevante para o grupo. O processo os levou a descobrir que ter um bom relacionamento não é suficiente para realizar um trabalho de equipe e que este é crucial na solução de problemas e na implantação de inovações.

10 Resultados da percepção intergrupal sobre o trabalho em equipe

A Tabela 13.10 apresenta uma matriz de resultados de interação grupal referentes ao fator trabalho em equipe. (Ela também foi construída com os dados obtidos durante as dinâmicas das células, da mesma maneira e com os mesmos critérios de análise que a matriz das Tabelas 13.8 e 13.9).

A tabela mostrou aos integrantes do setor diferenças entre autopercepção e avaliação externa. As células tomaram conhecimento de que o seu conceito de *trabalho em equipe* não era uniforme entre as parceiras. Por exemplo, as células Início de Produção, Prédio I e Coordenação QDV avaliaram o seu desempenho no item trabalho em equipe, com as outras células, com notas superiores às com que estas as avaliaram. A Coordenação QDV, por exemplo, compreendeu por meio desse exercício que, apesar da sua experiência, maturidade, respeito pelas pessoas e pelas questões humanas, não estava satisfazendo os seus liderados e que essa insatisfação poderia afetar a qualidade das iniciativas. Percebeu também que a solução dessa limitação estava na mudança de seus paradigmas – em vez de uma mudança na postura dos liderados –, em uma inovação quanto à administração, de modo a incluir emoções humanas, até então descuidadas, como acolhimento, aprovação pelo trabalho bem-feito, suporte afetivo ante os momentos de adversidade, encorajamento e apoio na implantação de idéias inovadoras (Druskat e Wolff, 2004).

Já as células Prédio V, Acabamento, Estampados, Elastômeros e Sistemas Veiculares receberam das suas parceiras notas superiores às que se outorgaram, o que pode significar que tinham formado um critério mais exigente do que seria um *trabalho em equipe* e que estavam desconformes tanto com o seu próprio desempenho como equipe quanto com o do setor como um todo. E esse é um índice de uma postura madura – capaz de gerar evolução –, própria de grupos com inteligência emocional.

Tabela 13.10 Matriz de resultados de interação grupal referentes ao fator trabalho em equipe

MONTADORA DE VEÍCULOS

Análise de Percepção na Interação de Equipes

Matriz de confronto de resultados por fator

Fator inter-relacional das equipes: TRABALHO EM EQUIPE

Data da análise: ABRIL a OUTUBRO de 2001

Como cada célula percebe a relação com as outras células ↓

Como cada célula é percebida pelas outras células →

Célula	Início de Produção	Prédio I	Prédio V	Planejamento	Acabamento	Estampados	Elétrica	Elastômeros	Coordenação QDV	Sistemas Veiculares		Médias	Desvio Padrão
Início de produção		9	9	7	8	9	9	9	?	9		8,63	0,74
Prédio I	8		9	8	8	7	9	9	7	8		8,11	0,78
Prédio V	6	7		6	7	7	7	7	8	7		6,89	0,6
Planejamento	7	?	?		5	8	7	8	6	7		6,86	1,07
Acabamento	?	6	?	2		?	6	?	6	?		5	2
Estampados	?	?	?	6	?		?	?	7	7		6,67	0,58

(Continua)

(Continuação)

Célula	Início de Produção	Prédio I	Prédio V	Planejamento	Acabamento	Estampados	Elétrica	Elastômeros	Coordenação QDV	Sistemas Veiculares		Médias	Desvio Padrão
Elétrica	?	9	9	6	8	?		?	8	9		8,17	1,17
Elastômeros	?	5	?	6	10	8	7		8	?		7,33	1,75
Coordenação QDV	9	9	9	9	9	9	9	9		9		9	0
Sistemas veiculares	?	?	?	6	7	8	6	8	7			7	0,89
Médias	7,5	7,5	9	6,22	7,75	8	7,5	8,33	7,13	8			
Desvio padrão	1,29	1,76	0	1,92	1,49	0,82	1,31	0,82	0,83	1			

A heterogeneidade das apreciações dos grupos indica que o conceito de *trabalho em equipe* ainda não estava claramente definido, compartilhado nem institucionalizado no grupo e que a questão deveria estimular diálogos e discussões que, pelo consenso, levassem a um aprendizado. Algumas questões foram levantadas pelo grupo como conseqüência dessa experiência, como, por exemplo: Estariam realmente trabalhando em equipe? O que esperavam do *trabalho de equipe*? Quais as responsabilidades e benefícios que trariam ao grupo? Qual a qualidade e a inovação dos produtos e serviços que poderiam produzir por meio de um bom trabalho em equipe? Questões como orgulho e realização estariam vinculadas ao trabalho em equipe? Como lidar com algumas atitudes individualistas – narcisistas – vindas à tona durante o exercício, quando as posturas adequadas apontavam para a alteridade e a complementação? Qual o aumento de força e prestígio do setor perante a organização, se realmente trabalhassem em equipe? Como o trabalho em equipe estaria relacionado à identidade grupal? Como compatibilizar a cultura de trabalho de equipe desse grupo com a da organização? O grupo pôde se *dar conta* da importância dessas questões, sobre as quais ainda não havia pensado. O *juramento* (cf. Capítulo 12) que o grupo assumiu foi o de investir tempo para trazê-las à tona e conhecer-se mais, o que também nunca tinha acontecido antes.

Assim, este estudo estimulou e facilitou o conhecimento da identidade grupal como ponto de partida para o aprimoramento da inteligência emocional dos grupos nas três dimensões propostas por Druskat e Wolff, ou seja: o indivíduo, o grupo como entidade e a relação do grupo com os outros grupos (cf. Capítulo 12). São esses os pré-requisitos para que haja desenvolvimento da produtividade, aumento da capacidade para solução de problemas e potencial para geração e implementação de inovações.

Referências bibliográficas[2]

DRUSKAT, V. U.; WOLFF, S. B. Building the emotional intelligence of groups. *Harvard Business Review on teams that succeed.* Boston: Harvard Business School, 2004.

KAPLAN, R. S.; NORTON, D. P. *A estratégia em ação.* Rio de Janeiro: Campus, 1997.

LISONDO, H. R. *Mudança sem catástrofe ou catástrofe sem mudanças.* São Paulo: Casa do Psicólogo, 2004.

ROSENFELD, D. *Psychoanalysis and groups.* Londres: Karnac, 1988.

SENGE, P. M. *A quinta disciplina.* São Paulo: Best Seller, 1990.

2 NA: Foram relacionadas aqui apenas as obras explicitamente citadas neste capítulo, mas a sustentação teórica deste exercício de aplicação está afirmada na relação de obras apresentada no Capítulo 12.

IMPRESSÃO E ACABAMENTO:
YANGRAF Fone/Fax:
6195.77.22
e-mail:yangraf.comercial@terra.com.br